MONSIEUR CHÉRAMI.

I. — UN BUREAU D'OMNIBUS.

Celui-là est situé à la porte Saint-Martin, à l'angle du boulevard et de la rue de Bondy, dans la maison du restaurant Deffieux, un des traiteurs de Paris où l'on fait le plus de repas de noces, si bien qu'en passant par là le soir et souvent au milieu de la nuit, vous voyez des fenêtres brillamment éclairées au premier étage, au second étage, sur la place, ou sur le boulevard, quelquefois partout, car il n'est pas rare de rencontrer chez Deffieux quatre ou cinq noces dans la même soirée. Cela ne l'embarrasse pas, il a des salons pour caser tout ce monde-là; à la rigueur, je crois qu'il ferait mettre des tables sur le boulevard.

Et l'on danse partout, de tous côtés : ici, le bal est fort élégant; là, il est bourgeois; au-dessus, il frise un peu le prolétaire; mais ce n'est peut-être pas à ce dernier que l'on s'amuse le moins; ce qu'il y a de certain, c'est que c'est celui où l'on fait le plus de bruit.

Quelle maison de plaisir! Il me semble que les habitants doivent toujours y être joyeux et s'y tenir une jambe en l'air, prête à se mettre en danse... Cependant, ce serait peut-être fatigant; mais comment ne point avoir envie de se livrer à la joie quand on voit sans cesse des gens heureux, qui dansent, ou boivent, ou mangent, ou chantent, et se font les yeux doux, ou se serrent la main avec toute l'effusion de la plus sincère amitié. On est si expansif à l'issue d'un bon repas! Tout le monde se lie, tout le monde se plaît, tout le monde s'aime...

Vous me direz peut-être que ces sentiments-là ne durent guère que le temps de la digestion; que même ces noces si joyeuses, où les époux se regardent et se parlent avec tant d'amour dans les yeux et d'expression dans la voix, n'attendent quelquefois pas la fin de l'année pour se transformer en tableaux sombres et affligeants. Il y a bien des personnes qui ont osé dire que dans le mariage il n'y a que deux beaux jours : celui où l'on se prend et celui où l'on se quitte; comme pour les voyages : celui où l'on part et celui où l'on revient.

Mais on dit tant de choses qui ne sont pas!... J'ai connu bien des voyageurs heureux de courir le monde, ceux-là n'étaient jamais pressés de revenir dans leurs foyers.

J'aime à croire qu'il en est de même pour les époux, et qu'une fois en ménage il y en a qui s'y trouvent bien et n'ont pas le désir d'en sortir.

Mais de quoi diable vais-je m'occuper, quand nous devrions déjà être entré dans le bureau de correspondance des omnibus, où l'on prend la voiture pour Belleville, La Villette, Saint Sulpice, Grenelle et une foule d'autres quartiers tous plus éloignés les uns des autres.

On peut aussi dans ce bureau acheter des petites bouteilles d'essence, des flacons de vinaigre parfumé, du cirage, de la pommade. Le commerce se glisse partout! Il n'y a pas de mal à cela. Le commerce est la vie des nations et des particuliers. Tout le monde fait le commerce, même ceux qui ne s'en doutent pas.

Il faisait beau temps, on était en plein mois de juin, et c'était un samedi, trois circonstances qui devaient nécessairement faire affluer le monde dans le bureau des voitures et chez le restaurant Deffieux. Ce restaurant m'attire; malgré moi j'y reviens toujours. C'est-à-dire que je n'y reviens pas malgré moi, mais j'y entre de fort bonne volonté, au contraire, car on y est très-bien. Or, vous savez ou vous ne savez pas... mais cela m'étonnerait beaucoup si vous ne le saviez pas... je continue donc : Vous savez que le samedi est le jour où il se fait le plus de repas de noces... Pourquoi? Je crois vous l'avoir déjà dit quelque part, n'importe, faisons comme si je ne vous l'avais pas dit : Le samedi est la veille du dimanche, et ce mot dit tout; le dimanche les employés ne vont pas à leur bureau, et les employés se marient beaucoup; le dimanche les ouvriers ne travaillent pas, et les ouvriers aiment aussi à se donner une ménagère; enfin, le dimanche est le jour du repos, et l'on prétend que le lendemain de ses noces on a besoin de se reposer... — Pourquoi? — Allons donc ne me faites pas ces questions-là !... Ce qu'il y a de certain, c'est que la nuit du samedi au dimanche est une des plus belles nuits de la semaine, même quand la lune ne se montre pas.

Mais, sapristi, me voilà encore chez le traiteur... Vous allez penser que je me plais beaucoup dans ces maisons-là ; eh bien, franchement vous n'auriez pas tort. Je les fréquente volontiers. J'entends souvent des personnes dire : Ne me parlez pas de la cuisine des restaurants, c'est détestable. Et ces gens-là ne connaissent de bon que le pot au feu, le gigot et le rosbeef.

Ce sont des classiques en fait de plats : ô *Robert* ! ô *Brillat-Savarin* ! ô *Berchoux* ! Ce n'est pas pour eux que vous avez écrit et composé des choses délicieuses ! Mais rassurez-vous, hommes de bouche, à qui nous devons tant ! Il y a encore des palais qui goûtent votre mérite, qui apprécient votre science et qui ne font pas fi de vos succulentes inventions.

Le samedi, en été, est encore le jour que beaucoup de gens choisissent pour aller à la campagne et y rester jusqu'au lundi. Ce jour-là les omnibus sont donc bien plus courus, car chacun est pressé d'arriver, soit à un embarcadère de chemin de fer, soit dans le quartier où stationnent les voitures qui mènent au pays qu'on désire visiter.

Il y a donc foule dans le bureau de la porte Saint-Martin ; l'employé chargé de donner des numéros ne sait auquel entendre ; il faut qu'il fasse bien attention pour ne point commettre d'erreur, d'autant plus que les voyageurs ne se bornent pas toujours à demander une correspondance ou un numéro ; ils ajoutent à leur demande des réflexions, des questions et souvent des récriminations fort incongrues.

— Une correspondance pour La Villette.
— Voilà, monsieur.
— Quand cela part-il ?
— Quand la voiture passera, monsieur.
— Sera-t-elle longtemps à venir ?
— Je ne crois pas, monsieur.
— Un billet pour Belleville, s'il vous plaît.
— Voilà, madame.
— Ah ! mon Dieu ! j'ai le numéro soixante-quinze... Est-ce qu'il passera soixante-quatorze personnes avant moi ?
— Non, madame, environ cinquante.
— Alors c'est encore vingt-cinq personnes avant moi.
— Il y en a qui n'ont pas attendu... qui ne répondent pas à l'appel, cela avance les autres.
— Un numéro pour Saint-Sulpice.
— Voilà.
— Où est la voiture ?
— Elle va venir.
— Ah ! il faut attendre, ce n'est pas amusant cela.
— Dame ! monsieur, il ne peut pas y avoir toujours des voitures prêtes à partir.
— Eh ! pourquoi donc cela... ce serait bien plus agréable pour les voyageurs, mais on ne fait jamais ce qui pourrait satisfaire les voyageurs, il faudra que je me plaigne à l'administration.
— Plaignez-vous si vous voulez, monsieur, cela ne nous regarde pas.
— Mais si, cela vous regarde, cela doit vous regarder, puisque c'est à vous qu'on a affaire. Que signifie cette manière de répondre, c'est donc comme cela qu'on traite les voyageurs ici... il me semble que l'on devrait avoir plus d'égards pour eux.

Le monsieur qui va à La Villette revient vers l'employé : — Dites-moi, ai-je le temps d'aller acheter une brioche chez le pâtissier ?
— Mais, monsieur, personne ne vous en empêche... Voilà Grenelle... les personnes pour Grenelle... montez !
— Je vous demande si j'ai le temps d'aller chercher une brioche avant que la voiture n'arrive.
— La place des Victoires !... Qui est-ce qui va place des Victoires ?...
— Répondez-moi donc au sujet de ma brioche !
— Oui, monsieur, oui, oui, allez chez le pâtissier !

Et l'employé se tourne vers son camarade en murmurant : — Est-il assommant avec sa brioche, celui-là !... Où en serions-nous si tout le monde nous questionnait ainsi !

Une dame, d'une quarantaine d'années, qui doit tenir difficilement dans une stalle quelconque, entre en traînant avec elle deux petits garçons, l'un de huit ans, l'autre de quatre, habillés comme ces petits chiens savants qui font des tours sur les boulevards, et que probablement, dans la précipitation de la marche, on a depuis longtemps oublié de moucher.

Une bonne, chargée d'un énorme panier, d'où s'échappent des queues de merlan et des têtes de poireaux, d'un carton rond, mal ficelé, qui est bossué et fendu à plusieurs endroits, suit d'un air maussade sa maîtresse, attrapant tout le monde avec son panier et son carton sans demander excuse, mais ayant encore l'air de faire la grimace à ceux qu'elle a cognés.

— Monsieur, il me faut deux places pour Romainville... moi et ma femme de chambre... mes petits ne paient pas, vu que nous les tenons sur nos genoux.

— Madame, voilà un garçon qui a certainement plus de cinq ans, il devrait payer.
— Monsieur, puisque je vous dis que je le tiens sur mes genoux, ce n'est donc qu'une place que j'occupe avec lui.
— Cela doit bien gêner vos voisins.
— Il me semble qu'on ne va pas en omnibus pour être à son aise. Aristoloche, où allez vous, restez près de votre bonne, monsieur... Adélaïde, faites donc attention au petit ! vous savez combien il est pétulant !

Mademoiselle Adélaïde, qui a bien plutôt l'air d'une cuisinière que d'une femme de chambre, est allée avec ses paquets se camper sur une banquette entre un vieux monsieur et une vieille dame quelle a fait rebondir comme s'ils étaient élastiques. La commotion a été si violente, que la vieille a poussé un cri, se figurant qu'on venait de l'électriser. Le monsieur, fort mécontent de la manière dont la bonne est venue se placer près de lui, et s'apercevant que les queues de merlan qui sortent du panier caressent les manches de son paletot, repousse du coude le panier en s'écriant : — Qu'est-ce que c'est que cette façon de s'asseoir, en se jetant sur les gens ! On fait attention, mademoiselle, et faites-moi le plaisir de reculer votre panier, je n'ai pas besoin que vos poissons se frottent sur mes manches pour les empester.

— Comment ! de quoi ? Qu'est-ce qu'il a donc ce vieux-là !
— Je vous dis de retirer votre panier, je ne veux pas l'avoir sous le nez.
— Et où donc voulez-vous que je le mette mon panier, par terre peut-être pour qu'on me le filoute ! Eh ben ! merci, nous serions gentils en arrivant à la campagne, où l'on ne trouve jamais de provisions. Quel mal vous fait-il ce panier ?
— Il empoisonne !
— Laissez donc, c'est vous qui empoisonnez !
— Je plains les voyageurs qui seront avec vous, ils auront de l'agrément !
— Taisez-vous donc, vieux concombre, vous voudriez bien être aussi frais que mon poisson !

L'épithète de vieux concombre a vivement piqué ce monsieur, qui se lève, en murmurant : — Si vous n'étiez pas une femme, je vous ferais rentrer vos paroles dans le ventre !
— Ah ben ! vous auriez de la besogne alors ! car je suis disposée à vous en dire encore long !
— Mais, Adélaïde, je vous en prie, veillez donc sur Aristoloche, il va sortir du bureau.
— Ah ! ben tant pis, madame, je ne peux pas m'occuper de tout : j'ai déjà bien assez à faire de votre carton et du panier... et de répondre à ce vieil invalide.
— Invalide ! je crois que vous avez osé m'appeler invalide !
— La Villette... voilà la voiture ! Monsieur, vous êtes pour La Villette, dépêchez-vous...

Ces paroles s'adressent au vieux monsieur qui se disputait avec mademoiselle Adélaïde, et qui ne sort du bureau qu'après avoir lancé des regards foudroyants à la bonne qui lui rit au nez, et va donner une claque au jeune Aristoloche, le petit garçon de quatre ans qui, malgré la défense de sa maman, s'obstine à vouloir sortir du bureau.

II. — UNE BLONDE ET UNE BRUNE.

— Enfin, monsieur, reprend la grosse dame, en renfonçant sur les yeux de son fils aîné un petit chapeau de feutre gris, forme Henry-Quatre, et qu'on avait entouré de plumes qui retombaient de tous côtés en feuilles de palmier. Nous aurons des places pour Romainville, j'espère ?
— Madame, nous ne donnons pas de billets pour Romainville, mais pour Belleville ; là, vous trouverez au bureau la voiture qui monte à Romainville.
— Ah ! vous ne donnez pas ici les places pour Romainville, c'est très-désagréable. Est-ce qu'il me faudra repayer en prenant l'autre voiture ?
— Oui, madame, mais en demandant des correspondances vous n'aurez que quatre sous, vingt centimes à redonner.
— Par personne ?
— Sans doute.
— C'est encore très-cher. Narcisse, renfoncez donc votre chapeau, vous allez le perdre, vous savez bien qu'il est déjà tombé tout à l'heure sur le boulevard, et on a manqué de marcher dessus ; c'est joli, votre beau chapeau Henry-Quatre.
— Il m'embête, les plumes me font loucher.
— Taisez-vous, polisson ; votre tante vous a acheté ce chapeau-là ; vous n'en aurez pas d'autre avant deux ans.
— Qu'on m'ôte les plumes alors !
— Silence ! vous ne méritez pas d'être élégant !
— Ah ! oui, élégant ; tous les petits garçons se moquent de moi, ils me disent que j'ai l'air d'un banquiste !
— Ce sont des drôles ! ils disent cela par envie, car ils voudraient bien avoir un chapeau comme le vôtre... Enfin, monsieur, m'assu-

rez-vous que je trouverai de la place dans cette autre voiture?
— Ah! je ne puis pas vous l'affirmer; mais quand il n'y en a pas dans l'une, il y en a dans l'autre.
— Et elles partent souvent?
— Toutes les vingt minutes!
— Attendre vingt minutes! mais c'est affreux!.. Ah! que je suis fâchée d'avoir promis à ma tante que j'irais dîner chez elle aujourd'hui.
— D'autant plus, murmure la bonne, que quand on va dîner chez la tante, il faut porter son dîner. Merci! jolie invitation! En voilà des gens qui ne se ruinent pas à donner à dîner!
— Voyons, donnez-moi deux cachets pour Belleville.
— Voilà, madame.
— Aristoloche, ici tout de suite. Ah! que ces enfants-là me causent de tourments! Ce sont de véritables serpentaux!
— Belleville! en voiture!
— Belleville, mais c'est nous; Adélaïde, prenez le petit par la main.
— Comme c'est commode quand on a déjà un panier et un carton. Mais à peine la grande dame est-elle sortie du bureau avec sa bonne et les deux enfants, que la voiture de Belleville repart; il n'y avait dedans qu'une place de vide et vingt personnes l'attendaient. Il faut voir alors le désappointement et quel avantage cela fait sur tous les visages. Quelques personnes, lassées d'attendre, se décident à partir à pied. D'autres restent sur la place, le plus grand nombre rentre dans le bureau où toutes les banquettes sont déjà occupées.
Ah! c'est une bien bonne invention que celle des voitures en commun, mais avouons que cela ne vaut pas le plus modeste char-à-banc qui est à vous, lors même que vous ne l'auriez qu'en location.
Ne trouvant plus de place dans l'intérieur du bureau, la maman aux petits garçons s'est assise avec ses rejetons sur un banc qui est dehors. Quant à sa bonne, elle a trouvé moyen de se placer en dedans; le poisson qu'elle a dans son panier contribue à lui faire faire place. C'est à qui ne restera pas près d'elle.
Le monsieur à la brioche est revenu, il court à l'employé : — Eh bien! partons-nous à présent?
— Où allez-vous, monsieur?
— Vous le savez bien, à La Villette.
— La voiture vient de partir il y a trois minutes.
— Comment! sans m'attendre? Je vous ai demandé si j'avais le temps d'aller acheter une brioche. Vous m'avez dit que oui; il fallait me dire que non.
— Il ne fallait pas être si longtemps, monsieur.
— J'ai cru qu'il y avait des pâtissiers carré Saint-Martin, je n'ai trouvé que des charcutiers.
— Vous prendrez l'autre voiture.
— Sera-t-elle longtemps?
— Sept minutes.
— Alors j'ai le temps d'aller boire un verre de bière pour faire couler ma brioche. Les cafés ce n'est pas comme les pâtissiers, il y en a partout.
— Prenez garde, monsieur; tout au plus sept minutes.
— Vous serez en peu si je n'étais pas là.
— On n'attend pas, monsieur.

Deux jeunes filles assez gentilles entrent dans le bureau; costume modeste, des chapeaux tellement petits, tellement placés sur le derrière de la tête, que c'est tout au plus si cela a l'air d'un bonnet. Au total tournure de grisettes. Quelques écrivains qui étudient les mœurs dans leur cabinet, ou à la table d'un café, prétendent qu'il n'y a plus de grisettes, je vous certifie, moi, qu'il y en a toujours; si vous n'en trouvez pas, c'est que vous n'avez pas bien cherché. Il y aura toujours des grisettes à Paris, où la jeune ouvrière un peu rigolette du quartier latin ne saute pas tout de suite de sa chambre dans le boudoir d'une femme entretenue.

L'une des jeunes filles qui viennent d'entrer dans le bureau de l'omnibus, a brune, nez retroussé, œil mutin, bouche rieuse, des dents un peu trop séparées, mais cela vaut mieux que de fausses dents; l'autre est blonde, de ces blondes qui ont reçu un léger coup de feu; mais cette couleur-là n'a jamais empêché une femme d'être jolie. Si vous doutez de ce que j'avance, allez un peu en Angleterre, en Écosse, ces cheveux-là s'y trouvent en majorité, et la plupart des femmes y sont très-séduisantes. La grisette blonde était gentille; seulement elle avait un petit air niais qui pouvait à la rigueur passer pour de la modestie, mais qui, en causant avec elle, vous prouvait bientôt que c'était réellement de la bêtise; cela formait un contraste frappant avec sa compagne, qui avait l'air éveillé et spirituel.

— Monsieur, dit la grisette brune en s'adressant au préposé, avez-vous des places pour Belleville?
— Mademoiselle, vous en aurez à votre tour.
— Mais sera-t-il long à venir notre tour?
— Pas trop, il y a beaucoup de monde de parti.

En effet, l'odeur qu'exhalaient les merlans entassés dans le panier de mademoiselle Adélaïde et la crainte d'aller en voiture avec elle, avait fait quitter la place à beaucoup de personnes qui se rendaient à cette destination.

— Tenez, mesdemoiselles, prenez toujours ces deux cachets, votre tour arrivera.
— Dis donc, Laurette, si nous allions à pied, fit la gentille blonde?
— Merci, pour s'éreinter, arriver en nage... joli plaisir... moi je n'aime pas à suer, ça défrise mes cheveux. Mon Dieu! que de monde ici, c'est une fureur maintenant, personne ne veut aller à pied... il n'y a plus assez d'omnibus.
— Belleville! le faubourg du Temple.
— Ah! voilà! voilà!..

Nouvelles évolutions exécutées par la grosse dame, les deux petits garçons et la bonne, mais sans plus de succès; quatre places étaient libres, mais il y a deux numéros présents avant les siens. Les deux jeunes filles se sont aussi avancées.
— Il n'y a plus de place qu'en haut, dit le conducteur.
— Eh bien! ça nous est égal, nous monterons dessus.
— Pardon, mais on ne laisse pas monter les dames.
Et le conducteur ajoute d'un air malin : — Ce n'est pas ma faute! Certainement, je ne demanderais pas mieux, moi!
— Je crois bien! dit un particulier en blouse, si on laissait les femmes grimper sur l'omnibus, il y a des amateurs qui paieraient pour être conducteur!
— Pourquoi donc disent-ils cela? demande la blonde à sa compagne, et quel avantage cela ferait-il aux conducteurs si les femmes montaient aux places à trois sous?
— Ah! que tu es bête, Lucile; comment, tu ne comprends pas?
— Mais non.
— Ah! ah! tu me fais de la peine.
— Enfin, dis-moi pourquoi?
— Ma chère amie, c'est une affaire de point de vue et pas autre chose.

III. — LE JEUNE HOMME DE LA PLACE CADET.

Un jeune dadais entre dans le bureau en disant : — Monsieur, pour la place Cadet?
— Ce n'est pas ici, le bureau est là-bas, sur le boulevard, à gauche, dans l'encoignure.
— Infiniment obligé; y aura-t-il de la place?
— Comment voulez-vous que nous le sachions, puisque ce n'est pas ici.
— Ah! c'est très-bien; et c'est là qu'on me donnera un numéro; si vous m'en donniez un, cela ne reviendrait-il pas au même.
— Mais non, monsieur, puisque la voiture ne s'arrête pas ici.
— C'est que je veux aller dessus.
— Vous irez dessus ou dessous, cela ne nous regarde pas.
— Est-ce qu'on peut aller dessous?
L'employé se décide à tourner le dos à l'espèce de brute qui lui adresse ces questions. Mademoiselle Laurette, au bout de ce dialogue, rit aux éclats en disant : — En voilà un que j'aurais joliment envoyé à l'ours. Est-il bête cet homme, il en faut de la patience pour répondre à tout cela!
— Ah! mademoiselle, si vous étiez employé dans un bureau de correspondance, vous entendriez souvent des choses de cette force-là...
— Vraiment? il y a encore des gens bêtes comme cela à Paris?
— Il y en a partout, mademoiselle.

Cependant le particulier, qui veut aller place Cadet, sort du bureau, puis s'arrête sur la place en regardant autour de lui d'un air embarrassé. Il aperçoit la grosse dame qui était assise sur un banc, flanquée de messieurs Narcisse et Aristoloche, dont l'un essayait sans cesse de repousser en arrière les plumes qui ornaient le devant de son chapeau, tandis que l'autre se bornait à fourrer avec persévérance un de ses doigts dans son nez. Notre individu s'approche de cette dame et la salue en disant : — Madame? pour aller à la place Cadet, s'il vous plaît?

Cette dame répond, aigre aigreur : — Est-ce que vous me prenez pour un employé des omnibus, monsieur, ne pouvez-vous pas entrer dans le bureau...
— Pardon, madame, mais j'en viens, et on m'a dit : Adressez-vous à gauche... dans une encoignure...
— Eh bien! monsieur, est-ce que je suis une encoignure, moi?
— Dame, je ne sais pas; on m'a dit à gauche... je ne le vois pas ce bureau, je ne vois pas la voiture.

Et le particulier retourne dans le bureau d'où il sortait en criant :
— Où est-il donc votre endroit où l'on tient des billets pour la place Cadet? Je ne le trouve pas, moi, est-ce que vous ne pourriez pas m'y conduire?
— Il ne manquerait plus que ça! s'il nous fallait conduire les personnes qui se trompent, alors il nous faudrait des commissionnaires attachés à l'établissement. Je vous ai dit, monsieur, là-bas... de l'autre côté du boulevard Saint-Denis.
— Comment, il faut que j'aille jusqu'à Saint-Denis chercher la place Cadet?
— La Villette!... voilà!... les voyageurs pour La Villette, en voiture!...

Les personnes qui se rendent à cette destination s'empressent de sortir du bureau, et dans ce mouvement on bouscule un peu ce monsieur qui veut aller place Cadet, et qui s'obstine à rester dans le bureau où il n'a pas affaire, regardant tout le monde comme s'il avait envie de pleurer.

Mademoiselle Laurette lui dit : — Mais pourquoi restez-vous ici, monsieur, puisqu'on vous dit d'aller au bureau qui est là-bas, boulevard Saint-Denis.

— Mademoiselle, je ne connais pas le boulevard Saint-Denis, et je crains de m'égarer.

— Le fait est qu'on n'aurait pas dû vous laisser sortir seul ; il y a des parents imprudents ! Savez-vous ce qu'il faut faire ? Allez trouver un de ces commissionnaires qui stationnent là, contre la porte Saint-Martin, prenez-en un sous le bras, donnez lui dix sous et il vous mènera place Cadet, il vous y portera même, si vous êtes fatigué.

— D x sous, dont ! c'est trop cher ; vous n'y allez pas vous, mademoiselle, place Cadet?

— Oh ! non, monsieur ; nous allons à la campagne, nous.

— Ah !... Est-ce que les omnibus mènent aussi dans la campagne?

— Ils mènent partout, monsieur.

— Vraiment ! Moi qui ai envie de voir la mer, les omnibus donnent-ils des correspondances pour la mer.

— Vous n'avez qu'à en demander, vous allez le savoir.

Le grand dadais va se rapprocher des employés, mais il est repoussé par le monsieur qui est allé boire de la bière et qui revient au bureau d'un air joyeux, en disant : — Ah ! cette fois, j'espère que je n'ai pas été longtemps ; elle va venir ma Villette.

— La Villette, elle vient de partir à l'instant, monsieur.

— Oh ! c'est trop fort. Comment, vous ne pouviez pas faire attendre un peu.

— Non, monsieur, on n'attend pas.

— Et maintenant, quand viendra-t-elle?

— Dans dix minutes à peu près.

— Oh ! alors, j'ai le temps de prendre une demi-tasse... et le petit verre pour faire couler la mère.

Le monsieur retourne au café, suivi par le grand dadais, qui lui crie de loin : — Monsieur ! pour aller place Cadet?

IV. — DES CURIEUX ET DES FLANEURS.

Une file de voitures, cochers avec les gants blancs, équipages semi-bourgeois, vient s'arrêter sur la place, devant la porte du restaurant ; c'est encore une noce qui vient se célébrer chez Deffieux.

Beaucoup de personnes s'amassent devant la porte du restaurateur pour voir entrer les nouveaux mariés ; les curieux abondent à Paris ; peut-être est-il plus juste de dire qu'ils abondent partout. Pourquoi ce désir si général de voir une mariée, alors qu'elle n'a pas encore accompli tous les devoirs que ce titre impose? Est-ce simplement pour savoir si elle est jolie, et deviner sur ses traits si elle se prépare avec joie à devenir femme ? Ceci est une simple question que nous posons, mais que nous ne nous chargeons pas de résoudre.

Parmi toutes ces personnes arrêtées là ; les unes en passant, les autres sortant du bureau de correspondance des omnibus, les autres y allant, vient se placer un monsieur de haute taille, approchant de quarante-cinq ans, se tenant fort droit, se cambrant même un peu sur ses hanches, port ni la tête haute, le nez au vent et mettant son chapeau sur le côté, tout à fait en tapageur.

Cet individu, dont les cheveux châtains commencent à grisonner légèrement, a les traits fort peu réguliers. Ses yeux sont petits, enfoncés, d'un vert pâle, mais remplis de feu et de vivacité ; son nez est de travers, légèrement retroussé et pourrait passer pour épaté. Sa bouche est grande, mais ses dents sont belles, et il ne lui en manque aucune, aussi son sourire est-il assez agréable, d'autant plus qu'il ne le prodigue pas. Son menton fuit un peu, ses pommettes, au contraire, sont très-saillantes ; son teint est coloré et couperosé, bien qu'il soit maigre de corps et de visage. Avec cet ensemble peu flatteur, ce monsieur a pourtant l'air de se croire un Apollon. Il porte de gros favoris taillés en côtelettes et qui se rejoignent presque au milieu de son menton, ne laissant entre eux qu'une petite séparation parfaitement rasée qu'il caresse souvent avec affection et qu'il appelle sa fossette. Les manières de ce personnage annoncent autant d'assurance que d'habitude du monde ; elles auraient même encore un certain reste de bonne compagnie, si depuis que que temps il ne s'y était joint un dandinement dans la marche frisant un peu l'allure du tambour-major ; mais au lieu d'une grosse canne, ce monsieur n'avait qu'une badine assez mince, recourbée par en haut, qui semblait avoir été peinte et dorée jadis, mais qui avait perdu une grande partie de ses enjolivements. C'était une badine très-souple, qu'il frappait fréquemment sur son pantalon.

La toilette de ce particulier n'annonce pas un dandy, bien que celui qui la porte en affecte les manières. Son pantalon de laine à grands carreaux, semble avoir été taillé dans le tartan d'une portière. Son gilet, également à carreaux, offre des couleurs qui ne s'accordent pas du tout avec celles du pantalon ; il ne manque à ce monsieur qu'un plaid pour avoir tout à fait l'air d'un Ecossais ; mais au lieu de plaid il porte un large paletot noisette, qu'il laisse souvent ouvert afin qu'on puisse voir sa taille svelte, et dans lequel parfois il s'enveloppe hermétiquement comme si c'était un manteau ; inutile de dire que ce costume manque complètement de fraîcheur.

Ce monsieur, qui a l'habitude de parler toujours très-haut, afin que tout le monde puisse entendre ce qu'il dit et probablement être émerveillé de son esprit, manière d'attirer l'attention qui fait sur-le-champ deviner à qui l'on a affaire, ce monsieur pousse et bouscule quelques flâneurs en s'écriant : — Qu'est-ce qu'il y a ? qu'est ce que c'est? une noce?.. Eh ! mon Dieu ! c'est donc quelque chose de bien curieux qu'une noce que tout le monde s'arrête, se presse, se pousse, pour voir les mariés. Triples badauds de Parisiens... en vérité, on croirait qu'ils n'ont jamais rien vu !

— Eh bien ! pourquoi que vous me bousculez pour prendre ma place, si ce n'est pas curieux à voir? dit un jeune gamin en blouse que ce monsieur vient de repousser assez brutalement.

— Qui est-ce qui se permet de me parler... je crois, Dieu me pardonne, que ce petit marmiton s'avise de murmurer. Prends garde que je t'apprenne à qui tu as affaire.

— D'abord, je ne suis pas un marmiton, entendez-vous, grand efflanqué.

L'épithète de grand efflanqué fait bondir le monsieur au dessous écossais, il se jette en arrière en relevant sa canne, et dans ce mouvement écrase les pieds d'une vieille femme qui se trouvait derrière lui, tenant en laisse un petit chien qui faisait tous ses efforts pour ne point assister à l'arrivée des voitures de la noce.

— Ah ! monsieur, prenez donc garde, vous marchez sur moi. Un peu plus vous écrasiez Abdala!

— Désolé, madame, mais je n'ai pas des yeux dans le dos. Ah ! il a fui le drôle qui se permettait de me répondre. Je ne le poursuis pas, parce que ce n'est qu'un enfant ; si c'était un homme, il aurait déjà reçu de ma badine sur les épaules.

— Monsieur, faites donc attention. Abdala est dans vos jambes !

— Et qu'est-ce que c'est donc que votre Abdala, madame?

— Mon joli épagneul. Allons, venez ici, coureur ?

— Ça, un épagneul.. c'est un très-vilain barbet, et dont je ne donnerais pas deux sous ! Il y a des gens stupides avec leurs chiens ! Ah ! voilà sans doute la mariée... Peste ! comme nous sautons lestement de terre très-bien ! j'ai mon lièvre. Celle-ci portera les culottes, ça m'en a tout l'air au premier coup d'œil.

Une jeune femme, dans le costume traditionnel de mariée, vient, en effet, de descendre d'une des voitures ; elle n'a pas attendu le bras que se disposait à lui offrir un gros papa, jouffu, et déjà en nage, qui ne doit cependant pas être un des garçons d'honneur.

La mariée paraît avoir vingt ans, elle est petite, grassouillette, blonde de cheveux, blanche de peau, rose de teint ; ce n'est pas une beauté, mais c'est une figure mutine fort gracieuse, dont le sourire agréable prouve presque de l'esprit ; mais les sourires ne tiennent pas tout ce qu'ils promettent.

Le gros papa, qui s'est présenté trop tard pour aider la mariée à descendre de voiture, arrive encore en retard devant la portière lorsqu'une autre dame vient de descendre, et il manque également une troisième parce qu'il est fort occupé à essuyer avec son mouchoir la sueur qui coule de son front.

Le monsieur au dessous à carreaux ayant alors jeté les yeux sur ce personnage, s'écrie en s'avançant pour se rapprocher de la noce : — Pardieu ! je ne me trompe pas, c'est mon brave Blanquette !... ce cher monsieur Blanquette Oh là ! eh... père Blanquette !... hé ! donc, est-ce qu'on ne reconnaît plus les amis? Regardez donc un peu de ce côté !

Le gros papa, interpellé si vivement, cesse d'essuyer son front, et, levant les yeux sur la foule, aperçoit bientôt l'individu qui lui a parlé, alors un sentiment, qui est plutôt de la contrariété que du plaisir, se laisse voir sur sa physionomie ; il répond aux bonjours de ce monsieur avec une politesse froide et contrainte.

— Ah ! bonjour monsieur Chérami.., je vous salue...

— Vous êtes donc de noces, papa Blanquette... Vous voilà en grande tenue. Vous étiez dans la même voiture que la mariée.

— Mais il serait assez singulier que je ne fusse pas de noces, lorsque c'est mon neveu qui se marie.

— C'est votre neveu qui se marie ? Oh ! alors, je comprends... j'ai mon lièvre. Comment, ce cher petit Adolphe... qui ne voulait rien faire .. qui me mordait à rien, autant que je me le rappelle .

— Mais il a très bien mordu au mariage... D'ailleurs, Adolphe est maintenant un grand garçon.

— Quoi ! c'est de votre neveu dont vous célébrez la noce... et je le savais pas.. et moi, un vieil ami.. car vous savez, papa Blanquette combien je vous suis dévoué... Vous m'avez vu dans l'occasion... et on me fait rien savoir... et que je me trouve là par hasard ! Savez vous bien, monsieur Blanquette, que j'aurais le droit d'être choqué de ce procédé si j'étais susceptible... Mais je ne le suis pas... je laisse ce défaut aux imbéciles.

Depuis quelques instants le gros monsieur n'écoutait plus qu'à peine le personnage dont nous savons maintenant le nom. L'oncle du marié regardait venir les voitures, et une autre ayant remplacé celle d'où la mariée était descendue, il ne veut pas cette fois être en retard pour donner la main aux dames; il court vers la portière, laissant M. Cherami continuer de parler, et se bornant à lui faire une inclination de tête en murmurant : — Pardon, monsieur, mais je n'ai pas le temps; voilà des dames auxquelles il faut que je donne la main... je ne puis pas causer davantage.

M. Cherami se pince les lèvres, fronce les sourcils et hausse les épaules en disant : — Ah! c'est ainsi que tu es poli, toi, vieille ganache; cela fait son embarras, parce que cela a gagné de l'argent dans le commerce des draps d'Elbœuf; ne voilà-t-il pas quelque chose de bien surprenant!... Et moi qui lui ai envoyé plus de cinquante pratiques, entr'autre, mon tailleur. On a l'air de me connaître à peine. Tout cela, parce qu'on a de l'argent; beau mérite... Et qui est-ce qui n'a pas d'argent maintenant! Cela est devenu si commun, que les gens distingués n'en veulent plus.

— Je le crois fort distingué alors, ce grand sec-là, dit tout bas mademoiselle Laurette à son amie; car les deux jeunes filles avaient aussi quitté le bureau de correspondance pour venir regarder les gens de la noce, et elles se trouvaient assez près de M. Cherami, pour entendre ce qu'il disait : Ce qui était facile, même de loin, car ce monsieur parlait comme *Mengin*, lorsqu'il débite ses crayons au public.

Cependant les quatre voitures de la noce ont déballé leur monde, qui est entré chez le restaurateur, puis les remises sont parties et les curieux se dispersent, excepté ceux qui ont affaire au bureau des omnibus.

V. — LA FAMILLE CAPUCINE.

M. Cherami est resté sur la place, les yeux fixés sur la porte cochère du restaurant, et frappant son pantalon de sa badine, ses mouvements saccadés et nerveux, il semble indécis sur ce qu'il veut faire et murmure, mais toujours de façon à ce qu'on puisse l'entendre : — Je ne sais qui me retient; j'ai envie d'aller prendre ma part de cette noce; j'aurais bien le droit de me fourrer dans cette clique. Si j'étais en habit, je le ferais. Parole d'honneur, je le ferais; ce n'est pas que je tienne au repas, je sais ce que c'est qu'un festin! Dieu merci, j'en ai tortillé quelques-uns dans ma vie, et dont celui-ci n'approchera jamais. Sapristi! Qu'est-ce qui me serre les jambes comme cela...

— Monsieur, je vous en prie, ne bougez pas, c'est le cordon d'Abdalla qui s'est pris dans vos jambes, je vais le défaire.

— Corbleu! madame, vous avez un chien bien insupportable!... Lorsqu'on tient un animal en lesse, on ne lui lâche pas tant de cordon...

La vieille dame étant parvenue à démêler son épagneul d'avec les jambes de ce monsieur, se décide à prendre Abdalla sous son bras et s'éloigne avec lui en lançant des regards furibonds sur tout le monde.

Mais M. Cherami, débarrassé du chien, vient, en se retournant, d'apercevoir la grosse dame et les deux petits garçons qui attendent toujours des places pour aller à Belleville. Il pousse alors de nouvelles exclamations et se confond en saluts en s'écriant de façon à faire retourner toutes les personnes qui sont là.

— Eh! Dieu me pardonne!... c'est madame Capucine que j'aperçois, quelle heureuse rencontre! je ne m'attendais pas à ce bonheur. Comment, vous étiez là, belle dame!... et je ne vous avais pas encore aperçue.

— Oui, monsieur Cherami, je suis là et depuis assez longtemps, hélas! je vous assure que je m'impatiente beaucoup, être forcée d'attendre une heure pour avoir des places dans les omnibus.

— Ne m'en parlez pas, c'est insupportable! c'est pour cela que je vais toujours à pied, moi, je ne peux pas me résoudre à attendre... Voilà ces deux chers garçons, Narcisse et Aristoloche; ils embellissent tous les jours... ils seront superbes... c'est tout le portrait de leur mère.

Un sourire dans lequel on veut mettre de la modestie, vient se fixer sur les lèvres de madame Capucine qui répond en minaudant : — Ah! il y a bien aussi quelque chose de leur père!

— Vous croyez. Non, je ne trouve pas, moi, Capucine n'est pas beau; figure insignifiante, tandis que sa femme... Ah! le gaillard a su choisir par exemple. Mais je ne comp ends pas comment vous avez pu vous décider à l'épouser; moi, femme, je n'en aurais jamais voulu; c'est Vénus et Vulcain.

— Ah! monsieur Cherami! vous exagérez tout; on croirait à vous entendre que mon mari est bossu.

— S'il ne l'est pas, il devrait l'être...

— Comment... que voulez-vous dire par là...

— Chut! je m'entends... Mais si Capucine n'était pas mon ami!

— Adélaïde! Adélaïde!... je crois que voilà la voiture verte qui vient, venez donc par ici.

La cuisinière sort du bureau et arrive avec son panier. M. Cherami lui fait un aimable salut auquel elle répond à peine, en murmurant : — Bon! v'là le reste de nos écus! Est-ce qu'il va venir avec nous, celui-là; alors il n'y aura jamais assez de provisions.

— Est-ce que vous allez à la campagne, madame Capucine?

— Oui, monsieur; nous allons à Romainville.

— Vous avez acheté une maison de plaisance, une villa champêtre de ces côtés?

— Non, monsieur; c'est ma tante Duponceau qui possède une petite propriété par-là et nous allons chez elle passer la journée de demain dimanche.

— Que vous commencerez la veille à ce que je vois.

— Elle m'a fait lui promettre de venir le samedi avec mes enfants, Capucine viendra nous rejoindre demain.

— Ah! il n'est pas avec vous?

— Impossible; nous ne pouvons pas quitter tous à cause de notre commerce; c'est déjà beaucoup que je m'absente avec ma bonne.

— Mais vous avez votre commis.

— M. Ballot... oh! oui, toujours, nous sommes très-heureux de l'avoir... un garçon très intelligent... il est rempli de moyens.

M. Cherami sourit malicieusement en répondant : — Oui, oui, j'ai vu tout de suite qu'il faisait très-bien votre affaire. Je suis certain que vous pousserez ce jeune homme-là.

— Oh! il se poussera bien de lui-même... il viendra nous rejoindre demain à Romainville avec mon mari.

— Fête complète alors; mais en attendant vous êtes sans cavalier pour vous donner le bras, pour veiller sur vous.

— Il n'y a pas de dangers à courir sur cette route.

— Une belle femme court sans cesse des dangers. Tous les hommes ont envie de l'enlever, ils ne cèdent pas toujours à cette envie, mais je vous garantis qu'ils l'ont. Oh! pardieu! j'ai mon lièvre, une idée charmante me surgit : si je vous accompagnais à Romainville, votre tante Duponceau ne sera certes pas fâchée de me voir; je crois même qu'elle m'a un jour engagé à aller la visiter à la campagne... oui, elle doit m'avoir engagé... que pensez-vous de cette idée, belle dame?

Madame Capucine, qui a examiné avec attention la mise de ce monsieur, ne semble pas se soucier d'emmener avec elle à la campagne un cavalier dont la toilette ne lui ferait pas honneur; aussi au lieu de répondre à la question, s'écrie-t-elle : — A propos, monsieur Cherami, mon mari m'a chargé, quand je vous rencontrerai, de vous rappeler ce petit compte, vous savez, c'était des gilets de flanelle, il y a déjà fort longtemps que cela traîne; vous aviez promis de passer solder cela .. je crois que cela se monte à cent trente francs.

M. Cherami fait une horrible grimace et donne un coup de poing sur son chapeau en murmurant : — Eh! madame! je sais bien que j'ai un petit compte, une bagatelle, une misère; mais j'ai dû m'occuper d'affaires bien plus importantes que celles-là.

— C'est qu'il y a trois ans au moins que ce compte est en arrière.

— Quand il y aurait vingt ans!... ce n'en est pas moins une bagatelle!..

— Madame! madame! on appelle nos numéros, il y a des places.

— Ah! mon Dieu! me voilà. Allons, Aristoloche, marche donc .. Bonjour, monsieur Cherami; pensez à nous quand vous le pourrez. Mon Dieu!... je ne dis pas cela pour vous presser... me voilà, conducteur...

Madame Capucine court avec ses deux garçons sur les pas de la bonne, et bientôt tous les quatre étaient dans l'omnibus.

— Il y a encore deux places, mademoiselle, dit l'employé en s'adressant aux deux grisettes qui ont aussi des numéros pour Belleville; mais mademoiselle Laurette répond en faisant un signe de tête négatif.

— Merci, nous cédons notre tour, nous en attendrons un autre; je ne voyage pas avec du poisson, moi!... En bateau, passe encore, mais en voiture, cela vous parfume trop.

Quant à M. Cherami, c'est à peine s'il a répondu au bonjour de madame Capucine; il la regarde s'éloigner avec un air de dédain, en disant : — Est-elle commune dans la rue, en plein soleil, lorsque j'ai la bonté de lui adresser des compliments, de trouver jolis ses deux petits magots d'enfants. Va donc vendre tes bonnets de coton, Vénus hottentote, car cette femme me fait positivement l'effet d'une charge de Vénus. Belle drogue que tes gilets de flanelle, il n'y a que trois ans que je les mets, et ils se déchirent déjà! Je comprends bien pourquoi tu ne te soucies pas que j'aille chez ta tante Duponceau... cela pourrait gêner tes petits tête-à-tête avec ton commis Ballot. Oh! pauvre Capucine! .. quand je lui ai dit à cette énorme femme que son mari devait être bossu, elle a bien compris ce que je voulais dire. Avec tout cela, je voudrais bien savoir où je dînerai aujourd'hui!... et pour m'exprimer plus franchement, car je puis bien être franc avec moi-même, je desirerais savoir si je dînerai aujourd'hui.

VI. — M. CHERAMI.

C'est une bien triste chose que d'en être à se demander si l'on dînera? Et pourtant, dans Paris, il y a chaque jour des gens qui se trouvent dans cette position; mais ce qui est consolant à penser, c'est que ces personnes-là finissent ordinairement par dîner; quelques-unes fort mal, à la vérité d'autres médiocrement, mais d'autres très bien et comme si elles étaient encore au temps de leur prospérité. Ceux qui arrivent à bien dîner y parviennent par quelque stratagème, par quelque nouvel effort de leur imagination, qui cependant devrait être à bout de ruses. Ce que je trouve de plus surprenant, c'est qu'ils dînent gaiement, de fort bon appétit, sans s'inquiéter du lendemain! On s'habitue à tout, dit-on, si c'est là de la philosophie, je n'envie point les philosophes.

C'est surtout lorsque l'on est tombé dans la misère par sa faute, par son inconduite, par ses désordres, que cette misère doit être plus poignante, plus cruelle, plus pénible à supporter, et que la honte doit être sa compagne.

Ceux qui sont vraiment victimes de l'injustice du sort, ou de la sottise de leurs contemporains peuvent du moins relever la tête et ne point rougir de leur pauvreté. Tels furent Homère, méconnu durant sa vie; *Plaute*, réduit à tourner la meule d'un potier; *Xylander*, qui, pour obtenir un morceau de pain, traduisit son travail sur *Dion Cassius*; *Lelio Giraldi*, auteur d'une histoire curieuse des poètes grecs et latins, qui fut réduit à la même extrémité; puis encore *Ussérius*, savant chronologiste; *Corneille Agrippa*, qui a écrit sur la vanité des sciences et l'excellence des femmes; et le célèbre *Michel Cervantes* à qui l'on doit l'admirable roman de *Don Quichotte*.

Ajouterons-nous à cette liste *Paul Burghèse*, qui mourut de faim; *Le Tasse*, qui vécut une semaine avec un écu qu'on lui avait prêté; Ah! celui-là sortit pourtant de la misère, mais ce fut seulement la veille de sa mort; *Alde Manuce*, qui était si pauvre qu'il se rendit insolvable pour avoir emprunté seulement de quoi faire transporter sa bibliothèque de Venise à Rome, où il était mandé; le *cardinal Bentivoglio*, à qui l'on doit l'histoire des guerres civiles de la Flandre; il ne laissa pas de quoi se faire enterrer; *Baudoin*, traducteur de presque tous les auteurs latins; le grammairien *Vaugelas*; *Du Ryer*, auteur tragique et traducteur du Koran; tous ont vécu dans l'indigence. Mais arrêtons-nous, les citations ne manqueraient pas, elles nous entraîneraient trop loin... mais cela ne nous guérit en servent de nos habitudes; c'est la position de M. Cherami qui nous a amené à les lire; revenons donc à ce monsieur.

Ce personnage, que nous voyons maintenant si mesquinement habillé, et ne sachant pas s'il dînera, avait eu une position fortunée, et cité pour sa mise, sa tournure et ses aventures galantes. Son père, qui avait brillé dans la magistrature consulaire, n'avait que cet enfant; Arthur (tel est le prénom de M. Cherami), Arthur avait été chéri, choyé, gâté, adulé, et l'on s'était promis d'en faire un grand homme. Pauvres parents qui croient que l'on peut faire de son enfant un homme illustre, comme on en ferait un tailleur ou un bottier. Arthur devint grand, mais de taille seulement. On ne mit au collège. on lui a donner une brillante éducation; le jeune Cherami apprit assez bien; il avait de l'intelligence, de la facilité; il devint surtout très fort sur les arts d'agréments, comme l'escrime, l'équitation, la gymnastique, mais il avait la plus grande aversion pour toute espèce d'occupation sérieuse; et quand ses parents lui dirent : — Veux-tu être avocat, médecin, homme de lettres, agent de change ou général?...

Arthur répondit : — J'aime mieux me promener sur les boulevards et fumer de gros cigares à huit sous.

Cette réponse, remplie de franchise, annonçait les plus heureuses dispositions pour manger la fortune que ses parents avaient si laborieusement amassée dans le négoce, et qu'en effet ils ne tardèrent pas à laisser à leur fils bien aimé. A vingt-deux ans, Arthur, qui n'avait fait encore que se promener et fumer, se trouva orphelin et à la tête de trente-cinq mille francs de rente.

Alors, il s'abandonna à son goût pour les plaisirs, empêchant d'un penchant très vif pour le beau sexe; et le beau sexe n'est jamais ingrat envers un homme riche et généreux. Arthur n'était pas beau : son nez de travers, ses petits yeux, et son menton de galoche, n'en faisaient pas un bien joli garçon; cependant les femmes lui dirent, lui répétèrent qu'il était charmant, adorable, irrésistible, et il le crut.

On croit aisément ce qui flatte notre amour-propre. Pourtant Arthur n'étaient point un homme d'esprit; il avait même de l'esprit; mais il manquait totalement de bon sens, et privé de bon sens, l'esprit ne sert, en général, qu'à faire des sottises. Larochefoucault mot cela au chapitre des femmes; moi, je crois que cela peut parfaitement s'adresser aux deux sexes.

A trente ans, le beau Cherami avait mangé, dépensé, englouti tout son héritage. Mais il avait été cité pour ses toilettes, ses chevaux ses conquêtes, ses bonnes fortunes. Huit ans pour manger trente-cinq mille francs de revenu, ce n'était pas aller trop vite; nous voyons souvent des jeunes gens qui en beaucoup moins de temps,

en mangent le triple; mais il est vrai que le bel Arthur ne jouait point à la bourse.

Obligé alors de vendre son mobilier, ses chevaux, son argenterie, Cherami vécut encore quelque temps de ces ressources; mais déjà ses amis ne le trouvaient plus si spirituel, si aimable, et les femmes ne l'appelaient plus : leur bel Arthur. C'est qu'il ne pouvait plus faire de riches cadeaux à ces dames, et qu'au lieu de prêter de l'argent à ses amis ou de payer pour eux dans une orgie, il les priait maintenant de payer pour lui, et souvent leur empruntait de l'argent.

A trente-cinq ans, Cherami était ce que ses bons amis appelaient : entièrement dégommé, autrement dit ruiné. Après avoir vécu pendant quelque temps sur son crédit, il avait cessé d'en obtenir chez son tailleur, chez son chemisier, chez son bottier; alors il avait fallu porter des vêtements fanés, puis usés, puis râpés; des chapeaux qui de noir tournaient au roux; des bottes éculées et rarement cirées. Dans ce costume, lorsque Cherami disait à quelqu'une de ses anciennes connaissances : — J'ai oublié ma bourse, prêtez-moi donc vingt francs.

La connaissance faisait la grimace, et au lieu de vingt francs, ne prêtait que cent sous, et quelquefois ne prêtait rien du tout, car un homme en habit râpé n'inspire pas de confiance. On ne prête qu'aux riches, parce qu'on pense qu'ils rendront.

Au bout de quelque temps, le ci-devant bel Arthur se vit privé de cette dernière ressource. Il avait tellement dit à ses anciens amis : « J'ai oublié ma bourse ! » ou : « Je viens de m'apercevoir que ma poche est percée. » Que ceux qui le fuyaient de plus loin qu'ils l'apercevaient; beaucoup même cessèrent de lui rendre son salut, et firent comme s'ils ne le connaissaient pas. L'infortune est l'écueil de l'amitié !...

Cependant, de sa brillante fortune, il était resté à Cherami quelque chose, bien peu de chose, mais enfin c'était assez pour ne point mourir de faim, et le hasard avait voulu que le bel Arthur ne pût point disposer de ce léger débris de ses richesses, sans quoi il n'eût pas manqué de le dépenser comme le reste.

VII. — LE MARCHAND DE CHARBON.

Le père de notre dissipateur avait, peu de temps avant de mourir, obligé un de ses serviteurs en lui prêtant onze mille francs pour s'établir marchand de charbon de terre. Et pour seule condition de ce prêt, le négociant, qui connaissait la probité de son obligé, lui avait dit : — Vous paierez à mon fils, les intérêts de cette somme à raison de cinq pour cent par an. C'est donc cinq cent cinquante francs que vous lui servirez, tant que vous le voudrez pas, et seulement pendant une dizaine d'années... Après quoi, vous serez quitte. Mais il est bien entendu que je vous défends de rendre jamais le capital.

Aucun engagement écrit n'avait cimenté ces conditions, le négociant n'avait voulu recevoir aucun titre de son débiteur. Mais celui-ci avait fidèlement rempli les intentions de son ancien maître. Tous les trois mois, il apportait à Arthur cent trente-sept francs cinquante centimes, intérêt légal de l'argent qu'il avait reçu. Aux jours de sa prospérité, et lorsqu'il avait encore vingt-cinq mille francs de rente, le jeune Arthur avait souvent dit à Bernardin, c'était le nom du marchand de coke : — Eh ! que diable veux-tu que je fasse de ces cent trente-sept francs, Bernardin, est-ce que je tiens à cette misère ! Va donc manger avec cela une matelote à la Râpée... avec quelque joli minois ! Cela vaudra beaucoup mieux. Je te tiens quitte moi.

Mais le marchand de charbon, homme probe, économe, et rigoureusement exact en affaires, se contentait de répondre au jeune homme : — Monsieur, je vous dois cet argent, c'est l'intérêt de la somme que monsieur votre père a bien voulu me donner... je dois donner, car feu mon respectable maître ne voulait pas même que je lui en payasse les intérêts.

— Je sais tout cela, Bernardin, je sais tout cela... mais tu vois bien que je ne te les demande pas non plus, moi, les intérêts !... tu peux les garder... acheter avec cet argent des bonbons pour tes enfants.

— Mes enfants ont ce qui leur faut, monsieur, et moi je tiens à remplir mes engagements.

— Il n'y a pas d'engagement réel, puisque je n'ai aucun titre, aucun reçu de toi.

— Entre honnêtes gens, il n'y a pas besoin de titres, monsieur. J'en avais offert un à monsieur votre père, il l'a positivement refusé; de même qu'il m'a défendu de jamais rendre le capital dont je vous paie l'intérêt.

— Et tu me dois payer ces intérêts que pendant dix ans, je le sais aussi.

— Oh ! quant à cela, monsieur, je n'ai rien répondu à monsieur votre père lorsqu'il a ajouté cette condition, mais je ferai mon devoir.

Et l'honnête marchand de charbon s'éloignait en laissant devant Arthur Cherami la petite somme qu'il avait apportée.

Lorsque les trente-cinq mille francs de rente furent dissipés, et que le bel Arthur en fut réduit à faire ressource de son mobilier, il reçut avec moins de mépris les cent trente-sept francs cinquante centimes que Bernardin ne manquait jamais de lui apporter le premier de chaque mois où l'on paie son loyer.

Un jour, Cherami n'avait plus de meubles, de bijoux, ni de chevaux à vendre, et il s'était logé en garni lorsque Bernardin lui apporta le trimestre de sa rente. Le fidèle marchand de charbon connaissait la conduite du fils de son ancien maître, il avait vu le jeune homme dissiper follement cette fortune que ses parents avaient eu tant de peine à amasser; vendre la maison qu'on lui avait laissée; puis passer d'un hôtel brillant dans un appartement plus modeste, puis de là, dans un hôtel garni. Bernardin ne s'était jamais permis la moindre réflexion, la plus petite observation sur ces changements de situation; seulement à chaque nouvelle dégringolade du jeune homme, il poussait un profond soupir, et disait en lui-même :

— O mon pauvre maître! c'est bien heureux que vous ne soyez pas témoin de la conduite de votre fils!

Or, ce jour-là, Arthur n'avait plus le sou, vit avec joie arriver sa petite rente; mais comme Bernardin allait le quitter, après lui avoir compté son argent, il le retint en lui disant : — Écoute, mon cher Bernardin, je vais te faire une proposition.

— Je vous écoute, monsieur.

— Tu m'apportes fort régulièrement les intérêts des onze mille francs que tu as reçus de mon père... tu aurais cependant le droit de ne plus me les payer, car il y a déjà plus de dix ans d'écoulés et...

— Monsieur, je crois vous avoir dit que je vous les payerais toujours... je ne me croirais pas quitte autrement...

— C'est très-bien... je ne saurais blâmer cette rigoureuse probité, mais je vais t'offrir, moi, le moyen de t'acquitter. Donne-moi mille écus... trois mille francs comptant, cela me fera plaisir; ça m'obligera même... parce qu'avec trois mille francs!... on peut faire quelque chose... tandis qu'on ne peut rien faire avec cent trente-sept francs... donne-moi donc cette somme et je te tiens quitte de tout et tu n'auras plus de rente à me payer... est-ce arrangé?

— Non, monsieur, cela ne se peut pas.

— Pourquoi donc, puisque cela me convient ainsi.

— Il ne me convient pas à moi d'acquitter une rente de cinq cent cinquante francs en donnant mille écus, ce serait de l'usure.

— Qu'est-ce que tu me chantes avec ton usure? du moment que cela m'arrange, que c'est moi qui te le demande...

— Non, monsieur, je ne dois pas accepter cette proposition.

— Eh bien! alors donne-moi les onze mille francs que tu as reçus, puisque tu es si chatouilleux sur la probité .. comme ça ta conscience sera parfaitement en repos et nous serons d'accord tous les deux.

— Non, monsieur, je ne vous rendrai pas le capital que j'ai reçu, parce que monsieur votre père me l'a jadis expressément défendu... ce fut sa première condition en me remettant cet argent... et qui sait s'il ne lisait pas alors dans l'avenir... s'il ne prévoyait pas qu'un jour cette modeste rente serait une dernière ressource pour son fils...

— Monsieur Bernardin, vous vous permettez de...

— Pardon, monsieur, je ne me permets rien... mais monsieur doit bien penser que je connais sa position...

— Ma position... eh pardieu! c'est celle de tous les jeunes gens qui ont bien vécu... qui se sont amusés... qui ont été adorés des femmes...

— Oui, monsieur... mais vous avez peut-être été trop bon, trop généreux pour elles...

— J'ai fait ce qui m'a plu... si c'était à recommencer, je le ferais encore!...

— Je n'en doute pas, monsieur... d'ailleurs vous êtes le maître de disposer de votre bien...

— Oui, certes... je le suis... c'est-à-dire je l'étais. Voyons, Bernardin, me donnes-tu les onze mille francs?

— Non, monsieur, car de là-haut votre père me blâmerait.

— Alors donne-moi mille écus.

— Pas davantage; mais je paierai toujours la rente à monsieur... et si de pain je venais à manquer, mes enfants continueraient de payer... oh! c'est une chose sacrée et sur laquelle monsieur peut compter...

— Eh bien! voyons, paies-moi trois ans d'avance, seize cent cinquante francs... ah! tu ne peux pas me refuser cela?

— Pardonnez-moi, monsieur, je refuse et dans votre intérêt, car les trois années de votre rente vous les auriez dépensées avant six mois... et alors cette faible ressource vous manquerait encore.

— Monsieur Bernardin, vous ne voulez rien m'avancer?

— Je ne le dois pas, monsieur.

— Eh bien! alors, fiche-moi le camp, j'ai mon lièvre!

Bernardin a salué fort respectueusement le fils de feu son maître et s'était éloigné.

Quelque temps après, et lorsqu'il était tombé dans l'état le plus précaire, Arthur Cherami avait recommencé près de Bernardin ses pressantes sollicitations pour obtenir une avance sur sa rente, ou une portion du capital, mais toutes ses prières avaient été vaines. Le vieux serviteur était inébranlable, et d'autant plus inflexible dans sa résolution, qu'il savait bien qu'en agissant ainsi il ménageait une modeste ressource au fils de son bienfaiteur.

Les années s'écoulèrent. Loin de devenir plus sage à l'école de la pauvreté, le ci-devant bel Arthur avait conservé les mêmes passions, les mêmes défauts et la même impertinence qu'au temps de sa prospérité. Sans doute, c'est bien peu de chose que quarante-six francs par mois, ce qui donne, à peu de chose près, trente sous par jour, et lorsque l'on vit avec cela qu'un homme se loge, se vêtisse et se nourrisse, il doit faire assez maigre chère. Et pourtant, dans ce Paris où l'on prétend que la vie est si coûteuse, depuis ces bienfaisants établissements de bouillon et de bœuf tout cuit, depuis surtout que ces établissements ont eu l'heureuse idée de donner à manger chez eux, un homme peut dîner avec sept sous; oui, lecteur, avec sept sous! savoir : deux sous de bouillon, trois sous de bœuf, et deux sous de pain. Et cet homme-là aura pris une nourriture plus saine, plus confortable que celui qui, moyennant trente-deux sous, a un potage, trois plats au choix, un dessert, du pain à discrétion et une demi-bouteille de vin.

Mais lorsque M. Cherami recevait le trimestre de sa rente, au lieu de ménager cette petite somme, disait dernière ressource, d'acquitter quelques dettes et d'aller dîner à très-bon compte dans un établissement de bouillon, il se rendait chez un des meilleurs traiteurs de Paris, la tête haute, l'air arrogant, s'étalait devant une table, appelait le garçon, et commandait un dîner fin; les mets les plus recherchés, les vins les plus généreux, tout cela de façon à ce que toutes les personnes qui dînaient là pussent l'entendre. Enfin, il reprenait son rôle de lion, oubliant qu'il ne l'était plus la misère, et en imposant encore à la multitude par son air de grand seigneur.

Les uns se disaient : — C'est un original qui affecte de se vêtir pauvrement pour cacher qu'il est millionnaire.

Les autres : — C'est quelque étranger, quelque grand personnage qui veut garder l'incognito à Paris.

Et les garçons servaient avec promptitude, avec une extrême politesse, ce monsieur en paletot râpé, qui mangeait des perdreaux truffés et buvait du champagne frappé, et en payant sa carte, Cherami ne reprenait jamais la monnaie que lui rendait le garçon, y eût-il deux ou trois francs, il lui criait : — C'est bien... gardez cela, c'est pour vous!

Alors le garçon s'inclinait jusqu'à terre devant ce monsieur si généreux. Celui-ci sortait fièrement du salon, enchanté de l'effet qu'il avait produit là-dedans, et n'avait pas de quoi dîner.

Et que l'on ne croie pas que ce personnage soit imaginaire, qu'il n'y a pas d'homme assez sot pour se conduire ainsi; il y en a, et beaucoup. Pour notre part, nous en avons connu plus d'un.

Mais lorsqu'il ne restait plus rien du modeste trimestre, il fallait de nouveau vivre d'emprunts, de ruses; il fallait se contenter du très-vulgaire ordinaire d'une gargotte dont la maîtresse voulait bien lui faire crédit parce qu'il lui contait des douceurs et la comparait à Vénus, quoiqu'elle eût les yeux chassieux et le nez violet. Dans ce gargot, on ne pouvait pas demander du champagne et des truffes, c'eût été perdre son temps; mais Cherami trouvait encore le moyen d'y faire de l'embarras. Criant plus fort que tout le monde, étourdissant chacun par son habil, ayant toujours à raconter une aventure dont il était le héros, et dans laquelle il avait fait des choses merveilleuses. Si l'un des auditeurs avait l'air de douter de la véracité de son récit, il le provoquait, l'injuriait; le ménager, voulait absolument se battre sur-le-champ, et, pour rétablir la paix et calmer ce monsieur, il fallait que celui qui l'avait apostrophé le régalât au moins d'une demi-tasse accompagnée de son petit verre. Quant aux garçons du cabaret, comme il n'avait rien à leur donner, il les traitait comme des chiens et levait sur eux sa badine lorsqu'ils ne le servaient pas assez promptement.

Si, au lieu de passer son temps à flâner et à fumer, M. Cherami avait voulu faire quelque chose, il aurait augmenté son revenu et pu vivre sans avoir sans cesse recours aux emprunts. Il était assez instruit; il lui était resté de son éducation une légère souvenance de beaucoup de choses, il en savait assez, enfin, et pouvait passer pour savant auprès de ceux qui ne le sont pas. Son écriture était assez belle pour qu'il pût se mettre copiste. Dans sa jeunesse il avait appris la musique, jouait un peu du violon; il aurait encore pu tirer parti de ce talent et trouver une modeste place dans un orchestre d'un théâtre de second ordre, ou bien encore faire danser à la guinguette la grisette et l'ouvrier.

Mais le ci-devant bel Arthur regardait comme fort au-dessous de lui ce travail qu'on lui proposait; il aurait cru s'avilir en se faisant copiste ou ménétrier, et ne rougissait point d'emprunter cent sous lorsqu'il savait bien qu'il ne pourrait pas les rendre... Comment donc ces gens-là entendent-ils l'honneur?... Convenons plutôt qu'ils s'en font un à eux, comme il y a des peintres qui font des tableaux qui n'ont rien de naturel, mais qu'on est convenu de nommer natures de convention.

Un jour qu'à bout de moyens, s'étant vu refusé par tous ceux

Je ne suis pas un marmiton, entendez-vous, grand efflanqué. (Page 4.)

auxquels il avait emprunté, n'osant point aller à son gargot, parce que la maîtresse de l'établissement était absente, Chérami se voyait dans la dure nécessité de se passer totalement de dîner, il lui vint l'idée de se rendre chez son payeur de rente; et le voilà en route pour aller chez le marchand de charbon de terre, se disant, chemin faisant : — Bernardin ne veut jamais me faire la moindre avance; mais, sacrebleu! quand je lui dirai que je n'ai pas de quoi dîner, il n'est pas possible qu'il me laisse mourir de faim.

Le modeste commerçant allait se mettre à table avec sa famille, lorsque Chérami se présenta devant lui en s'écriant : — Ah! diable! il paraît que vous allez dîner, vous autres! vous êtes bien heureux. Moi, je n'ai pas de quoi dîner, Bernardin, prête-moi un écu, afin que je puisse me restaurer aussi.

Le marchand de charbon répondit d'un ton respectueux : — Je n'ai jamais d'argent à prêter; mais si monsieur veut nous faire l'honneur de s'asseoir à notre table, nous serons heureux de lui offrir notre modeste dîner.

— Ah! c'est comme ça... eh bien soit! répondit Chérami en se plaçant sur-le-champ à table.

Mais chez Bernardin le dîner était fort simple : il se composait de la soupe, le bœuf et un plat de pommes de terre. Quant au vin, c'était de l'Argenteuil très nouveau.

Chérami s'écria que le bouillon était maigre, le bœuf dur et le vin très-mauvais; le dessert ne se composait que d'un morceau de fromage de Géromé, qu'il prétendit n'être bon que pour des maçons; et il s'étonna beaucoup qu'on ne prît point de café après le repas; enfin il se leva de table de fort mauvaise humeur, en disant à Bernardin et à sa femme : — Mes enfants, vous vous nourrissez très-mal, vous vivez comme des pleutres, je ne viendrai plus dîner chez vous.

Ce fut son seul remercîment à ses hôtes.

VIII. — LE RESTAURANT DU PARC SAINT-FARGEAU.

Arthur Chérami se trouvait donc ce jour-là dans une de ces positions perplexes qui s'augmentait d'une circonstance aggravante, c'est qu'il s'était passé de dîner la veille.

Il ne tenait cependant qu'à lui de se rendre chez Bernardin, et là il était bien certain qu'à défaut d'argent on ne lui refuserait point à dîner. Mais vous savez que notre ancien viveur avait été fort peu satisfait du repas qu'il avait pris une fois chez le marchand de charbon; non-seulement il avait trouvé tout mauvais, car ce monsieur dans sa misère était resté fort difficile; mais encore il s'était aperçu que, chez son payeur de rente, ce serait en vain qu'il essaierait de blaguer; c'est à dire de faire de l'embarras, de mentir, de vouloir se poser. La famille du marchand de charbon ne souriait même pas aux histoires extraordinaires qu'il contait, et c'était cela, plus peut-être que la simplicité du dîner, qui avait froissé Chérami. Dans la gargote où il était forcé d'aller quelquefois, il se contentait d'un méchant plat, mal accommodé, parce qu'en le mangeant, il pouvait crier bien fort, pérorer et se faire écouter par la plupart des habitués de l'endroit. Nous savons comment il se faisait payer du café par ceux qui se permettaient de ne pas croire tout ce qu'il racontait.

Arthur n'avait nullement affaire au bureau de correspondance des omnibus; mais il savait que dans ces endroits-là on rencontre fréquemment quelque personne de connaissance. Dans ce mouvement continuel de gens qui vont et viennent, qui partent, qui arrivent, il n'est point rare de se trouver avec quelqu'un que l'on n'a pas vu depuis longtemps et que parfois on ne croit plus être à Paris. Arthur, qui n'avait rien à faire, se rendait donc très souvent à une gare de chemins de fer, se promenant de long en large devant les bureaux où l'on prend ses billets, comme s'il attendait quelqu'un... et en effet, il attendait toujours que le hasard fît arriver là une personne de sa connaissance à laquelle il pourrait emprunter cent sous.

Ou bien il allait se poser devant un bureau de correspondance d'omnibus, toujours dans la même espérance. Cette fois, il avait été en effet rencontrer des connaissances, mais le résultat n'avait pas répondu à son attente. Mal accueilli par le papa Blanquette, repoussé avec perte par madame Capucine, il commençait à croire qu'il ne ferait pas ses frais, et se disait, mais en lui-même maintenant :

— Sapristi! Dans quel temps vivons-nous? Le monde devient indécrottable!... Plus de politesse, plus d'urbanité, plus de bonnes manières... Autrefois quand je rencontrais un ami, ma première parole était : — Tu viens dîner avec moi.

Il acceptait ou il n'acceptait pas, mais l'offre était faite... aujourd'hui on ne s'offre plus la moindre chose... beaucoup même se permettent de passer raide et de faire comme s'ils ne me connaissaient pas... il y en a d'autres qui poussent l'insolence jusqu'à oser me demander quelques misérables pièces de cent sous qu'ils m'ont prêtées et que je ne leur ai pas rendues. Pardieu! j'en ai prêté bien d'autres jadis... et je ne les redemandais jamais, parce que je savais bien que ce serait inutile... Entre amis est-ce qu'on doit se rendre l'argent prêté... est-ce que ce qui est à l'un ne doit pas être à l'autre... Voilà comme j'en-

Ah! diable! il paraît que vous allez dîner. (Page 8.)

tends l'amitié, moi!... cette belle! cette véritable amitié que pratiquaient *Castor* et *Pollux*... *Pythias* et *Damon*, *Achille* et *Patrocle*, *Oreste* et *Pylade*... Est-ce que nous voyons dans l'Iliade que jamais *Patrocle* ait dit à *Achille* : Je t'ai prêté cent sous... ou vingt francs, rends-les moi. Fi donc! ça n'y est pas, on n'a aucun exemple de ces choses-là!.. et je défie tous mes anciens compagnons de plaisir de m'en citer un seul... Avec tout cela, je sens aujourd'hui que la nécessité du dîner se fait sentir... je ne puis pas aller à mon petit cabaret de la rue Basse-du-Temple... la maîtresse du logis est indisposée... son mari la remplace au comptoir, et celui-là est toujours indisposé contre moi... il se permet aussi de me demander de l'argent... gargotier, si j'en avais de l'argent est-ce que j'irais manger chez toi?... Ah!... il y a bien Bernardin.. là je suis sûr de trouver à dîner... mais je m'ennuie beaucoup chez ces gens-là... Et puis dîner chez un ancien serviteur de mon père... cela humilie mon amour-propre... Corbleu! est-ce que comme *Titus* j'aurais perdu ma journée?..

Et tout en frappant encore son pantalon avec sa badine, Cherami portait les yeux autour de lui. Il remarqua alors les deux jeunes filles qui attendaient d'autres places pour Belleville.

— Voilà deux minois de grisettes qui me plaisent assez, se dit-il, en se rejetant sur sa hanche gauche, une brune et une blonde... chair de procureur, comme nous disions jadis au club... elles sont drôlettes toutes deux... la blonde a l'air niais, mais la brune a de l'esprit dans la prunelle... si j'essayais de faire leur conquête en leur proposant un dîner fin... je gage qu'elles accepteraient... je connais le sexe... ces jeunes filles sont si gourmandes... oui, mais ensuite... il faudrait qu'elles payassent le dîner... cela pourrait les gêner... et je ne veux pas mettre des femmes dans l'embarras... ce ne serait pourtant qu'une revanche que je prendrais!..

Tout en faisant ces réflexions, Cherami s'est cependant rapproché des deux jeunes filles; il va se poser devant elles en fredonnant un air de fantaisie, et leur lance un regard dans lequel il a mis tout ce qui lui reste de séduction. Ces demoiselles se regardent et partent d'un éclat de rire, mademoiselle Laurette se permet même de dire d'un ton goguenard : — C'est quelque tuyau de l'Opéra-Comique qui a une fuite par ici... cela vaut toujours mieux qu'une fuite de gaz!...

— Ah! ah! nous sommes spirituelle et sardonique! dit Cherami en s'adressant à mademoiselle Laurette, je l'avais deviné rien qu'en admirant votre minois piquant!..

— Mais, monsieur, je ne sais pas ce que vous voulez dire, répond la jeune fille en tâchant de prendre un air sérieux;

— Je réponds à la réflexion que vous venez de faire au sujet d'une roulade que je me suis permise... et qui n'était peut-être pas entièrement perlée.

— Moi, monsieur, je ne sais pas seulement si vous avez chanté, je disais à mon amie Lucie que nous arriverions bien tard au restaurant du parc Saint-Fargeau et que je ne savais pas si on y dansait le samedi...

— Ah! ces demoiselles vont au parc Saint-Fargeau... c'est au-dessus de Belleville, je crois?

— Oui, monsieur...

— Et il y a maintenant par là un restaurant, où l'on danse?... pardon, je vous demande cela pour me renseigner... étant très-amateur des endroits où l'on dîne bien... et où l'on s'amuse; et il y a longtemps que je suis allé de ces côtés.

— Alors vous y trouveriez du changement. Oui, monsieur, dans le parc Saint-Fargeau, il y a maintenant un restaurateur qui a un grand jardin dans lequel il y a une pièce d'eau... mais ce n'est pas de l'eau pour rire... elle porte bateau, on peut se promener dessus... c'est grand, il y a une île dont on fait le tour avec précaution, car la pièce d'eau est profonde!...

— On peut s'y noyer! dit mademoiselle Lucie.

— Ah! on a aussi le droit de s'y noyer...

— Dame!... si l'on tombait dans l'eau!

— C'est juste; il y a aussi une salle de danse?

— Oui, monsieur, une salle en plein air et une à couvert en cas de pluie.

— Allons, je vois que rien ne manque, et si avec cela la cuisine est bonne...

— Très-bonne et on mange là des matelottes excellentes, parce qu'on prend le poisson dans l'endroit même.

— Décidément ce restaurant champêtre aura incessamment ma visite! j'y serais même allé aujourd'hui... heureux, mesdemoiselles, de faire la route avec vous, si... je n'attendais pas ici quelqu'un... qui ne viendra pas, je commence à le croire... c'est diabolique... on nous attend à dîner au Palais-Royal... cinq heures approchent... il sera cause que nous manquerons au rendez-vous et on dînera sans nous!

— Vous dînerez ailleurs, voilà tout!... il ne manque pas de traiteurs à Paris.

— Vive Dieu!... qui le sait mieux que moi... aussi je ne suis pas embarrassé, c'est-à-dire je n'ai que l'embarras du choix, et si ces demoiselles voulaient me faire l'honneur d'accepter un petit dîner dans ces environs...

— Merci, monsieur, nous n'acceptons pas comme ça des dîners ; d'ailleurs on nous attend au parc Saint-Fargeau...

— C'est bien pour cela que je les invite, se dit Cherami.

Puis il répond : — Ces demoiselles sont dans le commerce ?

— Oui, monsieur, nous sommes plumassières ; nous travaillons dans un des meilleurs magasins de la rue Saint-Denis ; mais aujourd'hui c'est la fête de la patronne, voilà pourquoi nous avons notre journée à nous.

— Enchanté d'avoir fait votre connaissance. Ah ! vous êtes dans les plumes . . charmant état pour une femme... elles en ont la légèreté... qui se ressemble s'assemble.

— Est-ce une sottise qu'il nous dit là, ce monsieur, murmure mademoiselle Lucie à l'oreille de son amie.

— Mais non, bêtasse, c'est un compliment au contraire.

— Belleville !... Belleville ! les voyageurs !

— Laurette, voilà la voiture de Belleville et on nous fait signe qu'il y a des places pour nous...

— Oh ! courons alors. Bonjour, monsieur.

— Ah ! vous partez si vite, je croyais que... je pensais...

Les deux jeunes filles sont déjà dans l'omnibus qui bientôt disparaît. Cherami fait une demi-pirouette sur lui-même en murmurant :

— Elles ont eu bon nez en refusant mon dîner. Peste !... Comment m'en serais-je tiré ! je me suis pas fâché d'avoir causé avec ces petites... l'une s'appelle Laurette, l'autre Lucie ou Lucile, ce sera des connaissances dans l'occasion ; cela peut servir si j'ai jamais besoin d'acheter des plumes.

XI. — UNE AUTRE NOCE.

Un jeune homme de vingt-cinq ans à peu près, d'une tournure élégante, mais dont la toilette est un peu en désordre, vient d'arriver précipitamment à cet endroit de la porte Saint-Martin. Il marche vivement et ne s'arrête que devant la porte cochère de la maison du restaurant Deffieux. Là, ce jeune homme regarde avec inquiétude, avec anxiété même sous la porte cochère, puis autour de lui, puis sur le boulevard ; à la pâleur de son visage, à l'altération de ses traits, à l'expression de ses yeux, il est facile de voir qu'il est en proie à une vive douleur qu'augmente encore l'attente d'un événement prochain. Cherami vient à peine d'apercevoir ce jeune homme, que celui-ci court à lui, en lui disant d'une voix émue : — Monsieur, est-ce que vous êtes là depuis quelque temps ?

— Mais oui, monsieur, depuis assez longtemps même.

— Pardon... mais alors vous pourriez me dire... avez-vous vu arriver une noce ici, chez ce restaurateur ?

— Une noce... certainement, j'en ai vu une... il n'y a même pas bien longtemps que les voitures sont reparties.

— Elle est arrivée... déjà !... je croyais être ici avant eux.

— Non, vous êtes en retard.

— Ils sont entrés là.

— Oui, monsieur ; j'ai même fort bien vu la mariée.

— Vous avez vu Fanny ?

— Je ne sais pas si elle se nomme Fanny... je l'ignorais ; mais ce que je sais, c'est qu'elle est fort gentille.

— Oh ! oui, monsieur, elle est charmante, n'est-ce pas ?

— C'est une jolie mariée, sans être une beauté.

— Oh ! monsieur, il n'y en a pas au monde de plus belle.

— Ceci dépend du goût... je ne veux pas vous contrarier là-dessus !

— Était-elle pâle... tremblante..! avait-elle l'air d'avoir pleuré !

— Mais pas du tout .. elle était fraîche, rose, gracieuse... elle a sauté en bas de la voiture en riant ; alors j'ai pu voir sa taille qui n'est pas mal, bien que la jeune personne soit un peu boulotte.

— Boulotte... mais non, elle est mince, petite.

— Je vous assure qu'elle est grassouillette... mais ça ne fait pas mal pour une blonde... les blondes maigres ça tourne au plumeau...

— Blonde... Fanny est brune ! vous vous êtes trompé, monsieur, ce n'est pas la mariée que vous avez vue.

— Ce n'est pas la mariée que j'ai vue. Oh ! pardonnez-moi, monsieur, je ne peux pas m'être trompé, puisque j'ai causé avec l'oncle du marié de qui je connais beaucoup, le père Blanquette, marchand de draps en gros

— Blanquette... Ah ! pardon, monsieur... je me trompais, la noce que vous avez vue, n'est pas celle que j'attends...

— Ah ! ma foi ! ce n'est pas ma faute. Vous me demandez s'il est venu une noce chez ce traiteur, je vous dis ce que j'ai vu, moi ! à présent ce n'est plus cela qu'il vous faut, expliquez-vous mieux alors !...

— Ah ! monsieur, excusez-moi... il m'est bien permis de me tromper... je souffre tant !...

— Au cœur ?... Oh ! diable... en effet, vous êtes bien pâle... et où souffrez-vous ?

— C'est au cœur...

— Au cœur... mais alors il faut prendre quelque chose... venez avec moi dans un café... je sais ce qu'il vous faut... j'ai eu souvent mal au cœur...

— Non, non... je ne quitterai pas cette place que je ne l'ai vue... la perfide... l'infidèle.

— Vous attendez une infidèle, cela ne devrait pas vous empêcher de prendre quelque chose pour vous remettre... vous êtes horriblement pâle, vous allez vous trouver mal... quand on attend une femme perfide, il faut de la force, du courage... du nerf... venez prendre un consommé, il y a ici près une entreprise de bouillon.

— Ah ! les voilà !... les voilà ! oh ! oui, je suis sûr que ce sont eux cette fois... je le sens à ce que j'éprouve... Tenez, monsieur, voyez-vous ces voitures sur le boulevard...

— En effet, c'est encore une noce... Peste ! cela me semble fort élégant, ceci...

— Les voitures viennent ici... voyez-vous, monsieur...

— Des équipages... remises avec laquais à livrées... c'est beaucoup mieux que la noce de Blanquette.

— On arrête là... venez... approchons...

— Oui... oui... Oh ! soyez tranquille, je ne vous quitte pas... est-ce que votre infidèle serait ?...

— Fanny... elle s'est mariée avec un autre... je l'aimais tant...

— Pauvre garçon ! je comprends maintenant votre douleur...

— Ah ! je voudrais mourir sous ses yeux.

— Pas de bêtise !... est-ce qu'il faut mourir pour une femme... allons donc... il n'y a rien qui se remplace plus facilement !...

La première voiture de cette autre noce venait de s'arrêter : il en descend quatre hommes tous jeunes, élégants, de bonne tournure ; l'un de ces quatre semble le héros de la cérémonie ; c'est lui qui donne des ordres, envoie ses garçons d'honneur vers d'autres voitures, leur indique à quelle personne ils doivent offrir la main. Celui-là est un peu âgé, il approche de trente ans et sa vie a dû être bien employée, car ses traits, fortement dessinés, mais fatigués, annoncent l'excès du travail ou des plaisirs. C'est un joli garçon, grand, mince, l'air distingué ; mais ses grands yeux bruns sont cerclés de noir, sa bouche est mince, ses lèvres sont serrées, son sourire a plus d'ironie que de gaîté, son front accuse déjà des rides assez nombreuses ; ses sourcils se contractent souvent pour peu qu'il s'anime en parlant ; enfin, ses cheveux, d'un beau noir et taillés en brosse, sont déjà assez rares sur le devant de la tête et ne présentent plus au milieu qu'une petite pointe pour garantir encore le sommet.

— C'est lui !... c'est Auguste Monléard ! murmure en frémissant le jeune homme auquel Cherami s'est attaché, et en prononçant ces mots, il presse le bras de son compagnon avec une sorte de fureur. Mais bien loin de se plaindre de cette liberté, Cherami presse à son tour son bras sous celui de sa nouvelle connaissance en lui disant :

— Ah !... ce jeune homme... est Auguste Monléard ! Tiens ! tiens !... Monléard... j'ai connu un Monléard... il y a vingt ans... ce n'est plus celui là... est-ce que ce serait là le marié ?

— Oui... c'est pour lui qu'elle m'oublie... qu'elle me repousse...

— Elle a tort... ce jeune homme vous trompe, vous êtes plus jeune... et puis ce gaillard-là me fait l'effet d'avoir diablement connu les joies de l'existence... je ne lui en fais pas un crime... seulement il lui faudra de bonne heure un faux toupet...

— Ah ! j'ai bien envie d'aller le frapper au visage !...

Déjà le jeune homme avait fait un mouvement pour s'élancer vers le marié, mais Cherami le retient, en le prenant à bras le corps.

— Qu'est-ce que vous allez faire... des sottises... Je ne le souffrirai pas... entre gens bien élevés on ne boxe pas... si vous vouliez vous battre avec le marié... très-bien... j'y consens... je serai même votre second, mais vous avez tout le temps... vous conviendrez que le moment serait très-mal choisi...

Le pauvre amoureux n'écoutait plus ; une autre voiture venait de s'arrêter devant la porte cochère. Dans celle-ci il y a des dames, et entre autre la mariée, qu'il est facile de reconnaître à sa coiffure en fleur d'oranger. C'est une petite femme toute fluette, toute mignonne. Ses cheveux sont bruns comme ses yeux qui sont grands, bien frangés de longs cils et surmontés de sourcils minces, mais parfaitement dessinés. Sa bouche est petite et spirituelle ; elle laisse rarement voir des dents qui sont mal rangées. C'est une femme gentille et voilà tout ; il faut en être amoureux pour prétendre qu'il n'y en a pas de plus belle. Mais pour un homme bien épris, il n'y a qu'une femme au monde, alors elle est nécessairement la plus belle. Ce que la mariée avait de plus remarquable, c'était ses pieds et ses mains, qui étaient d'une petitesse extraordinaire et dignes de servir de modèle à un statuaire.

Le marié a couru offrir sa main à sa femme pour l'aider à descendre de voiture, celle-ci s'appuie à peine sur le bras qu'on lui présente, et légère comme une plume elle est déjà à terre, où elle semble fort occupée de regarder si sa toilette n'a pas été chiffonnée dans la voiture.

— La voilà !... c'est elle !... c'est Fanny !... murmure le jeune homme en s'appuyant sur Cherami.

— Elle ne me fait pas du tout l'effet d'avoir pleuré !... reprend celui-ci.

— Mon Dieu... Est-ce qu'elle ne regardera pas de mon côté...

— A quoi bon... elle vous verrait pâle, défait, avec une mine de déterré, ce n'est pas ainsi qu'il faut se présenter devant une femme pour qu'elle vous regrette...

— Elle verrait combien je souffre... elle devinerait que la douleur me tuera...

— Et je vous réponds que cela ne l'empêcherait pas de danser ce soir... Je me connais en physionomie.. et j'ai jugé cette femme-là... tempérament sec.. le cœur idem, il n'y a pas beaucoup de sensibilité sous cette enveloppe-là !.. ou cela m'étonnerait infiniment.

Cependant d'autres dames sont descendues de voiture, puis des jeunes personnes qui s'empressent autour de la mariée, l'une lui rattache une épingle, celle-ci rajuste les plis de son voile, une autre raffermit son bouquet, et pendant que l'on se livre à ces petits détails de toilettes, si importants pour les yeux d'une femme, et surtout d'une nouvelle mariée, celle-ci promène ses regards autour d'elle, et bientôt ses yeux se fixent sur le jeune homme pâle, défait, souffrant; car il avait écarté, repoussé toutes les personnes qui se trouvaient devant lui et qui l'auraient empêché de contempler tout à son aise celle pour laquelle il était venu là.

Une légère émotion se peint sur le visage de la jeune mariée, il y a dans ses yeux un sentiment de compassion, de pitié; mais cela ne va pas jusqu'à la tristesse, et comme presqu'au même instant son mari, qui a remarqué sa préoccupation, s'avance vers elle, d'un air empressé, elle change bien vite de physionomie, prend un air aimable, riant et accepte le bras de son époux en lui faisant de petites mines fort gentilles.

Alors le jeune homme, que Cherami retient par le bras, ne peut maîtriser un mouvement de fureur, en s'écriant:

— Ah! c'est affre x.. pas un regard de regrets... d'adieux pour moi, elle voit ma souffrance.. mon désespoir, et elle sourit à cet homme, et elle s'éloigne à son bras le bonheur, la joie dans les yeux!...

X. — LA SŒUR CADETTE.

En ce moment, une des jeunes personnes qui étaient dans la même voiture que la mariée, s'approche vivement de celui que cette noce rend si malheureux et lui dit à voix basse, mais avec une voix remplie de cœur et de sympathie :

— Pourquoi êtes-vous ici, Gustave, pourquoi êtes-vous venu... Vous m'aviez promis d'avoir du courage...

— J'en ai, mademoiselle, vous voyez bien que j'en ai.. puisque je n'ai point accablé sa perfide de reproches.. ici, devant son mari.. devant ses nouveaux parents...

— Ah! c'est été bien mal de votre part et à quoi cela vous aurait-il avancé... je vous en prie, Gustave, soyez raisonnable... monsieur, de grâce, ne le quittez pas...

Ces mots s'adressaient à Cherami, qui s'empressa de répondre.

— Moi! quitter ce cher Gustave dans l'état où il est,... par exemple!.. quand pour me prenez-vous, mademoiselle, c'est-à-dire que je m'attache à lui comme la lierre à l'ormeau .. il se jetterait à l'eau que je l'y suivrais .. mais soyez tranquille, il ne s'y jettera pas. Oh! je suis là pour veiller sur ses jours... il n'a pas d'ami plus dévoué que moi.

En ce moment plusieurs voix appellent : — Adolphine!... Adolphine!... viens donc!...

La jeune personne murmure : — On me cherche... on m'appelle... Adieu Gustave, mais si vous avez un peu d'amitié pour moi, vous ne vous abandonnerez pas au chagrin... n'est-ce pas... je vous en prie!...

Et s'échappant avec la légèreté d'une gazelle, l'aimable jeune fille disparaît bientôt sous la porte cochère ainsi que toutes les autres personnes que les voitures ont amenées.

— Voilà une petite personne qui me plaît beaucoup! s'écrie Cherami, c'est au moins la sœur de la mariée... pour mon goût je la trouve plus jolie que la mariée... elle n'a peut-être pas les yeux aussi grands, mais ils les siens sont doux, tendres, bons... et puis ils sont bleus... ce qui annonce toujours plus de vraie sensibilité.. j'ai fait là-dessus. Elle n'a pas les cheveux aussi noirs que l'autre, mais ils sont d'une nuance châtain-clair qui a bien son mérite... elle n'a pas la bouche si petite; mais elle n'a pas les lèvres minces et serrées comme la mariée. Défiez-vous des lèvres minces... c'est l'insigne de la méchanceté, de l'hypocrisie... elle est moins mignonne, enfin, que cette perfide Fanny, mais elle est plus grande, sa taille a plus de noblesse, d'élégance... au total, c'est une fort jolie personne que cette demoiselle Adolphine... je dis demoiselle, car je suppose qu'elle l'est encore... ai-je deviné ?

Mais Gustave n'écoutait pas son nouvel ami, les yeux fixés sur cette porte par où toute la noce était entrée, il semblait en proie à une vague hallucination.

Cherami lui secoue le bras, en lui disant : — Eh bien, mon cher monsieur Gustave... je sais votre nom maintenant, je ne l'oublierai jamais... vous devez en avoir un autre, vous me le direz plus tard... Voyons, que voulez-vous faire?... Tout le monde est entré, il n'y a plus que nous deux devant cette porte... les voitures sont parties, ou attendent rue de Bondy, vous avez vu ce que vous vouliez voir, je ne présume pas que maintenant votre intention soit de rester là jusqu'à ce que la noce aille se coucher... cela pourrait vous mener trop loin... Voyons! saprebleu, mon cher ami.. permettez moi ce titre, je le mérite par l'intérêt que je vous porte, vous avez entendu cette charmante jeune personne, qui est venue vous parler avec des larmes dans la voix et dans les yeux... oui, je veux être un cuistre si elle n'avait pas aussi des larmes dans les yeux. Elle vous a prié, supplié d'avoir du courage, cette aimable Adolphine... j'ai retenu aussi son nom... Eh bien, ne ferez-vous pas ce qu'elle vous a demandé... que diable attendez-vous devant cette porte... tous ces gens là sont allés dîner, il faut faire comme eux... allons dîner... Je dis allons, parce que j'ai promis à cette bonne Adolphine de ne point vous quitter... et vive Dieu, je tiendrai ma promesse... on m'attendait quelque part pour manger une dinde truffée .. mais il y a des dindes truffées ailleurs, ce n'est pas cela qui m'inquiète... Eh bien, voyons... que voulez-vous faire?... on ne séduit jamais une femme en se laissant tomber d'inanition.

— Je veux parler encore à la sœur de Fanny.

— La sœur de la mariée. Ah! j'y suis, c'est mademoiselle Adolphine.

— Oui, c'est elle... j'avais bien des choses à lui.. à lui demander.. tout à l'heure... j'étais si troublé... je n'ai pas pensé, je n'ai pas eu le temps.

— Vous voulez parler encore à cette demoiselle... cela me semble assez difficile .. toute la noce est entrée là... à moins que... au fait, pourquoi pas, c'est un traiteur, et quoiqu'il ait chez lui plusieurs noces, cela ne l'empêche pas de traiter aussi toutes les personnes qui viennent dîner chez lui... allons dîner là... qu'en pensez-vous?

— Ah! oui!... oui... vous avez raison, entrons dîner là... nous demandons un cabinet près de la noce.. et pendant le bal... ou avant.. je pourrai la voir encore... je pourrai parler à Adolphine...

— Pardieu, une fois là, nous sommes chez nous... nous y établissons nos batteries, et on n'a pas le droit de nous renvoyer, nous pouvons y souper, y déjeuner demain matin, tant que nous y mangerons on sera même enchanté de nous voir rester.

— Ah! monsieur, que vous êtes bon de vous intéresser à mes peines... de me prêter votre appui... sans me connaître, sans savoir seulement qui je suis...

— Oh! mon cher ami, je suis physionomiste... je vous l'ai dit, d'abord vous m'avez intéressé... d'ailleurs j'aime à obliger... je ne fais que cela... allons dîner...

— Monsieur, nous demanderons où est la noce de ce M. Monléard, nous nous ferons mettre au même étage...

— C'est convenu... allons dîner...

— Sans avoir l'air de rien, je questionnerai le garçon.. d'ailleurs avec une pièce de cinq francs je le mettrai facilement dans mes intérêts ?

— Il vous sera tout dévoué... allons dîner...

— Je lui dirai de nous placer le plus près possible de l'endroit où causent les dames...

— Mais sacrebleu, si nous tardons encore, il n'y aura plus de cabinet près de votre noce !...

— Ah! vous avez raison.. venez, venez...

— Enfin! se dit Cherami en emboîtant le pas au jeune Gustave, cette fois j'ai mon lièvre.

XI. — UNE DEMOISELLE QUI CALCULE.

Les cent sous donnés par le jeune Gustave à un garçon ont bien vite mis celui-ci dans les meilleures dispositions. Il établit les nouveaux venus au premier étage, dans un cabinet au fond d'un corridor, et c'est à l'autre bout de ce même corridor que se trouve la vaste salle où se donne le repas de noce de M. Monléard. Gustave aurait voulu être plus près de la salle du festin, mais il n'y a pas moyen et son compagnon lui fait comprendre qu'ils sont beaucoup mieux au fond de ce corridor, où mademoiselle Adolphine peut, si elle le veut, venir leur dire quelques mots sans être aperçue par les personnes de la noce.

— Et maintenant dînons! s'écrie Cherami en accrochant son chapeau à une patère; je vous avouerai que j'en ai besoin... ces événements... votre douleur... votre désespoir... tout cela m'a vivement émotionné, et cela creuse... vous devez avoir aussi besoin de vous refaire, car vous êtes bien pâle.

— Moi, monsieur, je n'ai pas faim du tout.

— On n'a pas faim d'abord; mais ensuite on mange très-bien... d'ailleurs, nous sommes venus ici pour dîner, je pense.

— Tenez, monsieur, ayez la bonté de commander... demandez tout ce que vous voulez, tout ce qui vous fera plaisir... mais ne m'obligez pas de m'occuper à cela.

— Eh bien !... j'y adhère... au fait je crois que cela vaut mieux ainsi. avec vos préoccupations, vos soupirs, vous ne sauriez pas commander un dîner; vous demanderiez du veau pour du poisson, des radis pour des crevettes, tandis que moi... j'excelle dans cette partie... Ah! c'est que j'ai vécu, et bien vécu, je m'en vante. Garçon, du madère d'abord... et faites-nous frapper du Moët... pendant ce temps je ferai notre menu.

Le madère est apporté. Cherami en boit sur-le-champ deux verres pour se remettre l'estomac, puis il écrit la carte du dîner et il a soin de commander tout ce qu'il y a de meilleur. Le garçon, qui examine la toilette de ce monsieur pendant qu'il écrit, montrerait probablement moins d'empressement à le servir, si la personne qui est avec lui n'avait pas commencé par lui glisser cinq francs dans la main. Mais cette générosité spontanée a donné une autre tournure aux idées du garçon, qui se figure que le monsieur au dessous à carreaux est un Écossais qui n'a pas encore quitté son costume de voyage.

Pendant que Cherami fait la carte, le jeune Gustave ne peut pas rester une minute en place; il court à chaque instant à la porte du cabinet, fait quelques pas dans le couloir, puis revient interroger le garçon, auquel son compagnon recommande son menu.

— Garçon, est-ce que la noce est déjà à table?
— Elle vient de s'y mettre il n'y a qu'un moment, monsieur.
— Nos filets pas trop cuits surtout.
— Soyez tranquille, monsieur.
— Où est placée la mariée?
— Au milieu de la table, monsieur?
— Bien entourés de truffes?
— A côté de qui?
— Je crois que c'est d'abord son père, monsieur.
— Et puis?
— Une truite saumonée.
— Monsieur, c'est une dame...
— Si elle n'est pas fraîche, nous ne l'accepterons pas...
— Comment est-elle coiffée, cette dame?
— Elle a du muguet sur la tête.
— Comment, du muguet sur une truite saumonée! je n'ai jamais vu cela.
— Mais, monsieur, ce n'est pas la truite; je parle d'une dame... de la noce.
— Et le marié, où est-il placé?
— En face de sa femme, monsieur.
— Le chapon au gros sel ensuite.
— La regarde-t-il souvent?
— Cuit à point!
— Ma foi, monsieur, je n'ai pas eu le temps de voir cela.
— Comment, sapristi, vous n'avez pas le temps de recommander au chef de le cuir à point?
— Monsieur, pardon, c'est du marié qu'on me parle. Pardon, je suis à vous.

Et le garçon, pour échapper à ces questions dans lesquelles il s'embrouille, prend la carte et se sauve. Cherami se reverse du madère, en disant à son nouvel ami : — Voyons, mon cher Gustave, quand vous imiterez constamment l'ours de Berne, en allant de ce cabinet dans le corridor, et en revenant du corridor dans ce cabinet, cela ne vous avancera à rien. On vient de vous dire que la noce était à table. Naturellement elle y est pour quelque temps... Faites donc comme moi. Placez-vous en face de moi, reprenez un peu de calme, et dînons. Tenez, justement, voilà notre potage, qui exhale un fumet délicieux. Permettez-moi de vous servir.

Le jeune homme se met à table, avale quelques cuillerées de potage, puis repousse son assiette en s'écriant : — Non, il m'est impossible de rien prendre.

— Eh bien! alors, parlez-moi. Tenez, pendant que je mangerai, puisque vous ne voulez pas en faire autant, voilà une excellente occasion pour me conter un peu l'histoire de vos amours .. avec cette ingrate Fanny.

— Ah! oui, monsieur, volontiers. Je vais tout vous raconter, et vous verrez si j'ai tort de me plaindre de son inconstance.

— Les hommes ne sont presque jamais inconstants.. Allez, mon cher ami, contez-moi tout cela .. je ne perdrai pas un mot de votre narration, parce qu'on écoute très bien en mangeant.

— Je me nomme Gustave Darlemont; j'ai vingt-cinq ans. Mes parents vivaient de leurs rentes; mais, afin d'avoir de quoi vivre plus grandement, ils avaient placé tout leur argent à fonds perdu.

— Diable! voilà des parents un peu égoïstes. Si tous en faisaient autant, il n'y aurait plus d'héritage, et ce qu'il laissaient en meubles, bijoux, argenterie, je m'en fis douze cents francs de rente.

— C'est une vétille... il n'y a pas de quoi payer son tailleur...
A la vérité, on peut ne pas le payer du tout.

— J'avais alors dix-sept ans; je ne savais trop quelle carrière embrasser.

— Et en attendant, vous embrassiez toutes les jolies femmes qui vous tombaient sous la main... je connais cela.

— Oh! non, monsieur, j'étais bien sage; je n'ai jamais été ce qu'on appelle un garçon à bonnes fortunes.

— Tant pis, jeune homme, tant pis .. il n'y a rien au-dessus des femmes pour former la jeunesse.. Vous me direz qu'elles la déforment aussi quelquefois. Mais quelle expérience on acquiert! Je pourrais me citer pour exemple; mais il n'est pas encore question de moi. Poursuivez, mon jeune ami, car je suis votre ami, moi . Bien qu'*Aristote* ait dit : « O mes amis, il n'y a point d'amis! » je soutiens qu'il y en a. Et ceci n'est qu'un jeu de mots du philosophe grec, auquel, pour cette seule pensée, si j'avais eu *Philippe*, je n'aurais point confié l'éducation de mon fils *Alexandre*... Mais pardon, j'écoute.

— Heureusement, j'avais un oncle, un frère de ma mère, M. Grandcourt. Il me prit chez lui. C'était un homme assez original, mais serviable, obligeant. Il n'est pas vieux, il n'a maintenant que quarante-huit ans.

— Tant pis, tant pis! Décidément, vous n'avez pas de chance pour les héritages. Est-il riche, cet oncle?

— Sans être riche, je le crois fort à son aise.

— Que fait-il?

— La banque.

— Tout le monde la fait un peu.

— Oh! mon oncle est un homme prudent, qui ne s'aventure pas dans des spéculations hasardeuses; il est connu pour son exactitude et sa rigide probité.

— A la bonne heure! voilà un homme auquel je confierai des fonds lorsque j'en aurai de trop.

— J'entrai donc chez mon oncle comme commis. Je menais chez lui une existence très-heureuse. Nous allions souvent au spectacle, aux concerts, chez les meilleurs traiteurs; c'était toujours mon oncle qui payait.

— Pardieu! il aurait fait beau voir que c'eût été le neveu qui régalât! Au reste, je vois que votre oncle n'est point un avare; il aime le plaisir. A la bonne heure! voilà un oncle comme je les estime... Je ferai volontiers sa connaissance.

— Me voici arrivé, monsieur, à ce moment qui a changé toute mon existence, qui m'a fait connaître un sentiment dont jusqu'alors j'avais ignoré la puissance. Car j'avais eu quelques amourettes, mais je n'avais pas connu le véritable amour. Ah! monsieur!... du moment que je vis Fanny, je sentis naître en mon âme comme une nouvelle vie... je n'étais plus le même... Non, jusque-là je n'avais pas existé!...

— Ceci est une manière de parler assez ordinaire aux amoureux. Ils n'ont point existé avant leur folle passion.. Les ingrats!... et ils oublient souvent les jours les plus heureux de leur jeunesse!... Ah! voilà notre truite saumonée... excellent poisson! Vous en goûterez bien une escalope?

— Mon oncle avait acheté des actions du chemin de fer d'Orléans pour M. Gerbault, le père de Fanny. Je fus chargé de les lui porter. M. Gerbault était absent. Fanny me reçut ; elle m'engagea à attendre le retour de son père. Nous causâmes. Je fus surpris d'entendre cette jeune personne me parler d'affaires de bourse tout aussi bien qu'aurait pu le faire un agent de change.

— Et ce fut ce qui vous charma?

— Oh! non, monsieur. Mais pendant qu'elle me parlait, j'examinais Fanny. Ses yeux sont vifs, spirituels; son sourire est charmant. Il y avait dans toute sa personne une grâce enfantine qui me charmait, et un naturel qui vous mettait sur-le-champ à votre aise. Il n'y avait pas une demi-heure que j'étais près d'elle, déjà on aurait pu croire que nous étions d'anciennes connaissances. Je prenais le plus grand plaisir à l'écouter, et je crois qu'elle s'en apercevait, car elle trouvait toujours quelque chose à dire, Son père revint, et je fus désolé. M. Gerbault est un vieillard fort poli. Il sourit en voyant sa fille me demander le cours de toutes les valeurs, et me dit : — C'est bien fâcheux pour Fanny que les femmes n'entrent plus à la Bourse, car je crois qu'elle aurait été s'y en taller tous les jours; elle a un goût très prononcé pour la spéculation. Je n'ai pas dire pour le jeu; j'espère que cela n'ira pas jusque-là. Enfin, monsieur, elle possède cinq ou six mille francs... ainsi que sa sœur ; cela vient de leur mère. Adolphine a bien sagement placé s'argent en rentes sur l'État; mais Fanny, oh! c'est autre chose! elle veut spéculer, elle veut acheter des actions, et probablement elle perdra son argent.

— Pourquoi donc cela, mon père? répondit Fanny ; pourquoi la chance ne me serait elle pas favorable? D'ailleurs, je ne veux rien acheter à terme, je ne ferai des opérations qu'au comptant; j'achèterai, je garderai, et je vendrai quand il y aura bénéfice. Il me semble que tout cela est bien facile, et qu'il n'y a pas besoin d'être employé chez un agent de change pour comprendre cette opération. Avec mes six mille francs, je ne serais jamais qu'une pauvre petite rentière; pourquoi ne chercherais-je pas à augmenter mon capital?

— A ton aise! dit M. Gerbault; oh! tu es maîtresse de disposer à ton gré de ce qui t'appartient.

— Vous comprenez bien que, moi, je flattais les espérances de cette demoiselle, de laquelle je me sentais déjà vivement épris. Je lui proposai de la tenir au cour[a]nt des cours de la Bourse, de la situation de place, des mouvements des valeurs. Elle accepta; et M. Gerbault, sachant que j'étais le neveu de M. Grandcourt, me donna dès ce moment libre accès dans sa maison... Enfin, mon cher... mon cher... monsieur... Ah! pardon!... mais je ne sais pas encore votre nom...

— C'est, pardieu, vrai! je n'ai pas songé à vous le dire... Je me nomme Arthur Cherami, ancien propriétaire, ci-devant premier viveur de la capitale. Je donnais le ton, je faisais venir la mode, et toutes les femmes raffolaient de moi. Oh! mon histoire est très-courte : A vingt-deux ans j'avais trente-cinq mille francs de rente; à trente, je n'avais plus rien... quand je dis rien, c'est une façon de parler... il me reste bien encore quelques petites rentes, des broutilles... mais ma fortune est mangée... Eh bien! parole d'honneur, jeune homme! si c'était à refaire, je crois que je le ferais encore. J'ai bien employé ma jeunesse! et tout le monde ne peut pas en dire autant. Faut-il donc qu'on soit vieux, goutteux, infirme, pour jouir de la vie? On ne peut plus casser des noisettes quand on n'a plus de dents... il ne faut donc pas attendre que l'on soit âgé pour faire le jeune homme. Maintenant, si j'ajoute à cela que je suis toujours un gaillard solide, brave comme César, galant comme François 1er, et philosophe comme Socrate, vous me connaîtrez comme si vous aviez été mon groom... J'ai dit.

— Très-bien!... alors vous vous nommez... pardon, j'ai déjà oublié...

— Vous êtes distrait, cela se comprend, je me nomme Cherami, et je suis le vôtre, ce qui fait un calembour; mais pour éviter les équivoques, appelez-moi Arthur, c'est mon prénom et toutes les dames me nomment encore ainsi... Sapristi, voilà un excellent poisson... mangez donc un peu.

— Je préfère vous parler de mes amours.

— Soit!... cela ne vous causera pas d'indigestion... moi, tant pis, je mange pour deux... et je vous écoute... allez votre train!

XII. — LES AMOURS DE GUSTAVE.

— Je vous dis donc, monsieur Arthur, qu'ayant la permission d'aller chez M. Gerbault, vous devez bien penser que j'en profitai.

— Je le crois... Ce poisson est parfait, vous avez bien tort de n'en pas goûter.

— M. Gerbault, ancien employé dans un ministère, n'a qu'une fortune modique; il est resté veuf avec deux filles qu'il a fort bien élevées. Fanny a des talents, elle est musicienne, elle sait l'anglais et l'italien.

— Et sa sœur?

— Adolphine touche aussi du piano... elle chante assez bien... elle est fort douce, d'un caractère très-aimable; mais vous comprenez que je ne m'occupais pas de sa sœur, je n'avais des yeux que pour Fanny. Sa grâce, son esprit, ses beaux yeux, tout cela me tournait la tête... elle le voyait bien, et loin de me rebuter, elle semblait chercher à redoubler de séduction pour me rendre encore plus amoureux.

— Diable!... c'est une fine coquette.

— O non, monsieur, mais c'est dans son caractère de toujours se montrer charmante, elle ne peut pas s'en empêcher.

— Voilà le chapon au gros sel... c'est le moment de passer au champagne frappé. Ah! corbleu! vous en boirez.

— Mais, monsieur...

— Cela vous donnera du nerf, de la vigueur... on ne sait pas ce qui peut arriver ce soir; un homme doit toujours se tenir prêt pour la parade...

— Une année s'écoula; j'avais eu le bonheur de faire pour Fanny quelques opérations qui avaient été heureuses, elle avait gagné près de trois mille francs dans les chemins de fer; elle était enchantée et rêvait déjà une immense fortune. Je lui avais dit que je l'aimais, et elle m'avait répondu en souriant qu'elle s'en doutait bien. Alors je lui demandai si elle voulait m'accepter pour mari et elle me répondit : « — Mon père ne donne à chacune de ses filles que vingt mille francs de dot, et vous savez ce que je possède avec cela... ce n'est pas beaucoup.

« — Que m'importe, lui dis-je, je vous aime de toute mon âme, vous n'avez rien en ce que je ne me m'estimerai pas moins le plus heureux des hommes si on m'accorde votre main.

« Puis j'ajoutai : « — J'ai douze cents francs de rente, je gagne dix-huit cents francs par an chez mon oncle, vous voyez que nous aurons bien assez pour vivre heureux.

« Fanny m'écoutait, elle semblait réfléchir; mais j'avais pris sa main que je pressais dans la mienne et elle ne la retirait pas.

« Voulez-vous, lui dis-je, que je fasse, dès demain, ma demande à monsieur votre père?

« — C'est inutile, me dit-elle, nous avons encore le temps; et d'abord ne craignez rien de ce côté, mon père m'a dit cent fois qu'il ne me contrarierait pas dans le choix que je ferais; qu'il savait bien que je ne prendrai pour époux que quelqu'un qui pourrait me rendre heureuse.

— Moi je voulais que notre mariage se fît sur-le-champ, mais Fanny désirait avant de se marier augmenter encore son capital, afin d'avoir une plus belle dot à m'offrir. J'avais beau lui dire que je n'y tenais pas, il n'y avait pas moyen de lui faire entendre raison.

— Si vous preniez cela pour acompte, mon cher Gustave, vous n'étiez guère connaisseur... Je bois à la vôtre...

— Ah! monsieur... Fanny était toujours si aimable... ses yeux se fixaient sur moi avec tant de douceur... elle faisait des petites mines si gentilles!...

— Oui... oui... connu! Tout le feu de file du cotillon.

— Six mois se passèrent encore... et je suppliais Fanny de fixer l'époque de notre union... malheureusement les opérations de chemin de fer ne donnaient plus de bénéfice; les actions qu'elle avait rachetées étaient en baisse; il fallait attendre et Fanny se dépitait contre le cours de la bourse... C'est vers ce temps... Ah! c'est alors que mon malheur commença.

— Du courage, cher Gustave... et encore un verre de moët... prenez donc une aile de ce chapon... un peu de blanc seulement... non... rien?... Eh bien, sapristi, je me sacrifie et je le mangerai tout entier, peu m'importe ce qui en résultera; seulement je bois, car il faut arroser... à la vôtre.

« Ainsi que je vous le disais, ce fut vers cette époque que ce M. Auguste Mouléard fit la connaissance... dans un bal, je crois, de la famille Gerbault; il demanda et obtint du père la permission de venir quelquefois faire de la musique avec ses demoiselles... je ne sus cela que plus tard, car je ne me rencontrais pas toujours avec ce monsieur. Dès la première fois que je le vis, je pressentis que sa présence chez M. Gerbault serait fatale à mon amour. Ce M. Mouléard faisait beaucoup d'embarras, il avait un cabriolet, un nègre; enfin il avait, dit-on, quarante mille francs de rente. Tout cela m'eût été bien indifférent, si je ne m'étais pas aperçu qu'il était très-empressé, très-galant près de Fanny. Cependant celle-ci me souriait toujours d'une façon charmante; mais lorsque je lui disais :

— Fixez donc l'époque de notre union, permettez-moi de parler à votre père.

« Elle me répondait : — Oh! pas encore... nous avons le temps; il faut avant cela que j'augmente mon capital.

« Un matin, je m'étais échappé de chez mon oncle, qui me grondait quelquefois dans ce que l'amour me faisait négliger les affaires...

— Et au fait, votre oncle approuvait-il ce projet de mariage?

« Pas trop; il m'avait dit plusieurs fois : « — Tu es trop jeune pour te marier, attends encore...

« Mais quand il vit à quel point j'aimais Fanny, il finit par me dire : « — Fais ce que tu voudras; mais à ta place, je ne voudrais pas d'une demoiselle qui spécule sur les chemins de fer. »

— Je suis beaucoup de l'avis de votre oncle.

« Et il ajouta : — Tu sais que je ne te donnerai pas un sou pour te marier.

« Je lui répondis : — Vous savez que je ne vous demande que votre amitié.

— Superbe réponse! et qui n'engage à rien. Un verre de champagne...

— J'en ai déjà bu.

— Raison de plus. Ohé! mon petit, faites-nous faire un macaroni-périgueux, puis un parfait à la vanille.

— Oui, monsieur.

— Garçon, où en est la noce à côté?

— Monsieur, ils sont au second service.

— Ils n'en sont encore que là!

— Il est charmant, ce cher Gustave, parce qu'il ne mange pas, il croit que tout le monde est sans appétit.

— Garçon, est ce que la mariée mange?

— Oui, monsieur. Oh! elle mange de tout, même.

— Elle mange de tout!...

Gustave se replace avec colère à table et tend son assiette à son vis-à-vis en lui disant : Eh bien! je vais manger aussi, moi; Arthur, servez-moi de ce chapon, donnez-m'en beaucoup.

— Eh!... à la bonne heure donc... voilà un homme!... vous redevenez un homme; il ne reste plus de ce chapon qu'un pilon et la carcasse, mais c'est le plus délicat.

— Donnez, donnez. Ah! que j'étais sot, que j'étais imbécile... me laisser aller au désespoir pour une femme qui se moque de moi, qui mange de tout, jusqu'elle sait que le chagrin me dévore.

— Vous n'aviez pas le sens commun, et c'est ce que je me tuais à vous dire.

— Donnez-moi à boire.

— Bravo!... buvons!... il est délicieux ce champagne et je m'y connais.

— Oui, je veux m'étourdir... je veux tout oublier... je veux aimer une autre femme!

— Eh pardieu! c'est le vrai moyen... c'est surtout en amour que je crois à l'homéopathie.

Gustave avale son verre d'un trait, puis il mange quelques bouchées avec une espèce d'avidité; mais bientôt il repousse son assiette, et laisse tomber sa tête sur sa poitrine en murmurant : — Oh! non; je n'en aimerai jamais une autre... je sens bien que cela me serait impossible!

— Allons, le voilà retombé dans l'accès de sa passion... nous aurons de la peine à le guérir ce cher ami; mais nous en viendrons à bout, dussions-nous pour cela, pendant dix années, ne point le quitter d'une seconde. Voyons, cher Gustave, revenez un peu à vous, et achevez moi votre récit, qui, je le présume, doit tirer à sa fin et m'intéresse au plus haut degré?

« — Ah! oui, vous avez raison... je vous disais qu'un matin étant allé chez M. Gerbault, je trouvai mademoiselle Adolphine seule; elle me reçut d'un air si triste, que je ne pus m'empêcher de lui demander ce qui causait son chagrin, et elle me répondit : « — Je souffre pour vous... je vous plains à cause de vous, car je sais combien vous aimez ma sœur, et je prévois quelle sera votre peine quand vous saurez qu'elle va se marier et que ce n'est pas avec vous!

« — Mon Dieu! m'écriai-je, serait-ce possible? Fanny me tromperait... Fanny se donnerait à un autre!

« — Oui, reprit Adolphine. Je trouve qu'il est surtout affreux de vous laisser encore de l'espérance, lorsque depuis quinze jours déjà son mariage avec M. Auguste Monléard est arrêté.

« — Elle épouse M. Monléard! m'écriai-je, elle me sacrifie à cet homme... Et elle me souriait encore hier, lorsque je lui jurais de l'aimer toute ma vie.

« — C'est pour cela, dit Adolphine, que je m'étais promis de tout vous apprendre. Je ne voulais pas que vous fussiez trompé plus longtemps.

« Je n'ai pas besoin de vous dire quel fut mon désespoir. Adolphine essaya vainement de me consoler; je ne pouvais pas croire à la trahison de Fanny; et je voulus la voir, apprendre de sa bouche qu'elle me préférait mon rival.

« Le lendemain, je la trouvai seule. Croiriez-vous qu'elle me reçut avec le même calme, le même sourire? C'est au point que je m'écriai: «On m'avait trompé, n'est-il pas vrai, Fanny, vous n'allez pas devenir l'épouse d'un autre?... » Alors, elle me fit une petite mine qu'elle essayait de rendre triste, en me répondant : — Non, Gustave, on ne vous a point trompé... O mon Dieu! il ne faut pas m'en vouloir!... D'ailleurs cela ne servirait à rien, mon ami, j'ai réfléchi. Nous n'avions pas assez de fortune pour nous marier ensemble; nous aurions mené de ces existences qui vous forcent toujours à calculer, avant de prendre aucun plaisir, si cela est compatible avec vos moyens, et, franchement, ce n'est pas amusant de calculer si l'on peut se donner un plaisir... si l'on peut s'acheter un chapeau... un bijou qui plaît. J'ai donc cru qu'il était plus sage d'épouser M. Monléard, qui a une belle fortune, et j'ai accepté sa main. Mais il me semble que vous ne devez pas m'en vouloir parce que j'ai agi raisonnablement, et que nous pourrions toujours rester amis.

« — Moi, votre ami, lui dis-je en fondant en larmes, lorsque vous vous donnez à un autre, lorsque vous faites le malheur de toute ma vie!...

« Je ne sais ce qu'elle me répondit; mais on vint l'avertir que l'on apportait des étoffes pour sa toilette de mariée, et elle me quitta précipitamment. Son calme, son sang-froid m'exaspéraient. Resté seul, je ne sais quelles idées vinrent m'assaillir, mais je voulais mourir... Je sortais fermement résolu à ne point survivre à la trahison de Fanny... lorsque tout à coup je me sentis entouré par deux bras caressants, tandis qu'une voix amie me disait avec l'accent de la prière : « — Soyez homme, Gustave, soyez courageux... sachez supporter le malheur qui aujourd'hui brise votre cœur... Le temps adoucira votre peine... vous aimerez une autre femme qui vous aimera aussi, qui comprendra votre cœur, et plus tard vous serez heureux... bien plus qu'elle, peut-être, qui ne pense qu'à la fortune... Mais, je vous en supplie, promettez-moi de vivre! »

« C'était Adolphine qui me parlait ainsi... ses larmes coulaient. En voyant ma douleur partagée, je me sentis un peu soulagé, car le malheur rend égoïste, et quand nous en éprouvons un, il nous semble que les autres doivent en souffrir comme nous. Je promis à la sœur de Fanny de renoncer à mes funestes idées, et je sortis de cette maison, dans laquelle je ne retournerai jamais. »

— Je bois à la santé de cette bonne petite Adolphine... Je l'aime, moi, cette sœur sensible... je la porte dans mon cœur. Et le cher oncle, qué dit-il en apprenant le résultat de vos amours?

— Mon oncle!... ah! il ne croit pas à l'amour.

— Il avait bien raison de ne point croire à celui de votre demoiselle Fanny!

— Il n'a pas de confiance dans les femmes.

— Il les aura étudiées, probablement!...

— Enfin, quand je lui contai que Fanny en épousait un autre, il eut le cœur de me répondre que c'était heureux pour moi.

— Franchement, je suis de son avis, car enfin, mon bon, puisque la demoiselle ne vous aimait pas.

— Mais si, elle m'aimait, avant de connaître ce Monléard.

— Elle vous donnait la préférence quand vous étiez seul.

— Il l'aura étourdie par son luxe, par ses présents.

— Il vaut encore mieux pour vous que ce soit arrivé avant votre mariage qu'après!... A votre santé!.. Ah! voilà le macaroni périgueux... des truffes dessus... c'est cela! Connaissez-vous cette manière d'accommoder le macaroni?

— Ensuite, il paraît qu'il aura pressé la cérémonie, car il n'y a pas plus de douze jours que j'ai eu cette dernière entrevue avec elle, et aujourd'hui j'apprends que le mariage se fait à l'église de Notre-Dame-de-Lorette, puis le repas, le bal, ici...

— Oh! alors on se monte la tête!... on se dit : Je veux être là, je veux voir la figure que fera l'inconstante lorsqu'elle m'apercevra.

— Oui, monsieur, oui. Mais sans doute on m'avait mal dit l'heure de l'église, car lorsque je suis arrivé, la cérémonie était finie, ils venaient de partir.

— Tant mieux, c'est un coup de poignard de moins.

— Alors je suis parti comme un fou; j'ai couru jusqu'ici en me disant : il faudra bien que je la voie... Et vous savez le reste, monsieur...

— Oui, vraiment; et si je n'avais pas été là, Dieu sait ce qui serait arrivé... Mais j'ai de la chance! j'arrive presque toujours quand on a besoin de moi. Arrosons le macaroni... Je défie toutes les noces de l'établissement de dîner mieux que moi!

XIII. — UN MONSIEUR QUI A BIEN DÎNÉ.

Cherami était arrivé au dessert; il avait amplement réparé son estomac souffrant par les privations de la veille, et si souvent arrosé ce qu'il mangeait avec du madère, du bordeaux et du champagne, que son visage était devenu très rouge, ses yeux très petits, et sa langue plus épaisse, ce qui ne l'empêchait pas d'en faire un usage continuel.

Gustave n'avait bu que deux verres de champagne; mais comme il n'avait pas mangé du tout, cela l'avait un peu étourdi, et il recommençait à aller du cabinet dans le corridor, lorsque le garçon qui les servait accourut vivement leur dire : — Monsieur, les dames commencent à quitter la table; je crois qu'elles vont aller s'habiller pour le bal, car déjà quelques-unes ont remis leurs chapeaux.

— Alors, courez! prenez à part la sœur de la mariée, mademoiselle Adolphine, et dites-lui que... M. Gustave veut absolument lui parler... que je suis au bout de ce corridor, où je l'attends... Dites-lui qu'il faut absolument qu'elle vienne. Vous entendez, il le faut absolument. Tenez, voilà encore cinq francs pour vous.

— Très bien, monsieur... la sœur de la mariée. C'est que je ne la connais pas.

— Mademoiselle Adolphine...

— Ah! si... si... je vais... j'y cours, monsieur.

Gustave rentre dans le cabinet où Cherami est en train d'admirer le travail que le champagne fait dans son verre.

— Elle va venir... je vais lui parler! s'écrie le jeune homme.

— Bah!.. vraiment, elle va venir nous trouver ici.

— Oui, oh! je suis bien sûr qu'elle viendra... elle ne voudrait pas me pousser à faire quelque folie...

— Eh bien! tant mieux, sacrebleu! qu'elle vienne, nous lui dirons son fait... c'est une pécore, une coquette.

— Mais c'est Adolphine qui va venir, ce n'est pas Fanny.

— C'est Adolphine... la bonne petite sœur.. oh! c'est différent, je vais l'embrasser... je lui ferai même un doigt de cour si elle le permet.

— Elles vont partir, s'habiller pour le bal... mais avant je veux... Ah! quelqu'un vient par ici.. une femme...c'est elle...

C'était en effet la jeune Adolphine qui accourait toute troublée, toute émue, et qui entre dans le cabinet en s'écriant : — Comment! monsieur Gustave, vous êtes ici... mais pourquoi donc êtes-vous venu?...

— Parce que je savais qu'elle y était... et que j'espère la voir encore...

— Ah! mon Dieu! quelle folie!... et vous, monsieur, vous m'aviez promis de veiller sur lui.

— Eh! mademoiselle, je ne fais pas autre chose... je ne l'ai pas perdu de vue une minute... et si je n'avais pas été là, toujours pour le maintenir, il serait allé déjà vingt fois faire des cabrioles dans votre noce... et des cornes au marié.

— Ah! Gustave!...

— Non, Adolphine, non, ne craignez pas cela.

— Oh! mademoiselle, ne vous fiez pas à ce qu'il vous dira, il a la tête montée; heureusement je suis là, moi, je suis calme, je suis prudent...

— Mais pourquoi êtes-vous venu ici?

— Mademoiselle, nous y sommes venus pour dîner, ce qui n'était nullement défendu.. car enfin, quoiqu'on ne soit pas de noce, cela n'empêche pas de dîner, et fort bien, je vous le certifie.

— Mais je ne puis rester davantage... nous allons partir pour nous habiller... je suis sûre qu'on m'attend.. que voulez-vous de moi, monsieur Gustave?

— Vous supplier de me laisser encore une fois parler à votre sœur.

— A Fanny?... mais c'est impossible... d'ailleurs que lui diriez-vous?

— Je lui dirai adieu pour jamais... je lui dirai que je désire qu'elle soit heureuse... quoiqu'elle ait fait mon malheur.

— Mais comment voulez-vous qu'elle puisse vous parler en secret... elle est sans cesse entourée... il y a toujours du monde avec nous... que dirait-on? que penserait-on?

— Si vous me refusez, j'irai lui parler dans le bal...

— Eh bien! non... attendez ici, alors .. et en revenant pour le bal, je tâcherai... je lui ferai prendre ce corridor.

— Oh! merci, merci mille fois... ah! vous êtes bonne, vous!

— Adieu, je me sauve; mais de grâce, cachez-vous, ne vous montrez pas!

En disant cela, Adolphine fait un signe d'intelligence à Chérami qui se figure que cette demoiselle lui envoie un baiser; mais elle a disparu au moment où celui-ci quitte la table pour aller l'embrasser; et, comme le garçon entre dans le cabinet juste au moment où cette demoiselle en sort, c'est sur la joue du garçon que ce monsieur applique un gros baiser.

— Ah! sacrebleu! qu'est-ce que cela? s'écrie Chérami en repoussant brusquement le garçon, qui, tout étonné de l'accolade qu'il vient de recevoir, est resté ébahi devant la porte.

— Pourquoi diable vous tournez-vous sous mon nez, garçon... la peste soit du maraud!... je me disais : voilà une jeune personne qui emploie du savon bien commun!

— Pardon, monsieur, ce n'est pas ma faute, si entre et vous vous jetez dans mes bras... je comprends bien que ce n'est pas moi que vous aviez l'intention d'embrasser.

— C'est heureux que vous compreniez cela.

— Garçon, que font ces dames maintenant?

— Elles partent toutes, monsieur.

— Et les hommes?

— Il y en a partis aussi, mais beaucoup sont restés et se sont mis à des tables de jeu.

— Et à la noce de Blanquette, garçon, que fait-on en ce moment?

— Monsieur, à la noce Blanquette on est encore à table et on chante.

— Ah! je les reconnais là... ils tiendront table jusqu'à dix heures, ceux-là, des petits bourgeois, cela chante au dessert, c'est mauvais genre... cependant j'avoue que je me suis quelquefois laissé aller à fredonner aussi ma chanson, j'en faisais même dans l'occasion, j'en ai fait que Panard et Collé n'auraient pas désavouées .. mais j'aime la gaudriole, moi; ne me parlez pas de ces chansons fadasses sur les roses, les zéphirs et le printemps .. ne me parlez pas non plus des chansons politiques! je les abomine celles-là... et pourtant c'est avec cela que se font les grandes réputations... et tel n'aurait été qu'un chansonnier ordinaire, s'il n'avait pas flatté les passions et les partis et que l'on a porté au pinacle parce qu'il avait toujours à la fin de ses couplets les mots patrie ou liberté... O Armand Gouffé! ô Désaugiers!... vous n'avez pas employé ce moyen... aussi on a bien peu parlé de vous... vous n'en êtes pas moins de véritables chansonniers français, votre verve féconde a su se trouver et chanter mille sujets divers, ce qui est bien plus difficile que d'entonner toujours le même refrain!

— Mais, dites-moi, mon cher monsieur Arthur, maintenant que je vais attendre ici le retour de la mariée.. à laquelle je dirai un dernier adieu; si vos occupations vous appellent ailleurs, ne vous gênez pas... quittez-moi, je n'ai déjà que trop abusé de votre complaisance.

— Moi! vous quitter... par exemple... pour qui me prenez-vous... comment .. après avoir accepté le dîner que vous m'avez proposé, j'irais vous quitter comme cela tout de suite au dessert.. fi donc! ce sont les cuistres qui se conduisent ainsi; et Dieu merci, je sais vivre, moi! Voyons, est-ce que je vous gêne?... est-ce que ma présence vous est désagréable?

— Ah! bien loin de là, mon cher monsieur, vous m'avez témoigné un intérêt... que je n'oublierai jamais.

— Nous étions faits pour être amis... nous le sommes, c'est fini, vos affaires sont les miennes, ce qui vous touche me touche... où il y a péril pour vous, il est de mon devoir de veiller, et vous comprenez, pendant que vous jaserez avec la mariée, si par hasard, son nouvel époux venait rôder par ici, je me mets en travers et je lui dis : J'en suis fâché, mon bon, mais on ne passe pas.

— Ah! merci mille fois pour tant de dévouement. Garçon!... garçon!... notre carte.

— Voilà, monsieur.

— Vous payez le dîner, c'est fort bien, mais puisque nous devons rester ici, longtemps assez longtemps peut-être, il nous faut prendre quelque chose pour nous occuper.

— Demandez tout ce que vous voudrez.

— Garçon, faites-nous un joli punch au rhum, c'est excellent pour la digestion; les Anglais mangent beaucoup, mais ils boivent du punch au dessert, et s'en trouvent très bien. Voulez-vous faire une partie de cartes pour tuer le temps?

— Merci, il me serait impossible de penser à mon jeu.

— Je n'insiste pas, moi, j'aime assez le jeu, sans cependant pousser cette passion à l'excès. Pardieu, je ne dis pas que plus tard je n'irai point faire une partie à la noce de Blanquette... je vous ai dit que je les connaissais... ce sont des marchands de drap... cela joue encore assez gros jeu... mais ce n'est pas cela qui me fait courir. Ah! voilà notre punch!... je le devine au fumet... on est très bien servi dans cette maison.

Chérami se hâte de verser du punch. Gustave refuse d'abord d'en boire; enfin il consent à en accepter un verre.

La nuit est venue; on allume partout. Avec la nuit les pensées du pauvre amoureux sont devenues plus tristes, ses peines plus amères; il appuie sa tête dans ses mains en murmurant : — Tout est fini!... O Fanny!... Fanny!... vous serez à un autre... ah! je mourrai de ma douleur!...

— Sapristi! se dit Chérami en avalant coup sur coup plusieurs verres de punch, ce petit est bien plaintif... il n'a pas le punch gai... moi, c'est bien différent, je suis d'humeur à danser à toutes les noces, et à y jouer aussi... seulement, il faudra que j'emprunte quelques napoléons à mon nouvel ami afin de pouvoir tenter la fortune... j'ai idée que j'aurai une veine!... Eh! là-bas, cher ami, est-ce que nous ne buvons plus?

— Oh! non, monsieur, merci!

— Alors je boirai donc pour nous deux.. ce punch est trop doux.. holà! garçon, remettez du rhum là-dedans... beaucoup de rhum.

— Mais, monsieur, il n'y a plus de punch dans le bol.

— Eh bien! alors refaites-en d'autre, mais qu'il soit plus raide.

Un autre punch est apporté.

Après en avoir bu deux verres, Chérami, en voulant se lever, est obligé de se retenir à la table pour ne point tomber; cependant, bien qu'il sente ses jambes chanceler sous lui, il veut avoir bonne contenance et fait de son mieux pour garder son équilibre tout en se dirigeant vers la porte.

XIV. — LE PUNCH FAIT SON EFFET.

— Elles sont bien longtemps à revenir, ces dames! murmure Gustave, qui ne cesse pas d'aller et venir dans le corridor.

— Oh! mon bon ami! quand les femmes sont à leur toilette, on ne peut jamais être sûr du temps qu'elles y passeront Un jour, dans le temps de mes prouesses.. je me rappelle, j'attendais ma maîtresse pour aller au spectacle, voir une pièce nouvelle. Je crois que c'était à l'Opéra-Comique, peu importe. Elle avait fini de s'habiller, et cela avait été long, lorsqu'en se regardant encore dans sa psyché elle s'écria : « Ma couronne de bluets est placée trop bas sur mon front... il faut que je change cela... c'est seulement une épingle à poser. » Bon! dis-je, posez votre épingle; je vous attends... Mon cher ami, cette épingle-là et toutes celles qu'on y ajouta prirent une heure et demie de temps; et quand nous arrivâmes au spectacle, la pièce nouvelle venait de finir.

Chérami, s'apercevant que son jeune compagnon est retombé dans ses rêveries et ne lui prête aucune attention, se décide à sortir du cabinet et s'aventure dans le corridor, en murmurant : — J'ai besoin de prendre un peu l'air... il fait une chaleur tropicale dans ces cabinets. Oh!... que vois-je là-bas? des dames... beaucoup de dames. Allons un peu jeter un coup d'œil par là... le beau sexe m'attire... c'est moi qui suis aimant à moi.

Les dames de la noce de M. Monléard commençaient en effet à revenir, parées pour le bal. Pour rentrer dans la salle où l'on allait danser, elles devaient traverser le fond du couloir qui donnait sur un grand escalier. Chérami va se planter devant l'escalier, et là, faisant le joli cœur et saluant toutes ces dames comme s'il les connaissait, leur adresse la parole à mesure qu'elles passent devant lui :

— Charmante! en vérité. Toilette divine... voilà des épaules d'une blancheur à désespérer Vénus.. Ah! que nous allons donc faire de conquêtes!... Jolie coiffure... bravo. Ah! c'est une maman qui veut encore faire la jeune. Chère dame, vous aurez de la peine à trouver un danseur, je vous en avertis. Voilà de jolis minois qui accapareront tous les yeux des cavaliers. Eh! eh!... les beaux yeux! ce sont des escarboucles. Qui est-ce qui veut accepter ma main ou mon bras?.. je suis à votre disposition, belles dames!...

Mais les dames, au lieu d'accepter la main que leur offrait monsieur, passaient sans répondre en s'éloignant vivement de lui, parce que toute sa personne avait quelque chose de débraillé qui ne s'accordait pas avec les toilettes du bal; ensuite il sentait le punch et les liqueurs à tel point, qu'il était impossible de passer devant lui sans que l'odeur vous montât au nez.

Déjà plusieurs dames ont porté leur mouchoir devant leur figure pour passer devant ce monsieur, et quelques-unes se sont écriées :

— Mais qu'est-ce que c'est donc que cet homme-là?... d'où sort-il? il est gris!... Certainement il ne faisait point partie de la noce de

Moi, tant pis, je mange pour deux. (Page 13.)

M. Monléard. Que fait-il là comme en sentinelle?... Il parle à tout le monde et avec un sans façon étonnant... il empoisonne le vin et les liqueurs. Est-ce qu'on ne pourrait pas le renvoyer de là, ce vilain homme?

Les plaintes de ces dames arrivent bientôt jusqu'à ces messieurs qui étaient restés à jouer. Plusieurs d'entre eux se sont levés en disant : — Parbleu! nous allons savoir quel est ce monsieur qui se permet de parler à ces dames qu'il ne connait pas!

Cherami venait d'offrir sa main à une jolie petite dame qui l'avait refusée et avait sur-le-champ porté son mouchoir devant son nez. Cette pantomime, qui s'était renouvelée très-fréquemment devant le bel Arthur, commençait à lui déplaire, et il s'écrie tout à coup : — Ha çà, mais qu'est-ce qu'elles ont donc, toutes ces bégueules-là, à se cacher le visage avec leur mouchoir, est-ce qu'elles croient par hasard que j'ai envie de les embrasser... ah! j'en ai vu de plus jolies que vous .. et qui ne se sauvaient pas!... mes infantes!

— A qui parlez-vous, monsieur? Est-ce à ces dames que vous vous permettez de tenir de tels propos?

— Tiens, quel est celui-là? d'où sort-il? Ah! quelle bonne tête!

— C'est à vous, monsieur, qu'il faut demander cela... allez-vous-en bien vite, ou je vous jette à la porte.

— A la porte!... apprenez que j'ai dîné ici... avec mon ami Gustave... Gustave chose... et que j'ai tout autant que vous le droit d'y rester... et que je ne m'en irai pas.

— On vous défend de parler à ces dames.

— Merci... j'ai mon lièvre...

Les dames interviennent pour empêcher une querelle, et elles parviennent à emmener ces messieurs en leur disant : — Vous voyez bien que cet homme est gris... quelles raisons voulez-vous obtenir d'un homme qui n'a plus la sienne. Laissez-le là et ne nous en occupons plus.

Les hommes cèdent aux désirs de ces dames, et on laisse là Cherami pour entrer dans la salle du bal.

Pendant ce temps, le garçon qui a servi à dîner dans le cabinet, accourt dire à Cherami : — Le monsieur qui a dîné avec vous s'en va... on vient le chercher.

— Comment! il s'en va .. mon ami Gustave... mais ce n'est pas possible! il ne s'en ira pas sans moi; d'ailleurs il attend la mariée... il nous faut la mariée, on nous l'a promise...

— Je vous assure que ce monsieur s'en va.

Le ci-devant séducteur se décide à retourner dans le cabinet, et il trouve à la porte son jeune ami et un monsieur d'un âge mûr, de petite taille, mais dont la physionomie froide et sévère a quelque chose qui impose. Ces messieurs sont sur le point de partir.

— Et que veut dire cela? s'écrie Cherami .. comment, mon cher Gustave, vous partez... et sans moi... votre intime... votre *Oreste*, votre *Patrocle*...

— Quel est donc ce nouvel ami que je ne connais pas... que je n'ai jamais vu avec toi? demande le petit monsieur au jeune homme qu'il tient sous le bras.

Celui-ci balbutie : — Mon oncle, c'est .. c'est une personne qui a eu la bonté de me témoigner de l'intérêt... j'étais si malheureux... et de me tenir compagnie.

— Et à qui tu as payé à dîner probablement... il ne s'est pas ménagé ce monsieur...

— Qu'est-ce que j'entends? monsieur est votre oncle...

— Oui, monsieur, je suis l'oncle de Gustave...

— M Grandcourt alors?

— Justement.

— Oh! enchanté de faire connaissance avec l'oncle de mon ami.

— Je vous remercie monsieur, mais nous partons...

— Quoi! vous partez? vous ignorez donc que votre cher neveu veut encore une fois parler à la mariée, la perfide Fanny!...

— Je le sais parfaitement, au contraire, et c'est justement pour m'opposer à cet entretien qui pourrait amener une scène scandaleuse, que je suis accouru et que j'emmène mon neveu.

— Mais sa petite sœur, la charmante Adolphine nous aurait procuré secrètement cette entrevue.

— Vous vous trompez, monsieur, car c'est mademoiselle Adolphine elle même qui m'a fait savoir que mon neveu était ici, en me suppliant d'employer mon autorité pour l'emmener et l'empêcher de revoir sa sœur; cette jeune personne comprenait bien tout ce qu'il y aurait eu d'inconvenant dans cet entretien.

— Comment, c'est la petite sœur qui vous a prévenu, ô la petite souris! Ces femmes s'entendent toutes pour nous attraper.

— Dans cette occasion, monsieur, mademoiselle Adolphine a montré autant de raison que de prudence, et elle ne mérite que nos éloges. Allons, Gustave, dites adieu à monsieur, remerciez-le des bons offices qu'il a eu sans doute l'intention de vous rendre et partons...

— Ainsi, mon oncle, c'est fini, vous m'emmenez sans me permettre de la revoir encore...

— Ah! vraiment, mon neveu, vous me faites pitié avec votre amour, vos regrets pour une femme qui vous a dédaigné, joué

C'était, en effet, la jeune Adolphine. (Page 14.)

comme un enfant!... soyez donc homme... rendez dédain pour dédain, mépris pour mépris.. et rougissez d'avoir si mal placé vos sentiments, partons.

— Permettez, cher oncle de mon ami, je désire vivement me lier intimement avec vous... Gustave vous dira que je suis digne de votre amitié... je ne vous suis pas, parce que je veux aller à la noce de Blanquette... qui se fait au second; votre adresse, s'il vous plaît, j'irai demain vous demander à déjeuner.

— C'est inutile, monsieur, demain nous serons au Havre.

— Comment, au Havre? Eh bien, ça m'est égal... je vous accompagnerai... Ah! mon cher Gustave, lâchez donc un peu le cher oncle. j'avais deux mots à vous dire en particulier, rien que deux mots, mais ils sont urgents.

Mais sans plus écouter Cherami, M. Grandcourt emmène son neveu très-vivement, et ils ne sont déjà plus chez le traiteur, lorsque le convive de Gustave leur adresse encore la parole dans le corridor.

XV. — LES JOUEURS D'ÉCARTÉ.

Lorsqu'il s'aperçoit enfin qu'il est seul, Cherami rentre dans le cabinet, retourne s'asseoir à la table, regarde dans le bol où il y a encore du punch et s'en verse en se disant : — Après tout! je saurai bien les retrouver... cet oncle ne m'a pas l'air aussi aimable que son neveu... il a quelque chose de raide, de sec dans la physionomie... il est arrivé là comme une bombe, c'est fâcheux, je me sentais disposé à enlever la mariée à la barbe des Athéniens, et de toutes ces pécores qui se cachaient la figure avec leur mouchoir... Si j'allais laver la tête à tout ce monde-là? Non, ils n'en valent pas la peine. Je préfère aller voir la noce de mon ami Blanquette, là, je suis connu, on ne me traitera pas comme un intrus; sapristi! quel malheur que je n'aie pas eu le temps d'emprunter quelques napoléons à mon nouvel ami... il me les aurait prêtés, cela ne fait aucun doute... Ah! j'ai trop attendu... mais je ne pouvais pas me douter qu'un oncle arriverait tout à coup... comme dans les vaudevilles, pour faire un dénoûment imprévu. Ah! ah! qu'est-ce que j'entends, c'est de la musique, on joue un quadrille... Eh! eh!... il me semble que je pincerais bien aussi une petite contredanse... cette musique me met tout en train... ô pouvoir de l'harmonie! *Emollit mores nec sinit esse feros...* allez donc dire cela à tous ces gaillards qui dansent là-haut!... ils croiront que vous leur demandez un cigare... jolie musique!... Sapristi! il ne sera pas dit que je resterai seul dans ce cabinet, comme un ours dans sa cage, tandis que tout le monde s'amuse ici. Allons faire un tour à la noce de Blanquette.

Et Cherami se levant brusquement, met son chapeau sur sa tête, prend sa petite canne et sort vivement du cabinet. Arrivé dans le corridor, il lui arrive plus d'une fois de se heurter contre le mur; mais avec cet instinct de l'homme habitué à se mettre souvent en ribotte, il se redresse, se raffermit sur ses jambes et se dit :— Qu'est ce que c'est que cela... tu trébuches pour quelques petits verres de punch! allons, Arthur, je ne te reconnais plus, mon bon, tu n'es pas gris! tu ne dois pas être gris!...

Alors le moral remonte le physique, et il arrive, d'un pas un peu plus assuré, jusqu'à l'escalier.

Là, on entendait parfaitement l'orchestre de la noce du brillant Monléard Cherami s'arrête un instant en se disant : — Si j'entrais brusquement... si j'allais faire une scène à la perfide Fanny de la part de mon jeune ami Gustave... quel coup de théâtre! quel effet je produirais! Oui, mais ce monde-là ne me connaît pas, il ignore que j'ai eu trente-cinq mille francs de rente et que j'ai été l'homme le plus à la mode de Paris... on serait capable de me traiter comme un intrus... je me rebifferais, de là des duels... ne finissons pas tristement une journée si bien employée... *Dies fasti*, comme disaient les Romains. C'est étonnant comme le punch me rappelle mon latin... montons un étage, et allons à la noce de Blanquette, là du moins je connais un peu le marié, et beaucoup son père... je lui redois quatre à cinq cents francs pour le drap, raison de plus pour qu'il me reçoive bien... on ne ferme jamais la porte à ses débiteurs.

Parvenu au second étage, Cherami entend bientôt un autre orchestre; il traverse une grande pièce dans laquelle il n'aperçoit que beaucoup de chapeaux d'hommes accrochés à des patères; il se hâte d'accrocher aussi le sien et de placer sa canne à côté en se disant :

— Soyons bien élevé, on n'entre pas dans une noce comme dans un corps de garde. Eh! que vois-je à terre, dans ce coin, un gant, un fort beau gant beurre frais, ma foi; pardieu, il m'arrive fort à propos... c'est de la main gauche, n'importe, je tiendrai l'autre dans mon gousset... il me va, il me va vraiment fort bien; quel dommage que celui qui l'a perdu n'ait pas aussi laissé tomber la main droite, n'importe, ceci donne tout de suite un petit air paré, coquet qui vous relève son homme... je tiendrai ma main droite sous le pan de mon paletot, il tiendra même adroitement les deux pans dans ma main et on pourra croire que je suis en habit; *en avant, marchons contre leurs canons!*

Cherami pénètre dans une seconde pièce; celle-là est occupée par les joueurs : il y a deux tables de whist et une d'écarté; excepté deux dames âgées qui font la partie de whist, il n'y a que des hommes dans ce salon, et comme ils sont tous occupés à jouer ou à juger les coups, on ne fait point attention à l'arrivée du monsieur en pantalon à carreaux.

Cherami sourit à tout le monde, bien qu'il n'aperçoive là personne de sa connaissance ; les tables de whist sont peu entourées, excepté quelques vieux amateurs qui suivent la partie, on en approche sans difficulté. Il n'en est pas de même de la table d'écarté ; les jeunes gens se pressent autour, et il est assez difficile de voir jouer.

Cherami tourne autour de tout ce monde depuis quelques instants, grattant fort élégamment le bout de son nez avec sa main couverte d'un gant, et tenant toujours l'autre derrière son dos sous les pans de son paletot. Tout à coup un des joueurs s'écrie : — Il manque vingt francs ! Voyons, messieurs, qui est-ce qui les fait ?

— Le plus souvent que je le ferai, moi ! dit un jeune homme en se tournant vers Cherami, ils ont une veine extraordinaire ! voilà six fois qu'ils passent de ce côté-là !... cependant je connais Minoret, il est très-heureux ! Quand il s'y met, il est capable de passer vingt fois de suite !

La même voix répète alors : — Il manque toujours vingt francs... voyons, qui est-ce qui les fait ?

— Moi, s'écrie Cherami d'une voix retentissante... je les fais, j'ai confiance dans la veine de M. Minoret.

Ces paroles attirent l'attention sur Cherami. Plusieurs jeunes gens l'examinent, puis sourient, puis se disent entre eux : — Qu'est-ce que c'est donc que ce monsieur-là ?

— Quelle drôle de figure !
— Et sa mise, elle est encore plus drôle... est-ce qu'on vient à la noce en pantalon et gilet à carreaux ?
— Et tout cela n'est pas frais.
— Il n'était point au repas, à coup sûr.
— Non. Je voudrais bien savoir quel est ce personnage. Il paraît qu'il connaît Minoret.

Au bout d'une minute, le joueur que l'on a nommé Minoret reprend : — Eh bien ! quelle est donc la personne qui fait les vingt francs ? qu'elle les donne, alors.

— C'est moi, monsieur, qui fais ce manque ! répond Cherami, en grossissant sa voix; et, sapristi ! quand je dis que je les fais, il me semble que c'est comme s'ils y étaient; mais vous me donnerez peut-être bien le temps de chercher mon porte-monnaie... qui a glissé dans la doublure de mon gilet.

Le ton avec lequel Cherami vient de parler impose à tous ceux qui entourent la table d'écarté. Il est bien rare qu'en parlant très-haut on ne produise pas cet effet sur la multitude, et si, sur un champ de bataille, la victoire est presque toujours pour les gros bataillons, dans une discussion, il est bien rare qu'elle ne reste pas aux grosses voix.

Les joueurs ont donc pris le parti de donner les cartes et de se remettre à jouer. Pendant ce temps, Cherami se livre à une pantomime fort curieuse. S'étant décidé à retirer sa main droite de derrière lui, il la fourrant dans son gousset, puis dans un autre, et la faisant ensuite entrer dans les poches de son pantalon, il feint de chercher quelque chose qu'il est bien sûr de ne point trouver ; mais il y met une ardeur qui tromperait les plus incrédules, entremêlant ses recherches de ces mots entrecoupés : — Où diable ai-je donc mis mon porte-monnaie ?... c'est inconcevable... il suffit qu'on cherche quelque chose pour ne plus savoir ce qu'on en a fait... pourtant je l'ai tenu encore tout à l'heure pour payer mon cocher... L'aurais-je mis à côté de ma poche, en croyant le remettre dedans ? Voyons de ce côté, il me semble que je sens quelque chose. Oui... je le tiens enfin. Ah ! sapristi ! ce n'est pas lui, c'est mon porte-cigare... Je crois que je n'ai point fouillé par ici.

Mais, ainsi que notre parieur l'espérait, la partie d'écarté s'achève avant qu'il n'ait terminé ses recherches, et bientôt ces mots viennent frapper ses oreilles et dilater son cœur.

— J'en étais sûr, c'est encore Minoret qui a gagné !

Aussitôt Cherami, se précipitant vers la table d'écarté, présente sa main gauche fermée au joueur pour lequel il a parié, en lui disant :
— Je viens enfin de retrouver mon porte-monnaie, et voilà les vingt francs que j'ai pariés de votre côté, monsieur.

— C'est inutile, monsieur, vous n'avez plus besoin de les mettre, puisque nous avons gagné, répond le monsieur qu'on appelle Minoret, et voilà au contraire vingt francs qui vous reviennent.

En disant ces mots, le monsieur présentait à Cherami une pièce de vingt francs. Mais, pour la prendre, il aurait fallu ouvrir la main que celui-ci tenait fermée, et alors on aurait bien vu qu'il n'y avait rien dedans. En homme habile, il comprend le danger de sa position, et la tranche hardiment en répondant à son tour : — Eh bien ! monsieur, gardez les vingt francs, je continue de parier pour vous.

Et à ceux qui trouveraient que c'était bien imprudent à ce monsieur, qui n'avait pas un sou, de jouer ainsi d'un seul coup les vingt francs qu'il venait de gagner, nous répondrons qu'en général ce sont ceux qui ont le plus besoin d'argent qui aiment surtout à jouer gros jeu.

Dans cette circonstance, d'ailleurs, Cherami trouvait son excuse dans la position embarrassante où il s'était trouvé.

La veine de M. Minoret ne se dément pas ; il passe encore six fois et n'est renvoyé qu'à la septième. Cherami, qui avait continué de parier du même côté, se trouve donc possesseur de cent vingt francs en s'éloignant de la table d'écarté, de laquelle il s'était approché sans avoir un sou sur lui. C'était là le cas de parler latin ; et notre parieur, après s'être dit, suivant son habitude : « J'ai mon lièvre ! » ne manque pas d'y ajouter : *Audaces fortuna juvat !* Jamais dicton n'avait été mieux appliqué ; peut-être même pourrait-on trouver que, dans cette circonstance, ce monsieur avait été un peu plus qu'audacieux.

— Il faut avouer que j'ai bien fait de parier ! se dit Cherami en faisant sonner dans son gousset les pièces d'or qu'il venait de gagner. Pardieu !... j'ai envie d'aller m'acheter un gant de la main droite... Bah ! à quoi bon ? je puis bien avoir perdu l'autre. Le premier possesseur de celui-ci tenait fermée. C'est là le cas de parler latin. Entrons dans le bal, je me sens très-disposé à polker, et s'il y a par-là quelque femme sensible, je la lascherai par mes regards.

XVI. — LE BAL DE LA NOCE BLANQUETTE.

La salle du bal était tout en longueur ; on valsait dans le moment choisi par Cherami pour faire son entrée. Il commence par se jeter sur un couple de valseurs à deux temps, ce qui signifie que l'on va à contre-mesure, puisqu'une valse est toujours notée en trois temps ; à coup sûr, ceux qui ont inventé cette manière de valser ne devaient pas avoir l'oreille musicale. Or, les valseurs en deux temps vont extrêmement vite, c'est même le but de leur innovation. Cherami, heurté brusquement par le couple qui passe, fait quelques pas en arrière, et va donner dans les valseurs à trois temps qui s'abandonnaient avec délices aux charmes de la valse : la dame laissant aller mollement sa tête sur le côté, et fermant à demi les yeux pour moins s'étourdir ; le cavalier, se tenant ferme sur ses hanches, serrant avec un bras de fer la taille de sa danseuse, et plongeant sur elle des regards qui étaient les siens.

Ceux-ci, tirés tout à coup de leur extase par un individu qui, en se jetant contre eux, leur fait perdre la mesure, s'écrient : — Prenez donc garde. Mon Dieu, qu'il y a des gens maladroits !

— Eh ! prenez garde vous-mêmes ! répond le monsieur qui n'a qu'un gant. Que diable, vous venez valser sur mon dos.

— Mais rangez-vous donc, monsieur ; on ne reste pas sur le passage des valseurs.

— Ah ! monsieur, vous avez déchiré ma robe et vous m'avez écrasé le pied.

— Mais quel est donc ce monsieur si mal mis... qui se gratte le nez avec un gant beurre frais, et qui se jette dans tout le monde... le connaissez-vous ?

— Non.
— Ni moi.
— Ni moi.
— Attendez, Minoret doit le connaître, il a parié pour lui.

Et un jeune homme court à M. Minoret, qui vient aussi de rentrer dans la salle où l'on danse, et lui dit : — Mon cher Minoret, apprenez-nous quel est ce singulier personnage en pantalon écossais qui tout à l'heure pariait vingt francs pour vous ?

— Ah ! ce grand monsieur qui a le teint si animé, et tient sa main gauche en l'air ?

— Positivement.
— Je ne le connais pas du tout.
— Mais il vous a nommé en pariant pour vous.
— J'ignore s'il me connaît, mais moi je ne le connais pas.
— C'est singulier, il a l'air d'être un peu gris, ce monsieur... il faut savoir qui c'est. Ah ! voilà justement Armand, un des garçons d'honneur. Eh ! Armand, venez donc un peu, dites-nous quel est ce particulier qui a une mise si négligée pour un bal de noce.

— Le monsieur en paletot qui coudoie tout le monde ?
— C'est cela.
— Mais, justement, je venais de le demander à la mariée, qui ne le connaît pas non plus.
— Et le mari ?
— Il valse. Mais j'aperçois M. Blanquette le père, je vais aller lui parler de cet individu, et si personne ne le connaît, je vous certifie que nous l'aurons bientôt mis à la porte.

Mais avant que le garçon d'honneur n'ait rejoint le père du marié, Cherami, qui vient d'apercevoir le marchand de drap, s'empresse d'aller à lui, et lui frappe sur le ventre en lui disant : — Me voilà, moi, cher ami ! vous ne m'aviez pas invité à votre noce, mais je me suis dit tout de même : J'irai tout de même, parce qu'avec de vieilles connaissances il ne faut pas se fâcher pour des bêtises. Alors, qu'ai-je fait ? J'ai dîné ici, dans un cabinet au premier... parfaitement dîné, je m'en vante... et ensuite, je suis monté pour vous dire bonsoir et saluer la mariée... et faire danser n'importe qui !... je suis obligeant, moi... Eh voilà, mon vieux père Blanquette... les amis sont toujours là... comme dit la chanson.

M. Blanquette est demeuré fort surpris en retrouvant devant lui le monsieur qu'il a rencontré dans la journée en descendant de voiture. Il ne paraît pas flatté de le voir au bal; mais ne voulant pas qu'une scène désagréable puisse s'élever à la noce de son neveu, il s'efforce de cacher son mécontentement en répondant : — Ah! ma foi, monsieur Cherami, je ne m'attendais pas à vous revoir. Ah! vous avez dîné chez ce traiteur.

— Oui, estimable ami, et joliment dîné, je vous prie de le croire.

— On s'en aperçoit!...

— Comment, on s'en aperçoit? et à quoi s'en aperçoit-on, je vous prie...

— Mais, parce que vous avez l'air fort en train... de rire...

— Je suis toujours gai quand je me trouve au milieu de mes amis! Ah! voilà mon caractère! Présentez-moi donc à la mariée.

— Mais, permettez... il me semble que vous n'êtes guère en tenue de bal... les dames tiennent un peu à cela.

— Si vous m'aviez invité, je serais venu en grande tenue; vous ne m'avez pas invité, je suis venu en voisin. Tout est pour le mieux, comme dit le docteur *Pangloss*. Présentez-moi à votre nièce.

— Plus tard... on va danser; vous voyez qu'on se met en place pour un quadrille. Passons dans une autre salle.

— On va danser... oh diable! je ne m'en vais pas, alors... je danse, moi... J'ai été un des plus forts danseurs de la Chaumière, élève de *Chicard!*... on faisait le coup de poing pour me voir danser la *Tulipe orageuse*... Je veux vous montrer que je n'ai pas tout oublié!...

Aussitôt, quittant M. Blanquette, le ci-devant bel Arthur se dirige vers les banquettes sur lesquelles les dames sont assises, et présentant sa main gantée, dit à une demoiselle : — Voulez-vous, belle coryphée, me faire le plaisir d'accepter une main pour cette contredanse?

— Je suis invitée, monsieur.

Cherami s'adresse plus loin en variant légèrement sa phrase, mais on ne varie point les réponses qu'on lui fait; c'est toujours : — Je suis invitée.

Aucune jeune fille, aucune jeune femme ne se souciant de danser avec un monsieur si rouge de visage, si mal costumé, sentant si fort le rhum, et tenant toujours sa main droite sur son derrière.

— Sapristi! toutes les danseuses ont donc été invitées d'avance! s'écrie Cherami en regardant sur chaque banquette. — Je suis refusé sur toute la ligne.

Cependant, il y a toujours dans un bal quelque femme âgée, laide, mal fagotée, et qui a encore la prétention de faire danser les danseuses. Notre bel Arthur aperçoit dans une encoignure, une dame de cette catégorie, ayant sur la tête une espèce de turban surchargé de fleurs, de dentelles, qui forme un volume effrayant.

— J'aurais bien du malheur si celle-ci ne s'était engagée! se dit Cherami en se dirigeant bravement vers la dame enturbanée.

Il ne lui a pas adressé la moitié de son invitation, que celle-ci se lève comme poussée par un ressort, et saisit sa main gantée en répondant : — Volontiers!... oui, monsieur!... j'accepte. Oh! je danse tout ce qu'on veut.

— En ce cas, belle dame, allons nous placer.

Presque tous les quadrilles étaient formés. Mais rien n'arrête Cherami; il va se mettre devant un petit jeune homme et sa danseuse, et lorsque le jeune homme lui dit : — Mais, monsieur, la place est prise!... nous étions là avant vous, il répond avec arrogance :

— Je ne suis pas si vous y étiez avant nous, mon bonhomme; mais je sais que j'ai l'honneur d'y être avec madame, et je n'en sortirai que par la force des baïonnettes!

Le jeune homme n'ose pas résister; d'ailleurs, de tous côtés on se dit : — Ce monsieur si original danse avec la tante Merlin.

— Comment! la tante Merlin danse?

— Oui, avec ce particulier en dessous écossais... Oh! cela va être amusant!

Et de tous côtés, les personnes qui ne dansent pas, accourent pour voir le quadrille dans lequel figurent Cherami et la tante Merlin.

— Sapristi! j'ai perdu un de mes gants! s'écrie Arthur en feignant de chercher dans sa poche et de regarder à terre autour de lui. Belle dame, me pardonnerez-vous de danser avec un seul gant?

— Oh! certainement, monsieur, répond la dame au turban, en faisant la gentille, vous êtes tout excusé, il s'en est arrivé autant à M. Courbichon en arrivant ce soir pour le bal; il s'est aperçu qu'il avait perdu un de ses gants... seulement, lui, c'est le gauche qui lui manque.

— Ah! c'est fort plaisant!... Alors nous faisons la paire à nous deux!... Ah! j'en rirai longtemps! A vous, belle dame.

La première figure se fait assez tranquillement, la chaîne anglaise et la queue du chat n'offrant pas à Cherami l'occasion de montrer ses talents; mais à la seconde, où l'on va en avant deux, il commence à exécuter des pas, des poses du cancan le plus pur et le plus hardi. Les hommes rient comme des fous, les femmes aussi, tout

en murmurant : — Mais c'est affreux!... où donc ce monsieur croit-il être?

Le plus plaisant de la chose, c'est que la danseuse de Cherami, stimulée par les balancements bizarres et les excentricités de son cavalier, croit devoir faire comme lui et se met à se tortiller et à lancer ses jambes à droite et à gauche avec une ardeur qui met en mouvement toutes les fleurs rassemblées sur son turban.

Les éclats de rire redoublent.

— J'ose croire que nous faisons un certain effet, dit Cherami à sa danseuse, mais cela ne m'étonne pas; toutes les fois que je danse, on fait foule pour me voir.

Cependant, d'un bout à l'autre de la salle, on se dit :

— Le monsieur en pantalon à carreaux fait danser le cancan à la tante Merlin; c'est extrêmement curieux!

Il y a des couples qui cessent alors de danser pour aller voir cancaner la tante Merlin et son cavalier. Ce bruit arrive bientôt aux oreilles de M. Blanquette le père; et la mère de la mariée, femme fort respectable, vient lui dire : — Monsieur Blanquette, je vous en prie, allez donc dire à ma sœur de ne point danser le cancan. Tout le monde se moque d'elle ici, et elle ne s'en aperçoit pas... Ah! que vous avez eu tort d'inviter ce grand monsieur qui a le teint si rouge.

— Eh mon Dieu! madame, je vous assure que je ne l'avais pas invité... C'est un homme qui me doit de l'argent... que j'ai connu autrefois riche et bien tenu... Il s'est complètement gâté... Il m'a aperçu ce matin, comme nous descendions de voiture; et ce soir, il s'est permis de venir à notre bal... Je n'ai pas osé lui dire de s'en aller... parce que vous comprenez que cela m'est embarrassant. Mais s'il se permet de danser d'une manière indécente... oh! je n'hésiterai plus.

M. Blanquette se dirige vers le quadrille qui produit un effet si prodigieux. Cherami était en train de faire la *chaloupe* avec sa danseuse, qui continuait de seconder de son mieux son cavalier. L'oncle du marié se faufile derrière cette dame et lui dit à demi-voix : — Madame Merlin, je vous en prie, ne dansez pas comme cela... c'est une danse de guinguette... on ne se déhanche pas comme cela dans un salon.

Madame Merlin répond d'un air revêche : — Monsieur, il me semble que je danse très bien, la preuve, c'est qu'on se foule pour nous voir.

— Je vous assure, madame Merlin, que cela n'est pas convenable, et cela contrarie madame votre sœur.

— Ma sœur est vexée parce qu'elle ne danse plus. Qu'elle me laisse tranquille!... je veux danser, moi.

— Eh! qu'y a-t-il donc, ma nymphe? s'écrie Cherami; que vous a dit ce vieux Blanquette?

— Il prétend que notre danse n'est pas convenable...

— Ah! je le trouve joli... Et de quelle boîte sort-il pour s'effaroucher de notre danse? Il ne va donc pas au spectacle... il n'a donc pas vu les danseuses espagnoles, celles qui ont été à presque tous les théâtres, cependant. Ah! s'il avait vu ces dames pincer leur *fandango*, leur *jota*, leur *boléro*, et se livrer à une foule de trémoussements, en montrant leurs jambes et leurs jarretières... c'est bien autre chose que le cancan!... ce qui n'a pas empêché les Espagnoles d'attirer la foule partout. Et vous trouvez mauvais que je cancane, et vous courez voir les danses libertines exécutées par des femmes dont les costumes ajoutent à l'effet de leur danse. Mais, sapristi, laissez-moi ce que je veux savoir ce que vous voulez! A nous, ma Terpsichore, attention, ici: c'est la pastourelle, et je vous ménage quelque chose pour vous seul.

La tante Merlin se lance comme une flèche, sans faire attention aux remontrances de M. Blanquette, qui pousse d'énormes soupirs en voyant combien il est facile d'entraîner les femmes à faire des folies, alors même que leur âge devrait les rendre raisonnables. Cependant le moment est venu pour Cherami de faire le cavalier seul; échauffé par tout ce qu'il a bu, et se rappelant alors les prouesses de sa jeunesse, il exécute le pas du chat, qui consiste à se jeter à plat ventre par terre devant ses vis-à-vis. Cette gymnastique obtient un succès de fou rire; et la tante Merlin, se tournant vers le papa Blanquette, s'écrie : — Que dites-vous de cela... en feriez-vous autant?

— Non, certainement, madame, et je n'essaierai même pas d'en faire autant, répond l'oncle du marié; mais je trouve cela très audacieux... il faut que votre cavalier ait le diable au corps pour faire de telles folies!...

La tante Merlin n'écoute plus M. Blanquette; la dernière figure est arrivée, c'est celle où l'on fait le galop, et Cherami lui a dit, en la prenant par la taille : — Nous allons un peu enfoncer tous les autres galopeurs. Ah! fichtre!... qu'ils se tiennent bien... Ils m'ont coudoyé en valsant, nous allons leur rendre la monnaie de leur pièce.

Aussitôt il entraîne sa danseuse, en la faisant tout à la fois galoper et tourner. Le ci-devant bel Arthur avait été un des plus remarquables danseurs dans ces galops monstres qui s'exécutent à l'Opéra dans les bals masqués. Le punch lui a rendu la vigueur de sa jeunesse; se jetant à tort à travers dans tout ce monde qui danse ou ne danse pas, il passe comme un tourbillon, comme une avalanche, pousse par-ci, culbute par-là, met le désordre partout. En vain on lui crie : — Arrêtez, monsieur, arrêtez donc! vous jetez les dames par terre.

Cherami va toujours; ce n'est que lorsque le turban de sa danseuse se détache de dessus sa tête, qu'il consent à déposer sur une banquette la tante Merlin, à qui les yeux sortent de la tête. Mais, en ce moment, plusieurs messieurs fort en colère entourent le terrible galopeur en lui disant : — Monsieur, vous avez jeté ma danseuse par terre.

— Monsieur, vous avez écrasé le nez de ma fille.

— Monsieur, vous avez renversé mon épouse; elle a été culbutée si malheureusement, qu'en tombant, sa jupe élastique a fait la tulipe... et qu'on a vu des choses... que seul j'ai le droit d'admirer.

— Monsieur, vous m'en rendrez raison !

— Monsieur, cela ne se passera pas ainsi!

Pendant que de tous côtés on le provoque, Cherami essuie tranquillement la sueur qui coule de son visage, en disant : — Eh! sapristi! qu'ils en ont-ils tous? ils sont charmants!... Je vous trouve tous charmants! il fallait vous ranger; c'est ce que j'ai fait, moi, quand vous m'avez bousculé à la valse tout à l'heure Est-ce ma faute si vous ne savez pas vous tenir sur vos jambes? Le grand malheur, si le nez de mademoiselle votre fille est un peu poché, et si madame votre épouse, à vous, monsieur, a montré des choses admirables!..., il me semble que vous devez être flatté de cet accident... tout le monde doit envier votre bonheur.

Ces réponses sont loin d'apaiser la colère des époux, des frères, des pères endommagés dans les objets de leur affection. Mais le papa Blanquette s'avance, il perce la foule, il s'approche de celui qui a causé tout le désordre, et lui dit, en prenant un ton qu'il s'efforce de rendre noble : — Monsieur, vous avez causé dans la noce de mon neveu des perturbations graves...

— Ah! ah! le mot *perturbation* est joli... je le retiens. C'est égal, continuez, papa Blanquette.

— Monsieur, ce n'est point dans notre société que l'on se livre à des danses aussi inconvenantes que celles que vous exécutez...

— Il me semble cependant que la tante Merlin y mordait assez bien à cette danse-là...

— Monsieur, je ne vous avais pas invité à venir à notre bal; je trouve donc que... par trop...

— Sans gêne... le mot ne vous vient pas, ça doit être celui-là?...

— Oui, monsieur, trop sans gêne, que l'on se présente quelque part où l'on n'a pas été invité, et surtout, dans une tenue aussi négligée que la vôtre. Vous avez assez jeté de monde par terre comme ça, nous ne voulons pas que cela aille plus loin, et je vous prie de vous retirer.

— Ah! c'est comme cela que vous êtes polis, vous autres! Eh bien, bonsoir, je m'en vais. — Elle n'est pas déjà si soignée, votre noce... je n'ai pas vu passer un seul verre de punch. Et vous croyez que vous avez bon genre... merci! vous êtes joliment arriérés ici.

— Monsieur, veuillez vous rappeler aussi que vous me redevez quatre cent quatre-vingt-quinze francs... et que, si vous n'en finissez pas, je prendrai des mesures sévères...

— Oh! bravo !... j'attendais cela... c'est le bouquet. Parler de son mémoire dans un bal! Tenez, vieux Blanquette, vous me faites de la peine. *Adieu, Rome, je pars!*... Mesdames, je dépose mes hommages. Je suis fâché de vous avoir un peu bousculées; mais, parole d'honneur, c'est la faute de vos cavaliers, ils ne savent pas seulement vous tenir !...

Cette nouvelle insulte adressée aux messieurs de la noce rend à ceux-ci toute leur colère, ils veulent tomber sur Cherami. Celui-ci ôte son gant jaune et le jette devant eux, en disant : — Tenez, voilà tout ce que je puis faire pour vous ! Je vous attends tous chez moi demain matin. Mon ami Blanquette de veau vous donnera mon adresse. Ayez des pistolets, des sabres, des épées... Moi, j'aurai une queue de lapin, entendez-vous? et avec cette queue de lapin, je vous brave tous !

Ce défi héroïque semble calmer un peu la colère de ces messieurs. Mais, pendant qu'ils se regardent, un petit homme chauve s'élance sur le gant et le ramasse en s'écriant : — C'est mon gant, je le reconnais! c'est le gant gauche que j'avais perdu... il était recousu au pouce... c'est bien lui.

Cherami n'écoute pas M. Courbichon, il a déjà quitté la salle de bal. Il traverse celle où l'on joue, sans s'arrêter; puis, décrochant un chapeau et s'emparant d'une canne qui est dans un coin, il sort de la dernière pièce et descend l'escalier en se disant : — Je m'en moque !... je ne suis pas fâché d'être allé à cette noce... j'ai mon lièvre !...

En disant cela, Cherami tapait sur son gousset dans lequel étaient les pièces d'or qu'il avait gagnées à l'écarté.

Cependant, au bas de l'escalier, Cherami aperçoit plusieurs dames arrêtées, qui attendent leur voiture; ce sont des personnes de la noce du premier étage, qui quittent le bal. Bientôt un jeune couple arrive encore, et une des dames qui attendent, dit à sa voisine : — Comment, la mariée s'en va déjà?

— Oui, il paraît qu'elle se trouve un peu indisposée.

— Ah! c'est la mariée qui file si vite! s'écrie Cherami, en avançant la tête. Eh! oui... c'est elle... c'est la perfide Fanny... je la reconnais !...

A peine ces mots étaient-ils prononcés, que le marié, qui donnait alors le bras à sa femme, la quitte brusquement, regarde de tous côtés, et accourt sur Cherami, auquel il dit d'une voix altérée par l'émotion : — C'est vous qui venez de parler, monsieur?

— Comment, de quoi? Après?... Eh bien, oui, j'ai parlé! est-ce que je n'en ai pas le droit?

— C'est vous qui avez dit : C'est la perfide Fanny?

— Oui, pardieu, c'est moi. Oh! je ne renie jamais mes paroles !

— Monsieur, ce n'est ni l'heure, ni le moment d'avoir une explication; mais demain j'irai vous trouver, et si vous n'êtes point un lâche, vous me rendrez raison.

— Un lâche, moi... Arthur Cherami! un lâche! Ah! en voilà une bonne! Et je viens de défier toute la noce Blanquette... Je me bats à tout ce qu'on veut... depuis l'épingle jusqu'au canon, je suis votre homme.

— C'est ce que nous verrons demain. Votre adresse?

— La voilà... j'en ai toujours une sur moi pour ces sortes d'affaires...

Monléard a pris la carte jaune et sale que Cherami sort de sa poche, et court rejoindre sa femme, qui est déjà montée en voiture. Cette petite scène s'est passée si rapidement, que les personnes arrêtées là n'ont pu en saisir que quelques mots

La voiture qui emmène les nouveaux mariés est partie. Cherami cherche de tous côtés un fiacre; il en aperçoit un, monte dedans en criant au cocher : — Rue de l'Orillon, barrière de Belleville. Je vous arrêterai devant mon hôtel.

Puis il s'étale avec délices sur la banquette du fond, posant ses pieds sur celle de devant, en se disant : — La journée est complète. Excellent dîner, punch, jeu, bal et duel!... Et ce matin, je n'avais pas de quoi acheter un petit pain!... A ma place, un imbécile aurait été se jeter à l'eau... Mais avec les gens d'esprit, il y a toujours de la ressource!

XVII. — UN HÔTEL GARNI RUE DE L'ORILLON.

La rue de l'Orillon, qui est située hors Paris, tout près du théâtre de Belleville, n'a pas la moindre ressemblance avec la rue de Rivoli, ni même la rue de la Paix. On y trouve de la crotte presqu'en toute saison, et fort peu de boutiques dans le genre des magasins du Prophète, je crois même que je pourrais affirmer qu'il n'y en a pas.

C'est dans un méchant garni de cette rue *extra muros*, que le ci-devant bel Arthur, après avoir habité les Champs-Élysées et la Chaussée-d'Antin, était réduit à se loger. Il ne payait pas souvent; cependant, le jour qu'il touchait sa rente, il se décidait parfois à donner quelques pièces de cinq francs à sa propriétaire, et celle-ci prenait patience pour les semaines arriérées, parce qu'elle était flattée de loger dans son garni un homme qui avait eu trente-cinq mille francs de revenu, et qui, dans ses manières et son langage, conservait encore le froufrou de sa première position.

La chambre habitée par le bel Arthur n'était pas meublée comme le sont celles de l'hôtel du Louvre à Paris. Un petit papier fond bleu, à treize sous le rouleau, tenait lieu de tenture; mais en plusieurs endroits, ce papier déjà vieux, ayant été déchiré, on avait masqué ces accidents avec des morceaux de nouveau papier d'un autre dessin et souvent d'une autre couleur, ce qui donnait à la chambre un certain air d'arlequinade qui n'était pas désagréable... surtout pour les personnes qui aiment ce costume. Mais dans la rue de l'Orillon on adore les arlequins.

Une mauvaise couchette, surmontée de sa flèche qui n'avait jamais été dorée, et sur laquelle était jeté un rideau de toile jaune beaucoup trop étroit pour entourer le lit, se trouvait en face de la fenêtre. Au pied de ce lit, un paravent de quatre pieds de haut, était censé garantir du vent qui passait sous la porte mal jointe. Une commode Louis XVI, un vieux fauteuil Louis XV, et un secrétaire qui avait la prétention d'être Louis XIII, composaient avec quelques chaises tout l'ameublement. Sur la cheminée, on voyait deux flambeaux de cuisine, une petite boîte d'allumettes chimiques et quelques débris de cigares, mais pas une seule pipe : Arthur se serait cru déshonoré s'il avait approché une pipe de ses lèvres.

Il était midi, et Cherami, étendu sur sa couchette, venait seulement de s'éveiller : il étend les bras, se frotte les yeux, se tourne, se retourne, et regardant du côté de sa fenêtre, se dit : — Eh mais! je crois que j'ai passablement dormi! Oui, si j'en juge par ce soleil qui darde en plein sur ma fenêtre, la matinée doit être avancée... C'est souvent désagréable de n'avoir point de montre; mais au moins, dans un hôtel garni, devrait-il y avoir des pendules, ou tout au moins un cartel sur chaque cheminée... cette scélérate de madame Louchard, ma logeuse, me promet tous les mois ce supplément indispensable à mon ameublement... et je suis comme sœur Anne, je ne vois rien venir... Par la sambleu! comme on dit dans les pièces de *Marivaux*, le repos m'a fait du bien, car la journée d'hier a été fatigante!... mais il me semble que j'avais au moins une douzaine de duels pour ce matin... diable... et je ne sais pas l'heure qu'il est.

Cherami se met alors à frapper très-fortement de son poing sur la muraille légère qui est à la ruelle de son lit; puis, tout en cognant, il crie à tue-tête : — Madame Louchard!... holà donc, eh!... déesse de Cythère!... Logeuse des amours!... Vénus de la Courtille! accourez, je vous prie!... *Viens, gentille dame, je t'attends!... je t'attends!* Cré coquin, remuons-nous un peu là-bas!

Au bout de cinq minutes, des pas lourds se font entendre dans l'escalier, puis une femme, grande, longue, maigre comme une latte, et dont la chute des reins annonce le plus profond mépris pour toute espèce de crinoline, entre dans la pièce habitée par Cherami.

Cette femme a un grand nez, une grande bouche, de grandes dents, de longues oreilles, des pieds et des mains dans les mêmes proportions; un enfant qui viendrait d'entendre le conte du *Petit Chaperon rouge*, aurait peur de cette femme, et la prendrait pour compère le loup déguisé en *Mère Grand*.

Ajoutons, pour compléter ce portrait, que madame Louchard a le teint jaune, les yeux chassieux, et le nez toujours bourré de tabac. Que son costume se compose d'un long déshabillé, qui ressemble pour la coupe à un fourreau de parapluie; cela rappelle les modes du temps du Directoire; enfin, elle est coiffée d'un béguin blanc, par-dessus lequel est noué un mouchoir en cotonnade de couleur.

— Eh bien! qu'est-ce qu'il y a?... pourquoi vous égosillez-vous à crier, à cogner?... vous ne pourriez donc pas vous lever, monsieur le paresseux... il me semble qu'il y a longtemps qu'il fait jour.

Voilà comment cette dame souhaite le bonjour à son locataire.

— Vous avez raison sur ce point, reine de Cythérée, répond Cherami en se soulevant à demi.

— Eh bien! Dieu me pardonne! je crois qu'il veut se lever devant moi... Est-ce que c'est pour me faire voir cela que vous m'avez appelée, je trouverais la plaisanterie burlesque!

— Eh non! vertueuse Louchard, je ne me lève pas devant vous; je connais la sévérité de vos mœurs, et je les respecte!... Je sais qu'auprès de vous, Richelieu et Buckingham auraient perdu leur temps!...

— Je ne connais pas ces messieurs-là, mais pas plus eux que d'autres!... Je vous l'ai dit cent fois! Depuis la mort de mon mari, feu Louchard, les hommes ne me sont plus de rien.

— Il paraît que feu Louchard était un phénix, un bijou, la fleur des pois des maris.

— Au contraire, il avait mille désagréments cachés et était toujours gris. Voilà ce qui m'a fait prendre votre sexe en grippe, relativement à la question de l'amour.

— Eh bien, je vous approuve, parole d'honneur; je trouve que vous avez bien fait de prendre ce parti.

— Parce que?...

— Parce que cela vous donne quelque ressemblance avec *Didon*... Mais laissons tout cela, et dites-moi bien vite quelle heure il est?

— Dame... il y a une bonne demi-heure... oui, au moins, que j'ai entendu sonner midi.

— Alors, dites-moi tout de suite qu'il est midi et demi... Bigre, j'ai été paresseux, en effet; mais hier, quand je suis rentré, il était bien deux heures du matin.

— Au moins, et même que vous m'avez réveillée; vous faites toujours tant de bruit dans l'escalier.

— En tous cas, je n'ai point réveillé votre concierge, puisque vous n'en avez pas!

— Tiens, à quoi bon... on connaît le secret de l'allée, on rentre quand on veut.

— Et à tâtons, ce qui est souvent bien imprudent.

— Les omnibus! apprenez, veuve Louchard, que lorsque je rentre après minuit, c'est toujours en coupé, ou en cabriolet.

— Peste! les fonds sont en hausse alors... vous allez me donner un à-compte.

— Laissez-moi donc tranquille... je vous ai encore donné dix francs...

— Il y a deux mois...

— Ce n'est pas de cela qu'il s'agit, est-il venu des individus me demander ce matin?

— Non, pas un chat.

— Pas un chat... des lâches!...

— Pourquoi dites-vous que les chats sont des lâches? le mien se battait avec un dogue.

— Il ne s'agit pas de votre chat, digne Louchard, mais d'un tas de fanfarons qui me défiaient tous hier, et qui n'ont pas osé venir me trouver ce matin.

— Est-ce que vous auriez encore voulu vous battre par hasard? Ah ça, mais c'est donc une maladie chez vous? il n'y a pas si longtemps que vous êtes guéri de cette balle dans le côté.

— Bah! une bagatelle, une égratignure... je ne suis pas querel-

leur; mais quand on a l'air de me regarder de travers, cela me vexe... après tout, je tiens peu à revoir ces gringalets de la noce Blanquette; mais il y a un autre monsieur... celui-là je serais surpris s'il ne venait pas... cependant, il n'y a pas encore de temps de perdu... il s'est marié hier... on ne se lève pas de bonne heure un lendemain de noce.

— Comment, vous voulez-vous battre avec quelqu'un qui s'est marié hier?

— Pourquoi pas? on se marie, on se bat, on se tue... ou l'on est tué! Voilà la vie! belle *Arthémise*.

— A quel propos m'appelez-vous Arthémise, ce n'est pas mon nom?

— Parce que c'était une veuve qui regrettait infiniment son mari!...

— Je n'ai jamais regretté le mien une minute, au contraire.

— Cela ne fait rien; vous dites donc qu'il est midi et demi .. Sapristi, madame Louchard, quand viendra donc cette pendule que vous me promettez depuis si longtemps?

— J'attends une occasion... je veux quelque chose qui aille avec le reste du mobilier.

— Alors, chère amie, comme ici j'ai soi-disant un secrétaire Louis-Treize, un fauteuil Louis-Quinze et une commode Louis-Seize, il me semble que vous ne pouvez pas faire autrement que d'acheter une pendule Louis-Quatorze pour combler l'interrègne et rétablir la filiation des dynasties.

— Oui, oui... j'ai vu justement une petite rocaille d'occasion *Pompadour*...

— Prenez garde! vous allez trop loin... je ne vous ai pas dit *Pompadour*... ce qui retomberait en plein Louis-Quinze!... je vous ai dit Louis-Quatorze.

— Quatorze ou quinze! pourvu que ce ne soit pas trop cher... Eh! mais .. quand je disais vous vous étiez en fonds, je ne me trompais pas!... vous vous êtes donné un chapeau neuf... après tout, vous avez bien fait, le vôtre n'aurait pas résisté à un orage.

— Un chapeau neuf... qu'est-ce que vous me chantez là? belle hôtesse, j'y ai pensé plus d'une fois, mais je n'ai pas encore réalisé ce projet.

— Eh bien! qu'est-ce que c'est donc que ça?

Madame Louchard va prendre un chapeau posé sur la commode et l'apporte à Cherami qui l'examine en ouvrant de grands yeux, car ce chapeau est en effet tout neuf et d'une forme à la mode.

— Comment diable... voilà mon chapeau... ceci me surprend... il est bien changé à son avantage... il est rajeuni de deux ans au moins... et il me va, pardieu! oui, il me coiffe très-bien, c'est juste l'ovale de ma tête.

— Vous l'avez acheté hier sans doute?

— Eh! non, encore une fois, je n'en ai pas acheté... mais j'y suis... en sortant de ce bal de noces j'étais un peu ému... un peu en colère, j'ai saisi le premier chapeau qui m'est tombé sous la main, j'ai cru que c'était le mien...

— Eh bien! il faut convenir que vous avez eu la main heureuse; vous n'avez pas perdu au change.

— O ma foi, ce sont de ces méprises qui arrivent si souvent au bal ou en soirée, que franchement je ne réclamerai pas.

— Vous ferez tout aussi bien; mais celui qui n'aura plus trouvé que votre chapeau à la place du sien, il pourrait bien réclamer lui?

— Eh bien! qu'il vienne, je l'attends, je lui rendrai son claque et je lui en donnerai d'autres avec.

— Ah! bien, mais ce n'est pas tout!

— Qu'y a-t-il donc encore, veuve Louchard? est-ce que je serais revenu avec deux chapeaux, j'avoue que cela m'étonnerait!

— Non, il ne s'agit plus de chapeau; mais cette canne, ce n'est pas là votre badine à battre les habits, qui valait bien six sous.

Madame Louchard ramasse une canne qui était étalée dans un coin de la chambre; c'est un véritable rotin orné d'une tête en agathe entourée de cercles d'or et taillée d'une façon très-originale. Elle la présente à Cherami qui pousse un cri d'admiration: — Oh! mais voilà qui est joli... charmante canne, de très-bon goût... pas trop lourde... cette espèce de camée, pour pomme, me plaît beaucoup...

— Vous avez donc fait pour cette canne comme pour votre chapeau?...

— Eh pardieu! cela va de source... elle était placée à côté .. moi, j'avais aussi posé ma badine tout à côté de mon gibus... le quiproquo a été complet.

— Eh bien! faut avouer que vous êtes heureux en quiproquo... c'est une canne qui a dû coûter cher, celle-ci.

— Oh! j'en ai eu de bien plus belles que cela jadis! .. Que diable cherchez-vous donc à terre et sur les meubles, madame Louchard?

— Dame!... je regarde si vous n'auriez pas encore, par méprise, rapporté quelque autre objet.

Cherami se met brusquement sur son séant en s'écriant: — Tonnerre de Jupiter, veuve Louchard, pour qui donc me prenez-vous? est-ce que vous croyez que je suis un filou, un voleur?... j'avais **un chapeau et une canne, en sortant d'un bal, je prends un chapeau** et une canne... ce ne sont pas les objets qui m'appartenaient... je me trompe, je fais erreur, cela peut arriver à tout le monde... *errare humanum est*, entendez-vous ? Non, vous n'entendez pas ; c'est égal, mais emporter un objet auquel je n'ai aucun droit, fi donc ; la preuve, c'est que j'avais trouvé un gant, et je l'ai rendu. Sachez, madame, que l'on peut se trouver sans argent, avoir des dettes, emprunter, ne pas rendre, jouer même sur parole... car, si j'avais perdu hier, je n'aurais pas pu payer sur-le-champ ; mais que tout cela n'empêche pas d'être un galant homme.

— Mon Dieu, monsieur Cherami, je ne vous dis pas le contraire ; vous vous emportez tout de suite comme une soupe au lait.

— Hier, j'avoue que j'avais très-bien dîné. Je n'étais pas gris, je ne me grise jamais ; j'étais seulement étourdi, c'est égal, je me rappelle parfaitement toutes ces méprises, et maintenant je sens que je prendrais bien quelque chose.

— Voulez-vous que je vous fasse une bonne soupe à l'oignon pendant que vous vous lèverez ?... il n'y a rien qui remette mieux que cela le lendemain d'une ribotte.

— Une soupe à l'oignon... je ne méprise pas ce potage ; cependant j'ai bien envie de porter mes vues plus haut et je crois qu'une bonne volaille. Eh mais, qu'est-ce que ce bruit ; il me semble qu'une voiture s'arrête devant votre hôtel... voyez donc un peu, chère hôtesse.

Madame Louchard se met à la fenêtre et répond : — Vraiment oui, un superbe cabriolet de maître, avec un beau cheval gris pommelé... un jokei à livrée... et voilà un jeune élégant qui descend... il regarde la maison... il entre ici... c'est bien pour moi.

— Pour vous ! eh non ; c'est pour moi ; de par tous les diables... ce doit être mon jeune marié et je suis encore au lit... habillons-nous en deux temps.

Cherami saute à bas de son lit en chemise ; aussitôt madame Louchard prend ses jambes à son cou, en s'écriant : — Ah ! je n'aime pas ces choses-là, monsieur Cherami, je vous ai déjà dit de ne point vous lever devant moi... et un homme qui ne porte pas de caleçon encore !...

— Ah ! chère hôtesse, il paraît que vous avez risqué un œil... Ô les femmes !... vous descendez toutes de l'épouse de Loth !... Il est fâcheux qu'on ne vous change plus en sel à chacune de vos indiscrétions, cela ferait furieusement baisser le prix de cette denrée !

XVIII. — UN DUEL SANS TÉMOINS.

C'est bien, en effet, M. Monléard qui vient de descendre de son cabriolet, et, après avoir examiné l'extérieur de l'hôtel garni se décide à s'aventurer dans l'allée assez sombre de cette maison ; là, il cherche vainement un portier, mais la propriétaire en servait souvent ; c'est encore elle qui s'est hâtée de descendre.

— Madame, connaissez-vous dans cette maison un certain monsieur Cherami ?

— Oui, monsieur, oui, je le connais, puisque c'est mon locataire.

— Ah ! fort bien... voudriez-vous m'indiquer sa demeure ?

— Au second, la deuxième porte à droite.

— Croyez-vous que je le trouverai ?

— Assurément, monsieur ; car je le quitte et il allait seulement se lever.

— Merci... Ah ! pardon, madame, encore quelques mots, s'il vous plaît...

— Tant que vous voudrez, monsieur ; je ne suis pas pressée.

— Madame, je désirerais bien avoir quelques renseignements sur ce monsieur... savoir ce qu'il est, ce qu'il fait...

— Mon Dieu, ce ne sera pas long à vous dire : il ne fait rien, il est rentier ; c'est un homme qui a été riche et qui a fait comme tant d'autres... mangé sa fortune avec des bambocheuses ; maintenant il tire la ficelle, car je crois que la rente n'est pas lourde !...

— Infiniment obligé, madame.

Monléard quitte madame Louchard et monte chez Cherami Celui-ci est en train de s'habiller derrière son paravent ; mais comme le paravent lui arrive à peine aux épaules, il voit parfaitement les personnes qui entrent chez lui, et peut très-bien faire la conversation par-dessus les feuilles du meuble dont il s'entoure.

— M. Arthur Cherami ? dit l'élégant jeune homme en entrant dans la chambre.

— Présent... me voici, monsieur. Mille pardons si vous me trouvez encore en train de m'habiller ; mais ce sera l'affaire d'une minute. Veuillez, en attendant, prendre la peine de vous asseoir.

— Merci, je ne suis pas fatigué.

— Alors restez debout... c'est comme il vous fera plaisir. Où diable ai-je mis mon faux col ?

— Monsieur, vous devinez, je pense, le motif qui m'amène ?

— Comment ! si je le devine ! mais je vous attendais même avec impatience. Seulement, je me disais : Ce monsieur ne viendra pas de bonne heure, parce que, la première nuit de ses noces... eh ! et enfin... je crois inutile de vous en dire plus.

— Monsieur, j'ai pensé que notre duel pouvait se passer de témoins. Le motif en est si délicat... il y a de ces choses que l'on n'aime pas à ébruiter, car, le monde, qui est généralement méchant, fait quelquefois une montagne de ce qui était...

— Qu'une souris, *parturiens montes*... Je suis entièrement de votre avis. Ah ! je tiens mon col.

— Alors, monsieur, vous voulez bien que nous nous battions en n'ayant pour témoin que mon domestique ?

— Très-volontiers ! cela m'est déjà arrivé plus d'une fois.

— Monsieur, comme vous auriez pu ne point avoir d'armes chez vous, j'ai apporté dans mon cabriolet deux épées et des pistolets.

— Vous avez fort bien fait ; car, ainsi que vous l'aviez prévu, je suis sans armes pour le moment. Ah ! j'en ai possédé de bien belles, jadis ! et puis, les pistolets de Devisme... je vous aurais abattu une mouche à cinquante pas ; mais, il a fallu s'en défaire... que voulez-vous ! *Deus dederat, Deus abstulit*... Je passe mon paletot et je suis à vous.

— Voilà un singulier personnage ! se dit Auguste Monléard, tout en écoutant Cherami. Le latin dont il assaisonne ses discours, et ses manières aisées, ont déjà modifié l'opinion qu'il s'était formée de lui, et il n'est pas fâché de savoir qu'il ne se battra pas avec un homme sans savoir-vivre et sans éducation.

Arthur est sorti de derrière son paravent, et il salue son adversaire avec toute l'aisance d'un homme du monde, en lui disant : — Me voici à vos ordres.

— Très-bien, monsieur. Dites-moi, vous connaissez sans doute ce quartier... ce pays ? Moi, il m'est totalement inconnu. Où pourrions-nous nous battre par ici... sans aller faire deux lieues pour trouver Vincennes, ou le Bois de Boulogne ?

— Attendez que je me remémore... Voyons, nous pourrions bien aller sous les buttes Saint-Chaumont ; il y a par là des carrières ; nous ne serions pas vus. Mais il est assez difficile d'arriver là en cabriolet ; et puis, c'est mal composé, et il y a quelquefois d'assez mauvais drôles. Mais pardieu ! sans aller chercher bien loin, nous avons notre affaire ici tout près... Dans la rue voisine, il y a un grand terrain où l'on doit bâtir, mais où l'on ne bâtit point encore... Personne ne passe dans cet endroit ; nous y serons comme chez nous.

— Et l'on peut entrer dans ce terrain ?

— Certainement ; le devant sûr la rue n'est fermé que par des planches ; mais il y a une porte. S'il y a là quelqu'un, nous dirons que nous sommes des architectes... cela ira tout seul.

— Et ce n'est pas loin d'ici ?

— Dans cinq minutes nous y serons.

— En ce cas, monsieur, partons. Nous nous ferons suivre par mon cabriolet.

— C'est cela même ; et comme il faut éviter de faire du bruit et d'attirer l'attention, si vous le voulez bien, nous nous battrons à l'épée.

— Très-volontiers, monsieur.

Auguste Monléard descend avec Cherami. Madame Louchard, qui se tenait à la porte de l'allée de sa maison, est fort intriguée en voyant son locataire sortir avec l'élégant propriétaire du cabriolet ; mais elle n'ose lui adresser aucune question. Ces messieurs, au lieu de tourner du côté de la grande rue de Belleville, prennent un chemin qui conduit derrière le théâtre de cette banlieue.

Tout en marchant à quelques pas de la personne avec laquelle il va se battre, le jeune homme, qui est de plus en plus étonné de trouver dans son adversaire des manières courtoises et un langage qui annoncent l'usage de la bonne société, lui dit au bout de quelque temps : — Monsieur, nous allons nous battre, c'est une chose convenue, et celle à laquelle ni vous ni moi n'avons, j'en suis certain, l'intention de revenir.

— C'est aussi mon opinion, monsieur.

— Mais, avant le combat, ne pourriez-vous avoir l'obligeance de me dire où vous avez connu la personne que j'ai épousée ? et depuis quand vous la connaissez ?

— Je me ferai un véritable plaisir de vous répondre. Sachez donc que je ne connais point du tout madame votre épouse, et que je l'ai vue hier pour la première fois. D'abord, quand elle est descendue de voiture, en arrivant au restaurant Deffieux, ensuite lorsque vous l'emmeniez cette nuit et que je vous ai rencontré.

— Mais alors, monsieur, comment m'expliquerez-vous ces paroles qui vous sont échappées : « Voilà la perfide Fanny ! » Est-ce une gageure ? était-ce une méprise ?... Et ensuite, comment saviez-vous le nom de baptême de ma femme, puisque vous ne la connaissiez pas ?...

— Eh mon Dieu ! mon cher monsieur, je vais vous expliquer tout cela en peu de mots ; vous verrez que les événements ont eu leur cours tout naturellement. Quand votre jeune femme est descendue de son équipage, il y avait auprès de vous, devant le restaurant, un jeune homme, fort gentil ma foi, mais qui m'était totalement inconnu. Cependant ce pauvre garçon me faisait de la peine : il se désolait, se désespérait, s'arrachait les cheveux... non cela n'allait pas jusque-là ; mais ce qui est bien plus fort, c'est qu'il voulait courir vers la mariée, lui faire une scène. Je m'y suis opposé, je l'en ai empêché, je lui ai fait comprendre que ce serait de très-mauvais goût de faire un tel scandale dans la rue.

— Je vous remercie, monsieur; mais le nom de ce jeune homme... le savez-vous?

— Il me l'a dit en dînant, car nous avons dîné ensemble, et c'est alors qu'il m'a raconté l'histoire de ses amours. Je dois me hâter d'ajouter qu'il n'y a rien là dedans qui porte atteinte à l'honneur de madame votre épouse. Seulement, elle a laissé ce pauvre garçon lui faire la cour... elle l'a flatté de l'espoir d'être un jour son époux... Mais quand vous vous êtes présenté, la balance a bien vite penché de votre côté, et mon pauvre amoureux a été éconduit.

— Alors, celui qui vous a conté tout cela, doit être M. Gustave Darlemont.

— Précisément, ce sont ses noms.

— Oui, je me rappelle avoir quelquefois rencontré ce jeune homme chez M. Gerbault, dans le commencement de mes relations avec cette famille... Vous conviendrez, monsieur, vous qui me paraissez connaître le monde et ses usages, qu'il est au moins indiscret à un jeune homme qui a été bien reçu dans une famille honorable, d'aller ainsi conter ses amours, ses espérances déçues, enfin toutes ses affaires, à quelqu'un qu'il ne connaît pas et qu'il rencontre dans la rue...

— C'est peut-être un peu léger, je l'avoue; mais il faut excuser quelques folies chez les amoureux... ce pauvre Gustave adorait votre femme... il l'adore toujours!... elle a été un peu coquette avec lui.

— Monsieur!...

— Eh mon Dieu! toutes les femmes le sont, je le sais bien; étant filles, étant mariées, étant veuves... avant, pendant et après, elles le sont toujours... c'est leur péché originel. Eve leur en a donné l'exemple en faisant des coquetteries avec le serpent... vouloir les corriger de ce défaut, ce serait tenter la chose impossible, la femme est faite ainsi. Quæ fæmina præmia pudoris? quid pudoris? ventus, quid vento? mulier! quid mulieris? nihil!

— Mais, monsieur, comment se fait-il que ce soit vous, et non pas ce M. Gustave qui ait fait entendre cette exclamation offensante?

— Par une raison bien simple, Gustave n'était plus là... après avoir dîné avec moi, chez ce même restaurateur où se faisait votre repas de noce, car il voulait absolument parler à votre femme, lui dire un dernier adieu.

— L'impertinent! s'il l'avait osé!...

— Eh mon Dieu! vous ne l'auriez pas su... les femmes font tant de choses que nous ne savons pas!... mais un certain oncle est arrivé, un monsieur qui a peur du scandale, qui n'a pas l'air aimable tous les jours. Celui-là a emmené son neveu sans écouter ses prières, ses lamentations... et le pauvre Gustave a dû partir sans revoir sa perfide Fanny... Pardon, mais c'était toujours ainsi qu'il s'exprimait en parlant de madame votre épouse... et voilà pourquoi cette exclamation m'est échappée cette nuit quand je l'aperçois à votre bras. Vous voilà au fait de tout. Eh! ma foi, nous sommes arrivés; tenez, voici les planches qui entourent le terrain vacant... nous pouvons entrer par ici, il y a une solution de continuité... pas un chat ni en dedans ni en dehors... c'est charmant! vous pouvez demander les épées à votre domestique.

Monléard se fait donner ses épées, il ordonne à son groom de rester près du cabriolet et pénètre avec Cherami dans un terrain disposé pour bâtir, mais dans lequel on ne trouve encore que des pierres. Ces messieurs se sont bientôt arrêtés sur un emplacement où rien ne pourra les gêner; ils mettent habit bas et se posent en garde. A la manière dont Cherami se tient, le jeune dandy voit sur-le-champ qu'il a affaire à un bon tireur; sachant lui-même fort bien se servir d'une épée, il n'est pas fâché de rencontrer un adversaire digne de se mesurer avec lui.

Mais après quelques passés, quelques attaques lestement parées, Monléard s'aperçoit qu'il a devant lui un escrimeur de première force, et qu'il lui faudra redoubler de talent, de vigueur pour lutter et remporter l'avantage. Il croyait, en quelques bottes, en avoir fini avec son adversaire; son amour-propre lui pique d'être obligé de se défendre; il attaque alors avec une impétuosité qui lui fait parfois oublier la prudence, et Cherami, qui se bat avec le même sang froid que s'il jouait au volant, lui dit de temps à autre : — Prenez garde, vous faites des fautes, vous allez vous laisser blesser, vous vous fendez trop!... Je vous préviens, ce ne sera pas de ma faute. Ah! qu'est-ce que j'avais dit!...

En effet, Auguste Monléard, en attaquant maladroitement, reçoit dans le bras l'épée de son adversaire, et la blessure est assez douloureuse pour faire tomber son arme de sa main.

— Allons, je suis vaincu! dit le jeune homme en s'efforçant de maîtriser sa souffrance. Mais aussi, monsieur, vous êtes un habile tireur.

— Oui, j'ai quelque force à l'escrime. Attendez, je vais prendre votre mouchoir dans votre poche et entourer votre blessure pour arrêter le sang. Ensuite, avec votre cravate de soie noire, nous soutiendrons votre bras en écharpe.

— Infiniment obligé, monsieur, et mille pardons des peines que je vous donne.

— Mais, entre gens d'honneur, c'est toujours ainsi que cela doit se passer : le combat fini, on se donne la main. C'est fâcheux que l'épée ait percé si avant, nous aurions été déjeuner.

— Oh! je vous avoue que cela me serait impossible.

— Oui, je conçois. Oh! vous en avez pour quinze jours, peut-être trois semaines. Il y a dans le bras un tas de muscles qui sont rétifs en diable à guérir. Aurez-vous la force de regagner votre cabriolet en vous appuyant sur moi? Voulez-vous que j'appelle votre jockei?

— Oh! c'est inutile; avec votre aide je pourrai marcher.

— Prenez mon bras et ne craignez pas d'appuyer dessus.

Monléard parvient, bien que souffrant beaucoup, à rejoindre son cabriolet, dans lequel Cherami l'aide à monter, après y avoir replacé les épées.

Alors, saluant son adversaire qui le remercie encore, Cherami le quitte en lui disant : — Enchanté d'avoir eu le plaisir de faire votre connaissance.

XIX. — UN SALON DANS LA CHAUSSÉE-D'ANTIN.

Trois semaines après le mariage de Fanny Gerbault avec le brillant Auguste Monléard, un fort beau salon d'une maison de la rue Neuve-des-Mathurins renfermait, sur les neuf heures du soir, une société peu nombreuse, mais dans laquelle nous retrouverons quelques personnes de notre connaissance.

D'abord, sur une causeuse, cette jeune femme assise devant une charmante table en laque de Chine, et qui s'occupe assez négligemment d'un ouvrage en tapisserie, est la nouvelle mariée, Fanny, maintenant madame Monléard, dans une charmante toilette de chez soi, lorsqu'on n'y reçoit que quelques amis; elle n'a pour coiffure que ses cheveux, qui sont arrangés avec beaucoup de goût, et dont le derrière, natté en tresses, revient faire le tour de sa tête et lui sert de couronne.

Le mariage n'a point nui à la beauté de la jeune femme; son teint est frais et rose, ses yeux brillent du plus vif éclat, et sur ses lèvres erre un sourire de satisfaction et presque de béatitude, excepté cependant, lorsqu'elle porte ses regards sur un journal qui est étalé sur la table, de manière à lui laisser voir le cours de la Bourse et des différentes valeurs industrielles. Alors, son front se plisse légèrement et ses lèvres se serrent un peu; mais ce sentiment d'humeur disparaît bientôt, la gentille Fanny jette les yeux autour d'elle, puis sa physionomie reprend son air aimable et heureux.

Un peu plus loin, près d'un piano, une autre jeune personne est occupée à feuilleter des albums de musique. Celle-ci est Adolphine, la sœur de Fanny. Vous savez déjà que ses cheveux sont moins noirs que ceux de sa sœur et ses yeux un peu moins grands; cela n'empêche point Adolphine d'être une charmante personne; il y a surtout dans sa physionomie une expression de douceur et de mélancolie qui attire et provoque toujours l'intérêt. Un peu plus grande que sa sœur, Adolphine a la taille svelte, élégante; sa démarche est toujours gracieuse; les jolies femmes ont cela de commun avec les chattes, que dans leur moindre mouvement il y a un je ne sais quoi qui charme, qui séduit, et ce ne sont pas les plus coquettes qui possèdent cet attrait, mais bien celles chez qui la grâce est une chose toute naturelle.

Depuis quelque temps, la mélancolie d'Adolphine était presque devenue de la tristesse; ses regards se penchaient souvent vers la terre, et elle restait plongée dans une rêverie qui ne devait pas être provoquée par d'heureux souvenirs à en juger par l'expression de son visage. Tout à coup elle sortait de ses réflexions, et, comme honteuse de s'être abandonnée à ses pensées, regardait vivement autour d'elle, craignant d'avoir été remarquée, puis cherchait à se faire une figure riante pour cacher ce qui occupait son cœur; mais alors même son sourire n'était jamais vrai, et sa gaieté était comme une gaieté de sourire.

A l'opposé du piano est une table de jeu devant laquelle quatre personnes font l'inévitable Whist. C'est d'abord une dame qui doit avoir le mauvais côté de la quarantaine, mais qui a été fort jolie, et qui, aux lumières, jette encore beaucoup d'éclat, grâce à une toilette extrêmement raffinée, à laquelle il faut l'emploi de tous ces précieux cosmétiques qui doivent empêcher une dame de paraître jamais vieille.

Madame de Mirallon, c'est le nom de cette personne, a de plus, à son col et à ses oreilles, des diamants d'un très-grand prix. Mais ceux qui ont prétendu que les diamants embellissaient une femme se sont parfaitement trompés; il fallait dire simplement qu'ils l'enrichissaient, ce qui est le cas de se rappeler ce mot d'Apelles : *Vous la faites riche ne pouvant la faire belle*.

Cette dame a pour voisin de droite un monsieur d'une cinquantaine d'années, porteur d'une figure distinguée et spirituelle, l'air un peu froid, réservé, mais d'une politesse exquise, même lorsqu'il glisse dans la conversation une réponse piquante; du reste, parlant fort peu et gardant dans toute sa personne et sa mise le plus parfait accord avec son âge. Celui-là est M. Clairval.

Arrêtez! monsieur, arrêtez donc! (Page 20.)

Vis-à-vis de ce monsieur, est un jeune homme ni beau ni laid, mais dont la toilette est extrêmement soignée, et la coiffure digne de figurer dans la montre d'un artiste en cheveux. Il faut dire aussi que ce jeune élégant est décoré d'une forêt de cheveux blonds qui se prêtent merveilleusement à toutes les inventions d'un coiffeur. M. Anatole de Raincy, ainsi se nomme ce jeune homme, joue aux cartes avec des gants paille qui emprisonnent soigneusement de fort petites mains dont il semble très-fier, et qu'il tient toujours en évidence; ajoutons à ce portrait de petites moustaches châtain clair, un binocle en pince-nez, appliqué devant ses yeux, et un zézaiement continuel dans la prononciation.

Enfin, le quatrième joueur, qui se trouve être le partenaire de la dame, est un monsieur d'une quarantaine d'années, d'un blond fadasse, ayant l'air prétentieux et sot, une figure de poupée, de laquelle sortent deux gros yeux bien saillants qu'il roule continuellement d'un air étonné, et qui ont toujours cette même expression. Celui-ci incline la tête chaque fois qu'on lui adresse la parole, et trouve moyen de faire des compliments à tout le monde, en accompagnant ses discours d'un sourire mielleux qu'il conserve même en vous écoutant, ce qui doit vous donner d'avance une idée de la franchise de ce personnage qui s'appelle Batonnin.

Autour de la table, et près des dames, se promène ou plutôt voltige un dandy d'une soixantaine d'années, mais qui à la mise, les allures et toutes les manières d'un jeune homme; sa figure seule s'est obstinée à montrer son âge, bien que son propriétaire fasse tout son possible pour dérouter l'examen des curieux. Mais ses joues qui se sont creusées par la perte de ses dents, un nez déjà fort long qui est devenu rouge par le bout, et différentes rides qui forment des raies sur ses tempes, ne permettent plus à ce visage de faire illusion. Quant aux cheveux, ce monsieur les a d'un fort beau noir, ce qui prouve qu'il porte perruque.

Tel est monsieur le comte de la Bérinière, vieux-beau, qui possède encore une belle fortune, bien qu'il en ait mangé une partie en menant une vie princière, et en courtisant assidûment le beau sexe. Le défaut de M. de la Bérinière est de se croire toujours jeune, toujours séduisant, et par conséquent de vouloir faire encore des conquêtes. Du reste, descendant d'une grande maison, et ayant toutes les manières d'un noble seigneur, le comte, s'il n'a pas beaucoup d'esprit, a du moins l'avantage d'être d'une humeur aimable et gaie; et l'on voit qu'il n'a jamais voulu prendre de la vie que ce qu'elle offre d'attrayant. Aussi ne s'est-il point marié.

En ce moment, le comte, s'éloignant de la table de whist, vient regarder madame Monléard et sa tapisserie: — Ah! que c'est joli, ce que vous faites-là, belle dame!... Ha çà, mais vous avez donc tous les talents?...

— Mon Dieu, je ne m'en connais pas déjà tant!...
— C'est un tapis que vous faites-là?...
— Non, c'est un dessin de tabouret.
— Que ce Monléard est heureux... il a épousé un trésor...
— Vous exagérez, monsieur le comte!
— Non, je dis ce que je pense.. et si je vous avais connue plus tôt... ah! je sais bien ce que j'aurais fait... Ah! Dieu!...
— Quel soupir!... ah! ah! ah!...
— Cela vous fait rire de m'entendre soupirer?
— Mais que voudriez-vous donc que cela me fît?
— Ah! les femmes sont cruelles, parfois... C'est égal! si je vous avais connue avant Monléard, je vous aurais demandé la faveur de vous faire comtesse de la Bérinière...
— Ah! la bonne folie!...
— Oh! je ne plaisante pas!... Mais le sort ne l'a pas voulu... Et je répète que Monléard est un heureux mortel... A propos, comment va son bras?
— Tout doucement; il ne peut pas encore s'en servir.
— C'est bien long à se guérir... Et dire que cet accident est arrivé le lendemain de votre mariage...
— Oui, le lendemain.
— En tombant dans un escalier, je crois?...
— Oui... il a glissé, et il est tombé sur son bras...
— Monsieur de la Bérinière! par grâce, venez donc un peu conseiller mon partenaire, M. Batonnin. En vérité, depuis quelques instants, il fait faute sur faute.
— C'est le plaisir que j'éprouve à faire votre partie, madame, qui probablement me donne des distractions, répond le petit monsieur aux yeux saillants, en saluant son vis-à-vis.
— Alors, monsieur, ayez moins de plaisir, je vous en supplie, et ne me coupez plus mes rois.
Le comte s'éloigne à regret de la jeune mariée, et revient près de la table de whist en disant: — Mais monsieur n'a pas besoin de mes conseils... il joue fort bien...
— Ah! vous êtes trop honnête, monsieur!...
— Je sais bien que M. de la Bérinière préfère faire sa cour aux dames à regarder jouer! reprend madame de Marillon, d'un ton qu veut être railleur, mais dans lequel perce un léger sentiment de dépit, mais il peut bien nous accorder quelques minutes...

Prenez garde, vous faites des fautes. (Page 23.)

— Tout ce qui vous sera agréable, je le ferai, madame...
— Ah!... cependant il ne vous a point convenu de faire notre partie...
— Madame, si vous vouliez bien être à votre jeu...
— Oh! monsieur Clerval est d'une sévérité...
— Non, madame; mais, ordinairement, le whist ne se joue pas en causant...
— Mon Dieu! s'il ne fallait jamais dire un mot... Ah! monsieur Batonnin, c'est cruel, ce que vous faites-là! vous ne vous souvenez donc plus de mon invite?...
— Madame, je vous demande pardon, mais à l'impossible nul n'est tenu!...
— Je ne comprends pas les proverbes!...
— Cela veut dire... s'écrie le comte en riant, que monsieur n'avait pas de pique!...
— Cela ne fait rien : le jeu était d'en jouer.
— Mettons nos cartes sur la table et jouons à jeu découvert, reprend M. Clairval, ce sera plus simple...
— Moi, ze veux bien; z'ai zoué comme ça à trois, en faisant un mort!...
— Monsieur de Raincy; je pourrais me plaindre tout aussi bien que madame; mais je vois que la soirée est aux distractions...
— Qu'est-ce que z'ai donc fait de mal?... ze n'ai pas vu...
— Oh! je vous le dirai plus tard...
— Ze ne me flatte pas d'être de première force au whist...
— Vous avez bien raison.
— Eh bien, monsieur Batonnin... eh bien... à quoi pensez-vous?
— Madame, j'ai cru que vous couperiez...
— Nous avons perdu le trick... et c'est par votre faute.
— Nous sommes fiche à...
— Voyons, la belle.
— Monsieur de la Bérinière, je vous en supplie, restez derrière M. Batonnin... Oh! il ne m'écoute pas... il est allé faire sa cour à mademoiselle Adolphine... quel papillon que cet homme et quand donc deviendra-t-il sage?...
— Il me semble, dit M. Clairval en souriant, qu'il lui serait difficile maintenant de changer ses habitudes.
Le comte vient en effet de s'approcher d'Adolphine, qui fait toujours comme si elle s'occupait des *albums* et qui n'a pas l'air de voir que quelqu'un est tout près d'elle.
— Vous aimez la musique, mademoiselle...
— Ah!... pardon... oui, monsieur, beaucoup.

— Vous chantez...
— Un peu...
— Les demoiselles ne veulent jamais chanter qu'un peu... ce n'est pas pour vous que je dis cela, mademoiselle... on m'a dit que votre voix était aussi douce que juste...
— On m'a flattée, monsieur...
— Aurons-nous le plaisir de vous entendre ce soir?
— Monsieur, je ne sais rien de tout cela... cependant... si cela fait plaisir à ma sœur...
— A votre sœur, je n'en doute pas... mais aussi à toute la société...
— Oh! les joueurs de whist ne se soucient guère d'entendre chanter...
— Vous avez un peu raison, ce jeu rend barbare... féroce même! ceux qui s'y livrent ferment les portes quand on fait de la musique dans une pièce à côté d'eux. Je crois qu'on leur dirait que la maison brûle qu'ils voudraient finir leur *rob* avant de se sauver.
— Vous voyez bien que j'aurais tort de chanter...
— Permettez, je ne joue pas, moi, et que m'importe si...
— Monsieur de la Bérinière... au nom de vos ancêtres, venez un peu diriger M. Batonnin, c'est très-important... nous jouons la belle, je ne veux pas la perdre par la faute de mon partenaire.
— Cette madame de Miralton est vraiment terrible!... Ah! quand les femmes vieillissent, elles gagnent en exigences ce qu'elles perdent en attraits!... et cela ne fait pas compensation.
Après avoir murmuré cela, le comte retourne se placer contre M. Batonnin; et madame de Miralton lui lance un long regard en lui disant, avec une intention bien marquée : — On a bien de la peine à vous avoir, maintenant!...
Et le mot *maintenant* fait sourire M. Clairval, qui dit à son vis-à-vis : — Allons, monsieur de Raincy, tenons-nous bien, nous jouons contre trois personnes.

XX. — DE NOUVEAUX MARIÉS.

Adolphine s'est levée, elle va s'asseoir à côté de sa sœur.
— Je suis sûre, Fanny, que tu t'ennuies de ce que ton mari ne rentre pas.
— Moi!... ah! mon Dieu! je n'y pensais pas... S'il reste longtemps dehors, c'est que probablement il y a affaire. Tu ne comprends pas les affaires, toi, Adolphine; tu ne sais pas que, pour gagner beaucoup d'argent, il faut quelquefois se priver de ses plaisirs!...

— Non, c'est vrai, je ne comprends rien aux affaires d'argent... mais je croyais, moi, que deux nouveaux époux ne devaient trouver de bonheur qu'à être ensemble... qu'ils devaient bien s'ennuyer quand ils étaient loin l'un de l'autre...

— Oh! ma chère amie, on se fait une raison... et puis on a toujours le temps d'être ensemble...

— Cependant, quand on s'est marié par amour... et M. Monléard paraissait bien amoureux de toi... Est-ce que c'est déjà passé?

— Mais non... seulement, une fois que l'on est marié... on n'est plus comme deux amoureux!... Tu sauras cela un jour, ma petite sœur... Je dis toujours ma petite, tu es plus grande que moi!

— Ah! moi... je ne pourrai jamais aimer aussi paisiblement que toi... Je craignais que ton mari ne t'eût gardé rancune à cause de ce duel.

— Auguste a trop d'esprit et sait trop bien vivre, pour me faire un crime à moi de la folie, de l'extravagance d'un autre. Je ne puis pas empêcher qu'un homme ait été amoureux de moi!

— Ah! ce pauvre Gustave... il t'aimait tant!...

— Ah! je te conseille de le plaindre!... Ne s'est-il pas bien conduit?... aller faire des jérémiades dans une rue... et puis finir par envoyer quelqu'un se battre à sa place... Ah! fi! c'est honteux!...

— Fanny, tu juges fort mal Gustave; s'il n'a pas provoqué ton mari, dois-tu lui en faire un crime?... Oh! il l'aurait fait probablement, si son oncle ne l'avait pas emmené presque de force de chez ce traiteur où il voulait absolument le parler.

— Comment sais-tu tout cela?...

— Puisque c'est moi qui ai fait prévenir M. Grandcourt que son neveu était dans ce restaurant où l'on a fait la noce.

— Ah! c'est vrai, tu me l'as dit... ce monsieur voulait faire du scandale... et de quel droit?... Est-ce que j'étais forcée de l'épouser, moi?...

— Tu lui avais laissé croire que tu l'aimais.

— Allons donc!... parce qu'on écoute les douceurs que vous débitent ces messieurs, parce qu'on sourit quand ils soupirent, ils se figurent tout de suite qu'on les aime... Ne m'offrait-il pas une belle position! trois mille francs de rente... c'est joli!

— Si tu l'avais bien aimé, tu n'aurais pas tenu au plus ou moins de fortune.

— Oh! je ne suis pas romanesque comme toi!... Avec Auguste, j'ai un coupé à mes ordres, je trouve cela fort agréable... Je te répète que ton M. Gustave est un imbécile.

— Ah! Fanny, c'est mal, ce que tu dis-là... le traiter ainsi, parce qu'il t'aimait sincèrement.

— Je m'embarrasse bien de son amour!... sa conduite n'est pas moins répréhensible... À propos, de quoi a-t-il envoyé ce grand escogriffe m'insulter à ma sortie du bal?... ce qui naturellement forçait Auguste à se battre avec cet homme?

— Je jurerais que M. Gustave n'avait pas dit à cet individu, avec lequel il a dîné, de t'adresser la moindre parole blessante. D'ailleurs, il y avait longtemps que M. Grandcourt avait emmené son neveu, lorsque tu as quitté le bal... Cet homme, qui s'est permis un propos offensant, était gris, car déjà il avait eu des scènes avec quelques messieurs. Il voulait absolument donner la main aux dames quand elles arrivaient pour le bal.

— Alors, ma chère amie, tu conviendras que ton M. Gustave a de bien vilaines connaissances.

Adolphine ne répond plus rien; elle baisse tristement les yeux. Au bout d'un moment, sa sœur reprend : — Ce qui me surprend, c'est, depuis mon mariage, de n'avoir pas, une seule fois, aperçu, rencontré M. Gustave en chemin. Pour un homme si amoureux, le point chercher à me voir au moins une fois à ma fenêtre... Ah! tu vois bien qu'il est déjà consolé!...

— M. Gustave n'est pas à Paris. Son oncle l'a fait partir pour l'Espagne le lendemain même de ton mariage.

— Ah! il est en Espagne, c'est différent!... Ha ça! mais tu sais ce qu'il fait, toi... Par qui donc?...

— Mon père a rencontré dernièrement M. Grandcourt, et c'est celui-ci qui lui a dit que son neveu était en Espagne...

— Ah! quelqu'un vient de sonner.

— C'est ton mari, sans doute.

— Si c'est lui, nous le verrons bien.

Ce n'est pas le maître de la maison, c'est M. Gerbault qui entre dans le salon, et qui, en bon père, commence par aller embrasser ses filles.

— Bonsoir, mon père, dit Fanny. Pourquoi n'êtes-vous pas venu dîner avec Adolphine? Mon mari vous en veut...

— Ma chère enfant, je n'ai pas pu.. Adolphine a dû te dire que j'avais promis à un monsieur de province...

— Belle raison!... on envoie dîner tout seul son monsieur de province...

— Non... quand on a promis, on tient sa parole... Où donc est ton mari?

— Il avait une personne à voir ce soir... il va revenir.

— Là!... nous avons perdu!... j'en étais certaine! s'écrie madame

de Mirallon... Ah! monsieur Batonnin, je ne vous pardonnerai jamais ces six fiches-là...

— Moi, madame, je suis bien dédommagé par le plaisir d'avoir fait votre partie...

— Heureusement, voilà M. Gerbault... il sait jouer, lui!... Allons, venez avec nous, monsieur Gerbault...

— Moi ze ne zoue plus... Quand z'ai fait deux rob, z'en ai assez, ça me fait mal à la tête!...

En disant cela, le jeune homme si bien ganté s'éloigne de la table de jeu et se rapproche des deux sœurs.

— Monsieur de Raincy, dit Fanny, avez-vous été à la Bourse, aujourd'hui?

— Certainement, madame, z'y vais tous les zours...

— Comment se tenaient les chemins d'Orléans et de Lyon?

— Très-bien, madame.

— Croyez-vous qu'ils monteront toujours?

— Mais oui, ze le crois... à moins qu'ils ne descendent cependant...

— C'est assez vague ce que vous me dites-là...

— Moi, ze n'ai zamais d'opinion bien arrêtée; à la Bourse on se trompe si souvent... Mais monsieur votre mari peut vous renseigner mieux que moi... On l'y voit toujours, et il paraît qu'il y fait de grosses affaires.

— Auguste?... Oui, mais il n'aime pas que je lui demande les cours de la Bourse; il prétend que les dames n'y connaissent rien... qu'elles doivent s'occuper de dépenser de l'argent, et non d'en gagner...

— Ze crois que c'est assez l'usage des dames...

— Moi, je pense autrement... Oh! si j'avais été homme! je me serais fait agent de change!

— Vous croyez... il y en a qui boivent des bouillons. Ah! voilà ce cher Monléard.

Le mari de Fanny vient d'arriver; il porte son bras droit en écharpe; il est fort pâle, son front est soucieux, ses regards presque sombres. Cependant en trouvant du monde dans son salon, il reprend bien vite l'air aimable que doit avoir un maître de maison. Le jeune de Raincy s'empresse d'aller lui serrer la main.

— Bonsoir, cher...

— Bonsoir Anatole... Madame, messieurs, je vous salue.

Le comte de la Bérinière va aussi prendre la main de Monléard, en s'écriant : — Ah! voilà l'heureux mortel... le fortuné mari. Voyons, c'est donc toujours la main gauche que vous nous donnez...

— Que voulez-vous... ce n'est pas ma faute, mais je ne puis pas encore me servir de la droite...

— Pourquoi diable aussi tombez-vous dans les escaliers. Vous êtes trop étourdi... et le lendemain de votre mariage... Je gage que vous accouriez près de votre femme.

— Justement! répond Auguste en lançant un regard sur Fanny qui se contente de sourire sans lever les yeux de dessus sa tapisserie.

— J'en étais sûr, c'est son empressement, son amour pour vous, belle dame, qui ont causé cet accident... Ah! vos yeux sont bien dangereux... Mais après tout puisque l'amour à perdu Troie, il peut bien aussi faire glisser dans un escalier...

— Monsieur de la Bérinière, venez donc de notre côté...

— Ha ça, mais décidément madame de Mirallon m'en veut ce soir... C'est une conjuration! Elle a donc l'idée de m'accaparer...

Et le comte, ajoute à ces mots à demi-voix, reprend tout haut :

— Mais, madame, il me semble que vous n'avez plus M. Batonnin pour partenaire... c'est M. Gerbault qui le remplace, vous ne devez pas vous plaindre cette fois!...

— Ah! vous êtes donc un homme cruel.. je voulais vous montrer un jeu extraordinaire...

— Mon Dieu! elle me l'a montré assez souvent son jeu! murmure le comte en se tournant du côté du jeune de Raincy... je ne me soucie plus de le voir!...

Auguste, après avoir donné la main à son beau-père et adressé quelques mots aux différentes personnes qui sont chez lui, va vers sa femme et lui donne une légère tape sur la joue en lui disant : — Vous me faites un meuble, ma chère, c'est très-bien cela...

— Oh! un meuble, ce serait trop long, répond Fanny en regardant son mari comme elle aurait regardé une simple connaissance... c'est un tabouret, voilà tout.

— Eh! mon Dieu!... que faites-vous donc de ce journal étalé devant vous?

— Je m'instruis sur le cours des valeurs, mon ami.

— Voilà une occupation bien récréative pour une femme.

En disant ces paroles, Auguste prend le journal, le froisse dans sa main et le jette dans un coin du salon. Fanny le regarde faire, puis jette un coup d'œil à sa sœur... Et lui disant tout bas : — Vois-tu, il ne veut pas que je regarde le cours de la Bourse... mais je verrai un autre journal, voilà tout.

— Est-ce que vous souffrez davantage de votre bras, mon frère? dit Adolphine en s'adressant à Monléard dont elle a remarqué l'air soucieux.

— Non, petite sœur, non... Je vous remercie de vouloir bien vous inquiéter de cela... il y a des personnes qui portent beaucoup plus d'intérêt aux valeurs industrielles qu'à la blessure que j'ai reçue... et cependant...

Monléard s'arrête comme s'il craignait d'en dire trop; mais Adolphine a bien compris le sens de ses paroles et elle dit tout bas à sa sœur :
— Ton mari est fâché parce que tu ne lui demandes pas des nouvelles de sa blessure...

— Laisse-moi donc tranquille... est-ce que je ne l'ai pas vu aujourd'hui, mon mari; je ne présume pas que l'état de son bras soit changé depuis tantôt...

— C'est égal, ce n'est pas gentil à toi de ne point lui témoigner plus d'intérêt... car enfin, ce duel, c'est pour toi qu'il a eu lieu...

— Ah! je t'en prie, Adolphine, ne me dis pas de ces choses-là... tu m'agaces les nerfs... Depuis quelques jours mon mari est d'une humeur fort désagréable; je ne puis pas en être la cause, je ne m'en chagrine pas du tout!... et je n'ai même pas l'air de m'en apercevoir...

— A ta place, moi, je lui en demanderais la cause...

— Ah! j'en serais bien fâchée... ce monsieur est capricieux apparemment!... tant pis pour lui!...

— Mademoiselle, il me semble que vous nous avez promis de chanter? dit M. de la Bérinière, qui vient de nouveau d'échapper à madame de Mirallon et s'est empressé d'aller près d'Adolphine.

— Mon Dieu, monsieur le comte, si cela peut vous être agréable, je le veux bien... mais cela va troubler le whist...

— Chante toujours! dit M. Gerbault; nous nous boucherons les oreilles.

— Merci, papa!...

— Ah! voilà un père qui ne dit pas ce qu'il pense, assurément.

Pendant qu'Adolphine va se mettre au piano, le jeune Anatole va dire à Monléard : — Est-il vrai que Morissel soit en fuite?

— Mais oui!...

— Diable!... Et il emporte six cent mille francs, dit-on?

— A peu près.

— Vous étiez en relation avec lui; ne vous a-t-il rien fait perdre?

— Non... une bagatelle... une trentaine de mille francs...

— Une bagatelle comme celle-là me zènerait beaucoup moi!... Il est vrai que ze ne suis pas un capitaliste comme vous.

Auguste se mord les lèvres. Adolphine vient de s'asseoir près du piano. Adolphine chante une délicieuse romance de Nadaud. Sa voix est douce, bien timbrée; elle a une voix sympathique, et de plus, celle qui la possède a pris l'heureuse habitude de vouloir bien prononcer les paroles qu'elle chante; ce qui double le plaisir que l'on éprouve à l'entendre.

Le front d'Auguste s'éclaircit un peu. Le jeune Anatole cesse de regarder ses mains; il semble fasciné, et ses yeux ne quittent pas l chanteuse. Enfin madame de Mirallon s'écrie : — Monsieur Batonnin, c'est à vous de jouer... veuillez donc faire à votre jeu...

— Mille pardons, madame, mais j'écoutais chanter...

— Nous ne chantons pas, nous, monsieur...

— Dieu merci! murmure M. Clairval.

— Comment... pourquoi dites vous : Dieu merci?... monsieur Clairval...

— Madame, c'est que, si nous chantions tous, nous n'aurions pas le plaisir d'entendre mademoiselle...

— Vous voyez bien que je trouble le jeu, dit Adolphine en s'arrêtant.

— Mais non; de grâce, continuez donc, mademoiselle, est-ce qu'au whist on est deux minutes sans bougonner... Vous êtes le prétexte maintenant, voilà tout.

Adolphine continue de chanter. Le whist finit, madame de Mirallon a encore perdu; elle quitte la table avec dépit en s'écriant : — Décidément, je renoncerai au whist!

— Savez-vous maintenant quel est le jeu que j'adore, dit M. Gerbault; c'est le bésigue...

— Ah! fit donc, un jeu de corps de garde...

— J'ignore si c'est un jeu de corps de garde... mais on joue aussi le piquet au corps de garde, ce qui n'empêche pas que ce soit un beau jeu!... On a dit du lansquenet : c'est un jeu de laquais; on a donné la même dénomination à l'écarté, ce qui n'empêche pas ces jeux d'être introduits dans les salons. Au total, je crois qu'il faut jouer au jeu qui nous amuse sans s'inquiéter de son origine.

— Moi aussi, je suis fou du besigue, s'écrie M. de la Bérinière, et si vous le permettez, monsieur Gerbault, j'aurai le plaisir d'aller faire votre partie?

— Quand vous voudrez, monsieur le comte; vous serez le bien venu.

— C'est un jeu que j'aime aussi beaucoup, dit M. Batonnin.

— Moi; ze ne sais pas si ze le sais... ze crois que non.

— Eh bien, messieurs, dit Fanny, la prochaine fois nous établirons une table de bésigue pour les amateurs... Et vous, Auguste, le jouez-vous?

— Moi... comment... quel jeu? répond Monléard, qui n'écoutait pas la conversation.

— Le besigue!

— Non... Ah oui! je l'ai joué encore hier.

— Mon gendre est distrait ce soir.

On cause encore quelques moments, puis chacun prend congé des jeunes époux. Mais, en sortant, Adolphine ne peut s'empêcher de dire tout bas à sa sœur : — Sois donc plus affectueuse avec ton mari! Je t'assure qu'il a du chagrin.

Et Fanny lui répond : — Je t'assure que cela ne me regarde pas; et d'ailleurs, est-ce qu'une femme doit toujours s'inquiéter de la mine que fait son mari!... ce serait une occupation bien peu récréative!

XXI. — RÊVERIES DE JEUNE FILLE.

Plus de quinze jours se sont écoulés depuis la soirée de whist qui avait eu lieu chez Monléard, et pendant laquelle Adolphine avait chanté quelques romances. Mais sa jolie voix avait fait une vive impression sur le comte de la Bérinière, puis sur le jeune Anatole de Raincy; elle avait même fait battre le cœur de M. Batonnin, ce monsieur qui jouait si mal au whist, mais qui, disait-on, entendait beaucoup mieux les affaires, ce qui, au reste, était son métier, puisqu'il prenait la qualité d'agent d'affaires.

Maintenant Adolphine est seule dans un joli salon; beaucoup moins élégant que celui de sa sœur, mais qui est encore très-confortable; inutile de dire qu'il y a un piano... Ce meuble est devenu indispensable. On en voit même chez les concierges qui ont leur fille au Conservatoire.

Adolphine tient à sa main un livre, mais elle ne lit pas, elle rêve, et l'expression de ses regards est toujours triste. A quoi peut rêver une jeune personne de dix-huit ans? Tout le monde pensera que son cœur est occupé par un tendre sentiment. Cependant jamais aucun homme n'a fait la cour à Adolphine, jamais encore on n'a vu près d'elle quelque joli garçon bien empressé, bien assidu. Mais tous les amours n'ont pas les mêmes débuts, tous ne suivent pas les routes battues; il y a de ces sentiments secrets et discrets que ceux qui les inspirent sont souvent bien loin de soupçonner; et quand le cœur d'une jeune fille honnête qui recèle un de ces amours profonds, elle en souffre d'autant plus qu'elle met tous ses soins à le cacher.

Adolphine passe sa main sur son front comme pour en écarter les pensées qui l'attristent; elle reprend son livre, essaye de lire quelques minutes puis le pose à côté d'elle en le disant : « J'ai beau chercher à me distraire... je ne le puis... Autrefois j'aimais tant la lecture... Ce livre est pourtant fort intéressant, dit-on, et je sais pas ce que je lis... rien ne m'amuse à présent... la musique même ne m'offre plus de charmes... mon pauvre piano est négligé... Tout m'ennuie... Mon Dieu! est-ce que ce serait toujours comme cela!... Oh non, ce serait affreux... cela se passera... il faudra bien que cela se passe... mon père a déjà aperçu plusieurs fois que j'étais triste, cela l'inquiète, il croit que je suis malade... Oh! je ne veux pas lui causer d'inquiétudes... Mais ce n'est pas ma faute... je fais tout ce que je peux pour éloigner de ma pensée le souvenir de... cette personne..., et il revient toujours... Je sais bien cependant que cela n'a pas le sens commun... que je suis une sotte... j'ai beau raisonner,... je ne puis pas me guérir!... »

On ouvre la porte du salon; c'est monsieur Gerbault. La jeune fille essuie vivement des larmes qui s'échappaient de ses yeux et s'efforce de prendre un air riant en allant au-devant de son père.

— Adolphine, je viens te prévenir que nous avons deux personnes à dîner aujourd'hui...

— Ah! vous dites cela bien tard, mon père... Mais n'importe, je vais avertir Madeleine.

— Je ne pouvais pas te le dire plus tôt... c'est tout à l'heure que j'ai rencontré monsieur Batonnin... il m'a dit : J'irai ce soir faire une partie de bésigue avec vous, je lui ai dit : Venez dîner sans façon.

— Monsieur Batonnin! Je n'aime pas beaucoup cet homme-là...

— Il est cependant bien galant... et d'une politesse...

— Il fait sans cesse des compliments... c'en est assommant; ensuite il a toujours un air souriant... Tenez, papa, est-ce que c'est naturel cela... est-ce que dans le monde on peut toujours être satisfait, content?

— Cela me semble difficile... Cependant nous avons des optimistes qui prennent tout du bon côté.

— Je crois bien, moi, que ces gens-là ne sont pas francs et qu'ils s'étudient seulement à cacher ce qu'ils pensent; et l'autre personne, mon père?

— C'est monsieur Clairval.

— Celui-ci je l'aime bien, il n'est pas complimenteur, au moins, ce qui ne l'empêche pas d'être aimable... à la bonne heure, il a de l'esprit, et le cite pas, au nez de tout le monde... c'est si joli l'esprit qui ne se montre pas!

— Mais ma fille, il a de l'esprit sans le montrer, il me semble que c'est absolument comme si on n'en avait pas.

— O mon père, il perce toujours par-ci, par-là, ne fût-ce que dans le sourire...

— J'ai bien manqué aussi d'engager monsieur de la Bérinière...
— O papa! Comme c'est heureux que vous ayez manqué!...
— Pourquoi donc cela? Le comte est aimable.. C'est un homme fort distingué en tout...
— Je ne vous dis pas le contraire, mais, pour un comte, il aurait fallu faire des façons... et puis, il vient bien souvent nous voir depuis quelque temps...
— Et cela t'ennuie?...
— Cela ne m'amuse pas trop...
— Ma chère amie, en invitant quelques amis à dîner, j'espérais t'égayer, te distraire un peu, car depuis quelque temps tu as l'air souffrant... Est-ce que tu es malade?...
— Mais non, mon bon père, je ne suis pas malade, je ne souffre pas... Je vous assure que je suis comme à mon ordinaire...
— Allons, tant mieux... Je te trouve un peu changée cependant...
— Oh! vous savez... on a des jours... quand l'automne arrive... Et vous n'avez pas invité ma sœur et son mari pendant que vous étiez en train?
— Si fait... J'allais chez eux, j'ai justement rencontré Auguste, mais ils ne peuvent pas venir... ils sont d'un grand dîner... Toujours dans les fêtes! dans les brillantes réunions.
— Tant mieux, cela amuse ma sœur... elle aime tant cela!...
— Oui, oh! Fanny mène la vie qu'elle rêvait, elle doit être heureuse; mais il me semble que son mari devient depuis quelque temps d'une humeur sombre... il a toujours l'air si affairé... si préoccupé, quand on lui parle, c'est à peine s'il vous écoute...
— Je crois que vous vous trompez, mon père, le mari de ma sœur n'est pas d'un caractère expansif... il a l'air froid, un peu fier même...
— Oui, je le sais, mais il aime à briller, à éblouir par son luxe et quelquefois cela entraîne trop loin...
— Que voulez-vous dire par là?...
— On m'a assuré qu'il jouait beaucoup à la Bourse...
— S'il en a les moyens, il doit savoir ce qu'il fait...
— Batonnin me disait encore tout à l'heure que Monléard devait avoir perdu beaucoup d'argent dans la faillite.. ou la fuite, je ne sais plus de, d'un certain Morisset...
— Ah! monsieur Batonnin vous a dit cela... Je remarque que les nouvelles désagréables nous sont toujours apportées par les bouches riantes et les paroles mielleuses...
— J'aime à croire que la fortune de mon gendre n'a point essuyé un si fâcheux échec...
— D'ailleurs, mon père, dans les affaires on ne peut pas toujours gagner, n'est-ce pas?
— Oh! te voilà qui en cause presque aussi bien que ta sœur... Ah! j'ai aussi rencontré monsieur Grandcourt...
— Monsieur Grandcourt!...
— Eh bien.. qu'as-tu donc... tu pâlis... Est-ce que tu te sens malade...
— Non, mon père.. Je vous assure que je n'ai rien... Et que vous a-t-il dit, monsieur Grandcourt?
— Oh! celui-là ne joue pas à la Bourse! C'est un homme prudent, intelligent... il fait d'excellentes affaires! Sa maison prospère et prend chaque jour plus d'extension!
— Et son neveu... ce pauvre monsieur Gustave... il ne vous en a pas parlé?...
— Il est encore en Espagne...
— Mais quand il reviendra... s'il venait nous voir... est-ce que cela vous contrarierait..
— Ma chère Adolphine, d'abord, après ce qui s'est passé, il n'est pas probable que Gustave revienne jamais chez nous. Ce jeune homme était amoureux de ta sœur... il a eu un moment l'espoir qu'elle l'accepterait pour mari, puis il a vu son espoir déçu; il a vu Fanny donner la préférence à Monléard, il a dû souffrir doublement et dans son amour et dans son amour-propre. Que veux-tu qu'il revienne chercher chez nous... des souvenirs, des regrets? non, notre société ne lui offrirait plus aucun charme.
— Ah! vous croyez, mon père, que notre société ne lui serait plus agréable... il vous aimait cependant beaucoup...
— Il aimait en moi le père de la demoiselle dont il désirait devenir le mari... nous connaissons cela.
— Mais cependant s'il se présentait ici... il me semble que ce serait bien malhonnête de le renvoyer... de le mal recevoir...
— Sans le mal recevoir, tu saurais très-bien lui faire entendre que sa présence ici peut être embarrassante... qu'il peut y rencontrer ta sœur et son mari... que celui-ci peut avoir eu connaissance de son amour pour Fanny... et qu'il vaut donc mieux qu'il ne revienne plus. Mais encore une fois, tu n'auras pas à lui dire tout cela, parce que je suis bien certain, moi, que ce jeune homme n'a pas l'intention de revenir ici.
— Pauvre Gustave! se dit Adolphine en quittant son père. On ne veut plus qu'il revienne ici... et que serait-ce donc si mon père avait eu connaissance de ce duel!... c'est pour le coup qu'il s'écrierait : Je ne veux pas qu'on le revoie chez moi... heureusement il a cru, comme tout le monde, que la blessure d'Auguste était la suite d'une chute dans l'escalier. Mais sans doute mon père a raison... et jamais Gustave ne reviendra ici... je ne le verrai plus...

La jeune fille porte encore son mouchoir sur ses yeux, puis va trouver Madeleine, sa domestique, jeune Picarde, qui ne connaît pas Gustave, parce qu'elle n'est entrée chez M. Gerbault que depuis que celui-ci a marié sa fille aînée. Madeleine aime beaucoup sa maîtresse, elle voit bien quand celle-ci a du chagrin, et lui dit souvent : — Mon dieu, mam'zelle, quand donc que je vous verrai l'air gai et heureux comme on doit l'être à votre âge?...

— Mais je suis très-heureuse, Madeleine, répond Adolphine en étouffant un soupir, et la Picarde hausse les épaules en murmurant :
— Oh que nenni!... je voyons ben que vous avez toujours queuque chose en dedans qui vous empêche de rire!...

XXII. — UN MONSIEUR MIELLEUX.

Les convives sont exacts; le dîner est trouvé excellent. M. Batonnin mange comme quatre, ce qui ne l'empêche pas de trouver le temps de faire l'éloge de chaque plat, en y ajoutant des compliments pour l'amphitryon, pour la demoiselle de la maison, et même pour la cuisinière; s'il y avait un chat ou un chien, il est probable qu'ils auraient aussi leur part dans cette distribution de compliments.

Au dessert la conversation tombe sur les nouveaux époux, que M. Gerbault regrette de ne point avoir eu à dîner, et M. Batonnin dit, toujours en souriant : — Oui, cela fait un couple charmant.. et monsieur Monléard se sert-il de son bras droit maintenant?...
— Oui, il est entièrement guéri. Cela a été bien assez long pour une chute dans un escalier...
— Eh! eh!... une chute dans un escalier... ah! ah! monsieur Gerbault nous dit cela comme si vraiment il le croyait... eh! eh!...
— Comment? que voulez-vous dire? réplique M. Gerbault, qui ne comprend rien aux paroles de M. Batonnin, ni à l'air malicieux avec lequel il vient de les prononcer; tandis que Adolphine change de couleur, car elle craint que son père n'apprenne la vérité. M. Clairval seul reste indifférent à ce qui se passe; cependant il regarde le monsieur doucereux d'un air qui signifie :
— Je crois que vous venez de dire une bêtise.

M. Batonnin continue de sourire et répond : — Voyons, monsieur Gerbault, vous savez bien que la blessure de votre gendre provenait d'un coup d'épée qu'il a reçu en duel... il n'a pas voulu dire dans le monde qu'il s'était battu... surtout parce que... à cause de... je comprends très-bien.
— Mais, monsieur, cela n'est pas vraisemblable que vous dites-là! s'écrie Adolphine; si le mari de ma sœur s'était battu... certainement je le saurais... et...
— Pourquoi donc, aimable demoiselle... si on en a fait un mystère à ce cher M. Gerbault, on peut bien vous l'avoir caché aussi à vous.

M. Gerbault, dont la figure est devenue sérieuse, dit à M. Batonnin : — Enfin, monsieur, expliquez-vous tout à fait; si mon gendre a eu un duel, je vous répète que je l'ignorais... maintenant si vous avez des renseignements positifs à ce sujet, veuillez me les communiquer; c'est bien le moins, il me semble, que sur cette affaire je sois aussi instruit qu'un étranger.
— Mon Dieu, mon cher monsieur, moi j'ai su cela par hasard, il y a deux jours.. j'ai rencontré madame Delbois, qui était à la noce de madame votre fille... et cette dame a quitté le bal en même temps qu'elle... alors vous comprenez, elles se sont trouvées attendre en même temps dans la cour, pendant qu'on cherchait leur voiture.
— Je ne vois pas jusqu'à présent quel rapport il y a dans tout ceci avec un duel...
— Permettez... nous allons y arriver : pendant que ces dames attendaient, un individu... de mauvaise mine, sortait aussi de chez le restaurateur; il se trouvait derrière madame Delbois, lorsque celle-ci disait à une de ses amies : Voilà la mariée qui s'en va de bonne heure. Alors cet individu... de mauvaise mine, se permit de crier tout haut... Mais, en vérité, si je n'avais aucune connaissance de cet incident, je crains, en allant plus avant, de dire quelque chose qui vous soit désagréable à entendre...
— Si ce que vous avez à apprendre à M. Gerbault peut lui être désagréable, dit M. Clairval, il me semble, monsieur Batonnin, que vous auriez beaucoup mieux fait de garder le silence sur toute cette affaire. Puisque M. Monléard a caché qu'il avait eu un duel, c'est qu'il a craint sans doute que cela ne contrariât son beau-père, et franchement, ce n'est pas adroit à vous de venir raconter une chose qu'on ne vous demandait pas.
— Mais, pardonnez-moi, M. Gerbault vient de me prier de lui dire ce que je savais...
— Voyons, monsieur Batonnin, achevez votre récit, je vous en prie; qu'a donc dit cet individu, que madame Delbois a entendu?...
— Votre gendre aussi l'a entendu et c'est ce qui a amené la provocation.. Du reste, moi je vous répète que madame Delbois m'a dit... je n'y étais pas... je dansais dans ce moment-là.
— Enfin, monsieur Batonnin, cet homme a dit?...
— Je vous donne ma parole d'honneur, mon bon monsieur Ger-

bault, que cela me coûte infiniment de vous rapporter ce vilain propos .. je suis bien fâché d'avoir parlé de cela !... c'est bien innocemment...
— Ah! finissez, de grâce...
— Cet individu s'est écrié, en apercevant la mariée : « — Ah! voilà la perfide Fanny!... »

M. Clairval se met à rire, M. Gerbault juge très-sage d'en faire autant et, voyant cela, Adolphine prend le parti de les imiter. M. Batonnin, qui s'attendait à produire beaucoup d'effet, demeure tout penaud en voyant tout le monde rire... il balbutie alors : — Ah! vous trouvez cela drôle...

— Eh! mon Dieu, monsieur Batonnin, avec toutes vos réticences, j'ai cru que vous alliez nous apprendre quelque chose de scandaleux; franchement il me semble que ces mots, dits par un homme qui était ivre sans doute, et auquel peut-être la langue a tourné, ne méritaient pas que vous leur fissiez tant de préambule!...
— Il paraît que monsieur votre gendre n'a pas pensé comme vous, car il a couru sur cet homme et ils ont échangé leurs cartes.
— C'est encore madame Delbois qui a vu cela?
— Mais oui.
— Comment se fait-il que cette dame, qui aime à causer, à ce que je vois, n'ait pas parlé plus tôt de choses qui se sont passées il y a déjà plus de six semaines?
— C'est bien simple; cette dame partait le lendemain matin pour la campagne, elle n'en est revenue qu'avant-hier.
— Oh! vous m'en direz tant... Allons prendre le café alors.
— C'est égal, mon cher Batonnin, dit M. Clairval en riant, votre nouvelle a fait four... c'est fâcheux, hein?

M. Batonnin se pince les lèvres et par extraordinaire ne sourit pas.

XXIII. — UNE PARTIE DE BÉZIGUE.

A peine avait-on fini de prendre le café, que l'on annonce le comte de la Bérinière.

— Vous le voyez, je viens de bonne heure; je me suis hâté de me débarrasser de la personne avec laquelle je dînais, dit le comte en allant baiser la main d'Adolphine que cette galanterie semble peu flatter.
— C'est bien aimable à vous, aussi nous allons vous faire faire des bézigues...
— Oh! tout à l'heure; je supplierai auparavant mademoiselle votre fille de nous faire un peu de musique. Quand on l'a entendu chanter, on n'a plus qu'un désir, c'est de l'entendre encore...
— Si cela vous est agréable, monsieur... je n'ai pas assez de talent pour me faire prier...
— C'est-à-dire que vous êtes toujours charmante!...
— Nous autres qui sommes moins mélomanes que M. de la Bérinière, nous allons faire un bézigue à trois... Vous y jouez, Clairval?
— Moi, je fais tout ce qu'on veut.
— Et vous, monsieur Batonnin?
— Il me sera aussi doux qu'agréable d'avoir l'avantage de faire votre partie. Cependant à trois, je crois le bézigue moins amusant qu'à deux...
— Pardonnez-moi... il est même plus piquant.

Adolphine va se placer au piano et le comte va s'asseoir auprès d'elle, lui lançant des regards que la jeune fille fait son possible pour éviter.

M. Batonnin, qui vient de se placer à la table de jeu, tourne à chaque instant la tête pour regarder du côté du piano, afin de voir ce qu'on y fait, et tâcher d'entendre ce qu'on y dit.
— Nous jouons avec quatre jeux?
— Oui, seulement on ôte deux cartes, deux huit, pour que chacun ait juste son compte à la fin.
— Très-bien ; et vous donnez combien de cartes à chacun?
— Huit.
— Il y a des personnes qui en donnent neuf.
— Cela rend le jeu trop facile.
— Et nous jouons en?...
— En quinze cents.
— Combien met-on?
— Ce que vous voudrez, messieurs; fixez le jeu.
— Nous ne voulons pas nous ruiner, nous autres... deux francs chacun.
— Va pour deux francs!...
— J'ai vu jouer ce jeu-là à cinq cents francs la partie, dit M. Batonnin.
— Diable! c'est bien cher... Mais quand on très-riche!...
— Oh! ce ne sont pas toujours les gens les plus riches qui jouent le plus gros jeu... ce sont ceux qui veulent se faire passer pour millionnaires... et qui ont besoin d'argent.
— Ce bon M. Batonnin, avec son air de ne pas y toucher, il remarque, il observe tout...
— Moi!... ô mon Dieu, non,.. Je dis cela parce que je l'ai entendu dire.

— J'ai cent d'as.
— C'est un joli point.
— Je me souviens à présent que c'est M. Monléard que j'ai vu jouer le bézigue à cinq cents francs la partie.
— Mon gendre?... oh! vous devez vous tromper; il ne joue pas si gros jeu que cela...
— Je vous demande mille pardons, mais c'était bien lui... Ce qui n'a rien d'étonnant puisqu'à son cercle il joue le whist à cent francs la fiche...
— Il m'a assuré qu'il n'allait plus à son cercle...
— Je tiens ce fait de quelqu'un qui a fait sa partie il n'y a pas huit jours...
— Voyons, monsieur Batonnin, c'est à vous de jouer... soyez donc à votre affaire...
— J'y suis, mon cher monsieur Gerbault, oh! j'y suis parfaitement... Ah! mademoiselle Adolphine chante quelque chose de bien joli!...
— Cinq cents!...
— Là, vous avez laissé faire le cinq cents à M. Clairval...
— Je ne pouvais pas l'empêcher?
— Si fait, il n'y avait plus que trois coups à jouer et vous aviez deux as d'atout.
— Eh bien! cela ne fait que deux coups?
— J'aurais pris de mon as au troisième...
— Ah! vous croyez que nous aurions pu empêcher monsieur de compter cinq cents?
— C'est évident... Je crois que vous n'êtes pas plus fort à ce jeu-là qu'au whist.
— Il est certain que je n'y jouerais pas cinq cents francs la partie comme monsieur votre gendre... Mais je ne croyais pas qu'il y avait du bien joué au bézigue, je pensais que c'était tout hasard...
— Vous voyez bien le contraire! D'ailleurs il y a du bien joué à tous les jeux.
— Même au loto?
— Certainement; vous pouvez oublier de marquer.

Adolphine chantait une seconde romance, lorsqu'on annonça Anatole de Raincy.

L'arrivée du jeune homme au zézaiement interrompt la musique, et semble beaucoup contrarier M. de la Bérinière, qui se décide alors à venir près des joueurs. La partie de bézigue finissait et avait été gagnée par M. Clairval.
— Prenez ma place, dit M. Gerbault au comte.
— Merci, mais je ne joue le bézigue qu'à deux.
— Eh bien! jouez-le avec M. Batonnin; moi, je ferai une partie d'échecs avec M. Clairval, si cela lui va.
— Tout me va, à moi.
— A moins cependant que M. de Raincy ne veuille faire un whist à trois...
— Oh! ze vous remercie, ze ne tiens point à zouer ; z'aime infiniment mieux faire un peu de musique avec mademoiselle, si cela ne lui déplaît pas.
— Au contraire, monsieur, cela me plaira beaucoup.
— Z'ai apporté quelques morceaux que ze zante assez bien... des airs, des duos... Vous zouez tout à livre ouvert, z'en suis sûr.
— Du moins j'essaierai, monsieur, et je n'ai pas trop difficile...
— Voilà l'air de la Dame Blanche... ze le zante... il est dans ma voix.
— Eh bien, je vais vous accompagner.
— Si ce monsieur chante comme il parle, murmure Batonnin en faisant un gracieux sourire au comte qui se place devant lui, cela doit faire un singulier effet...
— Il ferait beaucoup mieux, de nous laisser entendre mademoiselle Adolphine.
— Oh! oui, elle a une voix!... Nous jouons en deux mille?
— Qui va à l'âme, monsieur...
— Et nous avons quatre jeux...
— Très-bien... Mais il y a des hommes qui ont la manie de chanter...
— Oui, et qui chantent faux souvent... comme par exemple... Je marque soixante de dames...

Pendant que ces messieurs jouent, le jeune Anatole crie à tue-tête :

Viens, zentille dame! ze t'attends, ze t'attends, ze t'attends!...

— C'est horrible! dit le comte.
— Cela produit l'effet du sifflement des wagons quand ils s'arrêtent, dit Batonnin.
— J'ai le deux cent cinquante...
— Il paraît que nous ne verrons pas madame Monléard et son mari ce soir?
— Non... ils sont d'une grande fête. Je marque quarante de bézigue...
— Ah! Monléard ne veut pas que sa petite femme s'ennuie; ils sont sans cesse en fêtes...
— Oui .. pourvu que cela dure longtemps comme cela... Je marque quatre-vingts de rois ..

— Et pourquoi cela ne durerait-il pas... Mon Dieu, que ce monsieur me fait mal aux oreilles avec ses *je t'attends ! ze t'attends !...* Je souffre pour mademoiselle Adolphine...

— Est-ce que vous n'avez pas entendu dire, monsieur le comte... vingt de carreaux... que M. Monléard jouait à la bourse d'une manière... encore un mariage... en pique cette fois... enfin un jeu effrayant !..

— Ma foi, non... Ha çà, mais je ne marque rien du tout moi... C'est ce maudit chanteur qui en est cause.

— On m'a aussi assuré que depuis peu il avait perdu des sommes considérables !...

— Vous savez qu'il ne faut jamais croire que la moitié de ce qu'on dit...

— Voilà le cinq cents...

— Ah diable! comme vous me menez... Ah! ils chantent un duo maintenant, du moins nous n'entendrons mademoiselle Adolphine... Si elle pouvait couvrir la voix de ce monsieur...

— J'en ai fait onze cents dans cette partie...

— Et moi cent-vingt... je suis bien en retard... Jouons-nous les quinze cents?

— Assurément, quand on a trois bézigues, c'est quinze cents... mais pour le compter, il ne faut pas avoir touché à ses cinq cents...

— Oui... oui... je le sais... Qu'est-ce qu'ils chantent-là... Je crois que c'est encore de la *Dame Blanche*...

— A vous à faire, monsieur le comte.

— Oui... c'est juste... pardon... c'est la voix de ce monsieur qui m'étourdit... ou plutôt qui m'abasourdit !... Ah! quel piallard, pauvre demoiselle! elle a de la patience...

— Je marque quarante d'atout...

— Vous marquez toujours, vous, monsieur Batonnin, vous êtes bien heureux de pouvoir être à votre jeu !...

— Je tâche de ne point écouter... Quarante de bézigue.

Il était difficile de ne point entendre le jeune chanteur, qui criait alors :

Cette main, cette main si jolie !...

de toute la force de ses poumons.

Enfin le duo finit, Adolphine déclare qu'elle est fatiguée et quitte le piano.

— Je le crois bien qu'elle est fatiguée! dit M. de la Bérinière... on le serait à moins... accompagner ce monsieur... chanter avec lui... quelle rude besogne...

— J'ai gagné, monsieur le comte.

— Eh bien, ma revanche. Je serai plus à mon jeu maintenant que je n'entends plus les sifflements de ce monsieur, c'est un véritable serpent que ce jeune homme.

Mais M. de Raincy a été s'asseoir à côté d'Adolphine, et il cause avec elle pendant que l'on joue. Naturellement les jeunes gens parlent à demi-voix pour ne point distraire les joueurs. Cette conversation, dont il ne peut saisir un seul mot, semble contrarier le comte encore plus que la musique précédente, et Batonnin profite des fautes et des distractions de son adversaire, tout en lui disant d'un ton patelin : M. le comte n'est pas en veine ce soir... Je marque deux cent cinquante...

— En effet... j'ai des distractions... Eh bien, mademoiselle Adolphine, vous ne chantez plus?

— Oh! non, monsieur, je me repose.

— Mon Dieu, prenez garde, dit Batonnin, vous allez donner à ce jeune homme l'idée de recommencer.

— Mais non, je m'adressais à mademoiselle Gerbault... Je suis certain que ce M. de Raincy l'ennuie beaucoup en ce moment. Je voulais tâcher de l'en débarrasser.

— Quarante de bézigue... Vous croyez qu'il l'ennuie... mais vous pourriez vous tromper... il est assez joli garçon ce M. de Raincy... cent d'as...

— Ah! par exemple... si celui-là est joli garçon... un air sot, niais, suffisant.

— Il est bien bâti... cinq cents.

— Sapristi... vous ne le manquez jamais... Et cette prononciation... trouvez-vous aussi qu'elle soit jolie...

— Pas en chantant du moins... Prenez votre carte, si vous le voulez bien, monsieur le comte...

— Ah! c'est juste... je n'y suis plus... à quoi donc à jouer...

— C'est à moi. J'ai encore l'honneur de vous gagner... je fais le quinze cents...

— Pas possible?

— Voyez plutôt...

— Eh bien, ma foi, j'aime autant que ce soit fini. Je n'ai pas du tout l'esprit au jeu ce soir.

XXIV. — DEMANDE EN MARIAGE.

M. de la Bérinière se lève et vient causer avec Adolphine; celle-ci, aussi indifférente aux compliments du jeune Anatole qu'aux galanteries du vieux comte, est aussi affable avec l'un qu'avec l'autre, car aucun de ces messieurs ne lui donne de distractions, et il est facile d'être aimable quand le cœur n'est point en jeu.

La soirée se termine, mais avant de s'éloigner, le comte et M. de Raincy ont dit quelques mots tout bas à M. Gerbault, ce qui a tellement intrigué M. Batonnin, que pour s'en aller, il prend le chemin de la cuisine.

— C'est à votre tour, à ce qu'il paraît, d'avoir des distractions, lui dit M. Clairval d'un air railleur.

— Moi, mais pas du tout; je me suis trompé de porte, cela peut arriver à tout le monde... Vous avez peut-être cru que j'avais quelque chose à dire tout bas à M. Gerbault... comme ces deux messieurs qui s'en vont devant nous.

— Ah! ces messieurs ont parlé bas à notre ami Gerbault, je vous avoue que je ne l'avais pas remarqué, et ensuite que cela m'est fort indifférent...

— Mais à moi de même assurément... bien que j'aie dans l'idée... que je soupçonne ce qu'ils ont à dire au père de mademoiselle Adolphine...

— Ah! vous le soupçonnez... diable! Mais vous avez donc le don de deviner...

— Il ne faut pas être bien sorcier pour deviner certaines choses... Voulez-vous que je vous fasse part de mes conjectures...

— Non, je vous remercie, monsieur Batonnin, gardez cela pour vous, je n'apprécie pas les conjectures, je n'aime que les choses officielles... Bien le bonsoir.

— C'est-à-dire qu'il est vexé de ne point avoir deviné, se dit Batonnin en prenant un autre chemin. Moi, je gagerais... six francs contre vingt, que le jeune de Raincy et le vieux de la Bérinière sont amoureux de la charmante Adolphine... et je parierais encore... vingt francs contre trente, qu'ils ne plaisent à la jeune fille ni l'un ni l'autre ! Tant mieux... j'ai plus de chances moi... Attendons, laissons bouillir le mouton, comme on dit très-vulgairement. C'est un vieux proverbe... je suis comme *Sancho*, j'aime les proverbes, moi.

Adolphine a remarqué aussi à court à porte que M. Gerbault avait eu avec le comte et M. de Raincy. Lorsque la société est partie, la jeune fille s'approche de son père, et lui dit en souriant :

— Ces messieurs ont donc des mystères avec toi, mon père, car M. de la Bérinière, et ensuite M. Anatole t'ont parlé bas dans un petit coin.

— Ma foi, ma chère amie, je ne sais pas encore plus que toi ce qu'ils ont à me dire; mais chacun d'eux m'a demandé un rendez-vous pour demain ayant à me parler d'une affaire importante. J'ai dit à M. de Raincy : Je vous attendrai à deux heures... puis à M. de la Bérinière : Vous me trouverez chez vous une heure... de manière que demain, je suppose que de trois à quatre, je pourrai satisfaire ta curiosité et te dire le mot tour ce que ces messieurs m'auront confié... à moins qu'il ne s'agisse de choses graves qu'on ne doit pas conter aux jeunes filles... mais je ne le crois pas.

— Vous ne le croyez pas... Vous soupçonnez donc ce que cela peut être, mon père.

— Mais... dame!... après tout, comme ils me le diront demain, il est inutile de faire des suppositions. Ah! il y a quelque chose qui me préoccupe plus...

— Quoi donc, mon père.

— C'est ce duel dont nous a parlé Batonnin... J'ai feint devant lui de n'y point ajouter foi; mais si tout ce qu'il nous a rapporté est vrai, ce n'est pas en effet en tombant dans un escalier que le mari de ta sœur s'est blessé... et c'est avec Gustave qu'il se sera battu.

— Oh! non, mon père... non, je vous jure que ce n'est point avec Gustave...

— Ah!... tu sais donc la vérité, toi, et tu ne m'en avais rien dit.

— Ma sœur et son mari ne voulaient pas que l'on sût cet événement... Fanny m'avait fait promettre de ne point vous en parler.

— Mais enfin, avec qui Auguste s'est-il battu?

— Avec un homme qui était gris et qui ne savait pas ce qu'il disait... voilà tout... Et Auguste n'a point attaché à cela la moindre importance.

— Soit!... je le veux bien; mais je n'en suis pas moins persuadé qu'il y a du Gustave là-dedans, et je le répète ce que j'ai dit à son sujet : il ne faut plus que ce jeune homme revienne ici... Allons, je vais me coucher et demain... nous verrons ces messieurs. Bonsoir, mon enfant.

— Bonsoir, mon père.

Adolphine rentre dans sa chambre; les deux rendez-vous demandés à son père par deux hommes qui, dans la soirée, l'ont obsédée par leur galanterie, lui causent une vague inquiétude; un secret pressentiment lui dit que c'est d'elle qu'il sera question le lendemain, et il lui tarde de savoir si ses craintes sont fondées.

Le lendemain, Adolphine ne quitte pas sa chambre, afin de ne point se rencontrer avec ces messieurs qui ont des rendez-vous avec son père. A onze heures précises elle a entendu sonner, et sa bonne Madeleine est venue lui dire : — C'est ce grand jeune homme qui a chanté avec vous hier au soir, mamzelle, il a demandé monsieur votre père et il est avec lui.

— Très-bien, Madeleine; si par hasard ce monsieur demandait à

me saluer, tu lui répondrais que j'ai la migraine et que je ne puis pas quitter ma chambre...
— Cela suffit, mamzelle.
— Et quand il sera parti tu viendras me le dire.
— Oui, mamzelle.

Adolphine compte les minutes; mais midi sonne et le jeune Anatole n'est pas encore parti. La jeune fille s'impatiente, elle murmure : — Que peut-il donc dire à mon père, ce monsieur, qui puisse durer si longtemps... Pour un jeune homme, il est bien bavard... S'il ne s'en va pas, il se rencontrera avec le comte. Après tout, cela m'est bien égal!...

Enfin, à midi et demi, M. de Raincy a pris congé. Madeleine vient en avertir sa jeune maîtresse et celle-ci est sur le point de se rendre près de son père lorsqu'on sonne de nouveau.

C'est M. de la Bérinière; celui-ci a devancé l'heure... mais il est sur-le-champ introduit près de M. Gerbault. Madeleine est venue apprendre cette nouvelle visite à Adolphine, et celle-ci lui donne la même consigne, dans le cas où le comte demanderait à lui présenter ses hommages.

Cette fois l'entretien dure moins longtemps; ayant une heure M. de la Bérinière est reparti. Alors c'est M. Gerbault qui vient trouver sa fille d'un air fort satisfait et en se frottant les mains, signe de contentement qui est assez commun à tout le monde... pourquoi? on n'a jamais pu le savoir.

— Eh bien, mon père? murmure Adolphine d'une voix un peu émue, ces messieurs sont venus tous les deux?
— Oui, ma chère amie, oh! ils ont été bien exacts; le comte était même en avance... cela se comprend : les plus âgés sont toujours les plus pressés.
— Et ce qu'ils vous ont dit... devez-vous m'en faire un mystère?
— Non, vraiment; puisqu'il n'a été question que de toi dans ces deux entretiens.
— De moi?
— Oui; et franchement, je l'avais un peu deviné... et toi?
— Moi... mais... Oh! je vous en prie, mon bon père, dites-moi tout ce site que ces messieurs voulaient vous demander?
— Eh bien, ma chère, le même motif les amenait; ils sont venus l'un et l'autre me demander ta main.
— Ma main!...
— D'abord le jeune de Raincy m'a dit : J'aime mademoiselle votre fille, elle est excellente musicienne, j'adore la musique, nous en ferons toute la journée; je n'ai point de profession, mais j'ai quinze mille francs de rentes de l'Etat, avec cela on peut vivre quand on n'est pas ambitieux... et la musique est un plaisir qui nécessite fort peu de dépenses. J'ai cru remarquer que mademoiselle Adolphine n'avait pas le goût des bals, des fêtes, des grandes soirées comme sa sœur, je puis donc espérer qu'avec moi elle sera heureuse. Vous lui donnerez vingt mille francs de dot, je le sais, cela me suffit, je ne vous en demande pas davantage. Voilà pour le premier; passons au second : M. de la Bérinière a été plus impétueux dans sa demande; il m'a dit : J'adore mademoiselle Adolphine, j'en suis fou; sa voix délicieuse m'a tourné la tête, et pour elle je renonce à ma liberté. Au reste, j'étais, je crois, destiné à entrer dans votre famille, car je ne vous cacherai pas que j'ai été excessivement épris de votre fille aînée; mais Monléard a été plus vite que moi, il me l'a soufflée... aussi cette fois je me déclare promptement, parce que je ne veux pas que votre fille cadette m'échappe comme son aînée... à moins toutefois qu'elle ne veuille pas de moi; mais j'ose espérer le contraire; je ne suis plus de la première jeunesse, mais j'ai le cœur aussi sensible qu'à vingt ans. Enfin, j'offre à mademoiselle votre fille trente mille francs de rentes et le titre de comtesse... ce qui flatte toujours l'oreille d'une jeune femme, voilà ce que je mets à ses pieds avec le plus ardent amour. Veuillez lui faire connaître ma demande et demain je viendrai vous demander votre réponse.
— Ah! mon Dieu!... Et qu'avez-vous répondu à tout cela, mon père?...
— Ma chère enfant, ce qu'un père doit répondre à des gens honorables, bien posés dans le monde, et qui lui demandent la main de sa fille : Votre recherche me flatte, m'honore, et je ne mettrai, moi, aucun obstacle à l'accomplissement de vos vœux; mais comme le mariage est un acte qui doit décider du bonheur de toute la vie, je me suis promis de laisser à mes filles pleine liberté dans le choix d'un époux, et de ne jamais leur imposer ma volonté pour contraindre la leur.
— O mon bon père!... que c'est bien cela, de ne point contraindre ses enfants!
— Maintenant, ma chère amie, c'est à toi de choisir... ces deux unions sont également sortables. M. de la Bérinière te fait comtesse et t'offre trente mille francs de rente... c'est fort séduisant... mais il est vrai qu'il a soixante ans, ce qui est moins séduisant. M. Anatole de Raincy n'est pas comte, cependant il est d'une famille fort ancienne; il n'a que quinze mille francs de revenu, mais il n'a que vingt-sept ans, ce qui est une richesse. A présent te voilà bien renseignée sur ces messieurs qui aspirent à ta main... vois, réfléchis, choisis...

— Oh! c'est tout réfléchi, mon père!... je ne veux ni de l'un, ni de l'autre...
— Comment, tu refuses?
— Je les refuse tous les deux.
— Mais tu n'as pas raison, mon enfant... ces deux unions sont honorables; il serait difficile que tu puisses trouver mieux sous le rapport de la fortune, et je crains même que tu ne retrouves jamais aussi bien.
— Vous savez, mon père, que je ne tiens pas à la fortune, moi.
— Ma chère amie, il ne faut peut-être pas aimer l'argent autant que ta sœur l'aime, mais il ne faut pas non plus le mépriser... il aide beaucoup au bonheur... Voyons, entre nous, pourquoi refuses-tu ces deux maris?... le comte, je le conçois encore, il est trop âgé pour toi; mais M. Anatole, qui est jeune, est un jeune et bel homme...
— Mon père, je le refuse parce que je veux avoir de l'amour pour mon mari, et je n'en aurai jamais ni pour M. de la Bérinière, ni pour M. de Raincy.
— Alors, tu es bien décidée?
— Parfaitement décidée. Vous répondrez à ces messieurs que je ne veux pas me marier maintenant. Les gens bien élevés comprennent que c'est une manière polie de les refuser.
— Allons, puisque ta résolution est bien arrêtée... Oh! tu ne ressembles guère à ta sœur...Vois, elle est riche, elle est heureuse, elle est sans cesse dans les fêtes, dans les plaisirs...
— Je n'envie pas son bonheur... je ne le trouverais pas dans l'existence qu'elle mène.
— Alors, n'en parlons plus.

M. Gerbault quitte sa fille; et l'on voit dans ses yeux qu'il n'est pas content de ce qu'elle refuse les bons partis qui se présentaient. Quant à Adolphine, elle se dit : Je ne puis pas épouser un de ces messieurs, puisque j'aime quelqu'un... Celui que j'aime ne m'épousera jamais, je le sais bien... car il ne pense pas à moi!... Et pourtant, moi, je veux avoir le droit de toujours penser à lui.

XXV. — L'ONCLE DE GUSTAVE.

Après son duel avec Auguste Monléard, Cherami était revenu à son hôtel en sifflotant une polka. Il avait retrouvé son hôtesse à la même place qu'elle occupait à son départ, sur le pas de sa porte.

Madame Louchard était fort curieuse; cela l'avait fortement intriguée de voir son locataire s'éloigner avec le jeune homme élégant, possesseur du cabriolet; et elle s'écrie, en voyant Cherami revenir seul : Eh bien! qu'en avez-vous fait?
— De quoi... de qui?
— Mais, de ce beau monsieur qui s'en est allé avec vous, à pied, ce qui est assez singulier quand on a un cabriolet à ses ordres... Vous pouviez bien monter dedans tous les deux, puisqu'il vous suivait.
— Ce n'était pas la peine de monter en voiture, nous allions trop près...
— Bah! Et où donc alliez-vous?
— Dans ce terrain à bâtir... là-bas, près du théâtre.
— Et qu'alliez-vous faire là?... Ce monsieur veut donc acheter ces terrains?
— Pas du monde!... Nous sommes allés là pour nous battre... l'endroit est propice pour cela..
— Vous battre... pas possible!...
— C'est comme j'ai l'honneur de vous le dire.
— A coups de poing?
— Madame Louchard! vous croyez toujours avoir affaire à tous ces cuistres qui vous entourent! Sachez qu'un homme comme moi ne se bat pas à coups de poing!... J'envoie quelquefois le bout de ma botte dans la partie charnue d'un insolent qui m'ennuie... mais quand il s'agit d'un duel, c'est autre chose...
— Et à quoi donc vous êtes-vous battus?
— A l'épée.
— Vous n'en aviez pas.
— Le monsieur avait tout un arsenal dans son cabriolet.
— Ah! mon Dieu! Et qui est-ce qui a été tué?
— Mais, votre question est un peu hors-d'œuvre... Est-ce que j'ai l'air d'être mort?
— Ah! c'est juste... alors, c'est ce monsieur!... Pauvre jeune homme!...
— Rassurez-vous! il n'est pas mort, et il n'en mourra pas... Une simple blessure, et encore je l'avertissais, je lui disais : Vous vous fendez trop... Il tire assez bien, mais il n'est pas encore de ma force.
— Mauvais sujet!... toujours des affaires... des duels... Et si ce monsieur vous avait tué, cependant?
— Alors, madame Louchard, je n'aurais pas en ce moment le plaisir de contempler vos traits fortement accusés!...
— Et à cause de quoi vous battiez-vous?
— Une bagatelle!... un rien, une plaisanterie. Mais l'arrivée de ce jeune homme m'a empêché de déjeuner, et j'éprouve le besoin de me livrer à cette importante fonction... Je monte chez moi prendre

Sois donc plus affectueuse avec ton mari. (Page 37.)

ma jolie canne à tête d'agate, et je cours chez un Véfour du quartier... Non, il n'y en a point par ici; et comme je veux très-bien déjeuner, je descendrai jusque chez Passoir.

— On voit bien que vous êtes en fonds.
— Mais, en effet, céleste hôtesse!
— Et il ne veut pas me lâcher un à-compte...
— Nous parlerons de cela plus tard,

Chérami a pris sa nouvelle canne, il pose sur le côté son chapeau neuf, et, le gousset garni de l'argent qu'il a gagné la veille à l'écarté, se met en route en se disant : — J'ai mon lièvre!...

Chérami, suivant son habitude, fait lestement danser ses écus. Cependant il semble que cet argent lui porte bonheur. Grand amateur du jeu de billard, il ne manque pas, après son dîner, d'aller faire la poule dans un café où il sait qu'on la joue tous les soirs, et, pendant quelque temps, la fortune le favorise avec tant de constance, que, lorsqu'ils le voient arriver le soir au café, tous les joueurs de billard froncent le sourcil en maronnant : — Bon! voilà le croqueur de poules!

Mais, un soir, la chance tourne; Chérami sort du café le gousset vide. Alors il se dit : — Palsambleu! me voici encore réduit aux expédients... car je ne toucherai pas ma rente avant quinze jours, et ce croquant de Bernardin ne me payerait pas même un jour d'avance. Mais, ne serait-ce point le cas d'aller rendre une petite visite à notre jeune ami Gustave, pour qui je me suis battu... et qui n'est point seulement venu m'en remercier... A la vérité, ja ne crois pas lui avoir donné mon adresse... et, de son côté, il ne m'a pas non plus dit la sienne... Mais il demeure chez son oncle Grandcourt; celui-ci est banquier ou négociant, n'importe, je dois trouver son adresse dans l'Almanach du Commerce. Demain j'aurai cette adresse, et j'irai dire bonjour à mon ami Gustave... et s'il se désole toujours, j'irai encore dîner avec lui... Il me contera ses peines; et moi, je commanderai le dîner... Et au dessert, il me prêtera bien une centaine de francs pour attendre le trimestre de ma rente... cela ira tout seul. Je suis même persuadé que ce cher Gustave s'étonne de ne point me voir, et qu'il me cherche partout... Mais, pour réparer cet oubli, je ne le quitterai pas de quinze jours.

Le lendemain, Chérami trouve en effet l'adresse de M. Grandcourt, banquier. Il se hâte de se rendre chez lui. Arrivé dans une belle maison du faubourg Montmartre, il tappe avec sa jolie canne au carreau du concierge : — Monsieur Grandcourt, banquier?...

— Les bureaux sont au rez-de-chaussée, au fond de la cour, la porte à droite.

— Très-bien. Et trouverai-je monsieur Gustave Darlemont, dans les bureaux?

— Monsieur Gustave?

— Oui, le neveu du banquier... qui travaille chez son oncle?

— Ma foi, monsieur, je ne sais pas : il y a plusieurs commis; je ne connais pas ces messieurs.

— Vous me semblez assez peu instruit, en effet... C'est bon; je vais dans les bureaux, et il faut espérer que là on saura me répondre.

Chérami va au fond de la cour. Il entre dans une pièce où un vieux commis, à demi couché sur un grand-livre, est en train de faire des additions.

— Voulez-vous bien me dire où je pourrai trouver mon ami Gustave, s'il vous plaît?

Le vieux commis ne répond pas, et continue de murmurer : Quarante-cinq... cinquante-deux... quatre... six... soixante.

— Il est donc affligé de surdité, ce vieux roquillard-là ! se dit Chérami, qui reprend très-haut : — Monsieur, je vous demande où est le bureau... le cabinet .. la chambre de mon ami Gustave... Est-ce que vous ne m'entendez pas?

— Huit et huit font seize, et seize, trente-deux!...

— Mais, sacrebleu! il y a longtemps que nous savons que huit et huit font seize!... Est-ce pour étudier de pareilles âneries que vous ne pouvez pas me répondre?

En disant cela, Chérami secoue assez fortement le vieux commis en le prenant par le collet de son paletot. Celui-ci se retourne furieux, en criant à son tour : — Monsieur! j'additionne mes comptes courant; et quand j'additionne, on n'a pas le droit de me déranger... entendez-vous?...

— Eh bien, vous êtes encore gentil, vous, merci! on vous fera encadrer et on vous accrochera dans les lieux d'aisance.

— Monsieur!... que signifie...

— Voyons, ma petite momie, ne nous fâchons pas... Où est le neveu de monsieur Grandcourt?...

— Est-ce que je le sais, moi, monsieur? J'additionne, je ne sors pas de là, et je ne puis pas causer... Vous m'avez dérangé... il faut que je recommence tout cela!..

— Eh bien! vous recommencerez... rien ne forme la jeunesse comme les additions... Mais, auparavant, il faut me répondre, cependant.

— Monsieur, au fond de ce couloir est le cabinet de monsieur

Viens, zentille dame, ze t'attends, ze t'attends. (Page 29.)

Grandcourt. Allez lui dire ce que vous voulez, et laissez-moi additionner.

— Allons, soit!... Aussi bien, je crois que l'abus des additions vous a bien gêné dans votre croissance.

Cherami entre dans le couloir; arrivé au fond, il tourne le bouton d'une porte et se trouve dans le cabinet du banquier. M. Grandcourt était occupé à écrire devant son bureau; habitué à ce que ses employés entrent fréquemment chez lui, il continue d'écrire sans lever les yeux.

Cherami referme la porte, examine un moment M. Grandcourt, et se dit : — C'est notre oncle, je le reconnais... Je ne l'ai vu qu'une fois, mais cela me suffit! D'ailleurs, il a une de ces physionomies poivrées qui ont du *chic!*

Et, s'approchant du bureau, il ôte son chapeau, en disant : — Salut, cher oncle! Vous êtes en train de travailler... Bigre! il paraît qu'on pioche ferme chez vous!... car j'ai trouvé là-bas, dans le premier bureau, une espèce d'invalide qui était tellement enfoncé dans ses chiffres, qu'il n'y avait plus moyen de voir le bout de son nez... Et, du reste, ça va bien? Est-ce que vous ne me remettez pas, je suis Arthur Cherami.

M. Grandcourt a relevé la tête. Il regarde avec étonnement la personne qui est devant lui, et répond : — Monsieur, pourrais-je savoir ce que vous voulez, ce qui vous amène, car je n'ai sans doute pas bien entendu ce que vous m'avez dit...

— Ah! vous ne m'avez pas compris? Est-ce que vous faites aussi des additions, vous? Il paraît que ça obscurcit l'intelligence. Mais c'est pas tout ça!... Vous ne me reconnaissez donc pas, cher oncle?

— Non, monsieur, non; et j'avoue que je ne comprends rien à ce titre d'*oncle* que vous vous obstinez à me donner.

— Ceci est un petit mot d'amitié, parce que je suis l'ami intime de votre neveu... ce cher Gustave, qui était si désolé le jour que sa perfide Fanny se mariait à un autre que lui... Et moi, ce même jour, j'ai dîné avec lui chez *Deffieux*, il voulait absolument parler à la belle mariée, lorsque vous êtes arrivé comme une bombe dans notre cabinet, et vous avez emmené ce pauvre garçon...

— Ah! très-bien, monsieur! j'y suis, maintenant, et je vous remets... Oui, c'est vous qui étiez chez le traiteur avec mon neveu... et vous vouliez vous opposer à ce que je l'emmenasse...

— Dame!... il désirait tant revoir sa Fanny... Moi, j'ai toujours protégé les amours!...

— Et songez-vous, monsieur, à tout ce qui aurait pu résulter d'une entrevue entre Gustave et cette jeune mariée?...

— Mais, pas plus, je pense, qu'il n'en est arrivé... un duel, et voilà tout...

— Que voulez-vous dire, monsieur? Mon neveu ne s'est pas battu, j'en suis certain, je ne l'ai pas quitté jusqu'au moment de son départ.

— Aussi je ne vous dis pas que c'est lui qui s'est battu... c'est moi... mais ça revient au même...

— Comment, vous vous êtes battu... vous?

— Un peu, mon neveu! je veux dire mon oncle; j'ai même administré au jeune mari un joli coup d'épée dans le bras... Du reste, c'est un brave garçon; mais il se tient trop en tirant... c'est dangereux.

— Vous vous êtes battu avec M. Monléard?

— Eh bien, oui, quoi donc! Vous ouvrez les yeux comme des portes cochères... ne dirait-on pas que c'est une chose bien extraordinaire!...

— Mais, monsieur, c'est affreux, ce que vous avez fait là! Vous avez compromis cette jeune femme... vous avez compromis mon neveu; vous avez...

— Ah! sacrebleu! savez-vous que vous m'ennuyez, à la fin!... Qui est-ce qui m'a fichu un oncle comme ça, qui trouve mauvais les services que l'on rend à son neveu!...

— Monsieur!... prenez-le moins haut, s'il vous plaît...

— Ah! ça ne vous convient pas!... eh bien... mais non... Vous êtes l'oncle de Gustave... je ne peux pas me battre avec vous... ça le fâcherait!... Après tout, ce n'est pas à vous que j'ai affaire. Et si cette vieille pomme cuite qui est là-bas m'avait tout de suite enseigné où je puis trouver votre neveu, vous n'auriez pas eu ma visite... Dites-le moi bien vite, et je vous tire ma révérence..

— Vous voulez voir Gustave?

— Ce n'est que pour cela que je suis venu.

— Monsieur, mon neveu n'est point en France, maintenant... il est en Espagne.

— En Espagne?... là, vraiment... ce n'est pas une blague?

M. Grandcourt fait un mouvement d'impatience. Cherami reprend : — Est-ce que le mot vous formalise?... Vous m'étonnez!... il est adopté maintenant dans la bonne société. C'est comme *balancé!*... on dit : j'ai *balancé* un tel, ce qui signifie : je l'ai renvoyé, je lui ai fait jouer des gigues. Nous avons enrichi comme cela la langue française d'une foule de locutions plus ou moins pittoresques... Ah! la langue latine est bien plus forte, bien plus complète!... On dit en latin de ces choses qu'on n'oserait jamais risquer en français. Et tenez, par exemple... *Plaute*, dans ses comédies... c'est dans

Casine, je crois, qu'un vieillard amoureux s'écrie, en songeant à sa maîtresse :

Jam, Herois, amplexari, jam osculari gestiol...

Ah! ils étaient badins, les auteurs latins et grecs!... Faites donc maintenant des comédies comme celles d'*Aristophane*... vous serez bien reçu!... On commence déjà à trouver *Molière* trop leste... Nous devenons bien délicats, bien sévères dans le langage! Cela veut-il dire que nous devenons plus sages?... Franchement, je ne le crois pas!... Les habitudes, les costumes, les mœurs, les usages changent! mais les passions, les vices, les ridicules sont toujours les mêmes!...

Le front du banquier s'est un peu déridé en écoutant Cherami. Il le regarde plus attentivement, et lui dit : — Monsieur, comment se fait-il qu'ayant reçu de l'éducation... connaissant vos classiques, étant instruit, enfin, vous ne mettiez pas plus à profit votre savoir pour...

— Pourquoi faire... pour m'acheter un paletot... Est-ce cela que vous voulez dire?

— Ma foi... à peu près!...

— Monsieur, j'aime l'indépendance, la liberté...

— On a beaucoup abusé de ces mots-là, depuis quelque temps, monsieur... Et si votre amour pour la liberté doit vous obliger à sortir mal vêtu, il me semble que vous devriez lui préférer l'amour du travail.

— Ha ça, mais dites-moi donc, mon cher monsieur, je crois que vous voulez me donner des leçons... et je n'en ai jamais reçu de personne!

— C'est peut-être le tort que vous avez eu.

— Corbleu!... vous êtes heureux d'être l'oncle d'un jeune homme pour lequel je me suis senti sur-le-champ une sincère amitié!... Finissons. Gustave est-il en Espagne?

— Oui, monsieur.

— Pour longtemps encore?

— Je ne saurais vous préciser...

— C'est une manière comme une autre de ne point me le dire... Mais quand il sera à Paris, je vous certifie que je saurai bien le trouver...

— Avez-vous quelque chose d'important à lui communiquer, monsieur? faites-m'en part, je le lui transmettrai.

Cherami réfléchit un moment, puis enfonce son chapeau sur sa tête en répondant : — Non, je ne voulais que lui serrer la main, m'informer de sa santé et savoir s'il était enfin guéri de son amour pour la perfide Fanny...

— Ses lettres m'annoncent qu'il se porte très-bien. Quant à sa sotte passion pour une femme qui ne l'aimait pas, j'aime à croire qu'elle a cédé à l'absence...

— Dites surtout aux œillades des Andalouses... car elles ont de terribles yeux, les Espagnoles!... j'en sais quelque chose... J'en ai connu trois qui...

— Pardon, monsieur, mais je suis très-occupé; et si vous n'avez pas autre chose à me dire...

— Ah! vous me congédiez... très-bien, c'est assez coquet. J'ai mon lièvre!...

— Vous avez votre lièvre... Qu'entendez-vous par-là?

— Oh! ne faites pas attention. Ceci est une petite phrase qui m'est habituelle... c'est comme si je disais : J'ai mon affaire.

— C'est différent, monsieur. Je vous souhaite le bonjour.

— Et moi, je ne vous souhaite rien du tout.

Et Cherami sort de chez le banquier en disant : — En voilà un oncle dur à cuire... le plus souvent que je lui emprunterai de l'argent... que je lui ferai cet honneur!.. Fi donc! jamais... d'autant plus qu'il ne m'en prêterait pas.

XXVI. — UN MONSIEUR AU CAFÉ.

Cherami se promène quelque temps au hasard, cherchant sur son passage quelque personne de connaissance à laquelle il pourrait faire un léger emprunt. Mais il n'aperçoit que des visages inconnus, ou s'il voit quelques anciens amis, ceux-ci se détournent pour éviter sa rencontre.

— Diable! se dit Cherami, la journée s'annonce mal. Moi qui comptais sur Gustave pour déjeuner... Il est maintenant plus de midi... j'ai une faim de cannibal... Après tout! s'il le faut, je me déferai de ma nouvelle canne... Cela me fera de la peine, car elle est jolie... véritable rotin. Mais cela me ferait encore plus de peine de ne point déjeuner. Elle doit avoir coûté trente francs au moins... Un marchand m'en donnera six... ils sont de cette force, les marchands... et encore il aura l'air de me faire une grâce. J'aime autant la laisser en gage pour un beefsteck et ses accessoires. Voyons, cherchons un café où l'on déjeune bien.

Cherami est alors sur le boulevard, où l'on n'a que le choix des cafés, car on ne fait point trente pas sans en rencontrer un. Ci-devant bel Arthur entre dans celui qui a les devantures les plus modernes, va se placer à une table, accroche son chapeau à une patère, met sa canne sur la banquette et appelle le garçon avec cet organe sonore et ce ton arrogant qui ne manque jamais son effet sur les garçons de café.

— Que désire monsieur?

— Un beurre, des radis, des sardines, puis un beefsteck-châteaubriand, cuit à point, du roquefort, et du bordeaux. Nous verrons ensuite. Allez.

Cherami jette les yeux sur sa canne en se disant : — Certainement, cette canne vaut bien tout ce que j'ai commandé; je pourrai même y ajouter du café et un petit verre. D'ailleurs, si l'on n'est pas satisfait, je ferai comme *Bilboquet* des *Saltimbanques*... j'engagerai ma signature. C'est égal, cela me contrarie que mon jeune ami Gustave soit en Espagne... Mais est-il bien en Espagne, voilà ce dont il faudrait s'assurer.

Cherami a mangé ses hors-d'œuvres et il va attaquer son beefsteck-châteaubriand, lorsqu'un petit monsieur, mis avec une certaine recherche, à figure moutonne, et dont le crâne dénudé semble implorer un faux toupet, vient se placer à la table voisine de la sienne et va s'asseoir en plein sur la canne qu'il a posée sur la banquette.

Le monsieur se relève vivement en portant la main à son postérieur et en s'écriant : — Ah! mon Dieu, sur quoi me suis-je assis?

Cherami retire sa canne et la place toute droite entre lui et ce monsieur, en lui disant : — Heureusement vous ne l'avez pas cassée... car cela vous aurait coûté cher!

— Monsieur, je ne l'ai pas fait exprès...

— C'est égal! si vous l'aviez cassée, vous l'auriez payée...

— Et je me suis fait très-mal.

— Si c'eût été un bâton d'épine, cela vous aurait fait bien plus de mal...

Le monsieur ne semble pas consolé, il ne fait pas attention à la canne et n'est occupé qu'à se frotter la partie blessée. Puis, il demande un grog, prend un journal et se met à le lire d'un air de mauvaise humeur. Mais, tout en mangeant, Cherami, qui aime à causer, continue de parler : — Moi, une fois, j'étais entré dans une auberge; je descendais de cheval, j'avais fait six lieues tout d'une traite, et naturellement j'étais excessivement fatigué. En arrivant dans la salle, je vais me jeter dans un fauteuil qui était près de la cheminée... Mais un cri perçant m'échappe.. Tout le monde s'empresse autour de moi... Qu'est-ce... qu'avez-vous? que vous est-il arrivé? Moi, je ne puis que leur indiquer mon derrière, en murmurant : Je ne sais pas sur quoi je me suis assis, mais je suis blessé... grièvement blessé!... L'hôtesse veut voir ce que c'est... elle veut me panser... C'était une gaillarde aux yeux pétillants... et aux formes arrondies... Je lui aurais bien rendu le même service... si elle avait été blessée... Mais le mari s'interpose... vu l'endroit où se trouve la blessure... il prétend lui seul doit y fourrer son nez.... Bref, on regarde.. Je m'étais assis sur un clou, monsieur, un énorme clou de menuisier... Comment s'était-il trouvé là... et la pointe en l'air? Voilà ce qu'on ne pouvait expliquer. Mais l'important était de le retirer... L'aubergiste ne put en venir à bout. On fit venir un serrurier avec des tenailles, et celui-ci eut tant de peine à retirer cette maudite ferraille de ma fesse, que, quand il l'eut ôtée, ce n'était plus un clou, c'était un tire-bouchon!...

Le monsieur chauve ne répond à cette histoire que par un grognement sourd, et continue de lire son journal.

Cherami l'examine quelques instants, en se disant : — Où diable ai-je déjà vu cette binette?... Je ne m'en souviens pas... mais, à coup sûr, ce n'est pas la première fois que j'ai le désagrément de rencontrer ce vilain monsieur chauve...

Puis, s'adressant à son voisin, qui remue son grog : — L'aventure de mon clou ne vous a pas ému, monsieur?

— Monsieur, j'y ai fait peu attention... Quand je lis un journal, je suis tout à ma lecture...

— Et vous ajoutez foi à tout ce qui est dedans, sans doute?

— Pourquoi pas, monsieur?

— Ah! je vous en crois bien capable... Mais vous ne savez pas faire votre grog, monsieur...

— Comment, je ne sais pas faire mon grog?...

— Non, vous ne faites que tourner, vous remuez... et vous n'écrasez pas avec votre cuiller votre rond de citron pour en faire sortir le jus!...

— Qu'est-ce que cela vous fait, monsieur, que j'écrase ou non mon citron?... Si cela me plaît de boire mon grog comme cela... n'en suis-je pas le maître?

— Oh! parfaitement!... Je vous donne un bon conseil... vous n'en voulez pas... à votre aise... Je gage que vous cherchez dans les annonces du journal une pommade pour faire pousser les cheveux!...

— Non, monsieur... Apprenez que si je voulais avoir des cheveux, j'en aurais tout autant qu'un autre.

— Je n'en doute pas, avec votre argent... vous pourriez mettre trois perruques... les unes sur les autres, cela vous ferait une tête superbe!

— Mais je n'aime pas les postiches, moi, monsieur, je déteste ce qui est faux, la vérité avant tout!

— Ah! je comprends alors pourquoi vous faites parade de votre crâne... mais si vous avez l'intention de nous montrer toujours la vérité, cela pourra vous mener loin... Son costume est un peu leste, à cette déesse, ou plutôt elle n'a point de costume... Elle se montre toute nue! Essayez donc un peu de sortir comme cela, par amour pour la vérité! Je ne crois pas qu'un sergent de ville admettra cette excuse... Tenez, monsieur, on a proclamé déjà que toutes les vérités n'étaient pas bonnes à dire : il faut ajouter qu'elles ne sont pas non plus toutes bonnes à voir. En général, on a raison de cacher ses infirmités, ses difformités, et tout ce que l'on a de disgracieux; on fait bien de chercher à paraître le plus joli ou le moins vilain possible... Embellir, chercher à plaire, tel semble être le but de la nature en tout et partout. Voyez une femme près de son poupon ; son premier soin est de le parer, de chercher à l'embellir. Les femmes naissent avec l'instinct de la coquetterie; les hommes n'en ont moins que parce que le tracas des affaires les oblige à moins s'occuper de leur personne. Quand vous prenez un logement, votre premier soin est de l'embellir; avez-vous un jardin, vous l'embellissez en y mettant des fleurs; donnez-vous à dîner, vous voulez que votre couvert soit élégant, fastueux, embelli par de riches surtouts... Et tenez, voyez ce verre mousseline dans lequel je bois mon bordeaux!... il embellit mon vin, monsieur, il le rend meilleur... oui, car servi dans un pot de confiture, ce vin ne me semblerait pas si bon... Et vous-même, si on vous avait apporté ce grog dans une cuvette... cela vous aurait-il charmé, hein ?

Le diable m'emporte, je crois qu'il ne m'écoute pas ce petit homme! se dit Cherami en s'interrompant, mais où donc ai-je déjà vu cette tête-là... Garçon! mon café!...

En se rejetant en arrière sur sa banquette, Cherami fait tomber sa canne sur son voisin. Celui-ci se retourne alors et repousse la canne en murmurant : — C'est donc une gageure cela...

— Comment! une gageure... parce que cette canne glisse de votre côté... ha ça! mais vous êtes donc bien susceptible, mon cher monsieur... qui aimez tant la vérité

Le monsieur chauve ne répond rien, mais en repoussant la canne cette fois, il la regarde, et depuis ce moment il ne la quitte plus des yeux.

— Ah! vous admirez ma canne, maintenant, reprend Arthur, vous commencez à comprendre que c'eut été malheureux de la casser... elle est soignée.

Le monsieur ne répond pas, mais il lève les yeux et se met à considérer le chapeau que son possesseur a accroché à une patère. Il l'examine avec tant de soin que Cherami impatienté se dit : — Ha ça! mais... à qui en a-t-il donc cet animal-là?... est-ce qu'il n'aura pas bientôt fini de reluquer mon chapeau et ma canne... il commence à m'ennuyer beaucoup!...

XXVII. — LA CANNE ET LE CHAPEAU.

Enfin le petit monsieur se décide à parler : — Monsieur... cette canne-là... avec cette tête en agathe... a quelque chose de bien singulier...

— Vous trouvez que ma canne a un air singulier... c'est distingué que vous voulez dire sans doute ?

— Monsieur, c'est que... cette canne... plus je l'examine... un rotin... oh! c'est bien cela... et le chapeau aussi... même galon pour border... galon très-large...

— Dites-moi donc, monsieur, quand vous aurez fini, vous vous expliquerez, je ne pense ?

Cherami commence à deviner à qui il a affaire, mais il ne veut pas en avoir l'air.

— Monsieur, voilà ce que c'est : j'avais une canne entièrement semblable à celle-ci, c'est-à-dire que c'est à jurer que c'est la même...

— Tous les jours des cannes se ressemblent, monsieur, je n'y vois rien d'extraordinaire à cela; il y a bien des hommes que l'on prend l'un pour l'autre, et cependant il y a sur la physionomie d'un homme une expression, une animation que vous chercheriez en vain sur une tête de canne...

— Monsieur, permettez, toutes les cannes n'ont pas une tête en agathe travaillée comme celle-ci...

— Si elles en avaient toutes, ce serait commun, je n'en voudrais plus...

— Enfin, monsieur, vous saurez que j'ai perdu ma canne et mon chapeau à une noce... où je fus il y a près de deux mois... c'est à dire je ne les ai pas positivement perdus, mais on les a changés... et je n'ai pas gagné au change... à la place de mon chapeau, bordé absolument comme celui-ci... galon très-large... même forme... on m'en a laissé un... pitoyable!... ignoble!... et j'ai été obligé d'en acheter un neuf le lendemain, et à la place de ma canne, j'ai trouvé une espèce de badine à battre les habits, qui ne valait pas six sous!..

— Eh! par là, corbleu! monsieur, que prétendez-vous inférer de tout cela... cette canne que vous avez perdue... cette tête d'agathe... votre chapeau bordé comme celui-ci... savez-vous bien que vous commencez à m'échauffer diantrement les oreilles... votre intention serait-elle de dire que je vous ai volé votre canne...

— Non, monsieur... mais...

— Alors vous m'insultez et je ne souffre pas une insulte!... et en sortant de ce café, nous allons aller nous couper la gorge tous les deux comme de jolis garçons...

— Jamais, monsieur, par exemple... je me trompais, monsieur, je faisais erreur... non, non, ce n'est pas là ma canne... prenez que je n'ai rien dit... je vous demande excuse...

Le petit monsieur chauve, qui est devenu tremblant comme la feuille, semble vouloir se dissimuler sous la table devant laquelle il est assis. Cherami, après avoir réfléchi quelques instants, le regarde d'un air aimable cette fois, en lui disant : — A cette noce, dont vous me parliez tout à l'heure, n'avez-vous pas perdu encore autre chose?

— Autre chose... en effet, monsieur, j'ai eu du guignon ce soir-là en arrivant pour le bal, j'ai perdu un de mes gants... un gant paille tout frais... à la vérité, on me l'a rendu plus tard, mais dans un état !...

— Ah! nous y voilà!... je vous reconnais maintenant!...

— Vous me reconnaissez?

— Sans doute, vous êtes monsieur Courbichon...

— C'est mon nom, en effet... mais comment ?

— Eh! pardieu, nous nous sommes rencontrés à la noce de mon ami Blanquette... ce cher monsieur Courbichon... il y a assez longtemps que je vous cherchais...

— Vous me cherchiez, monsieur, et pourquoi cela ?

— Pourquoi... mais pour vous rendre votre canne.

— Mais, monsieur, je ne sais pas si...

— Et votre chapeau aussi, si vous l'exigez; seulement, comme celui que vous avez maintenant est plus neuf, vous perdriez encore au change... mais la canne est à vous... me croyez-vous capable de garder ce qui ne m'appartient pas... ce qui n'est que le résultat d'une erreur.

— Ah! monsieur, je suis sensible...

— Vous comprenez bien, qu'avant de restituer cette canne que j'ai emportée par mégarde à la noce de mon ami Blanquette, je voulais être certain de ne la remettre qu'à son propriétaire. Avez-vous ma badine...

— Non, monsieur, je ne l'ai plus... je ne sais même pas ce qu'elle est devenue.

— Ah! bigre, j'en suis bien fâché... vous avez cru que c'était une badine ordinaire, vous n'avez pas vu que c'était un nerf d'animal, cela venait de la Chine; les Chinois font beaucoup de cannes avec des nerfs d'animaux, parce que cela plie et ne casse jamais... vous l'estimiez six sous, elle valait quarante francs.

— Ah! si j'avais su, monsieur...

— Vous en auriez eu plus de soin... enfin, c'est un léger malheur... vous allez payer ma consommation, nous dînerons ensemble et nous serons quittes.

— Comment, monsieur, vous voulez...

— Prenez donc votre canne... elle est ravissante! tout le monde la lorgnait. Ce cher Courbichon! Je suis enchanté de vous l'avoir rendue; mais je regrette bien ma badine chinoise... c'était un morceau très-rare à Paris... il en arrive rarement de la Chine... Holà! garçon... combien dois-je?

— Sept cinquante, monsieur.

— Fort bien. C'est monsieur que cela regarde.

M. Courbichon ne semble pas enchanté de payer le déjeuner de son voisin; cependant il s'exécute. Ces messieurs sortent du café, et, à peine sont-ils dehors, que Cherami passe son bras sous celui du propriétaire de la canne en lui disant : — Où allons-nous comme ça ?

— Ma foi! monsieur, j'avais l'intention d'aller me promener aux Champs-Élysées... Il fait beau temps, nous sommes à la fin de septembre... il faut profiter des derniers beaux jours. Et puis, j'aime beaucoup à voir jouer au cochonnet.

— Eh bien! mais, tout cela me va... tout cela me botte, allons aux Champs-Élysées, allons regarder jouer au cochonnet... la promenade fait faire la digestion, elle donne de l'appétit. Nous dînerons par là... Oh! soyez tranquille, papa Courbichon, vous êtes avec un gaillard qui sait vivre !...

— Monsieur, je n'en doute pas... mais...

— Sapristi, votre canne est jolie !... tout le monde l'admire en passant. Elle a dû vous coûter cher ?

— Monsieur, je ne saurais vous dire... c'est un cadeau de mon neveu.

— Ah! à la bonne heure! Je me disais aussi, il est bien étonnant que M. Courbichon ait acheté cette canne-là... Votre neveu a du goût. Que fait-il ?

— Il fait le commerce... il est parti pour l'Amérique... Cette canne était la sienne; il me l'a donnée en me disant : Je vais dans un pays où il y a assez de cannes; il est inutile que j'emporte celle-ci.

— Est-ce qu'il compte se promener avec une canne à sucre à la main?

— Je ne vous dirai pas... je l'ignore... Cette canne m'a convenu, parce qu'au besoin la tête peut servir de défense.

— Ma badine chinoise aussi était une fameuse défense.

— Comment, une badine?

— Songez donc que c'était un nerf de bœuf. J'aurais assommé un veau avec!

— Quelle drôle d'idée ont eue ces Chinois de faire des cannes avec des nerfs...

— Nouvelle preuve, mon cher monsieur Courbichon, que les Chinois sont bien plus avancés que nous... bien plus en progrès... Ils font des maisons en caoutchouc.

— Durci, alors?

— Je ne sais pas s'il est durci... ça m'est égal. Pardieu! monsieur Courbichon, convenez qu'il y a des hasards bien heureux, et que nous avons été tous les deux bien inspirés en allant aujourd'hui à ce café!...

— Monsieur, il est certain que, sans cela...

— Vous n'auriez jamais revu votre délicieuse canne. Etes-vous marié, monsieur Courbichon?

— Monsieur, je l'ai été, mais je suis veuf.

— Superbe position pour un homme encore jeune et fait pour plaire...

— Oh! monsieur... j'ai cinquante ans.

— C'est le plus bel âge de la vie, c'est celui où l'homme fait le plus de conquêtes.. parce qu'il sait mieux s'y prendre. Ah! je voudrais bien avoir cinquante-cinq ans! J'espère y arriver, mais je n'y suis pas encore. Vous avez de la fortune?

— Cinq à six mille francs de rente amassés dans le commerce des fruits secs.

— Joli denier!... Ce n'est point une position splendide, mais c'est cette douce médiocrité si vantée par *Horace*... Vous connaissez *Horace*?

— Oui, j'ai vu cette pièce-là au Théâtre-Français...

— Assez, n'allons pas plus loin. Avez-vous des enfants, digne Courbichon?

— Monsieur, j'ai une fille... elle est mariée, je l'ai établie.

— Dans les fruits secs aussi?

— Non, monsieur; elle est dans les huiles d'olive.

— Oh! diable! c'est bien différent! mais elle se conservera plus longtemps. Vous n'avez pas d'autre fille?

— Non, monsieur.

— Tant pis!...

— Pourquoi cela, monsieur?

— C'est que je me sens porté pour vous d'un si vif attachement, que je vous l'aurais demandée en mariage. Ma foi, oui, j'aurais enchaîné ma liberté, ce qui ne m'est point encore arrivé... mais il est un terme à tout... Votre gendre jouit-il d'une bonne santé?

— Oh! oui, monsieur, excellente!

— Tant pis!

— Pourquoi donc, tant pis?

— C'est que s'il mourait bientôt, je pourrais épouser sa veuve..

— Ah! morsieur, quelle idée...

— Il se porte bien, c'est fini, n'en parlons plus. Rassurez-vous, je ne veux pas le tuer... Ah! s'il m'avait offensé... je dis...

— Mille pardons, monsieur... mais je désirerais bien savoir votre nom...

— Mon nom?... Vous l'avez donc oublié? A la noce du petit Blanquette, on m'a cependant nommé assez souvent... pendant que je dansais avec la tante Merlin.

— Je ne m'en souviens pas.

— Je me nomme Arthur Cherami.

M. Courbichon, qui croit que ce monsieur l'appelle son cher ami, lui répond : Ah! oui, vous vous nommez Arthur... voilà tout?

— Comment, voilà tout? Je vous ai dit : Arthur Cherami!

— Oui... j'entends bien, Arthur... c'est un fort joli nom... Vous êtes dans les affaires?

— Je ne fais rien du tout... je suis rentier comme vous.

— Oh! c'est différent! Il est certain que lorsqu'on a de quoi vivre, on peut se promener quand cela fait plaisir.

— N'est-il pas vrai, mon bon Courbichon? Ah! je vois avec plaisir que nous pensons de même. Nous étions destinés à devenir amis intimes; comme disent les Arabes, cela était écrit!

Tout en causant, c'est-à-dire pendant que Cherami parle et que son compagnon l'écoute, trouvant à peine le moment de placer quelques monosyllabes de loin en loin, on est arrivé dans les Champs-Elysées. Nos deux promeneurs se dirigent vers un terrain où les parties de boule sont en train. Ils regardent jouer. Suivant son habitude, Cherami fait tout haut ses réflexions et donne son avis sur les coups. Il ne se gêne pas pour dire : « Voilà qui est pitoyablement joué!... » au nez de celui qui vient de lancer la boule. Le joueur, espèce de gamin de seize ans, vient à lui d'un air vexé, en s'écriant : — De quoi vous mêlez-vous?... vous n'en feriez peut-être pas autant!...

— Non, certes, je n'en ferais pas autant, je m'en vante!... car je jouerais mieux que cela... Et si vous n'êtes pas content de ma réflexion, mon bonhomme, venez avec moi. Il y a un tir au pistolet là-bas... je vous prendrai pour poupée, vous de même; nous verrons qui abattra l'autre.

Le joueur s'éloigne sans répondre. M. Courbichon frappe sur l'épaule de Cherami en lui disant : — Vous êtes trop vif, mon cher monsieur Arthur, vous prenez feu comme du salpêtre...

— Ah! mon bon Courbichon, je suis comme cela! Que voulez-vous, on ne se refait pas!... Mais, aussi, lorsque vous êtes avec moi, que quelqu'un s'avise de vous insulter... Ah! bigre! on géant, un nain, un colosse, cela m'est égal; je le réduirais en miettes sur-le-champ! ce ne serait pas long.

Cependant le jeune joueur, qui s'est éloigné vexé, a formé le projet de se venger de ce monsieur qui lui a dit qu'il jouait mal, et, son tour étant venu de jeter sa boule, il la lance de toutes ses forces du côté de Cherami, espérant que celui-ci la recevra dans les jambes; mais un caillou fait dévier un peu la boule, qui, au lieu de toucher le bel Arthur, va frapper les jambes de M. Courbichon Celui-ci trébuche en poussant un cri. Cherami a fort bien vu d'où est partie la boule, il aperçoit son joueur qui rit aux éclats. Aussitôt, s'emparant de la canne que tenait son compagnon, il se met à courir vers l'auteur de l'accident en s'écriant : — Soyez tranquille, mon pauvre Courbichon, je vais vous venger, et d'une rude manière, il aura son lièvre, le drôle!

Le gamin qui a fait le coup s'est sauvé en apercevant ce monsieur courir vers lui; mais Cherami se met à sa poursuite. Pendant ce temps, M. Courbichon se frotte les jambes, en disant : — Depuis que je regarde jouer au cochonnet, voilà la première fois qu'un pareil accident m'arrive... c'est d'autant plus étonnant, que je n'étais pas placé dans la direction du jeu. Alors c'est donc un fait exprès... mais pourquoi viser mes jambes?... Je n'ai fait aucune réflexion, moi... je n'ai eu aucune discussion avec les joueurs... Ah! certainement, j'en aurai les marques... Et où est-il donc allé, ce monsieur Arthur?... Cet homme-là est trop emporté.

Au bout de quelques minutes, Cherami revient enfin, l'air animé, triomphant, en s'écriant : — Vous êtes vengé, mon cher Courbichon, oh! mais ce qui s'appelle vengé complétement... le drôle a reçu ce qu'il méritait; et, tenez, en voici la preuve.

En disant cela, il présente à son nouvel ami sa canne cassée en deux morceaux.

M. Courbichon demeure ébahi, et regarde d'un air consterné les morceaux de la canne, en balbutiant : — Ah! mon Dieu... elle est cassée!...

— C'est vrai... elle est cassée, mais sur le dos du polisson qui a jeté sa boule dans vos quilles... je veux dire dans vos jambes.

— Quel dommage!... Vous avez frappé trop fort.

— On ne frappe jamais trop fort sur un ennemi...

— Une si jolie canne!

— Les morceaux vous restent... ou du moins la tête; vous ferez mettre un autre bâton...

— C'était un vrai rotin...

— Pardieu! la preuve qu'il était vrai, c'est qu'il s'est cassé tout de suite... Mais il y a d'autres rotins chez les marchands.

— Ah! je suis bien fâché que vous ayez cassé ma canne...

— Si vous n'aviez pas perdu ma baguette chinoise, j'aurais tapé avec, et elle ne serait pas cassée, elle.

— Ça me contrarie bien .. ma belle canne...

— Ah! saperlotte, est-ce que vous allez pleurer pour cela?... Ne devriez-vous pas plutôt me remercier de ce que j'ai vengé l'insulte faite à vos jambes?... Allons, prenez votre canne, et allons dîner; la promenade m'a mis en appétit.

Le pauvre Courbichon prend d'un air piteux les morceaux de sa canne, et se laisse emmener par Cherami, qui lui a repris le bras et le conduit chez un des meilleurs restaurateurs des Champs-Elysées.

Ces messieurs s'asseyent en dehors à une de ces tables qui sont entourées de charmilles de façon à former des cabinets de verdure. M. Courbichon place les morceaux de sa canne sur une chaise à côté de lui, en étouffant un profond soupir; car son nouvel ami lui fait si peur, qu'il n'ose même plus, devant lui, laisser paraître le chagrin qu'il éprouve de voir sa belle canne brisée.

Cherami commande le dîner en disant : — Fiez-vous à moi, je vais commander le dîner; et comme nous sommes des gens raisonnables, comme nous n'avons pas de femme avec nous, nous n'avons pas besoin de faire des folies. Nous ne voulons pas faire un festin, mais nous voulons bien dîner!... Est-ce votre avis?

— Parfaitement... toujours..

— Vous avez un caractère comme je les aime... Je marquerai de croix blanche... *album dies!*... ce jour qui m'a fait vous retrouver et m'a permis de vous restituer votre canne... Je regrette que vous ayez perdu ma badine chinoise!... mais vous avez votre canne, c'est le principal.

Toutes les fois que son nouvel ami lui parle de sa canne, M. Courbichon fait une horrible grimace, mais il ne se permet aucune plainte. Ces messieurs dînent : l'un, parlant toujours en mangeant, l'autre, mangeant sans presque parler; et, bien que Cherami ait annoncé à son amphitryon que leur menu serait raisonnable, lorsqu'on apporte la carte à payer, elle se monte encore à vingt-deux francs.

— Ce n'est pas trop cher, dit Cherami, en passant la note à Courbichon, car nous avons fort bien dîné et nous avons bu nos trois bouteilles.

Le petit monsieur chauve ne paraît pas être du même avis, il tourne et retourne le papier dans sa main en maronnant : — Vingt-deux francs! vingt deux francs!...

— Eh bien! mon brave Courbichon, ce n'est pas la mer à boire! Combien de fois, en tête-à-tête avec une jolie femme, n'en ai-je point dépensé dix fois autant dans un dîner fin!... Mais aussi nous prenions des primeurs... des bottes d'asperges de trente francs... des fraises à quinze francs... de l'ananas... du vin de Constance... Les femmes adorent ce vin-là... elles se grisent volontiers de constance... en bouteille!...

Avez-vous quelquefois fait de ces parties fines... aimable Courbichon? Oh! vous devez en avoir fait souvent... C'est là que vous aurez perdu vos cheveux... n'est-ce pas mon vieux?

— Vingt-deux francs! vingt deux francs!...

— Ce chiffre vous chiffonne donc bien? est-ce que vous trouvez l'addition fausse?

— Non... ce n'est pas cela... mais je crains de n'avoir pas assez d'argent sur moi... J'ai déjà payé pas mal au café, ce matin... Je ne savais pas que je dépenserais autant que cela aujourd'hui... Vous aurez la complaisance de me prêter ce qui me manquera.

— Ce serait avec le plus vif plaisir, mon honorable ami, mais tout à l'heure, en fouillant dans ma poche, je me suis aperçu que j'avais oublié ma bourse... ce qui, du reste, m'arrive assez souvent, parce que je suis fort distrait... et j'ajouterai qu'en faisant cette découverte, mon intention était de vous emprunter quelques pistoles... comme cela se fait entre bons amis, car, à quoi servirait l'amitié, si ce n'était à s'obliger? O divine amitié! présent des dieux!...

— Mon Dieu! mais comment allons-nous faire, si nous n'avons pas à nous deux de quoi payer notre dîner?

— Ne vous mettez donc pas en peine... je me suis trouvé plus d'une fois dans cette position... vous laisserez votre canne en gage.

— Ma canne! quand elle était entière, passe encore... mais je ne puis pas offrir les morceaux de canne pour nantissement.

— Alors, mon bon, laissez votre montre.

— Je n'en porte plus depuis qu'on m'a volé ma dernière.

— Ne vous inquiétez donc pas!... on nous fera crédit sur notre bonne mine...

— Voyons, en ramassant tout ce que j'ai... Fouillez aussi dans vos poches...

— Oh! moi, c'est inutile!... je ne mets jamais d'argent à même mes goussets... j'ai une bourse, ou je n'en ai pas.

M. Courbichon ramasse tout ce qu'il trouve dans ses poches ; il n'est parvenu à faire que douze francs et deux sous. Mais tout à coup, en cherchant encore dans un gousset, il en tire quelque chose de soigneusement enveloppé dans du papier, et quelque chose est une pièce d'or de dix francs. La figure du monsieur chauve s'épanouit ; il s'écrie : — Ah! les dix francs que j'avais prêtés à Mathieu, et qu'il m'a rendus ce matin... je les avais oubliés... Dieu merci!... cela fait le compte, et deux sous avec... qui seront pour le garçon!

— A votre place, dit Cherami, je garderais les dix francs de Mathieu, afin d'avoir de quoi nous rafraîchir en revenant, et je laisserais ma canne pour le reste.

— Comment, vous voulez que je demande crédit lorsque j'ai de quoi payer.

— Vous n'avez pas de quoi payer, car avec une carte de vingt-deux francs, vous ne pouvez pas donner moins de vingt sous au garçon, et si vous lui en présentez deux, il vous les jettera au nez.

— S'il les refuse, il n'aura rien du tout... tant pis... mais je paye ma carte...

— Et, en revenant, si vous avez besoin de quelque chose?

— Nous avons assez bien dîné pour que je n'aie besoin de rien.

— Au contraire, vous pouvez avoir une indigestion... vous êtes déjà très-rouge... vous aurez besoin d'eau sucrée...

— Je m'en passerai, je n'ai pas l'habitude de me trouver mal.

— Il y a une foule de choses dont on n'a pas l'habitude et qui nous arrivent... comme les morts subites, par exemple; certainement on n'en a pas l'habitude, et cela vous prend tout à coup.

Cherami a beau dire, M. Courbichon tient ferme. Il appelle le garçon, paye sa carte, et lui dit qu'il lui donne pour lui que deux sous, parce qu'il ne lui reste que des billets de banque et qu'il ne veut pas changer.

On part. Le petit homme chauve tient toujours les morceaux de sa canne ; mais il a une figure très-renfrognée. Cherami, qui ne s'amuse plus dans sa compagnie, le quitte bientôt en lui disant : — Votre adresse? mon bon ami; j'irai bientôt vous dire deux mots d'amitié.

M. Courbichon murmure d'un air vexé : — C'est inutile, monsieur, je pars demain pour la Touraine, où je compte me fixer.

— Comment, vous aussi vous quittez Paris!... Eh bien! si vous allez à Tours, envoyez-moi des pruneaux... rue de l'Orillon, à Belleville, hôtel du Bel-Air... mais affranchissez!...

M. Courbichon salue Cherami et s'éloigne de toute la vitesse de ses petites jambes, en mettant un morceau de sa canne dans chacune de ses poches.

XXVIII. — UN HOMME CONSTANT.

M. Gerbault a rapporté la réponse de sa fille aux deux personnes qui lui avaient demandé sa main. Le jeune Anatole de Raincy a pris la chose sans s'émouvoir ; il s'est contenté de dire : — Z'en suis fâché, parce que nos deux voix se mariaient bien ensemble... Ze suis sûr que nous aurions fait de bonne musique, et z'aime tant la musique, que nous aurions été très-heureux.

Le comte de la Bérinière n'a pas pris avec autant de philosophie le refus qu'Adolphine a fait de sa main ; il s'est écrié : — Décidément, mon cher Gerbault, je ne suis pas heureux près de vos filles. L'une se marie quand je songe à demander sa main... Celle ci ne veut pas de moi ; car je comprends très-bien que sa réponse est un refus poliment déguisé. Allons, il faut que j'en prenne mon parti... Pour tâcher de me consoler, je vais aller faire un tour en Italie... Les Italiennes ne vaudront pas vos filles, mais enfin cela me distraira.

Et, quelques jours après, le comte de la Bérinière quitta en effet Paris.

Mais il y a une personne qui ne comprend rien à la conduite d'Adolphine, c'est Fanny, sa sœur. En apprenant qu'elle a refusé d'épouser M. de Raincy et le comte, elle accourt un matin trouver Adolphine et lui dit : — Est-ce bien possible ce que mon père vient de m'apprendre? Comment, tu as refusé de te marier lorsque deux partis superbes se sont présentés pour toi!... mais c'est que tu étais malade... Tu ne pensais pas à ce que tu disais quand tu as fait cette réponse à mon père...

— Si fait, ma chère amie, répond Adolphine en souriant, je savais très-bien ce que je disais, j'avais parfaitement réfléchi quand j'ai refusé d'épouser ces messieurs.

— En vérité, je ne te comprends pas... Quelle raison... quels motifs ont pu dicter tes refus?... Le comte de la Bérinière a trente mille francs de rente... et il te faisait comtesse... Songes-y donc, comtesse!... est-ce que ce n'est pas ravissant de s'entendre appeler madame la comtesse?...

— Cela me tente peu!

— Le comte n'est plus tout jeune, c'est vrai! mais une fois mariée! si tu savais, ma chère amie, comme on fait peu attention à l'âge de son mari... Auguste aurait soixante ans à présent, que cela me serait parfaitement égal...

— Je ne pense pas du tout comme toi, je te l'ai déjà dit...

— Mais moi, j'ai de l'expérience, maintenant, et tu devrais m'écouter... Enfin, voyons, admettons que tu aies refusé le comte parce que tu le trouves trop vieux, ce qui est un pur enfantillage... tu n'avais pas de motif pour M. de Raincy ; il est jeune, il est bel homme.

— Il a l'air bête et suffisant.

— Mais qu'est-ce que cela fait!... j'ai toujours entendu dire qu'un homme bête faisait un excellent mari... Je voudrais bien, moi, que le mien fût bête! il ne me lancerait pas de temps à autre des sarcasmes, de petits mots railleurs quand je m'occupe du cours de la Bourse... de la hausse ou de la baisse des chemins de fer. Auguste a de l'esprit... certainement il en a beaucoup... Mais qu'est-ce que cela me fait à moi qu'il soit spirituel, aimable dans le monde? Dans son intérieur, un mari ne sert que de son esprit que pour se moquer de sa femme. M. Anatole de Raincy n'a pas la fortune du comte, mais il a encore une fort jolie position dans la société... Où donc espères-tu mieux?

— Je n'espère rien.

— Alors pourquoi as-tu refusé ces messieurs?

— Parce que je ne les aime ni l'un ni l'autre.

— Ah! la belle raison... ma pauvre Adolphine que tu es niaise... le bonheur en ménage, ce n'est pas l'amour, c'est la richesse, c'est le luxe, c'est la faculté de pouvoir s'acheter tout ce qui nous plaît, d'avoir de superbes toilettes qui font endêver les autres femmes, d'aller tous les jours aux bals, en soirées, d'avoir de belles loges au spectacle et non pas de soupirer près de son mari en soignant un pot au feu.

— Je t'ai déjà dit que je n'avais pas les mêmes goûts que toi...

— Oh! on dit cela... et dans le fond on serait bien aise de briller aussi ! mais tu es romanesque, toi !... tu as peut-être une passion dans le cœur... pour refuser les deux partis qui se sont présentés, il faut que tu aies une passion au fond du cœur !...

Adolphine rougit, mais elle s'empresse de répondre :

— Non, tu te trompes .. je ne songe à personne, tu as tort de dire cela...

— Eh bien! alors, ma chère amie, je te répète que tu n'as pas le sens commun d'avoir refusé ces deux messieurs. Adieu, je vais me choisir une coiffure en fleurs, car ce soir je vais en grande soirée et je veux éclipser toutes les autres autres femmes.

Quelque temps après cet entretien, Adolphine était seule ; elle rêvait à celui dont l'image ne la quittait pas, car elle n'avait pas dit la vérité à sa sœur, en lui répondant qu'elle ne songeait à personne, mais il est de ces amours que l'on ne veut confier qu'à un cœur capable de nous comprendre, et elle savait bien que Fanny ne comprendrait pas le sien.

Tout à coup Madeleine entre dans la chambre de sa maîtresse, lui dire : — Mam'zelle, voilà un jeune homme qui demande à vous parler.

— A moi, c'est à mon père sans doute que ce monsieur a affaire?
— Non, mam'zelle, c'est bien vous qu'il a demandé à voir... et d'ailleurs, monsieur votre père est absent.
— Eh bien! fais entrer ce monsieur.

Bientôt la porte s'ouvre de nouveau et Gustave paraît devant Adolphine.

La jeune fille pousse un cri, car elle a sur-le-champ reconnu Gustave et elle est obligée de s'appuyer sur un meuble, tant elle se sent émue; et murmurant :
— Quoi... monsieur Gustave... c'est vous!...

Et Madeleine s'éloigne, car elle a deviné dans les yeux de sa maîtresse, que cette visite-là ne lui était pas désagréable.

— Oui, mademoiselle Adolphine, répond Gustave, oui, ma bonne sœur... ah! permettez-moi de vous donner encore ce nom.. comme autrefois... car nous ne sommes pas fâchés nous deux... vous ne m'avez pas repoussé, vous, et j'ose espérer que vous m'avez conservé un peu de cette douce amitié que vous me montriez jadis...

Adolphine est si troublée qu'elle peut à peine balbutier : — Sans doute... oui... je n'ai pas de raison, moi, pour ne plus être la même avec vous... mais asseyez-vous, monsieur Gustave, mon Dieu... c'est singulier... il n'y a que cinq mois que nous ne nous sommes vus... mais je vous trouve changé... oh! ce n'est pas en mal... au contraire... vous avez un air plus sérieux... plus réfléchi qu'autrefois... ce sont donc les voyages qui vous ont donné cet air-là.

Adolphine disait vrai ; les cinq mois qu'il venait de passer hors de France avaient singulièrement changé Gustave à son avantage; il avait perdu cet air étourdi, écervelé qu'auparavant on blâmait en lui; maintenant c'était un homme, jeune sans doute, mais dont l'air sérieux, posé, raisonnable enfin, annonçait quelqu'un qui pense avant de parler, qui réfléchit avant d'agir. Sa physionomie avait beaucoup gagné à ce changement; son abord était plus froid peut-être, mais on comprenait que l'on pouvait avoir confiance dans ses paroles. Enfin, cette légère nuance de mélancolie qui se montrait encore sur son front, donnait peut-être un charme de plus à la douceur de ses yeux, à l'expression de sa voix.

Adolphine avait vu tout cela d'un regard : il n'en faut pas plus à une femme pour faire le portrait d'un homme. Elle indique en tremblant un siége à Gustave, et celui-ci s'empresse d'aller s'asseoir près d'elle avec cette aisance qui n'annonce pas d'arrière-pensées.

— Je ne sais si les voyages m'ont changé, dit le jeune homme, ils ont peut-être en effet mûri en moi un peu ma raison... ils m'ont rendu plus apte aux affaires. Je sens bien maintenant que j'ai fait autrefois des choses... qui n'avaient pas le sens commun... et maintenant je ne ferais plus de pareilles folies!...

— Ah! vous êtes guéri de votre amour pour Fanny! s'écrie Adolphine, avec une expression de joie qu'elle ne peut maîtriser.

— Non, ma bonne Adolphine, non... ce n'est pas cela que j'ai voulu dire, répond tristement Gustave ; cet amour, j'ai eu beau faire... je n'ai pu encore le bannir de mon cœur. Mais j'ai seulement voulu dire que maintenant cette malheureuse passion ne me ferait plus faire toutes ces folies... ces inconséquences que j'ai commises jadis... Je suis devenu un homme... si je souffre, je sais du moins cacher mes tourments, je sais respecter le bonheur des autres... l'envie de le troubler est bien loin de ma pensée. Je comprends enfin que je dois surtout fuir la présence de celle qui ne peut point... ne doit point compatir aux peines qu'elle me cause.

Adolphine détourne la tête pour cacher des larmes qui humectent ses yeux, tout en murmurant : — Mon Dieu! vous l'aimez donc toujours autant?...

— Je ne sais pas si c'est moins... je ne sais plus... je ne sais que combien je l'aime... et je donnerais tout au monde pour ne plus songer à elle... Mais je ne le puis, et, malgré moi, son image est toujours là... J'oublie qu'elle a été coquette avec moi... qu'elle a eu l'air de m'aimer, pour me dédaigner ensuite... Je me dis que toutes les femmes cherchent à plaire... et qu'elles ne peuvent aimer tous les hommes qu'elles ont charmés... Je me dis que M. Auguste Monléard lui offrait une fortune brillante, tous les plaisirs, toutes ces jouissances, enfin tout ce luxe dont une jeune femme compose le bonheur de sa vie. Je me dis tout cela; et je comprends très-bien qu'elle a dû refuser la main du petit employé pour accepter celle de l'homme riche et à la mode. Si je suis malheureux, je ne puis donc m'en prendre qu'à la fortune... et je vois Fanny si jolie... si séduisante... si digne de briller dans le monde... elle ne sera jamais à moi... et pourtant je l'aime... oui, je l'aime toujours... On dit que les hommes ne connaissent pas la constance. — Eh bien! vous voyez bien le contraire, Adolphine, vous voyez bien qu'il en est qui savent aimer fidèlement... ah! vous le voyez, ce sont ceux là qu'on n'aime pas...

Adolphine est quelque temps sans répondre, elle étouffe, elle ne peut retenir les larmes qui obscurcissent sa vue. Gustave les voit couler, il s'empare d'une main de la jeune fille, il la presse dans les siennes en s'écriant : — Vous pleurez... bonne sœur... mes chagrins vous font verser des larmes. Ah! pardonnez moi de venir vous attrister par le récit de mes peines.

— Oui... en effet... cela me fait du chagrin de vous savoir malheureux... mais enfin... il me semble que vous devriez tâcher... que vous ne cherchez pas assez à vous distraire... enfin quand on a aucun espoir... on devrait oublier...

— O cela ne fait rien du tout...

— Oui, c'est possible... et y a-t-il longtemps que vous êtes de retour à Paris?

— D'hier au soir seulement, et vous le voyez, j'accours près de vous ce matin.

— Ah! oui... pour me parler d'elle!...

— Ah! je l'avoue... mais aussi pour vous voir.. vous qui m'avez toujours témoigné tant d'amitié... et que je suis encore si heureux aujourd'hui d'appeler ma sœur.

— Ah! sans doute... parce que c'était le nom que vous me donniez quand vous deviez épouser Fanny... mais vous ne savez pas... je n'ai pas encore osé vous dire que mon père prétend que vous ne devez plus venir chez nous...

— Ne plus venir ici... et pourquoi donc?

— Mais c'est à cause de ce malheureux duel!...

— Un duel... comment... quel duel?

— Quoi, vous ne savez pas... votre oncle ne vous en a pas parlé?

— Je vous ai dit que je n'étais de retour que d'hier au soir, mon oncle ne m'a entretenu que d'affaires de banque, choses beaucoup plus importantes à ses yeux que tout le reste... Apprenez-moi donc de quel duel il s'agit?

— Vous souvenez-vous de ce monsieur avec qui vous dîniez le jour des noces de ma sœur?

— Oui, un original que j'avais rencontré... qui avait de la compassion pour l'état d'exaspération dans lequel j'étais alors...

— C'était votre ami?

— Je vous répète que je ne le connaissais que depuis quelques heures... mais ce jour-là, je n'avais pas la tête à moi, le vous le savez bien, vous, bonne Adolphine, qui ce jour-là même avez encore trouvé le temps de venir m'adresser quelques paroles consolantes... Enfin cet homme...

— Eh bien! dans la nuit, lorsque ma sœur quittait le bal avec son mari, il s'est trouvé sur leur passage lorsqu'ils allaient monter en voiture. Cet homme... il était gris, sans doute, mais enfin il a insulté ma sœur...

— Le misérable... il a osé!...

— Oui, il a dit : Voilà la perfide Fanny... Ma sœur, qui a fort bien entendu ces paroles, me les a elle-même rapportées. Est-ce bien une insulte? et vous-même, monsieur Gustave, voyons, soyez franc, toute cette journée-là, n'avez-vous pas plus d'une fois donné ce nom à ma sœur.

— Cela est possible... mais moi, j'étais en délire.. je ne savais ce que je disais... cela ne donnait pas à ce monsieur... dont je ne me rappelle même pas le nom, le droit de répéter mes paroles...

— Auguste entendit cela, et le lendemain il se battit en duel avec cet homme.

— Et le résultat de ce duel?

— Fut un fort grand coup d'épée que le mari de ma sœur reçut dans l'avant-bras, et qui, pendant six semaines au moins, l'obligea de porter une main en écharpe...

— Mon Dieu... cet événement a pu occasionner des scènes fâcheuses... chez les nouveaux mariés, il a pu troubler le bonheur domestique de... de votre sœur. Elle m'aura accusé d'être la première cause de ce duel... voilà qui est désespérant!...

— Rassurez-vous, monsieur Gustave, oh!... vous connaissez mal Fanny!... Cet événement l'a peut émue, son bonheur n'en a pas été troublé une minute... elle est chaque jour en fête... en plaisir... Oh! elle est heureuse.

— Tant mieux... et son mari... il l'adore toujours, je pense?...

— Quant à cela, je ne saurais vous répondre... s'ils s'adorent, il n'y paraît guère!...

— Comment... Fanny n'aimerait pas son mari!...

— Je ne dis pas qu'elle ne l'aime point! mais ma sœur n'est pas susceptible d'aimer comme nous... je veux dire comme vous... elle a tant à s'occuper de toilettes... de coiffures... de façons de robes!... comment voulez-vous qu'il lui reste du temps pour aimer son mari?

— Dans tout cela, je suis fort innocent de ce duel...

— Oh! c'est ce que j'ai toujours dit à mon père!... qui ne l'a su du reste que depuis peu... car comme vous devez le penser, on en a fait un mystère.. la blessure de M. Monléard était censée le résultat d'une chute dans un escalier.

— Et pourquoi votre père ne voudrait-il plus recevoir mes visites... ce n'était pas un crime d'aimer sa fille aînée et d'aspirer à sa main... il est vrai que j'étais bien pauvre alors! aujourd'hui je pourrais offrir davantage.. mon oncle, qui est fort satisfait de la manière dont je m'occupe maintenant des affaires, m'a dit ce matin en déjeunant : Dès aujourd'hui, je te donne un intérêt dans ma maison, et qu'il y ait ou non bénéfice, tu ne toucheras pas moins de dix mille francs par an.

— Ah! c'est bien joli cela... monsieur Gustave, j'en suis bien contente pour vous!...

— Bonne petite sœur!... si vous saviez combien j'ai reçu cette augmentation de fortune avec indifférence... ah! ce n'est pas là que je place le bonheur, moi.

— Oh! ni moi non plus!... mais puisque tant de gens pensent autrement... c'est sans doute nous qui avons tort.

— Je songe à votre père, qui ne veut plus que je vienne...

— D'abord, il était bien persuadé qu'on n'aurait pas besoin de vous rien dire à ce sujet, et que certainement vous n'aviez pas le désir de jamais revenir chez nous...

— Pourquoi donc cela?...

— Moi... je ne sais pas pourquoi, je ne pensais pas comme mon père... quelque chose me disait que vous reviendrez... afin d'avoir des nouvelles de Fanny... afin de pouvoir parler d'elle... j'avais bien deviné, n'est-ce pas?

— Oh! oui... vous lisez dans mon âme...

— Car je sais très-bien que ce n'est que pour cela que vous avez pensé à revenir ici...

— Vous croyez donc que je ne vous aime pas, vous et monsieur votre père?...

— Ah! je ne dis pas cela... mais mon père craint... si vous rencontriez ici ma sœur...

— Je saurais me conduire avec elle comme avec une personne qui me serait entièrement étrangère... Est-ce qu'elle vient souvent vous voir?

— Non, pas souvent... Elle a tant d'autres visites à rendre... elle connaît tant de monde à présent!...

En ce moment, le bruit de la sonnette retentit.

— Mon Dieu! dit Adolphine, si c'était mon père?

— Eh bien! j'irais lui tendre la main, et je suis sûr qu'il ne repousserait pas la mienne.

— Mais si c'était...

Adolphine n'a pas le temps d'achever sa phrase. La porte de sa chambre s'ouvrit vivement et sa sœur entre chez elle.

XXIX. — UNE FEMME A LA MODE.

Fanny est resplendissante de toilette, de bijoux, d'élégance, et, comme toutes les femmes pour qui la parure est une étude spéciale, on doit dire qu'elle a porté bien et que cela ajoute beaucoup aux attraits qu'elle a reçus de la nature.

En apercevant Gustave Darlemont, la jeune femme n'est nullement troublée; elle lui adresse un gracieux sourire, et sa vanité semble flattée que celui dont elle a refusé la main puisse la voir maintenant dans tout l'éclat de sa toilette et de sa fortune. Adolphine, au contraire, est devenue pâle et tremblante. Quant à Gustave, il ne peut cacher l'émotion qu'il éprouve en revoyant Fanny, et surtout en la trouvant si séduisante.

— Bonjour, petite sœur! dit Fanny en allant embrasser Adolphine. Mais je ne me trompe pas... c'est M. Gustave que voilà... Je suis charmée de vous revoir, monsieur.

Gustave peut à peine balbutier : — Madame... j'avoue que je ne m'attendais pas... à vous rencontrer ici...

— Il me semble pourtant qu'il est assez naturel que je vienne chez mon père... Il est vrai que cela ne m'arrive pas très-souvent... j'ai si peu de temps à moi. Quand on est répandue dans le monde, il faut faire tant de visites... recevoir, s'habiller... donner des ordres quand on reçoit... Et justement, dans six jours, nous donnons une grande fête pour inaugurer nos soirées d'hiver... c'est de cela que je viens te prévenir, Adolphine, afin que tu te prépares une toilette ravissante... entends-tu? Oh! mais je te donnerai des conseils, car tu n'es pas bien au courant des modes, toi! Mais je vous croyais en voyage, monsieur Gustave?

— Mademoiselle... O pardon! madame, j'arrive d'Espagne... j'y suis resté près de deux ans à peu près.

— Ah! c'est donc cela que je vous trouve bruni; mais cela ne vous va pas mal, au contraire. Et vous êtes-vous beaucoup amusé, par là?

— Amusé... pas précisément, madame; mais ce n'est point dans ce but que j'y allais.

— On dit qu'en Espagne les femmes sont fort jolies... qu'elles ont surtout des yeux dont l'éclat est éblouissant. Est-ce vrai, monsieur Gustave, avez-vous vu dans ce pays des yeux qui l'emportent sur ceux des Françaises?

— Je n'en ai pas vu, madame, qui puissent être comparés à...

Le jeune homme s'arrête et reprend : — Je n'en ai pas vu qui m'aient fait oublier ceux... des Parisiennes.

— A la bonne heure... c'est aimable, cela... Et vous voilà maintenant tout à fait fixé à Paris?

— Je ne sais, madame, cela dépendra de... mon oncle...

— Eh bien! monsieur, pendant que vous êtes ici, si cela peut vous être agréable de venir à nos soirées... M. Monléard, j'en suis certaine, sera charmé de vous recevoir... D'ailleurs, il me laisse faire mes invitations à ma fantaisie... de son côté il en fait autant... J'accueille parfaitement ses amis, il en fait autant des miens ; de cette façon, nous sommes toujours d'accord... Tenez, jeudi prochain, comme je le disais tout à l'heure à ma sœur, nous donnons une grande fête... Oh! rien ne manquera, concert, bal, jeu, souper; on passera toute la nuit!... nous nous amuserons beaucoup... Il faut en être... nous aurons tout Paris, c'est-à-dire tout ce qu'il renferme de mieux en artistes, en célébrités. Viendrez-vous?

Gustave est tout interdit de cette invitation, et surtout du ton leste, dégagé, avec lequel elle lui est faite ; il en éprouve plus de peine que de plaisir, et s'incline profondément devant la jeune femme en répondant : — Non, madame, je n'aurai pas l'avantage de me rendre à votre invitation.

— Ah! et pourquoi donc cela, monsieur?

— Mais... parce qu'à cette fête... chez votre mari... il me semble, madame, que je ne serais pas à ma place... et je suis certain d'avance que je n'y prendrais aucun plaisir. Veuillez recevoir, madame, mes remerciments et mes adieux.

Puis, s'approchant d'Adolphine, qui a écouté tout cela sans proférer un seul mot, Gustave va lui serrer la main en lui disant tout bas : — Adieu, ma seule amie... ah! votre père a raison, il vaut mieux que je ne revienne plus ici.

Gustave est parti. Adolphine a peine à cacher le chagrin qu'elle éprouve. Quant à Fanny, elle va se mirer dans une glace, tout en disant : — Qu'est-ce qu'il a donc, M. Gustave? Il a pris un air tragique en partant. Ce n'est pas joli de refuser mon invitation... moi qui croyais au contraire lui faire grand plaisir! Il y a tant de jeunes gens qui seraient enchantés de pouvoir venir à nos soirées!...

— M. Gustave ne devrait pas être pour toi un jeune homme... comme les autres!... et je ne conçois pas que tu aies eu l'idée de l'engager à aller te voir, répond Adolphine d'une voix altérée.

— Eh pourquoi donc cela? Tu t'étonnes de tout, toi!

— Mais, après ce qui s'est passé entre vous avant ton mariage...

— Quoi donc? M. Gustave était amoureux de moi. Ah! il y en a bien d'autres, aujourd'hui, qui sont amoureux de moi... qui me font la cour, même... cela ne m'empêche pas de venir danser à notre bal... au contraire, et ils m'ont engagée d'avance pour je ne sais combien de contredanses. Mais je ne prendrai que ceux qui me plairont... j'en aurais fait autant avec Gustave, ou plutôt j'aurais eu des préférences pour lui... je lui aurais accordé plus de contredanses...

— Mais tu ne vois donc pas que Gustave t'aime toujours... qu'il ne peut s'habituer à te voir l'épouse d'un autre, qu'il lui serait impossible de se trouver avec ton mari?

— Tu crois que ce jeune homme m'aime encore à ce point-là?

— Sans doute; il me le disait lui-même quand tu es arrivée...

— Ah! pauvre garçon !... j'en suis fâchée pour lui, mais je le croyais devenu raisonnable... Un homme constant !... mais c'est un phénix que ce monsieur.

— Un phénix dont tu n'as pas voulu!

— Je ne m'en repens pas. Mon mari n'est pas un phénix d'amour, j'en conviens. Dans les premiers mois, il m'adorait; et puis, cela s'est passé tout de suite. Mais je n'ai pas été assez sotte pour m'en chagriner. Il a continué à me procurer tous les plaisirs... toutes les jouissances que peut procurer la fortune. Que pourrais-je demander de plus? Je me trouve la femme la plus heureuse de Paris. Tandis qu'avec ce pauvre Gustave... ce phénix de constance !... j'aurais végété... j'aurais été au spectacle le dimanche.

— M. Gustave est déjà dans une position bien plus avantageuse. Son oncle est si content de lui, qu'il lui donne maintenant dix mille francs par an.

— Dix mille francs... ah! oui, à la bonne heure, c'est quelque chose... avec cela on peut vivoter... Mais comme c'est encore loin de la position d'Auguste!...

— Et puis, enfin, Fanny, en engageant M. Gustave à aller chez toi, tu oubliais donc ce duel qui a eu lieu? Ton mari sait que c'est lui qui était si désespéré de ton mariage... et c'est cela qui l'a fait cause.

— Ah! laisse-moi donc tranquille, Adolphine!... mon mari ne se souvient plus de tout cela... il a bien autre chose dans la tête!... Quand on s'occupe de gagner des millions, est-ce qu'on croit qu'on fait attention à toutes ces bagatelles?... ah mon Dieu! j'oublie, en bavardant avec toi, que je dois passer chez mon agent de change.

— Tu as un agent de change, toi, Fanny?

— Certainement... Je fais aussi des affaires à la Bourse,.. oh! pour m'amuser un peu. Mais je n'en parle pas mon mari, parce qu'il se moquerait de moi. Adieu, petite sœur, fais tes préparatifs pour notre superbe fête de jeudi. Oh! nous nous amuserons beaucoup... j'aurai une toilette éblouissante!

La jeune femme s'éloigne. Alors Adolphine se laisse aller sur un siége en se disant : — Maintenant, je puis pleurer tout à mon aise, car il a dit qu'il ne reviendrait plus ici!

Celui-là trébuche en poussant un cri. (Page 36.)

XXX. — ON SE RETROUVE.

En sortant de chez M. Gerbault, Gustave ne rentre pas sur-le-champ dans les bureaux de son oncle; il éprouve le besoin de se promener, de prendre l'air, et, quoique l'on soit en hiver, il ne craint pas le froid : il lui semble, au contraire, que la bise, un peu vive, rafraîchira son sang et calmera sa tête, que la vue de Fanny vient de bouleverser de nouveau.

En la revoyant encore plus séduisante qu'autrefois, Gustave a senti plus que jamais combien il aimait encore celle qui a refusé d'être sa femme. Mais déjà, dans le fond de son cœur, il avait trouvé mille raisons pour excuser sa conduite; à ses yeux, elle était plus légère que coupable.

Maintenant qu'il a revu Fanny, qu'elle lui a parlé avec un air aussi gracieux qu'avant d'être mariée, et qu'elle l'a engagé à aller chez elle, Gustave ne sait plus que croire, que penser, que conjecturer de tout cela. Il se demande pourquoi elle veut le voir? Si c'est parce qu'elle ressent encore pour lui quelque amitié, si elle éprouve du plaisir de sa présence, si elle le compatit en secret à ses peines, ou bien si c'est seulement pour faire devant lui étalage de sa brillante fortune, de ses riches toilettes et des hommages qu'on lui rend.

Et Gustave marchait depuis longtemps au hasard sur les boulevards, que le froid rendait peu fréquentés. Il se disait : — Oh! non, je n'irai pas chez elle!... Être témoin du bonheur de son mari... est-ce que j'en aurais le courage?... Ce mari ne m'a pas invité, d'ailleurs... il me semble qu'il devrait me recevoir fort mal... à sa place, c'est ce que je ferais, moi. Mais Fanny n'a pas pensé à ce qu'elle disait... elle m'a invité... étourdiment... ou par simple politesse... Ah! elle est toujours bien jolie... elle est cent fois plus séduisante encore... J'ai eu bien tort d'aller chez M. Gerbault...

Tout à coup, le triste amoureux est tiré de ses réflexions par quelqu'un qui se jette brusquement dans ses bras, qui l'étreint, qui l'embrasse en s'écriant : — Ah! le voilà... c'est lui... je le revois enfin ce bon!... ce cher Gustave... Victoire! *Castor* a retrouvé *Pollux*... J'ai mon lièvre!...

> Et puisque je retrouve un ami si fidèle,
> Ma fortune va prendre une face nouvelle!

Gustave tâche de se dégager pour envisager ce monsieur qui lui prodigue tant de marques d'affection, et il reconnaît enfin son ami improvisé le jour des noces de Fanny, celui avec lequel il a dîné chez Deffieux.

Cherami était toujours le même. Mais, par le temps froid qu'il faisait, son costume avait un aspect plus pauvre qu'en été, car son paletot, encore plus râpé, se collait sur ses épaules de façon à laisser voir qu'il n'y avait rien dessous; son pantalon à carreaux, encore plus fripé, devait peu garantir ses jambes de la bise qui soufflait, et le chapeau Courbichon, à force d'être repoussé sur le côté de la tête, commençait à ressembler à celui qu'il avait remplacé. Tout cela n'empêchait pas le ci-devant bel Arthur de se tenir aussi cambré et de toiser tout le monde du haut en bas.

— Eh! mais c'est monsieur...

— Arthur Cherami... Oui, mon bon, c'est moi!... votre fidèle... votre Pylade... qui vous cherchais par monts et par vaux... qui suis allé vous demander chez votre oncle... le banquier Grandcourt, lequel, je dois le dire, ne m'a pas reçu avec tous les égards que je mérite... Mais les oncles sont généralement peu aimables. Celui-ci a dit que vous étiez en Espagne.

— Il ne mentait pas; je ne suis revenu que d'hier au soir...

— Moi, depuis ce temps, je parcourais tous les jours les quatre coins de Paris, en me disant : Si Gustave est de retour, il faudra bien que je le rencontre... Et le voilà... ce cher ami!... dont l'absence me semblait si longue... Eh bien!... est-ce qu'on ne serre pas la main à son intime... à celui dans le sein duquel on a épanché ses peines?...

Mais Gustave hésite pour donner sa main à Cherami, et lui répond d'un ton sérieux : — Monsieur... avant de vous serrer la main... je dois avoir avec vous une explication.. Vous avez eu un duel avec M. Auguste Monléard... ce duel, c'est vous qui l'avez rendu inévitable en adressant à la nouvelle mariée des paroles blessantes. A quel propos avez-vous agi ainsi... pourquoi avez-vous fait cela... dans quel but?... Voyons, répondez...

— Ah! par la sambleu! voilà un interrogatoire auquel j'étais loin de m'attendre!... Je me bats pour un ami, je blesse son heureux rival... Je ne l'ai pas tué, c'est vrai... mais enfin je pouvais le tuer. Votre belle aurait été veuve tout de suite, et vous l'auriez épousée!

— Ah! je rends grâce au ciel de ce que M. Monléard en a été quitte pour une blessure au bras... si vous l'aviez tué, c'est moi que l'on aurait accusé de ce meurtre...

— Comment, vous, on sait bien que ce n'est pas vous qui vous êtes battu... Je vois un jeune homme malheureux, désolé, parce que la femme qu'il aime en épouse un autre... ce jeune homme m'in-

Mais je ne me trompe pas... c'est M. Gustave que voilà. (Page 39.)

téresse... je dine avec lui, il verse ses chagrins dans mon sein... A chaque instant il se plaint de la perfide qui l'a trahi... et le même jour, lorsque je rencontre cette perfide au bras de son vainqueur, vous ne voulez pas que je cherche à venger le malheur de mon ami... Cré coquin, comment diable entendez-vous l'amitié alors !... Si c'est comme cela que vous prenez la chose, adieu, bonjour, n'en parlons plus !... cherchez des amis !... mais vous n'en trouverez pas à la douzaine comme moi !

Gustave retient Cherami qui va s'éloigner, et lui tend la main en lui disant : — Allons, calmez-vous, mauvaise tête... je sens qu'on ne peut pas vous en vouloir... donnez-moi la main !

— C'est bien heureux, il comprend enfin que je lui suis tout dévoué... et que c'est son bonheur que je veux.

— Mon cher monsieur...

— Ne m'appelez plus monsieur, ou c'est moi qui me fâche !

— Eh bien, mon cher Arthur, ce duel m'avait beaucoup contrarié, parce que je craignais qu'il n'eût tout à fait indisposé Fanny contre moi ; mais, grâce au ciel, il n'en est rien...

— Est-ce que jamais les femmes sont fâchées qu'on se soit battu pour elles, vous ne les connaissez guère ; bien au contraire, cela flatte leur amour-propre... ça leur donne un petit relief !...

— Je viens de voir Fanny, je l'ai rencontrée chez sa sœur... je ne m'attendais pas à cette rencontre... Ah ! si vous saviez... j'en suis encore tout bouleversé !

— Est-ce que vous aimez toujours cette jeune femme ?

— Si je l'aime... hélas oui... je l'aime toujours, et je sens que cette passion fera le malheur de ma vie...

— La petite dame vous a donc mal accueilli ?

— Mais au contraire, elle m'a fait le plus gracieux sourire, elle m'a parlé comme elle me parlait avant son mariage... Enfin, croiriez-vous qu'elle m'a invité pour une grande fête qu'elle donne jeudi prochain.

— Comment, et vous avez encore l'air triste... affligé... mais il me semble, mon ami, que vous n'avez plus qu'à vous réjouir !

— Pourquoi donc ?

— Du moment que cette dame, qui sait que vous l'adoriez, et qui a bien dû voir que vous l'aimiez toujours, du moment, dis-je, qu'elle vous engage à aller lui rendre visite, c'est qu'elle veut vous récompenser de votre constance... couronner votre flamme... Pardieu, ce n'est pas difficile à comprendre... Allez-y, mon cher ami, et je gage qu'avant six semaines le mari est logé à l'enseigne du Grand-Cerf, ou du Grand-Croissant, ad libitum.

— Ah ! qu'osez vous penser !... supposer Fanny capable de trahir son époux, d'oublier ses devoirs ! non, non, elle peut être légère, coquette même, mais elle ne sera jamais coupable... Et moi-même, ah ! ce n'est pas ainsi que je comprends l'amour... une femme qui se partage !... qui feint pour l'un le sentiment qu'elle ressent pour un autre... Ah ! je n'aimerais plus une telle femme !

Cherami secoue la tête en murmurant : — Mon cher Gustave, vous êtes jeune !... vous êtes bien jeune ! Vous ne connaissez pas le monde comme moi. Enfin, vous adorez toujours votre Fanny, et vous ne voulez pas que pour vous elle trompe son mari...

— D'abord elle ne le ferait pas !

— Je suis très-disposé à croire le contraire ; mais admettons que vous ayez raison .. Pour vous rendre heureux, je ne vois plus qu'un moyen, c'est d'enlever la jeune femme... Voulez-vous que je l'enlève ; je m'en charge ?

— Non, mon cher Arthur, telle n'a jamais été ma pensée !... Fanny est dans une position fortunée, elle est heureuse, je me garderai bien de troubler son bonheur... je n'en ai ni le droit ni le désir. Mais comme je sens que sa vue redouble mes chagrins, en ranimant cette passion que je cherche à éteindre ; comme je ne veux plus m'exposer... de quelque temps du moins, à la rencontrer, soit au spectacle, soit dans le monde, eh bien, je repartirai... je voyagerai de nouveau... mon oncle a toujours des affaires en pays étranger, il ne sera pas fâché de m'en charger encore...

— Voilà une fichue idée que vous avez là... pour peu que votre amour soit tenace, cette petite femme-là vous fera donc faire le tour du monde ?..

— Espérons que le temps me guérira...

— Il y a quelque chose de plus prompt que le temps pour guérir l'amour, c'est un autre amour. Il fallait faire dix maîtresses en Espagne.

— Impossible ! je ne pensais qu'à elle.

— Vous pouvez vous vanter d'être un paladin du bon vieux temps... Vous auriez damé le pion à Roland, à Amadis !... Ah ! vous allez encore quitter Paris. Voulez-vous que je vous accompagne, que je voyage avec vous ?

— Merci... ma société n'a rien de bien agréable ; mon seul plaisir est de rêver seul... de penser au bonheur... que j'ai quelque temps espéré... et que je ne dois jamais connaître.

— Nous aurions ensemble cherché des aventures, nous en aurions trouvé, je vous en réponds ! cela vous aurait distrait.

— Je ne veux pas me distraire, puisque mon seul plaisir est de penser à elle.

— Sapristi... voilà une passion diablement tenace... enfin, puisque vous vous y entêtez...

Et Cherami s'arrête et semble réfléchir pour changer la conversation.

XXXI. — UNE BADINE NEUVE.

— Alors je vais être encore longtemps sans vous revoir... cela me chiffonne!... d'autant plus que... il y a des moments où un ami vous est bien nécessaire!...

Cherami s'arrête, secoue la tête et se frotte le menton en ajoutant entre ses dents : — Je n'ai pas mon lièvre dans ce moment-ci!... il s'en faut bigrement!

Gustave regarde le bel Arthur dont la mine piteuse ressortait encore davantage sous la mesquinerie de son costume et il s'écrie :

— Auriez-vous quelque service à me demander, mon cher ami, parlez, je vous en prie, je serais heureux de pouvoir vous être utile.

— Ma foi, mon bon, je ne vous cacherai pas alors que je me trouve en ce moment dans une débine complète... je comptais sur des rentrées... je ne touche mes rentes que dans six semaines et...

— Vous avez besoin d'argent! que ne le disiez-vous donc! Je suis tout à votre service... combien vous faut-il?

— Mais... en ce moment... il fait très-froid, mon gredin de tailleur me manque de parole... alors... il me faudrait bien... une centaine de francs pour me requinquer un peu...

— Cent francs!... mais vous ne pourriez rien faire avec cela... tenez, mon brave, en voilà cinq cents... prenez, cela ne me gêne pas.

En disant cela, Gustave sort de son portefeuille un billet de banque et le présente à Cherami, qui ne peut s'empêcher de faire un bond de joie en recevant les cinq cents francs, et saisit une main du jeune homme qu'il serre de toute sa force en s'écriant : — Ah! que vous êtes bien l'ami que j'avais rêvé... mon cher Gustave, je n'oublierai jamais ce que vous faites en ce moment... désormais entre nous c'est à la vie, à la mort... je ne puis pas vous fixer juste l'époque à laquelle je pourrai vous rendre cette somme.

— Eh! qui vous parle de cela... j'ai plus d'argent qu'il ne m'en faut et, je vous le répète, je suis heureux de pouvoir vous être agréable!...

— Brave et digne ami... vous êtes taillé dans l'antique... vous avez du *Socrate* et du *Marc-Aurèle*; vous ne voulez pas que j'enlève Fanny?

— Non... je ne le veux pas!

— Enfin, si vous changiez d'avis, vous n'auriez qu'un mot à m'écrire, toujours à la même adresse : Cherami, rue de l'Orillon, hôtel du Bel-Air, à Belleville... Au reste, j'irai souvent chez le concierge de votre oncle m'informer si vous êtes de retour. Sapristi, cela me fait de la peine que vous partiez...

— Je reviendrai... et peut-être plus raisonnable.

— C'est alors que nous nous amuserons, que nous rirons, que nous bamboucherons!... Sans adieu, donc, mon cher Gustave... si vous avez quelque commission à me donner, écrivez-moi... seulement affranchissez vos lettres, parce que mon hôtesse a pour habitude de refuser toutes celles qui payent.

— Comment, même quand elles sont pour ses locataires?

— Surtout quand elles sont pour ses locataires.

Gustave s'est éloigné après avoir donné encore une poignée de main à Cherami, et celui-ci le regarde aller d'un air attendri en se disant : — Excellent cœur... il me raccommode avec l'humanité; décidément il y a encore des amis, ils sont rares... mais enfin il y en a, il ne s'agit que de les trouver. Maintenant songeons à nous donner des frusques confortables, ce ne sera pas du luxe... Quand on se frotte contre moi, j'ai toujours peur que l'on n'emporte un morceau de mon paletot.

Cherami a bientôt trouvé un de ces grands magasins de confection, dans lesquels vous pouvez vous changer des pieds à la tête. Il achète un pantalon très-large, un gilet très-étoffé, un raglan très-ample, et il met tout cela par-dessus les vêtements qu'il avait déjà, en disant : — Je suis comme *Bias*, un des sept sages de la Grèce, je porte tout avec moi.

Moyennant quatre-vingt-dix francs, Cherami a fait toutes ces emplettes, il sort du magasin beaucoup plus gros qu'il n'y était entré, et son double pantalon l'oblige à marcher avec une certaine gravité, mais il est si content qu'il se trouve si beau qu'il sourit à tout le monde, même aux cochers qui passent devant lui. Cependant quelque chose lui manque encore : depuis qu'il a restitué sa canne à M. Courbicbon, il ne l'a pas remplacée faute de fonds; mais c'était pour lui une grande privation. Maintenant il peut satisfaire son envie; un homme qui a encore quatre cent dix francs dans sa poche, après s'être habillé à neuf, peut bien se passer la fantaisie d'une canne.

Cherami aperçoit une boutique qui a des cannes de toutes sortes; il en examine une vingtaine, parmi lesquelles il y en a de fort chères. Après avoir balancé entre un superbe jonc de soixante-quinze francs et une badine de cent sous, il se décide enfin pour cette dernière, en disant : — Après tout, je n'ai pas besoin d'une canne pour m'appuyer dessus... grâce au ciel. je n'ai pas la goutte!... je prends la badine... cela sert de cravache quand on monte à cheval, et puis j'aime ce qui plie... on s'amuse avec!

Et armé de sa badine, qu'il se met à faire siffler d'une façon fort peu agréable pour les personnes qui passent à côté de lui, Cherami se dirige vers le Palais-Royal en se disant : — Nous allons dîner chez les frères Provençaux... j'aime cette ancienne maison, on y est toujours bien... c'est peut-être un peu cher, mais on ne saurait trop payer ce qui est bon...

— Monsieur, prenez donc garde!... vous m'avez attrapé avec votre canne!...

— Qu'est-ce qu'il y a, monsieur? de quoi vous plaignez-vous?

— Je vous dis que vous m'avez attrapé avec votre canne.

— D'abord, monsieur, ce n'est pas une canne, c'est une badine... ensuite vous n'avez qu'à ne point marcher si près de moi!...

— Monsieur, je suis le trottoir comme vous... j'en ai le droit, je pense...

— Qu'est-ce que c'est... des mots!... des impertinences!... si vous n'êtes pas content, monsieur, dites-le tout de suite... je suis votre homme, je ne me sauve pas, moi!...

Le monsieur qui n'est pas sorti dans l'intention d'avoir un duel, double le pas, et disparaît sans répondre.

Cherami recommence à gesticuler avec sa badine, en se disant : — Ils sont étonnants... ma parole d'honneur!... vous verrez que je n'oserai pas jouer avec ce léger *stick*... le plus souvent que je me gênerai... le plus...

Mais cette fois Cherami s'arrête cependant, frappé par le bruit d'une vitre brisée : c'est une fort belle glace faisant partie de la devanture d'un magasin de parfumerie qui vient de faire voler en éclats avec sa badine. Déjà la marchande est sur la porte de sa boutique, où elle dit d'un air courroucé à Cherami : — C'est vous! monsieur, c'est vous qui avez cassé cette glace.

Le bel Arthur, sans paraître nullement ému, sourit à la parfumeuse en lui répondant : — Eh bien! belle dame, si j'ai cassé votre glace, je la paierai... il ne faut pas vous mettre en colère pour cela... Combien cela coûte-t-il, ces verres-là?

— C'est vingt francs, monsieur.

— Vingt francs... les voilà, c'est une misère!

Et Cherami s'éloigne en se disant : — Je ne suis pas fâché d'avoir étrenné ma badine.

XXXII. — LES ADIEUX.

En apprenant que son neveu désire de nouveau quitter Paris, M. Grandcourt lui témoigne les regrets qu'il éprouve de se séparer encore de lui, mais lorsqu'il comprend que Gustave aime toujours madame Monléard, il ne met plus d'obstacle à son voyage, et il est décidé que cette fois le jeune homme se rendra en Allemagne.

Puis le banquier dit à son neveu : — En ton absence, il est venu ici un particulier te demander... je dis particulier, car je ne sais trop comment qualifier ce personnage dont la tournure est fort équivoque... il se nomme, je crois, Arthur Cherami se dit ton ami intime parce que tu lui as payé à dîner le jour que mademoiselle Fanny se mariait...

— Ah! je sais de qui vous voulez parler, mon oncle, je l'ai vu... je l'ai rencontré il y a deux jours.

— J'espère, mon cher Gustave, que tu ne feras pas ta société de ce monsieur... tu ne sais peut-être pas ce qu'il a fait... il s'est battu avec monsieur Monléard, après avoir adressé un propos inconvenant à sa femme.

— Je le sais, mon oncle... mais d'abord ce jour... ou plutôt cette nuit-là ce pauvre diable était un peu gris... il s'était monté la tête... il croyait me venger... enfin, tout cela prouve déjà qu'il est brave.

— Mon cher ami, les gens qui arrêtent des voitures publiques sur les grandes routes sont généralement braves aussi, ce qui ne les empêche pas d'être des brigands...

— Ah! mon oncle... est-ce que vous pensez que ce pauvre Arthur....

— Je ne te dis pas que c'est un voleur, mais je ne te conseille pas d'en faire ta société.

— C'est un homme qui n'est pas sot, qui a reçu de l'éducation, qui connaît le monde...

— Il n'en est que plus coupable de s'être laissé tomber aussi bas... Car il me fait l'effet d'être toujours à la recherche d'un dîner. Au reste, puisque tu pars encore pour quelque temps, j'espère que cela rompra entièrement tes relations avec ce monsieur.

Gustave a pressé les préparatifs de son nouveau voyage; cependant, forcé d'attendre des lettres que son oncle veut lui remettre pour ses correspondants, ce n'est que le jeudi soir qu'il peut prendre le chemin de fer. Avant de s'éloigner, il voudrait revoir Adolphine, elle lui a témoigné tant d'amitié, qu'il lui semble que ce serait mal agir de quitter de nouveau Paris sans lui dire adieu. Mais la crainte de rencontrer encore Fanny chez sa sœur le retient, lorsque tout à coup, il se rappelle que c'est ce même jour que madame Monléard donne cette grande fête à laquelle elle l'avait invité, et il se dit : — A coup sûr, Fanny a trop d'occupation chez elle aujourd'hui pour avoir le temps d'aller rendre visite à sa sœur. Je puis donc me rendre près d'Adolphine sans craindre d'y rencontrer celle dont la présence me cause maintenant plus de peine que de plaisir.

Adolphine était chez elle, occupée des apprêts de sa toilette, car bien qu'elle ne se promît aucun plaisir à la grande fête que donnait sa sœur; elle ne pouvait pas faire autrement que d'y aller. La jeune fille regardait avec indifférence une charmante robe de bal dont son père lui avait fait présent et qui aurait fait la joie de toute jeune personne de son âge. Mais Adolphine se disait : — Que m'importe que l'on me trouve bien... Il n'y aura dans ce bal personne à qui je veuille plaire... Ah! s'il y était venu lui!... Mais il a eu raison de refuser... il ne devait pas, il ne pouvait pas y venir.

Madeleine entr'ouvre doucement la porte en disant à sa maîtresse : — Mamzelle... voilà ce jeune homme qui est venu l'autre jour... Qui est si gentil, et qui a l'air si triste...

— M. Gustave?

— Oui, c'est ce M. Gustave que votre sœur a effarouché l'autre fois, si bien qu'il s'est sauvé tout de suite.

— Mon Dieu... Est-ce que mon père est là?

— Oui, mamzelle, mais il est dans sa chambre avec M. Batonnin, qui vient d'arriver il n'y a qu'un moment. Ils doivent en avoir pour longtemps à causer, et vous savez que monsieur votre père ne vient presque jamais dans votre chambre... Et aujourd'hui qu'il sait que vous êtes dans les apprêts de toilette...

— Fais entrer Gustave bien vite.

Les garnitures, les fleurs, les rubans, tout est jeté de côté, Adolphine est si heureuse de penser qu'elle va revoir Gustave. Celui-ci est bientôt près d'elle, il court lui serrer affectueusement la main en lui disant : — Me pardonnerez-vous de vous déranger encore, ma bonne Adolphine?

— Si je vous pardonne!... ah! je suis bien contente de vous voir... car l'autre jour, en partant, vous aviez dit que vous ne reviendriez plus, et cela m'avait fait bien de la peine...

— C'est que je m'attendais si peu à rencontrer votre sœur... je n'étais pas préparé à me trouver ainsi avec elle... et je ne vous cacherai pas que cela m'a causé une émotion... qui a renouvelé toutes mes douleurs...

— Oh! je m'en suis aperçue... mais c'est un grand hasard que vous l'ayez rencontrée ici... elle y vient fort peu...

— N'importe, je ne me serais pas exposé à une seconde rencontre avec elle, si je ne m'étais pas souvenu que c'est aujourd'hui qu'elle donne une grande fête, et je me suis dit qu'elle n'aurait pas le loisir de venir vous voir ce matin.

— Mais... il me semble que Fanny vous a accueilli avec plaisir...

— Oh! c'est égal, ma bonne petite sœur... ses regards... sa voix, son sourire... tout cela m'a fait un mal!... Ah! vous ne pouvez pas vous figurer, vous, combien on souffre près de quelqu'un qu'on aime et qui ne nous aime pas...

— Si... si... je comprends...

— Et surtout lorsqu'on a cru quelque temps posséder l'amour de cette personne, lorsqu'on s'est flatté de passer sa vie auprès d'elle... Revoir ensuite cette femme, quand elle appartient à un autre... c'est un supplice affreux... Fanny m'a souri, elle m'a engagé à aller la voir... Ah! j'aurais préféré mille fois un accueil froid, sévère, j'aurais voulu qu'elle évitât ma présence comme je voulais éviter la sienne, car alors je me serais dit : « Je ne lui suis donc pas totalement indifférent!... » Au surplus, tout cela n'arrivera plus, car je pars, et je viens vous faire mes adieux.

— Vous partez encore... mon Dieu, mais à peine si vous êtes revenu...

— Ah! j'aurais mieux fait de ne point revenir encore... le séjour de Paris me pèse, il me rappelle trop le passé.

— Et où donc allez-vous à présent?...

— En Allemagne, en Autriche... le plus loin possible!...

— Et pour longtemps?

— Oh oui, car je ne veux revenir que guéri de mon malheureux amour.

Adolphine porte son mouchoir sur ses yeux en balbutiant...

— Ce n'est pourtant pas notre faute... à nous... si ma sœur ne vous aime pas... et il faut... à cause de cela que nous perdions... un ami...

— Chère Adolphine... les amis aussi tristes que moi ne sont guère à regretter.

— Vous croyez cela... et si je les aime ainsi, moi.

— Lorsque je reviendrai, probablement je vous trouverai mariée à votre tour...

— Oh non!... je ne serai pas mariée... je vous le... j'en suis sûre...

— Qu'en savez-vous? Il doit se présenter bien des aspirants à votre main.

— J'en ai refusé deux il n'y a pas longtemps... ils étaient riches cependant... mais moi, je ne suis pas comme ma sœur... je veux aimer mon mari...

— Vous croyez donc que Fanny n'aime pas le sien...

— Mon Dieu... je n'en sais rien... je ne sais plus ce que je dis... j'ai tant de chagrin...

En ce moment, on ouvre la porte de la chambre. C'est M. Gerbault qui amène M. Batonnin chez sa fille, et celui-ci est entré le premier en disant : — Veuillez m'excuser, mademoiselle, c'est dans le but de vous inviter pour la première contredanse que...

Le monsieur mielleux s'arrête tout court, il vient d'apercevoir un jeune homme à côté d'Adolphine, il roule ses yeux du côté du papa en reprenant : — Ah! mademoiselle a du monde, nous la dérangeons...

M. Gerbault demeure aussi fort surpris en trouvant un monsieur chez sa fille, et en voyant que celle-ci a les yeux pleins de larmes. Cependant il a bientôt reconnu Gustave, qui lui fait un profond salut en lui disant : — Pardonnez-moi, monsieur, je ne me suis permis d'entrer chez mademoiselle votre fille... mais je venais lui faire mes adieux et je comptais aussi avoir l'honneur de vous saluer avant de m'éloigner.

— Ah! c'est vous, monsieur Gustave, je vous croyais en Espagne!

— J'en suis revenu il y a sept jours, monsieur, et ce soir je pars pour l'Allemagne.

— Mais qu'as-tu donc, Adolphine, on croirait que tu as pleuré... je ne pense pas cependant que tu aies aucun motif de chagrin...

M. Batonnin croit devoir intervenir en murmurant : — Quand on reçoit les adieux d'un ami, cela fait toujours de l'effet... La vie est si peu de chose... quand on se quitte, on n'est jamais certain de se revoir...

— Ah! monsieur, que dites-vous là! s'écrie Adolphine en jetant un doux regard à Gustave.

M. Batonnin s'empresse de répondre : — Mademoiselle, je n'ai pas eu le dessein de vous affliger, croyez-le bien, puisque je venais au contraire vous demander de danser avec vous la première contredanse... que vous n'avez pas oublié, je pense, que c'est ce soir que madame votre sœur donne un bal.

— Non, monsieur.

— Et moi, dit Gustave, je comprends que je suis venu bien mal à propos déranger mademoiselle dans ses apprêts de fête... pour l'occuper d'un pauvre voyageur qui voulait, avant de partir, emporter encore quelques paroles amies... Excusez donc mon importunité, mademoiselle. Je ne suis que trop heureux, moi! car ma tristesse vient toujours troubler le bonheur des autres. Mais je suis sûr que vous me pardonnerez en faveur de notre ancienne amitié... Monsieur Gerbault, voulez-vous me permettre de vous serrer la main?

L'air tout à la fois triste et digne dont Gustave vient de prononcer ces mots a dissipé la gravité qui régnait sur la physionomie de M. Gerbault; il tend sa main au jeune homme et la lui serre avec cordialité en lui disant : — Allons, mon ami, éloignez les pensées chagrines qui vous assiègent. A votre âge, l'avenir est vaste. Ne vous laissez point abattre par des regrets inutiles; vous pouvez encore être heureux, et vous le serez un jour, j'en suis certain. Bon voyage! Etudiez les mœurs, les usages des pays que vous allez parcourir, et je suis persuadé que vous reviendrez dans une situation d'esprit infiniment plus gaie.

— Merci de vos souhaits, monsieur, et veuillez recevoir mes adieux.

Gustave presse la main d'Adolphine, salue le monsieur qu'il ne connaît pas, et s'éloigne. Pendant que la jeune fille le reconduit jusqu'à la porte, M. Batonnin dit à M. Gerbault : — Ce jeune homme, je le vois, est amoureux de mademoiselle Adolphine, et vous lui avez refusé sa main... Ce n'était sans doute pas un parti sortable... mais c'est toujours aimable à vous de lui donner de l'espérance dans l'avenir...

— Mon cher monsieur Batonnin, vous n'y êtes pas du tout. Ce n'est point d'Adolphine, c'est de sa sœur Fanny que Gustave était amoureux, et il se flattait de l'épouser, lorsque Auguste Monléard s'est présenté... Et, ma foi, celui-ci a eu plus de chance... il offrait à la fille une position que toute jeune femme aurait enviée; elle l'accepta pour époux. Ce jeune homme en ressentit un violent chagrin.

— Je comprends... Alors c'est lui qui s'est battu en duel avec votre gendre, et qui lui a fait cette blessure qui le força à porter si longtemps son bras en écharpe...

— Vous êtes encore dans l'erreur. Ce n'est point Gustave qui s'est battu avec M. Monléard, car Gustave était déjà loin de Paris quand ce duel a eu lieu...

— Alors, avec qui donc s'est battu votre gendre?...

— Ah! ma foi! vous m'en demandez trop!

La présence d'Adolphine met fin aux questions de M. Batonnin, qui prend sa voix la plus flûtée pour lui dire : — Mademoiselle, je vous demande bien pardon si je répète toujours la même phrase, comme les perroquets, mais je voudrais savoir si je pourrais obtenir de vous la faveur de la première contredanse. Je m'y prends d'avance, parce que je suis bien certain que ce soir vous allez être obsédée, accablée d'invitations, et il sera peut-être fort difficile de parvenir jusqu'à vous.

Adolphine semble faire un effort sur elle-même et répond enfin :
— Monsieur... mais je ne sais pas encore si je danserai ce soir chez ma sœur, car je me sens un très-grand mal de tête, et si el ne cesse pas, je ferai une bien triste figure à la danse...

— Ne l'écoutez pas! dit M. Gerbault Ces jeunes filles ont comme cela des migraines qui leur prennent au moment où l'on y pense le moins, mais soyez tranquille, il n'y a point de maux de tête qui ne cèdent au signal que donne l'orchestre d'un bal. Ainsi donc, puisque votre invitation est faite, vous êtes certain d'être son premier cavalier, et maintenant laissons mademoiselle à ses préparatifs de toilette, venez, mon cher monsieur Batonnin.

Le monsieur doucereux fait un magnifique sourire à Adolphine, accompagné d'un respectueux salut, en lui disant — Mademoiselle, je m'en réfère donc à ce que vient de dire monsieur votre père, trop heureux si vous couronnez mes désirs! et si mon invitation un peu prématurée peut-être et quelque peu intempestive...

— Venez donc, monsieur Batonnin, venez donc!..

Entraîné par M. Gerbault, l'homme aux compliments est obligé de finir sa phrase dans l'antichambre, et Adolphine, demeurée seule, maudit M. Batonnin qui, avec son invitation, est venu troubler l'entretien qu'elle avait avec Gustave; elle chiffonne et froisse avec dépit ses parures, en murmurant : — Un bal!... il faudra que je danse ce soir quand mon cœur est plein, quand je voudrais pouvoir pleurer à mon aise... Ah! si ce sont là ces plaisirs qu'offre le monde, ceux qui peuvent ne point les goûter sont bien plus heureux.

XXXIII. — UNE GRANDE FÊTE.

A dix heures, les superbes salons de M. Monléard resplendissaient de lumière, de fleurs, de draperies nouvelles relevées avec un art qui faisait honneur au goût de l'ordonnateur de la fête. A onze heures, les invités arrivaient en foule; les femmes avaient des toilettes magnifiques; elles éblouissaient par l'éclat de leurs diamants; quelques-unes, mais ce n'était pas le plus grand nombre, se montraient plus simples et se contentaient de séduire par les charmes de leur personne. Les hommes admiraient les belles toilettes, mais s'arrêtaient de préférence près de celles qui en avaient moins besoin pour plaire. Un orchestre choisi jouait des quadrilles, des polkas, des mazurkes, et les sons de cette musique semblaient animer tous les visages, toutes les figures respiraient le plaisir : celui que l'on prend déjà et celui qu'on se promet... ce dernier est toujours le plus agréable.

A minuit, il y avait tant de monde à cette fête, qu'il devenait fort difficile de passer d'une pièce dans une autre. Il fallait pour cela un travail et une persévérance auxquels plusieurs dames ne voulaient pas se soumettre, et que d'ailleurs la dimension énorme de leurs jupes leur rendait presque impossible.

C'était le beau moment du bal. La reine de la fête en faisait les honneurs avec beaucoup de grâce, et chacun s'accordait à la trouver charmante Fanny avait en effet une toilette qui lui seyait à ravir : sans être trop chargée d'ornements, sa robe en moire blanche était parsemée de bouquets de fleurs naturelles, et dans ses cheveux, on voyait seulement un épis en diamant : mais le bonheur que sa vanité éprouvait à donner une telle fête, donnait à ses yeux un éclat nouveau, à son sourire plus de finesse, à sa voix plus de brillant; une cour nombreuse l'entourait, c'était à lui qu'obtiendrait d'elle la faveur d'une polka ou d'un quadrille, et chacun enviait ensuite l'heureux mortel qui était son cavalier, d'autant plus que Fanny dansait dans la perfection, elle était légère comme une plume et ses pieds semblaient à peine effleurer le parquet.

Auguste Monléard était loin de laisser voir le même enjouement, la même satisfaction que sa femme; il faisait les honneurs de ses salons avec cette politesse exquise, cette élégance d'un homme du grand monde habitué à donner des fêtes; mais il y avait dans son sourire quelque chose de contraint, de forcé, qui aurait plutôt glacé que provoqué la gaieté; puis, par moment, un nuage sombre obscurcissait son front, ses sourcils se rapprochaient, ses lèvres se serraient et ne paraissaient plus faire attention à ce qu'on lui disait. Cependant ces moments de distraction duraient peu. Auguste, en revenant à lui, s'efforçait de paraître fort gai.

Adolphine, arrivée de bonne heure avec son père, n'éblouissait point par l'éclat de sa toilette, mais elle charmait par ses grâces naturelles, par la perfection de sa taille, la douceur de ses beaux yeux, et peut-être aussi par une certaine expression de mélancolie qu'elle cherchait à vaincre, mais qui donnait encore plus d'attrait à toute sa personne.

M. Batonnin n'avait pas manqué de se trouver là lorsque l'orchestre avait donné le signal de la danse; il avait bien fallu que la jeune fille l'acceptât pour son cavalier; peu lui importait, du reste, avec qui elle dansait, elle qui aurait préféré n'être pas venue à cette fête, mais comme sœur de la maîtresse de la maison, cela était impossible; trop de personnes lui en auraient demandé la raison, cela aurait inquiété son père et fâché sa sœur. Il fallait au contraire avoir l'air de beaucoup s'amuser et c'était là le plus difficile : on peut faire beaucoup de choses par complaisance, mais les yeux n'en ont jamais assez pour bien cacher les véritables sentiments que l'on éprouve.

M. Batonnin, tout en dansant avec Adolphine, n'a pas manqué de l'accabler de compliments qu'il a entremêlés de ses observations sur la fête.

— C'est magnifique!... c'est ravissant!... c'est délicieux!... comme ces salons sont décorés avec élégance!... avec goût... Des fleurs partout... sans compter celles qui dansent.. car les femmes et les fleurs... cela se ressemble infiniment .. d'autres l'on dit avant moi, c'est vrai, mais il y a de ces choses qu'on ne saurait trop répéter... Cela doit coûter bien cher une fête comme cela... mais quand on a les moyens!... M. Monléard n'a pas l'air aussi gai que sa femme... il ne danse pas... après cela, un maître de maison n'a pas toujours le temps de danser... je ne suppose pas qu'il soit malade... bien qu'il soit fort pâle... mais il est presque toujours pâle...

A tout cela, Adolphine avait répondu par des monosyllabes, et le monsieur à la figure de poupée s'était dit après le quadrille : — Cette jeune personne a l'air presque aussi peu gai que son beau-frère, le papa Gerbault a beau dire que le jeune homme de ce matin était amoureux de sa sœur... ce n'est pas cela qui devait faire pleurer celle-ci... il y a autre chose... certainement il y a autre chose.

Dans un salon réservé pour les joueurs se rencontrent M. Clairval, M. Gerbault et le jeune Anatole de Raincy.

— Comment, vous n'êtes pas à la danse? dit-on à ce dernier.
— Oh! ma foi non... je n'ai jamais été bien fou de la danse, répond le jeune dandy en se regardant dans une glace, et puis il y a tant de monde, comment voulez-vous qu'on se développe... Moi, quand ze danse, z'aime à me développer.
— Est-ce que tu danses le cancan, de Raincy? dit un jeune homme à figure réjouie, en venant frapper sur l'épaule d'Anatole.
— Qu'il est bête ce Vauflers, parce qu'on veut mettre un peu de grâce sa danse, on ne cancanne pas pour cela ..
— Ah! c'est moi qui je n'ai pas une danse couchée comme la tienne.
— D'abord ma danse est penchée et non pas couchée, ce qui est bien différent. Tu sauras que pour bien danser il faut pencher sa danse... Je tiens cela d'un grand chorégraphe.
— De Vestris?
— Tu m'ennuies!... Depuis qu'il est huitième d'agent de change, il se moque de tout le monde celui-là...
— Et quelle nouvelle de la bourse ce soir? dit Auguste Monléard en s'approchant du jeune homme que l'on vient de nommer Vauflers.
— Vous savez qu'on a exécuté plusieurs particuliers ce matin... Ah! je crois que ce n'est pas fini... il faut que la place se liquide... il y a des gens qui ont joué trop gros jeu depuis quelque temps.

Auguste pince fortement ses lèvres et s'éloigne. Le jeune homme reprend : — Est-ce que nous ne formons pas une bouillotte par ici?..

— Mon cher ami, la bouillotte c'est mauvais zenre à présent, ça ne se zoue plus, répond le grand Anatole en admirant ses gants.
— C'est peut-être le bésigue qui est bon genre.
— Non, c'est toujours le lansquenet.
— Ah! parce qu'on s'y ruine plus vite... merci... je vais danser alors... J'ai invité la maîtresse de la maison, elle m'a inscrit, mais je ne sais que le vingt-et-unième...
— Ton tour arrivera demain soir, alors.
— Oh! madame Monléard fera un passe-droit en ma faveur.
— Parce que?
— Parce que je suis son agent de change !...
— Tiens! est-ce que madame Monléard zoue à la Bourse?..
— Mais oui... modérément... mais elle y est plus heureuse que son mari.
— Celui-ci y a donc perdu?
— Je crois bien !... des sommes énormes depuis quelque temps... Je l'avouerai même que j'ai été fort surpris qu'il donnât une fête... bien que quelquefois ce soit un moyen pour tromper sur sa position et conserver encore son crédit.
— Ah dable! qu'est-ce que ça veut dire la?..
— En ce moment j'ai idée que dans certaine opération il joue ce qu'on appelle le tout pour le tout... mais s'il perd...
— Prends garde, voici son beau-père vient par ici... éloignons-nous.

Les deux jeunes gens se prennent sous le bras et passent dans un autre salon.

— Mon Dieu que madame votre épouse danse bien!... s'écrie M. Batonnin s'adressant à Monléard, pendant que Fanny passe près d'eux, mazurkant au bras d'un cavalier qui la conduit parfaitement et lui fait faire des pas nouveaux.
— Comment... vous dites qu'il fait trop chaud ici?
— Non... Oh! je ne me plains jamais de la chaleur... de ce côté-là je suis un véritable Africain... j'admirais la danse de madame Monléard... qui mazurke en ce moment... les voilà qui passent encore devant nous... il faut convenir qu'elle a un cavalier qui s'en acquitte

bien aussi... il l'enlace avec une vigueur... et elle se laisse aller avec un abandon... il est fort joli garçon ce jeune homme-là... comment l'appelez vous. Tiens! eh bien! il n'est plus là... il s'éloigne sans me répondre... Hom! on dira ce qu'on voudra, mais M. Monléard n'est pas dans son assiette... il est trop préoccupé, trop distrait... Ce qu'il y a de bon, c'est que cela n'empêche pas sa femme de danser.

Sur les deux heures du matin, les dames sont invitées à venir prendre place devant une table magnifiquement servie, et comme il y a trop de monde dans le salon pour que toute la société puisse souper en même temps, les dames commencent et les hommes doivent souper après ; sauf quelques cavaliers impatients, comme il y en a presque toujours dans les bals, qui trouvent moyen de se faire faire une petite place à la table avec les dames, où sous prétexte de les servir, ils ne manquent pas de se servir eux-mêmes, de se donner tout ce qu'il y a de meilleur, de plus friand, de plus délicat, puis, après avoir fait main-basse sur tout, après avoir mangé sans interruption, lorsque la plupart des dames ne font plus que causer, il n'est pas rare de voir ces mêmes cavaliers galants, revenir se placer à la table du souper avec les hommes, et là recommencer à manger, comme s'ils n'avaient encore rien pris, il y a des gaillards de cette force-là, nous en avons vu.

M. Batonnin a cherché à se glisser à la table des dames, mais malgré son éternel sourire, on ne lui a point fait de place. Il se décide alors à rester debout et se met naturellement derrière Adolphine qu'il obsède à force d'attentions, car Adolphine n'a point d'appétit et refuse presque tout ce que ce monsieur s'est fait servir pour elle et qu'il a obtenu sur-le-champ, en disant : — C'est pour la sœur de madame Monléard... de la reine de la fête !...

Avec ces paroles, M. Batonnin était bien certain d'avoir tout ce qu'il pouvait désirer, mais si sa courtoisie était en pure perte, il n'en était pas de même des mets qui étaient refusés, car lorsqu'après en avoir présentés à Adolphine, celle-ci lui disait : — Merci, monsieur, mais je n'en mangerai pas !

Le monsieur mielleux ne manquait pas de s'adjuger ce qui était sur l'assiette en disant : — Alors, puisque vous n'en voulez pas... ma foi je vais le manger moi.

Et grâce à cette manœuvre adroite, M. Batonnin a soupé tout aussi bien et peut-être mieux que s'il avait eu une place à côté des dames. Mais, à la vérité, il a mangé debout.

Lorsque les dames ont quitté la table et que les hommes viennent les remplacer, le grand distrait, soit distraction, M. Batonnin, imitant ces gaillards dont nous parlions tout à l'heure, se retrouve assis à table à côté de monsieur Clairval, qui lui dit : — Comment vous soupez encore ?

— Pourquoi encore... Je n'ai pas encore soupé...

— Il m'a semblé cependant tout à l'heure, en venant admirer le coup d'œil charmant qu'offrait toutes ces dames à table, que vous étiez derrière mademoiselle Adolphine, et que vous teniez à la main une assiette en mangeant ce qui était dessus.

— C'est-à-dire que j'étais derrière mademoiselle Adolphine pour la servir, et que je lui passais de tout ce qu'elle désirait.

— Je vous ai toujours vu manger...

— Goûter peut-être, mais si vous appelez cela manger... ensuite j'étais debout... Ce qu'on prend debout ne compte jamais...

— Après tout, mon cher monsieur Batonnin, je ne vous en fais pas un reproche, au contraire, c'est un compliment que vous mériteriez... honneur aux grandes capacités en tous genres. Un bon estomac est un bienfait de la Providence. L'homme le plus riche dont le pilore ne fonctionne pas bien, est, selon moi, moins bien partagé que le pauvre qui digère des couennes de lard et des friandises analogues.

Auguste Monléard est venu se placer au souper des hommes pour en faire les honneurs ; là, il commence par ingurgiter quelques verres de champagne, puis, comme une personne qui veut à toute force s'étourdir, il se met à manger en buvant coup sur coup de différents vins. Cette manœuvre lui réussit ; au bout d'un quart d'heure son front s'est éclairci, le vin y est pour quelque chose, il cause avec tout le monde, il provoque ses convives à lui tenir tête ; il est presque gai, enfin il rit, d'un rire un peu nerveux, un peu forcé peut-être, mais qui cependant produit le meilleur effet sur la fin du souper ; lorsque ces messieurs quittent enfin la table, où ils ont fait un assez long séjour, ils ne manquent pas de demander un cotillon, cette danse qui est devenue l'épilogue presque obligé d'un bal, et c'est Auguste Monléard qui propose de le conduire.

Cette proposition est acceptée avec joie par la société dansante. Adolphine, toute surprise de l'entrain que montre maintenant son beau-frère, en fait la remarque à sa sœur en lui disant : — Ton mari a l'air bien gai maintenant, et cela me fait plaisir de le voir ainsi !

— Comment ! est-ce que tu crois qu'il ne l'était pas auparavant ? répond Fanny, mais ma chère amie, tu es dans l'erreur... Auguste s'amuse toujours... seulement il n'en a pas l'air... c'est son genre.

Le cotillon est enlevé, les danseurs et danseuses harassés, se décident enfin à songer à la retraite, et Batonnin, qui a fort bien soupé deux fois, part avec Anatole de Raincy, en fredonnant.

La belle nuit ! la belle fête !...

— Ze connais ça ! c'est de l'opéra-comique, dit le grand jeune homme.

— Ma foi, convenez que c'est de circonstance : la belle fête...

— Oui, mais ze crains... d'après ce que m'a dit Vauflers...

— Que vous a-t-il dit ?

— Qu'Auguste Monléard avait perdu depuis quelque temps des sommes énormes à la bourse... et qu'il devait être dans une position fâcheuse...

— Ah ! diable... c'est donc cela que je l'ai trouvé si distrait... au souper il a beaucoup bu pour s'étourdir, je l'ai remarqué...

— Après cela, on peut se relever... la chance tourne... Ah ! z'aperçois un coupé... Monsieur, ze vous souhaite une bonne nuit... ou plutôt bonzour, car voilà le jour.

— Monsieur, je suis bien le vôtre.

Batonnin regagne son logis seul et à pied en se disant : — Après cela... que monsieur Monléard soit ou non ruiné... cela ne m'a pas empêché de souper deux fois.

C'est presque toujours ainsi que nos amis et connaissances prennent part aux malheurs qui nous arrivent.

XXXIV. — LA TANTE DUPONCEAU.

Cherami, suivant son habitude, menait fort lestement l'argent que Gustave lui avait donné, cependant il lui restait encore quelques écus sur ses cinq cents francs, et de plus sa mise était fort convenable, car il s'était donné aussi un chapeau neuf et il avait encore sa nouvelle badine ; lorsqu'un matin, sur les dix heures, par un temps froid mais beau, tout en flânant du côté de la Madeleine, pour se donner de l'appétit, le ci-devant bel Arthur voit venir devant lui une dame d'une énorme corpulence et tenant de chaque main un petit garçon dont l'un est coiffé d'une espèce de chapeau entouré de plumes, ce qui lui donne l'air d'un singe savant ; les enfants, ainsi que leur maman, sont enveloppés, fourrés, calfeutrés dans des vêtements d'hiver qui semblent les engoncer de façon qu'ils n'ont plus le libre exercice de tous leurs mouvements. Ces trois paquets, marchant en se cahotant les uns sur les autres, s'arrêtent en se trouvant vis-à-vis de notre flâneur et la grosse dame s'écrie : — Je ne me trompe pas... je suis bien monsieur Cherami que voilà déjà en promenade !

Cherami avait déjà reconnu madame Capucine et ses fils, et, peu charmé de la rencontre, il aurait volontiers rebroussé chemin pour l'éviter, mais il n'y avait plus moyen ; prenant son parti en brave, il salue gracieusement en répondant : — Moi-même, belle dame, qui me félicite du bonheur que le hasard me procure... car vous êtes ici bien loin de votre quartier... iriez-vous encore à Romainville, par hasard ?...

— Non monsieur, non, nous n'allons pas à Romainville... ce ne serait guère le chemin d'ailleurs ! répond madame Capucine tout en examinant des pieds à la tête celui auquel elle s'adresse ; et le changement qui s'est opéré dans la tenue de son débiteur en produit naturellement dans la manière dont elle lui parle ; ce changement étant tout à l'avantage de Cherami, elle lui sourit gracieusement et reprend : — Ma tante Duponceau n'habite plus Romainville, elle a vendu la maison qu'elle y possédait...

— En vérité ! et pourquoi donc cela ?...

— Ah ! parce que... ce pays-là a une renommée... vous savez la chanson : *Ce bois charmant, pour les amants !...*

— *Offre mille agréments !...* Oui, je la sais par cœur !... mais comme il n'y a plus de bois... excepté un petit morceau qui a été acheté pas un romancier que j'aime beaucoup... et qui est entouré de murs... pas le romancier, son bois, enfin je ne vois pas ce qui a pu tant alarmer votre tante Duponceau...

— Mon Dieu ! vous savez combien le monde est méchant... il y avait toujours des gens qui lui disaient : Ah ! vous habitez Romainville... c'est la campagne des grisettes, des guinguettes, des goguettes !... on y rencontre beaucoup d'ivrognes...

— Il me semble qu'il y a des ivrognes partout...

— Ce n'est pas le côté élégant de la promenade.

— Le côté élégant n'est pas toujours le côté amusant.

— Ce n'est pas par là qu'on voit les modes nouvelles...

— Ah ! ce n'est que cela ? si on va à la campagne pour voir les modes, on ferait beaucoup mieux de n'aller qu'à l'Opéra.

— Enfin, la raison la plus forte et qui a déterminé ma tante, c'est qu'il n'y a point de chemin de fer qui aille à Romainville...

— Il est certain que ceci devait être d'un grand poids pour une personne qui, une fois établie dans sa maison de campagne, ne vient plus du tout à Paris !...

— Si bien que ma tante a acheté une maison d'un côté tout opposé, à Passy !...

— Il est encore certain que Passy et Romainville ne se touchent pas... et ne se ressemblent pas non plus.

— Oh ! c'est tout différent... Aristoloche, tenez-vous donc tran-

quille... Passy est un séjour élégant, comfortable; on ne peut pas sortir de chez soi sans être en toilette...
— C'est bien agréable quand on habite la campagne.
— Les maisons sont toutes tirées du bas en haut. Celle que ma tante... Narcisse ne sautillez pas ainsi... celle que ma tante y a achetée est plus petite que celle qu'elle avait à Romainville, mais elle est bien plus chère... le jardin n'a pas de fruits, mais il est beaucoup moins grand!
— Qu'est-ce qui pousse donc dans ce jardin-là... des canards?...
— Il y a quelques chèvrefeuilles, du lierre, des gazons, oh! c'est fort bien tenu.
— Du moment que cela vous plaît à tous, c'est le principal... Est-ce que vous allez à la campagne par le froid qu'il fait?
— Ma tante nous attend toujours le samedi pour jusqu'au lundi.
— Tiens, en effet, c'est aujourd'hui samedi... comme lorsque je vous ai rencontrée attendant un omnibus à la porte St-Martin.
— Mais depuis ce temps... Aristoloche, si vous remuez encore je vous soufflette... Depuis ce temps, il me paraît, monsieur Cherami, que vous avez fait de meilleures affaires... à en juger par votre tenue...
— Oui, ma chère madame Capucine, je suis rentré dans quelques sommes qui m'étaient dues... Mon Dieu.... cela me fait souvenir... Vingt fois j'ai eu l'intention d'aller chez vous pour terminer avec votre mari ce petit compte que je dois encore... et toujours d'autres occupations m'ont distrait de cette affaire... bien minime, il est vrai, mais que je tiens cependant à régler incessamment.
— Eh bien! mais, si vous avez le désir de voir Capucine, il y aurait un moyen bien simple... à moins cependant que vous n'ayez disposé de votre journée....
— Ma journée? je puis en faire ce que bon me semble, je suis libre comme l'air...
— Alors venez avec nous à Passy, chez ma tante... qui doit nous attendre pour déjeuner... nous sommes même en retard, et tantôt... Narcisse, voulez-vous ne pas tirer ainsi les plumes de votre beau chapeau Henri IV, vous les abîmez...
— Ça me fait loucher, moi, il m'éborgne ce chapeau-là...
— Quel garnement... je suppose que votre tante vous a donné...
— Vous disiez donc, ma belle madame Capucine?
— Je vous engageais à venir avec nous chez ma tante Duponceau, que vous connaissez du reste; ce soir, à six heures, Capucine viendra vous retrouver et vous terminerez avec lui votre petit compte... que pensez-vous de ma proposition?
Cherami réfléchit un moment, puis répond : — Votre proposition me botte... Je veux dire qu'elle me va parfaitement... La société d'un femme charmante... une partie de campagne à l'impromptu. Ce déjeuner ne me gâtera rien... je suis des vôtres... Partons.
— Ah! voilà qui est aimable!
Et la grosse dame fait un sourire infiniment poli à Cherami qu'elle trouve fort bel homme depuis qu'il est bien mis. Celui-ci a déjà formé son plan, dans lequel n'est jamais entré le projet de payer sa dette; mais il est certain de faire un bon déjeuner et probablement d'être aussi retenu pour dîner chez la tante Duponceau; ensuite il trouvera bien un prétexte pour se débarrasser de la famille Capucine.
— Voici l'omnibus de Passy, dit la grosse dame, ne le manquons pas.
On monte en omnibus; madame Capucine met M. Aristoloche sur ses genoux, afin de ne point payer de place pour lui, elle prie Cherami d'en faire autant pour Narcisse, ce qui ne paraît point tenter le bel Arthur. Heureusement pour lui, le petit garçon crie pour avoir une place pour lui seul, menaçant, si on ne lui en donne pas, de s'asseoir sur son chapeau Henri-Quatre. Cette menace produit son effet, M. Narcisse va se placer dans un coin, et Cherami affirme que le petit garçon mérite bien d'être mis à part.
On part et l'on est bientôt arrivé à Passy, alors il faut que Cherami offre son bras à madame Capucine pour gagner la demeure de la tante. Les deux petits garçons marchent devant en gambadant; à Passy on ne craint plus pour eux les voitures, et M. Narcisse s'est emparé de la badine du monsieur, avec laquelle il tape sur toutes les bornes, sur tous les bancs de pierre, ce qui amuse peu Cherami, qui s'attend à chaque instant à voir sa jolie badine dans le même état que la canne à M. Courbichon, et s'écrie : — Voilà un petit garçon qui promet !
— N'est-ce pas qu'il est rempli de moyens ?
— Je suis persuadé qu'il trouvera celui de casser ma badine. Mais par quel hasard n'avez-vous pas emmené votre bonne Adélaïde ?...
— Ah! ne me parlez pas de cette fille... je vous en prie...
— Comment, est-ce que la fidèle Adélaïde vous volait ?
— Non, ce n'est point sa probité qui a failli... c'est autre chose... ah! qui aurait jamais pensé... qui aurait jamais cru... cet fille laide... une fille sèche... une fille dépourvue de formes... ah! les hommes ont parfois des goûts abrutissants !...
— Ah! bah !... quoi... Capucine se serait permis...
— Eh non, monsieur, ce n'est pas mon mari !... ah !...

Madame Capucine lève les yeux au ciel d'un air qui veut dire : Si ce n'était que cela !... Puis, elle reprend avec l'accent de l'indignation : — Ballot, monsieur... Ballot, notre jeune commis !...
— Ah! diable, ce jeune homme dont vous étiez si satisfaite...
— Sans doute, est-ce qu'on aurait pu deviner !... Il avait eu d'abord de très bonnes façons.
— Et il s'est égaré dans la cuisine ?
— Oui, monsieur...
— Mais était-ce bien certain... on est si méchant.
— On les a surpris, monsieur... surpris parmi des bottes d'oignons !...
— Assez ! ne m'en dites pas plus, vous me feriez pleurer.
— Vous pensez bien qu'alors j'ai sur-le-champ fait maison nette, j'ai renvoyé mademoiselle Adélaïde.
— Et votre commis aussi ?
— Celui-là s'en est allé tout seul... on lui aurait peut-être pardonné... il était si jeune...
— Sans doute et l'odeur de l'oignon porte au cœur...
— Mais M. Ballot a voulu faire un coup de tête... il est parti.
— Vous le remplacerez.
— C'est ce que je cherche en ce moment. Ah! monsieur Cherami, un jeune homme qui possédait... toute ma confiance... on ne peut plus compter sur rien !
— C'est le seul moyen de n'être jamais au dépourvu.
La grosse dame pousse un énorme soupir en s'appuyant fortement sur le bras de son cavalier, qui se dit : — Est ce qu'elle voudrait me faire remplacer M. Ballot !... merci j'ai mon lièvre.
On est arrivé chez la tante Duponceau, petite femme qui secoue toujours la tête en parlant, si bien qu'elle semble constamment répondre négativement à ce qu'on lui demande. Elle reçoit fort bien Cherami, quoiqu'elle le connaisse à peine, mais elle aime la société et veut surtout qu'on admire sa maison. Cherami est d'avis d'admirer d'abord le déjeuner ; comme les petits Capucine appuient cette motion, on passe sur-le-champ dans la salle à manger.
Le déjeuner ne se compose que d'un pâté, d'œufs à la coque, d'un jambonneau et de café ; mais le pâté est bon, les œufs sont frais, le jambonneau tendre, et le café très-fort ; on déjeune bien, puis la tante Duponceau s'écrie : — Vous allez visiter ma maison de haut en bas.
Cherami, qui a très bien rempli sa panse, se dit déjà : — Sapristi ! s'il faut que je reste maintenant ici jusqu'au soir... entre la tante et la nièce, avec accompagnement de deux moutards qui essuyent leurs mains après mon pantalon, ce sera payer bien cher le dîner... tâchons de trouver un faux-fuyant. Et il répond à madame Duponceau :
— Il vaut mieux que nous commencions à visiter votre maison par le bas... par le jardin d'abord ; après un aussi bon déjeuner on éprouve le besoin de prendre l'air.
Cette demande est accordée, on se rend au jardin, qui est exigu et n'offre pour récréer la vue que quatre giroflées en pots, car dans le mois de décembre on ne trouve guère de feuilles aux arbres ; le jardin a donc peu d'attraits, mais il a au fond une porte qui donne sur le bois de Boulogne. Les dames et les enfants, qui sont glacés, ont bientôt assez du jardin. Alors Cherami sort un cigare de sa poche, en disant : — Je vais vous demander la permission d'aller fumer ce cigare en dehors dans le bois... Après le déjeuner, je ne puis me priver de fumer mon cigare... C'est une habitude que j'ai prise... Très-mauvaise habitude, j'en conviens, mais je ne puis plus m'en corriger.
— Fumez dans le jardin, dit madame Duponceau.
— Non, vraiment ! votre jardin est très-petit, cela lui donnerait une odeur de tabac qui nuirait beaucoup au parfum de vos giroflées... Je ne veux point faire un corps de garde de votre délicieux cottage.
— Il a bien bon ton ! dit tout bas madame Duponceau à sa nièce.
— Oui, répond madame Capucine, depuis qu'il se met bien, M. Cherami n'est plus reconnaissable.
Notre fumeur parvient, non sans peine, à reprendre sa badine des mains du jeune Narcisse, qui voulait à toute force battre un arbre avec ; il allume son cigare, sort par la porte qui est au fond du jardin et respire à pleins poumons en se disant : — Par la sambleu ! m'en voilà dehors... il y a des déjeuners qui coûtent cher. Madame Capucine me lance des œillades qui commencent à m'effrayer... Sa tante a toujours l'air de refuser ce qu'on lui demande... Les petits gamins sont deux infâmes singes que l'on devrait loger dans la grande cage du jardin des plantes... Ouf !... donnons-nous de l'air ! Je ne m'attendais pas à venir ce matin, et par le froid qu'il fait, me promener dans le bois de Boulogne, mais puisque j'y suis, profitons-en !... Je ne retournerai chez ces momies qu'à l'heure du dîner... Je dirai que mon cigare m'a incommodé.

XXXV. — LE BOIS DE BOULOGNE.

Cherami s'enfonce dans le bois, où, vu la saison et l'heure encore peu avancée, il rencontre rarement du monde. Il commence son

deuxième cigare, lorsqu'en tournant une allée, il voit venir devant lui un monsieur fort bien mis, marchant à grands pas, mais se retournant de temps à autre pour regarder de côté et derrière lui, comme quelqu'un qui craindrait d'être suivi. En apercevant Chérami s'avancer de son côté, cet individu s'arrête, il semble indécis sur ce qu'il veut faire et prêt à rebrousser chemin. Mais pendant ce temps, notre fumeur avance toujours; bientôt ces deux hommes sont tout proche l'un de l'autre, ils se regardent. Alors un cri de surprise leur échappe à tous deux : — Pardieu! je ne me trompe pas... c'est M. Auguste Monléard que j'ai l'avantage de saluer.
— C'est monsieur avec qui je me suis battu... à Belleville.
— Lui-même... pour vous être agréable si j'en étais capable... Arthur Chérami.
— Ah! oui, j'avais oublié votre nom.
— Vous voilà de bonne heure dans le bois de Boulogne, Quand je dis de bonne heure, il est midi et demi bien sonnés; mais en hiver on ne vient guère faire un tour au bois que de trois à cinq.
— Oui... en effet; mais vous-même?
— Moi, j'ai déjeuné à Passy... chez de bonnes gens dont la société est peu divertissante, ma foi, après le déjeuner, je suis venu fumer mon cigare par ici. Comment se fait-il que vous ne soyez point à cheval?
— Mais parce qu'il me convenait de venir à pied, probablement.
— C'est très-juste... excusez ma réflexion. Moi, si j'avais encore un cheval, je ne serais certes pas ici à pied. Ah! c'est que j'aime beaucoup les chevaux... j'en ai eu de fort beaux : c'était ma passion !...

Pendant que Chérami parle, Auguste regarde encore de côté et d'autre d'un air inquiet; il est encore plus pâle qu'à son ordinaire, et il y a sur sa physionomie une expression sombre et grave.
— Auriez-vous par hasard une rencontre pour ce matin? reprend Chérami en secouant la cendre de son cigare. Si cela était et qu'il vous manquât un second, vous savez, mon cher monsieur, que je suis tout à votre service... et que je serais enchanté de pouvoir vous être bon à quelque chose.
— Non, non... je n'ai point de duel ce matin, répond Auguste; puis regardant fixement la personne qui est devant lui, il répond au bout de quelques instants : — Et cependant, monsieur, vous pourriez, en effet, me rendre un grand service.
— Moi? parlez alors... je suis tout à vous. Je n'ai rien à faire.
— Oui, c'est un heureux hasard qui me fait vous rencontrer ici... J'ai quitté Paris un peu brusquement ce matin et j'ai oublié d'écrire à quelqu'un... c'est cependant très-important.
— Vous voulez que je porte une lettre à quelqu'un...
— Monsieur Chérami, il s'agit ici de quelque chose de grave... je m'adresse à vous, parce que je vous ai bien jugé, je crois... Vous êtes un homme fait pour me comprendre...
— Diable! diable! mais vous avez un ton sérieux; je vois qu'en effet il ne s'agit point d'une plaisanterie.
— Etes-vous toujours disposé à me rendre service?
— Plus que jamais.
— Eh bien alors veuillez venir avec moi... il doit y avoir par ici quelque café... quelque traiteur chez lequel je pourrais écrire...
— Oui; tenez, nous n'avons qu'à retourner par là en revenant sur nos pas, et nous trouverons notre affaire.
— Marchons alors. Avez-vous déjeuné?
— Mais oui, ainsi que je le disais tout à l'heure, j'ai déjeuné à Passy. Ce qui ne m'empêchera pas de prendre encore quelque chose... l'air est vif et puis la promenade cela fait digérer tout de suite...

On se met en marche; Auguste va tellement vite, que Chérami, malgré ses grandes jambes, a de la peine à le suivre; il essaie de renouer la conversation, mais son compagnon ne lui répond plus et semble absorbé dans ses pensées.
— Cet homme là a quelque chose, se dit le bel Arthur en allumant un autre cigare. Je ne sais pas ce que c'est, mais sa figure allongée n'annonce pas quelqu'un qui cherche à quelle sauce il mangera son homard. Après tout, c'est son affaire... il a confiance en moi, je ne le trahirai point, parce que c'est un brave; je suis seulement fâché de m'être bourré de café et d'œufs chez ma tante Duponceau, car certainement j'aurais beaucoup mieux déjeuné avec lui... mais on n'est pas sorcier.

On arrive dans un café-restaurant. Ces messieurs se font donner un cabinet, puis Auguste dit à Chérami : — Commandez ce que vous voudrez... tout ce qui plaira... moi j'ai déjeuné.
— Vous aussi. Ce n'était pas trop de venir ici alors.
— Pardonnez-moi, je vais écrire moi... il faut que j'écrive... deux lettres... ensuite je... je vous quitterai... ainsi, mangez à votre aise, puisque rien ne vous presse.
— Très-bien. Garçon! Qu'est-ce que je pourrai donc bien prendre de léger, pour me remettre en appétit. Ah! j'y suis... apportez-moi une belle tranche de pâté de foie gras, avec une bouteille de beaune très-vieux... nous nous amuserons avec cela... et nous verrons après.

On sert Chérami. Pendant ce temps, Auguste s'est placé à une autre table et écrit.

Le déjeuner de madame Duponceau n'empêche point Chérami de savourer le foie gras qu'il arrose fréquemment avec du beaune, en disant, de temps en temps, à son voisin : — Buvez donc un verre de ce vin... il est bon... il est vieux... il n'en restera guère tout à l'heure; à la vérité nous serons quitte pour en demander d'autre : garçon, servez-moi un fromage quelconque et une seconde bouteille de ce beaune.

Auguste a cessé d'écrire; il ferme les deux lettres et les présente à Chérami : — Mon cher monsieur, veuillez prendre ces lettres; l'une est pour ma femme... madame Monléard... l'adresse est dessus.
— Et à propos, comment se porte madame votre épouse?
— Très-bien; mais permettez-moi d'ajouter : cette autre lettre, sans inscription, est pour vous...
— Pour moi?...
— Oui, et vous allez me jurer de n'en prendre connaissance qu'une demi-heure après que je vous aurai quitté.
— Une demi-heure après que vous serez parti?
— Oui; me le jurez-vous?
— Du moment que cela vous oblige, je vous le jure.
— Merci; je compte sur votre parole.
— Et vous le pouvez, je n'en ai pas trente-six dans les affaires sérieuses; mais l'autre lettre?
— Quand vous aurez lu ce que je vous écris, vous verrez ce que je vous prie de faire... et je suis persuadé que vous voudrez bien remplir mes intentions.
— Je vous ai dit que j'étais tout à votre service.
— Voilà mon porte-monnaie, car je ne le reviendrai pas ici... vous trouverez dedans de quoi payer la dépense que vous aurez faite chez ce traiteur.
— Fort bien; je paierai et remettrai le reste dans le porte-monnaie... il est fort joli ce petit meuble... fort élégant, de bon goût.
— S'il vous plaît, veuillez le garder en mémoire de... notre connaissance.
— Vous êtes vraiment trop aimable... je suis sans façon, moi, j'accepte.
— Et maintenant... versez-moi à boire... que je trinque avec vous...
— Ah! c'est bien parler, cela.

Chérami emplit deux verres à pattes; Auguste en prend un d'une main ferme, le choque contre celui du bel Arthur, prononce quelques mots inintelligibles et avale le vin d'un seul trait.
— Sapristi! comme vous allez vite, on n'a pas le temps de vous suivre; j'ingurgite bien le champagne comme cela quelquefois, mais, en général, c'est une fichue manière de boire... j'aime mieux savourer... un second verre, que je boive à votre santé.
— C'est inutile, je n'ai pas le temps. Adieu, monsieur, je compte sur votre promesse .. vous ne prendrez connaissance de cette lettre que dans une demi-heure.
— Puisque vous avez ma parole... et vous partez si vite.
— Il le faut.
— Quand donc vous reverrai-je?
— Je ne saurais vous dire. Adieu, monsieur.
— Au revoir, plutôt!...

Auguste a pris son chapeau, il serre la main de Chérami, lui montre encore les deux missives posées sur la table et sort précipitamment.

Chérami se balance sur sa chaise qu'il penche en arrière, il boit un autre verre de vin et demande des cigares en se disant : — Puisqu'il faut que je reste encore une demi-heure ici ... employons notre temps Garçon, servez-moi du café, de l'eau-de-vie, du kirch... ah! voyez aussi l'heure qu'il est en ce moment à vos cadrans solaires, et dites-moi l'heure exacte!...

Le garçon vient apporter ce qu'on lui a demandé en disant : — Deux heures viennent de sonner à la pendule du salon, monsieur.
— Très-bien; quand la demie sonnera, il faudra venir m'avertir, vous entendez.
— Cela suffit, monsieur, je n'y manquerai pas... Monsieur veut-il autre chose?
— Non... ces flacons d'eau-de-vie et de kirch me suffiront pour passer le temps... en tous cas je sonnerai.
— Voilà bien singulière journée! se dit Chérami en se mettant à fumer. Je ne me serais jamais douté ce matin, lorsque j'arpentais les boulevards pour me donner de l'appétit, que je déjeunerais à Passy, et puis que je déjeunerais une seconde fois dans le bois de Boulogne .. et M. Auguste Monléard aura quelque projet... qui n'est pas gai... ces deux lettres qu'il m'a laissées... dont une pour moi... tout cela n'est pas clair... ce porte-monnaie dont il m'a fait présent est très-coquet, ce qu'il renferme... un billet de banque de cent francs .. peste... j'ai mon lièvre! ... nous aurons de quoi payer le déjeuner... Quels sont ces autres papiers . des bulletins d'agent de change ... acheté... vendu par ordre de M. Monléard... tout ceci est sans importance... et il n'y a pas autre chose... Notre jeune capitaliste aurait-il fait de

Monsieur, prenez donc garde ! (Page. 42.)

mauvaises spéculations et pris, comme on dit, la poudre d'escampette!... ce serait bien possible. Allons, je saurai cela avant peu... il doit bien y avoir dix minutes d'écoulées au moins... buvons du kirch... Ce petit drôle de Narcisse m'a tout écaillé ma badine... c'est gentil les enfants... mais quand ils sont bien élevés.. Cette lettre me tire l'œil... jamais le temps ne m'a semblé si long... si je demandais mon addition... c'est une idée cela!... garçon !...

— Monsieur a appelé?

— Oui; donnez-moi ma carte à payer. Comptez trois kirch en sus, je les boirai... et en revenant, dites-moi l'heure qu'il est.

— Oui, monsieur.

Le garçon revient, et présente la carte, en disant : — Monsieur, il est deux heures un quart.

— Rien qu'un quart... vous vous trompez, sacrebleu ! il n'est pas possible qu'il ne soit que le quart!...

— Je vous assure, monsieur, qu'il n'est pas davantage à la pendule du salon... Si vous voulez venir vous en assurer...

— C'est bon... voyons ce total... dix-sept francs cinquante... Tenez, changez-moi ce billet, et en me rapportant la monnaie, regardez l'heure avec un peu plus de soin.

— Mais, monsieur, je ne peux pas regarder autrement que...

— Allez, garçon, et ne raisonnez pas!... je n'aime pas les raisonneurs !...

— Voilà bien la vie!... se dit Cherami en buvant de nouveau du kirch. Quand on est avec une femme qui vous plaît... quand on fait une partie de cartes intéressée, le temps ne marche pas... il vole... *hora vita simul !...* dans d'autres moments il marche comme une tortue... il arrive cependant une époque où nous trouvons qu'il a été beaucoup trop vite... ceci prouve seulement que les hommes ne sont jamais satisfaits de leur position. Ah! comme il est joli ce vieux conte de fée, intitulé : *Nourjahad et Chérédin*... et qui m'avait frappé lorsque je lisais dans ma jeunesse... M. *Nourjahad* est un jeune, riche et beau musulman à qui rien ne manque pour être heureux... et, comme de raison, il n'est pas content, il se plaint de ce que le temps ne marche pas assez vite au gré de ses désirs, parce qu'il doit épouser sa cousine à vingt-cinq ans, et régner sur un grand royaume quand il aura atteint sa trentième année. *Chérédin* est un vieux derviche, passablement sorcier; il entend *Nourjahad* accuser le destin, et lui dit : « Je puis t'accorder le pouvoir de faire marcher le temps aussi vite que tu voudras, mais prends garde!... c'est dangereux... tu vas abréger ta vie, si tu ne sais pas modérer tes désirs. » Le jeune homme est enchanté, il accepte et promet d'user modérément du pouvoir qu'on lui donne. Mais ouiche!... Quand verrez-vous un homme résister au désir de posséder tout de suite ce qu'il ne doit avoir que plus tard? *Nourjahad* veut avoir vingt-cinq ans pour épouser sa cousine, puis trente pour être sultan. Bientôt il veut être père, voir ensuite son enfant tout élevé; puis il est en guerre avec ses voisins, il veut arriver sur-le-champ à la bataille décisive. Enfin, ce diable de Nourjahad va si rapidement, en satisfaisant ses souhaits, qu'il se trouve avoir vieilli de trente ans en un mois; il maudit alors le pouvoir qu'on lui a donné et Chérédin lui dit : « Mon bon ami, voilà pourtant ce que feraient tous les hommes s'il leur était permis de faire marcher le temps, et, touchant Nourjahad de sa baguette, il lui rend sa jeunesse en lui conseillant de la garder le plus longtemps possible. » Cet apologue est fort sensé; mais si, au lieu de faire avancer le temps, on pouvait le faire reculer... eh bien, on y regarderait encore à deux fois. On passe dans la vie par de si vilains quart d'heure, qu'il en est que l'on ne voudrait pas recommencer.

Le garçon revient essoufflé en s'écriant : — Excusez, monsieur, si j'ai été longtemps, mais nous n'avions pas la monnaie de cent francs ici; il m'a fallu courir pour en avoir. Dieu! quelle scie que la monnaie... Comptez, monsieur.

— Et l'heure qu'il est. Dites-moi donc l'heure, sacrebleu.

— Ah! je n'ai pas pensé à y regarder, monsieur.

— Vas-y donc voir, bourreau!... animal!...

— Voyez d'abord si vous avez votre compte...

— Je m'en fiche bien de mon compte. L'heure, gredin, l'heure tout de suite.

Et Cherami pousse le garçon par les épaules pour le faire sortir, puis il attend avec impatience son retour en disant encore : — Ah! comme je comprends *Nourjahad!*...

Le garçon revient en criant : — Monsieur, la demie est sonnée; il y a trois minutes avec...

— Enfin, c'est bien heureux... Va-t-en alors.

— Mais monsieur a-t-il bien son compte? je veux être sûr...

— Eh oui, butor, j'ai mon compte; tiens, voilà deux francs pour toi, et fiche-moi le camp.

— Faudra-t-il revenir dire l'heure à monsieur?

Cherami ne se lève qu'à moitié; mais le garçon a compris, il s'est sauvé.

Les deux lettres sont là sur la table. Après avoir jeté le restant de son cigare, Cherami prend celle qui est pour lui en disant :

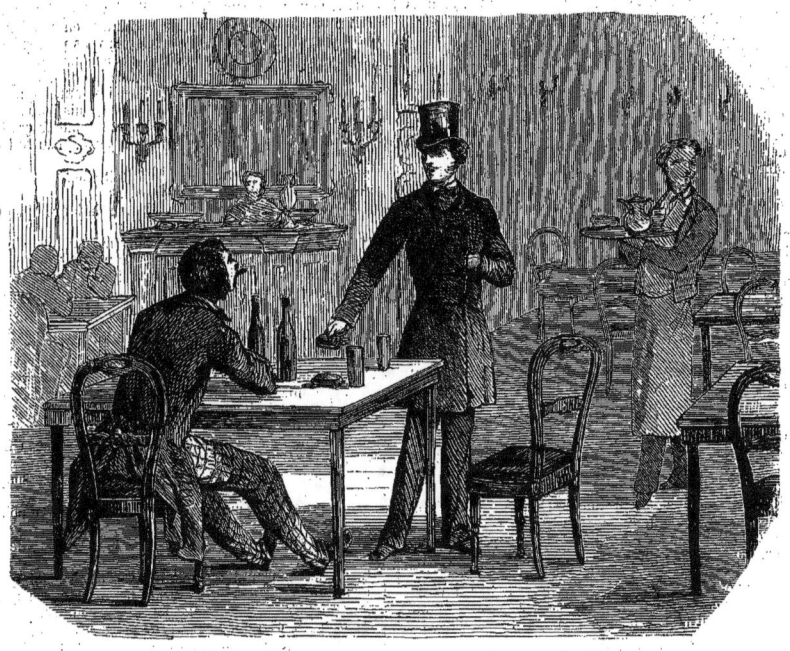

Voilà mon porte-monnaie, car je ne reviendrai pas ici. (Page 47.)

C'est singulier... j'éprouve quelque chose... comme de l'émotion... Allons, pas de bêtise et voyons ce qu'il y a dedans.

Il ouvre la lettre et lit :

« Mon cher monsieur, quand vous lirez ceci je serai mort !...
— Mort !... s'écrie Cherami en frappant violemment de son poing sur la table. Allons donc !... ce n'est pas possible, j'ai mal lu ; mais si... ça y est bien :
« Je serai mort !... »

Continuons :

« J'avais une assez jolie fortune, mais elle ne me suffisait pas ; j'ai joué à la Bourse et je n'ai pas été heureux ; je me suis marié, espérant que l'amour d'une femme changerait mes idées et qu'un doux intérieur suffirait à mon ambition. Malheureusement je me suis trompé... la personne que j'ai épousée a un de ces cœurs secs avec lesquels il n'y a pas moyen de s'épancher ; au bout de huit jours de ménage, je me suis aperçu qu'elle n'avait pas le moindre amour pour moi, mais qu'elle voulait briller dans le monde et y éclipser toutes les autres femmes. Alors, j'ai joué de plus belle pour satisfaire au moins ma vanité. Il y a dix jours, j'ai donné une grande fête pour tâcher de déguiser ma situation... J'espérais encore m'en tirer, j'ai risqué tout ce que j'avais... j'ai perdu, je suis ruiné... et comme je n'ai pas votre philosophie, comme je ne pourrais me résoudre à mener une existence pauvre, après avoir goûté toutes les jouissances du luxe, je vais me brûler la cervelle. Soyez assez bon pour aller chez ma femme, vous la préparerez doucement à cet événement ; je ne crois pas, du reste, que ce soit son cœur qui en sera le plus affligé.

« Je vous demande pardon des ennuis que je vous cause, mais je vous ai jugé : vous êtes un homme, et vous tiendrez la promesse que vous m'avez faite. Recevez mon dernier adieu.

« Auguste MONLÉARD. »

Cherami reste quelques instants consterné après la lecture de cette lettre. Il passe même la main sur ses yeux pour y essuyer une larme, puis il murmure : — Comment... ce joli garçon qui était là tout à l'heure... mais voyons, sacrebleu, il est peut-être temps encore !...

Et, se levant précipitamment, il prend son chapeau, sa canne, met les lettres dans sa poche et sort du cabinet. En bas, il demande de quel côté a pris le monsieur qui était avec lui ; on le lui indique. Il marche vivement en gagnant le côté du bois le plus désert. Mais bientôt il aperçoit du monde rassemblé ; il voit venir des gendarmes que l'on a été chercher et qui s'enfoncent dans le fourré. Il s'adresse alors à une paysanne qui revient de son côté.

— Qu'est-il donc arrivé ? Pour qui viennent ces gendarmes ?
— Eh ! mon Dieu ! monsieur, c'est encore quelqu'un qui vient de se périr dans le bois... un jeune homme très bien mis, vraiment !... Comprend-on que des gens qui ont le moyen de s'habiller fassent de ces choses-là... C'est le petit gamin là-bas qui l'a aperçu le premier.
— Alors c'est fini, il est mort ?
— Oh ! oui, monsieur... et sa redingote encore toute neuve !...
— En ce cas, se dit Cherami, je n'ai plus qu'à m'acquitter de la commission dont il m'a chargé.

XXXVI. — UNE FEMME FORTE.

Et, tout en cheminant vers Paris, Cherami se disait : — Voilà un événement qui change bien l'état des choses. Cette jeune Fanny est veuve... elle est libre... son mari est mort. J'espère que Gustave ne dira pas cette fois que c'est moi qui l'ai tué. D'ailleurs, j'ai la lettre que ce pauvre Auguste m'a écrite, et je la conserverai précieusement, sans quoi on serait capable de croire que c'est moi qui l'ai tué en duel ; mais enfin, cette jeune femme que Gustave adore toujours... et qui est cause qu'il ne reste point à Paris de peur de la rencontrer... cette Fanny pour laquelle il éprouve une passion... comme on n'en voit guère !... je pourrais même dire : comme on n'en voit pas !... Puisque la voilà veuve maintenant... et puisqu'elle a si bien accueilli Gustave la dernière fois qu'il l'a rencontrée... car je me souviens qu'il m'a dit même qu'elle l'avait engagé à aller la voir... or donc, ou ergo, comme nous disions en classe, puisque cette jeune femme ne voyait pas Gustave d'un mauvais œil étant mariée, il me semble qu'elle doit le voir encore plus favorablement étant veuve... elle lui avait préféré ce pauvre Monléard, parce que celui-ci lui offrait tout ce qui séduit une femme... Aujourd'hui que cette dame est ruinée, il me semble qu'elle serait fort heureuse de retrouver mon jeune ami, qui m'a l'air d'être dans une position fort satisfaisante... Décidément, je crois que l'affaire peut s'arranger... pas tout de suite, parce qu'enfin il faut laisser à la petite femme le temps de pleurer son mari ; mais je vois dans l'avenir que ce cher Gustave verra son amour et sa constance récompensés. Ah ! ça me fait plaisir... car alors Gustave ne voyagera plus, il restera à Paris, et des amis comme lui, on est bien aise de les avoir toujours sous la main. Quel dommage qu'il ne soit pas ici à présent.. j'aurais couru lui annoncer cette grande nouvelle. Oh! mais je saurai où il est... je le trouverai... en attendant, songeons à nous acquitter, avec tous les ménagements voulus, de ma commission près de la jeune femme... elle n'est pas positivement agréable, mais dans le monde, si on ne faisait que des choses agréables, cela deviendrait monotone...

Fanny était dans son boudoir, occupée à essayer quelques bonnets du matin, et de temps en temps elle quittait son miroir pour consulter le dernier cours de la Bourse qui était sur sa toilette, lorsque sa femme de chambre vient lui dire qu'un monsieur demande à lui parler.

— Un monsieur?... quel monsieur? le connaissez-vous? a-t-il dit son nom?

— Non, madame; je n'ai pas encore vu ce monsieur ici.

— Est-ce bien à moi qu'il veut parler... n'est-ce pas à M. Monléard?

— C'est bien à vous, madame; et il assure que c'est pour quelque chose de très-important...

— Est-il convenable, ce monsieur? a-t-il l'air comme il faut?

— Mais oui, madame.

— Alors, faites-le passer dans le salon, je vais y aller.

Et Fanny se hâte de terminer sa toilette en se disant : — C'est probablement M. Veuillers qui m'envoie un de ses amis pour m'apprendre ce qu'il aura fait à la Bourse... il est quatre heures passées; oui, ce doit être cela.

Cherami, introduit dans le salon, en examinant l'ameublement, en murmurant : — C'est pas mal, c'est chic!... j'ai été logé comme ça, moi... c'est mieux que chez la veuve Louchard... mais oh! y a tout de même des hauts et des bas.

Fanny paraît; elle salue ce monsieur auquel elle trouve un drôle d'air, car c'est ainsi qu'elle qualifie ce qu'on ne sait comment nommer, puis elle lui montre un fauteuil en disant : — Vous avez désiré me parler, monsieur... c'est pour affaire de Bourse probablement.

A la vue de la jeune femme, Cherami se sent embarrassé, il comprend que sa commission est plus difficile à remplir qu'il ne l'avait pensé d'abord; cependant il s'assoit en balbutiant : — Madame... c'est pour... c'est au sujet...

— De la Bourse d'aujourd'hui, n'est-ce pas?

— Non, pas d'aujourd'hui, madame... c'est bien cependant la Bourse qui est cause... qui a amené l'événement... la catastrophe...

— Monsieur, ayez la complaisance de mieux vous expliquer, car je ne vous comprends pas du tout.

Cherami se mord les lèvres, cherchant comme il préparera la jeune femme à ce qu'il doit lui annoncer, et, après avoir réfléchi assez longtemps, il s'écrie : — Madame, je viens vous apprendre que votre mari est mort!...

Fanny fait un mouvement brusque, regarde celui qui est devant elle et hausse les épaules en répondant : — Monsieur, si c'est une plaisanterie, permettez-moi de vous dire qu'elle est d'assez mauvais goût.

— Aussi je ne me la permettrais pas, madame... je ne suis pas venu ici dans l'intention de plaisanter... ce que je vous dis est sérieux, madame.

— Mais, monsieur, j'ai encore vu mon mari ce matin au déjeuner... il n'était pas malade, pas indisposé même... Quel événement lui est-il donc arrivé?

— Il ne lui est point arrivé d'événement, c'est lui-même qui a voulu mettre fin à son existence... et il s'est brûlé la cervelle dans le bois de Boulogne, aujourd'hui, sur les deux heures et demie.

Fanny change de couleur, mais elle conserve ses forces et reprend : — Non, ce n'est pas possible, monsieur... on s'est trompé... on ne peut pas être mon mari... et pourquoi Auguste se serait-il tué... jeune, riche, heureux comme il l'était!...

— C'est qu'il paraîtrait, madame, qu'il était beaucoup moins heureux que vous voulez bien le croire... et pour ce qui est de riche, il ne l'était plus, car il s'était ruiné complétement à la Bourse; il ne possédait plus rien, et il n'a pas eu le courage de supporter les coups de la fortune.

— Ruiné!... s'écrie la jeune femme en faisant un bond sur son fauteuil. Que me dites-vous là, monsieur... ruiné... mais alors je le suis donc aussi, moi... je ne possède donc plus rien... Oh! mais ce serait affreux, ce serait épouvantable...

Le pauvre Auguste avait raison, se dit Cherami en voyant le désespoir dont Fanny vient d'être prise, ce n'est pas de sa mort que sa femme s'afflige le plus!

— Mais, monsieur, comment savez-vous... comment avez-vous appris cet événement... et si mon mari est mort, comment savez-vous qu'il était ruiné?

— Veuillez m'écouter, madame. Aujourd'hui, après avoir déjeuné à Passy avec des personnes fort respectables... qui doivent même m'attendre et ne pourront pour dîner... mais je n'irai pas, je suis allé fumer un cigare dans le bois de Boulogne, où, vu le froid qu'il ait, il passait fort peu de monde; j'y ai rencontré monsieur votre mari... nous nous connaissions... il m'avait vu dans une occasion... bref, il avait pu m'apprécier. Il vint à moi en me demandant si je voulais lui rendre un important service; vous pensez bien, madame, que je me suis mis à sa disposition. Nous entrâmes dans un café où il écrivit deux lettres. Il y en avait une pour moi, qu'il me fit jurer de n'ouvrir qu'une demi-heure après qu'il m'aurait quitté, et il partit. J'attendis que la demi-heure fût écoulée, puis j'ouvris la lettre... il m'y apprenait sa funeste résolution et les motifs qui la lui avaient fait prendre, puis il me chargeait de porter l'autre lettre... à son adresse.

— Et cette autre lettre, pour qui était-elle?

— Pour vous, madame... la voilà.

Fanny prend d'une main tremblante la lettre que Cherami lui présente, et elle lit d'une voix altérée :

« Madame, j'ai cru faire notre bonheur à tous deux en vous épousant, je me suis trompé. Il me fallait une femme aimante pour calmer, adoucir la vivacité de mes passions, je n'ai trouvé en vous qu'une femme adorant avant tout l'argent et le plaisir.

Ici Fanny s'interrompt et continue à lire, mais pour elle seulement :

« Je ne vous en fais pas de reproche, madame, on ne refait point son caractère, surtout à votre âge; la sensibilité est un don de la nature, comme l'égoïsme est un vice du cœur, je vous avais mal jugée, c'est ma faute et non pas la vôtre. Ne pouvant être heureux de ce bonheur intime que j'avais rêvé, j'ai voulu le remplacer par toutes les jouissances de la vanité; je n'ai pas réussi, j'ai perdu tout ce que je possédais... vous vous occupez aussi de la Bourse, vous, madame, croyez-moi, n'y jouez pas. »

Fanny s'interrompt encore pour pousser un gros soupir, puis elle reprend sa lecture.

« Mais rassurez-vous, madame, je ne vous laisse point de dettes, j'ai fait honneur à mes engagements... j'ai tout payé et mon nom, mon nom vous restera sans tache... Vous pouvez le porter sans rougir.

La jeune femme fait un léger mouvement d'épaules, qui ne semble pas annoncer qu'elle se trouve heureuse de ce que son mari ait payé toutes ses dettes; elle murmure même entre ses dents : C'est bien joli ce qu'il me laisse... son nom!... et rien avec... Ah! il y a encore quelque chose au bas de la lettre :

« Je n'ai point touché à votre dot, vous la trouverez intacte chez le notaire. Avec ce que vous tirerez de la vente de notre mobilier, qui est fort beau, de notre voiture et des chevaux, vous aurez de quoi exister modestement. Adieu, Fanny, soyez heureuse, moi je ne pourrais plus l'être en ce monde, c'est pourquoi je le quitte, adieu. »

Ce dernier paragraphe semble avoir un peu calmé le désespoir de Fanny; cependant elle cache ses yeux avec son mouchoir et le garde ainsi quelque temps. Cherami, qui l'examinait pendant qu'elle lisait la lettre de son mari, se dit alors : — Toi!... tu as beau tenir ton mouchoir sur tes yeux, je gage bien que tu ne pleures pas, et pourtant un mari tout jeune... le perdre comme cela... et après six mois de mariage à peu près... Il y a des femmes qui se seraient évanouies... qui seraient tombées en syncope... mais celle-ci est une femme forte.

Cherami se lève alors et prend son chapeau en disant : — Madame, j'ai rempli la triste commission dont.. votre mari m'avait chargé. Comme je pense que maintenant ma présence ne vous est plus nécessaire, je vais me retirer.

XXXVII. — UNE FEMME FAIBLE.

Fanny découvre vivement son visage en s'écriant : — Pardon, monsieur; mais puisque vous avez bien voulu remplir les dernières intentions de... M. Monléard... puis-je espérer que vous vous montrerez aussi serviable pour sa veuve...

— Madame, je ferai tout ce que vous me direz, trop heureux de pouvoir aussi vous être bon à quelque chose.

— Merci, mille fois, monsieur. Vous savez maintenant dans quelle position je me vois... vous trouverez peut-être que j'ai appris bien froidement... la catastrophe qui me frappe?

— Madame, je ne me permets pas de porter un jugement sur vos sentiments.

— Mais, monsieur, mettez-vous à ma place... croyez-vous que je puisse prendre pour une preuve d'amour ce que vient de faire mon mari?

Cherami se gratte le nez en disant : — Dame... une preuve d'amour... Cependant s'il craignait de ne plus pouvoir vous rendre heureuse, si cette pensée lui a fait perdre la tête...

— Monsieur, à l'âge de Monléard, on doit avoir de la force, du courage... Tous les jours on perd sa fortune... mais quand on a de l'intelligence, de la persévérance, on en fait une autre.

— Madame, c'est peut-être une chose plus facile que vous voulez bien le croire!... moi aussi j'ai eu une jolie fortune... je l'ai mangée, ce qui, suivant moi, vaut beaucoup mieux que de l'avoir jouée... ça laisse des souvenirs plus parfumés, mais je n'ai jamais pu redevenir riche comme devant...

— M. Monléard me trouve des torts; il prétend maintenant que je n'aime que le plaisir... mais quand il a recherché ma main, monsieur, pourquoi donc pour me séduire, me montrait-il dans l'avenir cette existence de fêtes, de luxe... ces équipages... ces toilettes... toutes ces choses enfin qui feront toujours battre le cœur d'une jeune fille... Il m'a épousée par caprice, et ce caprice satisfait, il s'est repenti de s'être marié; oh! je n'en suis aperçu plus d'une fois et voilà pourquoi, monsieur, je supporte avec tant de courage la nouvelle que vous venez de m'apporter...

— Madame, vous n'aviez pas besoin de me dire tout cela... mais je ne vois pas...

— Pardon, voici ce que j'attends de vous. Dans la situation où je me trouve, vous concevez que j'aurais besoin de voir mon père, ma sœur... mais je les voudrais pas aller chez eux, je ne voudrais pas être forcée de leur apprendre moi-même ce fatal événement...

— Je comprends, madame, vous désirez que je me charge, moi, de les instruire de ce qui vient d'arriver...

— Oh! monsieur, si ce n'était pas abuser de votre complaisance...

— Je vais me rendre chez monsieur votre père, madame; mon Dieu, pendant que je suis en train de faire des commissions, il ne m'en coûtera pas plus...

— Ah! monsieur, que vous êtes bon... que de reconnaissance.

— J'ai toujours été tout au service des dames... l'adresse de M. Gerbault, s'il vous plaît...

— Ah! vous savez le nom de mon père!...

— Oui, madame, oh! il y a encore une foule de choses que je sais... mais que je ne vous dirai pas en ce moment...

— Voici l'adresse de mon père...

— Très-bien, j'y vais de ce pas, madame, si je pouvais encore vous être utile... disposez de moi... Arthur Cherami, rue de l'Orillon, hôtel du Bel-Air, à Belleville... seulement affranchissez les lettres. Madame, je vous présente mes hommages.

Et Cherami sort de chez madame Monléard en se disant : — C'est un métier de commissionnaire des morts que je fais en ce moment. Mais, après tout, je ne pouvais refuser à cette jeune femme... elle n'est pas sotte... il s'en faut... ah! je comprends qu'elle ait ensorcelé Gustave... c'est égal, moi, j'aimerais mieux une femme faible qu'une femme forte.

M. Gerbault était chez lui avec sa fille lorsque Cherami se présente devant eux: Le père de Fanny n'ayant jamais aperçu ce monsieur, lui présente un siège et attend qu'il lui explique le but de sa visite. Mais aussitôt qu'il est entré, Adolphine a reconnu dans Cherami le monsieur qui dînait avec Gustave le jour du mariage de sa sœur, et Cherami, de son côté, fait un gracieux salut à la jeune fille comme à une personne que l'on a déjà vue.

— Vous connaissez ma fille Adolphine, monsieur, dit M. Gerbault d'un air surpris.

— Oui, monsieur, j'ai eu le plaisir de voir mademoiselle le jour des noces de votre autre fille... je dînais aussi chez Deffieux avec quelqu'un qui ne vous est pas inconnu...

— Monsieur est un ami de Gustave, s'empresse de dire Adolphine. M. Gerbault fronce légèrement les sourcils, car il se rappelle qu'on lui a dit que c'était un ami de Gustave que son gendre avait eu un duel le lendemain de ses noces; cependant il se borne à répondre d'un ton assez sec :

— J'attends que monsieur veuille bien m'expliquer le motif de sa visite.

L'air peu aimable avec lequel M. Gerbault vient de prononcer ces mots commence à donner de l'humeur à Cherami, qui se jette en arrière sur sa chaise et s'écriant : — Ma foi, mon cher monsieur, si vous croyez que c'est pour m'amuser que je viens chez vous, vous vous trompez bigrement... la commission n'est déjà pas si gracieuse!...

— Monsieur, je vous prie de...

— Ah! mais c'est que vous avez pris un air... ça ne me va pas, moi; cet air-là, et si vous n'étiez pas le père de cette jolie demoiselle, je vous en aurais déjà demandé raison...

Adolphine joint ses mains en s'écriant : — Ah! monsieur, de grâce... mon père ne vous a point offensé.

— Mademoiselle, monsieur votre père a une vilaine mine de chien quand on a dit que j'étais l'ami de Gustave... pourquoi cela... suis-je donc un ami à mépriser?... les amis comme moi, qui sont toujours prêts à s'exposer une fois pour prouver leur dévouement, je vous prie de croire qu'on n'en trouve pas à remuer à la pelle... mais après tout, je m'emporte et j'ai tort... Je vais vous dire carrément ce qui m'amène: ce n'est pas la peine de prendre des mitaines... Je viens vous annoncer la mort d'un jeune homme de votre connaissance...

Adolphine pousse un cri en balbutiant : — Ô mon Dieu! Gustave est mort! et elle se renverse sans connaissance, et une pâleur effrayante se répand sur son visage.

— Ma fille!... ma fille!... mais qu'as-tu donc?... reviens à toi... s'écrie M. Gerbault en essayant de porter du secours à Adolphine, mais celle-ci ne rouvre pas les yeux.

On appelle Madeleine, qui apporte des sels et du vinaigre. On place la jeune fille près d'une fenêtre ouverte, et pendant ce temps Cherami s'écrie : — Mais non, ce n'est pas Gustave qui est mort!... Ah! cette pauvre petite... par exemple, j'étais loin de m'attendre à ceci... et c'est parce qu'elle a cru que Gustave était mort qu'elle s'est évanouie si complètement... Tiens!... tiens!... tiens!... Ah! voilà les couleurs qui reparaissent un peu... ce ne sera rien... Tenez, elle rouvre les yeux... je vais la faire revenir entièrement, moi.

Et se penchant vers la jeune fille, qui regarde autour d'elle d'un air morne : — Mademoiselle, rassurez-vous, ce n'est pas Gustave qui est mort... ce n'est pas du tout de Castor qu'il est question.

— Est-il bien vrai? monsieur, s'écrie vivement Adolphine.

— Je le jure sur votre tête... et je ne voudrais pas compromettre une si jolie tête!...

— Mais alors, monsieur, expliquez-vous donc, dit M. Gerbault; de qui venez-vous nous apprendre la mort?

— De votre gendre, Auguste Monléard... mort aujourd'hui vers deux heures au bois de Boulogne...

C'est alors que M. Gerbault qui se met en fureur et s'avance sur Cherami en lui disant : — Ah! vous l'avez tué, cette fois... homme indigne!... et vous venez vous-même nous annoncer sa mort... et vous n'êtes pas honteux de votre victoire... Ce n'était pas assez d'un premier duel... c'est sa vie que vouliez...

— Ta! ta! ta!... bon, c'est au tour du papa maintenant. A ça, mais, qui est-ce qui m'a fichu des pères et des oncles de cette trempe-là... Non, monsieur, je n'ai pas tué votre gendre... il s'est bien tué lui-même, et franchement il aurait mieux valu pour lui qu'il reçût la mort dans le duel que nous avons eu ensemble, car il aurait fini plus honorablement. Au reste, je vais vous montrer des preuves de ce que j'avance, car vous seriez capable de ne pas me croire, je m'y attendais... mais il faudra bien vous rendre à l'évidence.

Cherami donne à M. Gerbault la lettre qu'Auguste lui a écrite; ensuite il raconte tout ce que nous savons déjà, ce qui s'est passé au bois de Boulogne et sa visite chez Fanny. Pendant son récit, Adolphine verse d'abondantes larmes en murmurant : — Pauvre Auguste! Ah! que ma sœur doit avoir du chagrin!...

La nouvelle du suicide de son gendre affecte vivement M. Gerbault, bien que des avis officieux lui eussent déjà appris que Monléard jouait à la Bourse, et de façon à y exposer sa fortune. Il se décide alors à faire des excuses à Cherami pour les soupçons qu'il avait conçus; mais celui-ci lui tend la main en lui disant : — N'y pensons plus, touchez là... Vous êtes vif, moi aussi, d'ailleurs, lorsqu'on apprend un malheur si inattendu, il est bien permis de s'embrouiller un peu. Maintenant que j'ai fait toutes les commissions dont on m'avait chargé, vous n'avez plus besoin de moi... je m'en vais... Adieu, papa Gerbault, mademoiselle, je vous salue.

Et comme Adolphine le reconduit jusqu'à la porte, il en profite pour lui dire tout bas : — Savez-vous où est Gustave?

— Non, monsieur... en Allemagne, je crois...

— Soyez tranquille, je le dénicherai moi... j'ai mon lièvre!

XXXVIII. — LES DEUX SŒURS.

Quinze jours après la mort de son mari, Fanny était installée dans un modeste et petit appartement dans le haut du faubourg Poissonnière. Avec les vingt mille francs de sa dot, l'argent qu'elle avait retiré de la vente de son mobilier, de ses chevaux, de ses voitures, et enfin avec la somme qu'elle avait amassée en spéculant sur les chemins de fer et autres valeurs industrielles, la jeune veuve pouvait se faire deux mille cinq cents francs de revenu. C'était bien peu auprès de la brillante fortune que l'on avait possédée un moment, c'était de quoi vivre pour une femme qui savait parfaitement calculer. M. Gerbault avait proposé à la jeune veuve de revenir demeurer avec lui et sa sœur comme avant son mariage, mais Fanny avait refusé, elle préférait rester libre; et puis avait sans doute quelques espérances pour l'avenir, car elle avait conservé de son brillant mobilier de quoi meubler fort élégamment sa nouvelle retraite, la jolie femme se disait qu'il se présenterait bien des soupirants pour faire cesser son veuvage, et elle pensait qu'en demeurant seule, elle serait bien plus libre et pourrait mieux choisir.

Quant au défunt, pendant huit jours, sa mort avait été la nouvelle de la Bourse et des salons, quinze jours plus tard on en parlait fort peu, et au bout d'un mois, on n'y songeait plus.

Si, cependant, il y avait encore une personne qui songeait souvent à lui pour plaindre sa triste fin, pour regretter que la fortune se fût montrée si cruelle pour ce jeune homme qui, de son côté, l'avait traitée trop lestement alors qu'elle lui était favorable. Cette personne, c'était sa veuve, c'était Adolphine. La pauvre petite s'était d'abord sentie toute honteuse d'avoir laissé paraître tout l'intérêt qu'elle portait à Gustave, mais elle n'avait pas été maîtresse de la sensation qui l'avait frappée, lorsqu'elle avait cru que c'était sa mort que Cherami venait leur annoncer. Plus tard, en apprenant la vérité, elle avait longtemps pleuré sur la mort d'Auguste, puis elle avait couru près de sa sœur pour la consoler, pour mêler ses pleurs aux siens, mais elle avait trouvé Fanny beaucoup plus occupée de ses affaires d'intérêt que de la perte de son mari. Puis enfin, comme dans les commencements de son vèuvage la jeune femme recevait chaque jour la visite de sa sœur et que c'était toujours Adolphine qui parlait d'Auguste et versait d'abondantes larmes à son souvenir, Fanny finit par lui dire un jour : — Ma chère amie, si c'est comme cela que tu viens me distraire, tu t'y prends bien mal. M. Monléard est mort parce qu'il l'a voulu, il m'a quittée parce qu'il l'a voulu, sans trop s'embarrasser de ce que je deviendrais; franchement ce n'était pas la peine de m'épouser pour en agir ainsi au bout de six mois. Il m'a fait refuser un jeune homme qui, par le fait, m'aurait rendue plus heureuse... Ce pauvre Gustave... qui m'aimait tant!... car il m'aimait véritablement celui-là... et, d'après ce que tu m'as dit, sa position est devenue fort avantageuse... il gagne dix mille francs par an, je crois?

Adolphine essuie ses yeux, renfonce ses larmes en balbutiant : — Mais... je crois que oui...

— Comment tu crois? tu n'en es pas sûre, à présent?

— Mais si... c'est lui-même qui me l'a dit.

— Eh bien, avec dix mille francs, on peut mener une existence assez heureuse... on n'a pas équipage comme je l'avais avec M. Monléard, c'est vrai... mais il vaut mieux ne pas avoir voiture que d'être obligé d'en descendre. Enfin, je ne vois pas pourquoi je m'abimerais les yeux à pleurer celui qui n'est plus... D'abord, moi, je méprise les hommes qui se tuent; chacun a son opinion, mais voilà la mienne... on doit savoir supporter les coups du sort... Sais-tu où est Gustave maintenant?

— Mais non... il voulait encore voyager...

— C'est drôle, ordinairement il te disait toujours où il allait... et, maintenant que je te le demande, tu ne sais plus rien!...

— Il a parlé de l'Allemagne, voilà tout...

— Pour les affaires d'un oncle, sans doute...

— Je crois que oui...

— Enfin; on ne voyage pas toujours, il reviendra... nous le reverrons! ce pauvre Gustave... ah! il était bien changé à son avantage depuis son retour d'Espagne... il avait pris de l'aplomb, de l'élégance... n'est-ce pas?

— Je n'ai pas remarqué.

— Ah! que tu m'impatientes!... il me semble cependant qu'il est plus intéressant de parler des vivants que des morts!

— Tout le monde ne se console pas aussi vite que toi!...

— Est-ce que tu veux me faire de la morale?

— Non, ma sœur, je voulais dire seulement que l'on était heureux d'avoir un caractère comme le tien.

— Ma chère Adolphine, voilà déjà deux mois que je suis veuve... je connais un peu le monde!... quand tu auras mon expérience, tu verras qu'il faut savoir se consoler de tout.

— Je ne crois pas que j'aurai jamais ta philosophie.

Chaque fois que les deux sœurs se retrouvaient ensemble, Fanny ne manquait pas de ramener la conversation sur Gustave. Ce sujet, bien qu'il intéressât vivement Adolphine, lui était pénible lorsque c'était Fanny qui s'en occupait; elle avait habituée depuis longtemps à cacher les secrets de son cœur, à y renfermer un sentiment qu'elle n'osait avouer à personne, la jeune sœur de Fanny tâche d'entendre avec indifférence le projet que la veuve d'Auguste forme bien pour l'avenir.

Un jour, en causant avec Adolphine, la jeune femme s'écrie tout à coup : — A propos! sais-tu quel était cet homme que M. Monléard avait chargé de m'annoncer sa mort... je ne l'avais jamais vu venir chez Auguste et, cependant, pour charger quelqu'un d'une semblable commission, il faut être bien lié avec lui...

— C'était M. Cherami.

— Oui, c'est le nom qu'il m'a dit... en me laissant son adresse... et en m'offrant ses services... Enfin, tout a fait original, ce monsieur... Enfin, qu'est-ce que c'est que ce M. Cherami... quand je l'ai prié d'aller chez mon mari, il savait le nom de notre père.

— Ah! c'est par Gustave sans doute qu'il le savait.

— Ce monsieur connaît aussi Gustave?... il connaît donc tout le monde!... est-ce que c'est aussi par Gustave qu'il connaissait mon mari...

— Mais un peu, puisque...

— Puisque... achève donc, Adolphine, je ne sais pas ce que tu as maintenant, mais il faut que je t'arrache les paroles..

— C'est que je croyais que tu avais su dans le temps... Ton mari a eu un duel le lendemain de votre mariage...

— Je sais très-bien cela, avec un individu qui, la nuit, lorsque je quittais le bal, s'est écrié : « Voilà la perfide Fanny!... » Mon Dieu, je m'en souviens comme si c'était hier... mais quel rapport...

— Cet individu qui a dit cela en te voyant sortir du bal... c'est M. Cherami...

— Lui?... allons donc!... Comment, c'est avec lui que mon mari s'est battu?

— Oui, vraiment.

— Ah! ah! ah! c'est trop drôle.

— Quoi! tu ris!...

— Pourquoi donc ne rirais-je pas... Ah! que les hommes savent peu ce qu'ils veulent, et qu'ils méritent bien la plupart du temps que nous nous moquions de leurs grandes colères... Comment, M. Monléard s'est battu en duel avec M. Cherami, et un peu plus tard, c'est lui qu'il choisit pour le confident de ses dernières volontés! Tu vois bien que les hommes ne savent pas ce qu'ils font, et que ces messieurs, qui ont la prétention de se croire infiniment plus raisonnables que nous, le sont infiniment moins.

— Il peut y avoir d'autres motifs que nous ne savons pas...

— Oh! tu donneras toujours raison aux hommes, toi!

— Pourquoi accuser ceux qui ne peuvent plus se défendre?

— Oh! c'est superbe ce ton que tu prends là... mais aussi pourquoi donner aux morts des vertus qu'ils n'avaient pas de leur vivant?... dans le monde, c'est ce que j'ai entendu faire cent fois... C'était un artiste ou un homme de lettres dont on disait pis que pendre!... il était méchant, envieux, il dénigrait ses confrères, il n'avait ni talent, ni style, ni imagination!... venait-il à mourir! tous ces gens-là chantaient la palinodie, le défunt était un homme charmant, bon, obligeant avec ses confrères, rempli de talents, doué d'une imagination extraordinaire... Combien de fois n'ai-je pas entendu tout cela : et je haussais les épaules de mépris et de pitié en me disant : Tâchez donc au moins, messieurs, de vous rappeler un peu aujourd'hui ce que vous disiez hier... Mais moi, je voudrais bien savoir pourquoi ce M. Cherami m'avait appelée : « la perfide Fanny!... » le sais-tu, toi, Adolphine, qui sait tant de choses sans en avoir l'air?...

Adolphine rougit en répondant : — Ce monsieur avait dîné avec Gustave chez le traiteur où se faisait ta noce... Gustave sans doute lui avait conté ses... chagrins... ses amours... et puis ensuite, M. Grandcourt, l'oncle de Gustave, est venu chercher son neveu... alors, M. Cherami était resté chez le traiteur, et il paraît qu'il s'était grisé un peu...

— Et dans son dévouement à l'amitié, il est venu me reprocher d'être une perfide! Ah! ah!... c'est très-joli, cela!... se battre pour venger son ami... c'est un trait digne du temps des anciens preux!... quand je verrai M. Cherami, je lui en ferai mon compliment...

— Tu ne lui en veux donc pas de ce qu'il t'a appelée perfide?

— Oh! pas le moins du monde... si les femmes se fâchaient toutes les fois qu'on les appelle perfides, elles se mettraient trop souvent en colère.

Pendant ces conversations se renouvelaient entre les deux sœurs, qui, toutes deux, étaient préoccupées du même objet, mais dont l'une avouait hautement ses espérances, tandis que l'autre était obligée d'étouffer ses soupirs, quelqu'un se donnait beaucoup de peine pour tâcher de ramener près d'elles le sujet qui les intéressait tant. On devine que nous parlons de Cherami.

XXXIX. — LA CHASSE AUX PLUMASSIÈRES.

Après la mort d'Auguste, le ci-devant bel Arthur s'était dit : — Laissons d'abord quelques semaines s'écouler sur cet événement; il ne serait pas décent que mon passionné Gustave revînt tout de suite se jeter aux genoux de la jolie veuve... *non est in locus*, il ne s'agit pas toujours de faire les choses... pour qu'elles réussissent, il faut les faire en temps opportun. J'ai encore quelques débris des cinq cents francs que m'a prêtés mon intime ami; j'ai la monnaie du billet de cent francs que ce pauvre Monléard m'a laissé pour payer le déjeuner qui ne s'est monté qu'à dix-sept francs cinquante... tout cela avec une badine assez coquette, une mise assez soignée... on peut jouir de peu de cette polissonne d'existence... Ah! dans ce moment, il me serait assez agréable de rencontrer ces deux grisettes... que j'aperçus un jour à la porte Saint-Martin, à une station d'omnibus... parbleu, le jour que j'ai fait la connaissance de Gustave... elles étaient gentilles toutes deux; il y en avait une brune et une blonde... une grasse et une maigre... chair de procureur, et suivant toute apparence, une spirituelle et une niaise... elles se nommaient Laurette et Lucie, et elles étaient plumassières rue Saint-Denis... je ne les ai pas rencontrées depuis... Eh! par la sambleu! c'est ma faute, je suis un bélître!... je n'avais qu'à entrer dans tous les magasins de plumes de la rue Saint-Denis... à la vérité je n'ai pas toujours été en position de faire le galant avec les jeunes filles... de leur offrir un spectacle et un souper... et c'est bien le moins que l'on offre cela pour renouveler connaissance; mais maintenant que je suis en fonds, quoi m'empêche de me mettre à la recherche de ces petites?... cette pensée me sourit!... elle me rappelle mes beaux jours... C'est dit : avant de me mettre à la recherche de Gustave, je vais m'enquérir de Laurette et de Lucie, et dès ce soir, après mon dîner, je fais la chasse aux plumassières.

Cherami va dîner et s'en acquitte comme quelqu'un qui n'aurait pas déjeuné deux fois. Puis, la tête un peu échauffée par les fumets d'un vieux Pomard, il va bravement arpenter la rue Saint-Denis, regardant à droite et à gauche pour découvrir des plumassiers; il ne va pas loin sans en apercevoir un. Alors il se dirige vers le magasin, ouvre la porte et se présente fièrement, portant ses regards sur toutes les jeunes filles qu'il aperçoit dans le comptoir.

La première dame du magasin regarde ce monsieur qui est venu se poser en Spartacus au milieu de la boutique où il lorgne tout le monde sans parler, et lui dit : — Monsieur voudrait-il bien nous dire ce qu'il désire ?

Cherami, qui veut se donner le temps d'examiner toutes les ouvrières, et il y en a une dizaine dans ce magasin, répond en traînant sur ses mots : — Mille pardons, madame, je suis en effet entré pour quelque chose, cela ne fait pas le moindre doute... mais je ne vois pas ce que je cherche... non... je ne le vois pas...

— Si monsieur veut me dire ce qu'il cherche, je lui répondrai tout de suite s'il trouvera cela ici...

— Eh bien, madame... je cherche des casquettes d'enfant... c'est pour un petit garçon de cinq ans...

Toutes les jeunes filles du magasin partent d'un éclat de rire, mais la dame du comptoir fait une mine revêche en répondant : — Monsieur a donc cru entrer chez un chapelier...

— Est-ce que je me suis trompé ?... Oh! pardon, alors... je suis désolé... ce sont toutes ces plumes qui en sont cause... on met maintenant tant de plumes sur les chapeaux... recevez mes excuses, madame !... votre très-humble !...

Et après avoir salué gracieusement, Cherami sort de la boutique en se disant : — Voilà un magasin de visité, le tour est fait pour celui-là, ça n'est pas plus malin que ça... mes deux petites ne sont pas là. Passons à un autre.

Un peu plus loin, Cherami aperçoit une autre boutique où l'on vend des plumes et des fleurs. Il y fait la même entrée et la même pose. Une vieille lui dit : — Nous attendons que monsieur nous explique ce qu'il veut.

— Mon Dieu, madame, répond Cherami tout en examinant les jeunes filles qui sont en moins grand nombre que dans le premier magasin, je voudrais... je désirerais avoir un habit bleu ou noir, mais fait à la dernière mode... et qui m'aille bien surtout !... je ne regarderai pas au prix, mais je tiens à être bien habillé.

— Vous n'êtes point chez un tailleur, monsieur ! répond la vieille dame d'un air hautain, tandis que les jeunes filles se regardent toutes en riant à qui mieux mieux.

Mais la vieille dame leur impose silence en reprenant : — Vous n'avez donc pas regardé ce que l'on tenait ici, monsieur ?

— Quoi... je ne suis pas dans un magasin de confection pour les deux sexes ?

— Non, monsieur ; nous ne vendons que des plumes et des fleurs.

— O! mille pardons, madame... mais votre magasin a cependant un faux air de ressemblance avec celui du *Prophète* ; c'est moins illuminé, j'en conviens, mais ces fleurs... ces guirlandes ! Tout cela est si joli, et à Paris les magasins de confection ressemblent à des décorations de théâtre... recevez mes excuses, madame.

— Et de deux ! se dit Cherami en se retrouvant dans la rue. Mes gentilles grisettes ne sont pas encore là... patience, nous y arriverons... Ah ! j'aperçois là-bas un autre plumassier, ils pullulent dans cette rue... en avant.

Dans cette troisième boutique, Cherami demande des chemises, tout en passant en revue les ouvrières et les apprenties sans trouver ce qu'il cherche. Il obtient le même succès de rire près des demoiselles, et une réponse fort sèche de la maîtresse de la maison.

Dans un quatrième magasin, Cherami, après avoir longtemps regardé de tous côtés, s'écrie : — Je n'en vois pas... c'est bien singulier... Je n'en vois pas ! et cependant il m'avait semblé en voir plusieurs pendus en montre.

— Monsieur veut-il bien nous dire ce qu'il désire avoir ? lui dit la dame du comptoir.

— Madame, je voudrais acheter un jambon de Bayonne, tout ce qu'il y a de mieux.

Cette fois le rire est général, et la maîtresse de la maison partage l'hilarité de ses ouvrières, si bien que Cherami peut tout à son aise examiner les jeunes filles qui travaillent. Enfin, lorsque la gaieté s'est un peu calmée, la dame dit en souriant encore : — Monsieur, nous ne vendons pas de jambon ici, où donc croyez-vous être entré ?

— O mille pardons, madame ; ce n'est donc pas un magasin de comestibles, ici ?

— Non, monsieur, c'est un magasin de plumes et de fleurs.

— Ah ! je suis un grand misérable, mais je vais vous dire ce qui m'a trompé ; ce sont des oiseaux que j'ai vu exposés en montre. Je me suis dit : il y a du gibier là, donc, on vend des comestibles.

— Monsieur, ce sont des oiseaux *de paradis* que vous avez vu, cela se met sur des coiffures de dames, mais cela ne se mange pas.

— Des oiseaux de paradis !... Pardon ! ils sont bien en effet dans le paradis, puisqu'ils habitent avec des dames si aimables... Je vous renouvelle mes excuses et vous prie d'agréer mes hommages.

Cherami sort de cette quatrième boutique en se disant : — Elles ne sont pas encore là, je n'aurai pas mon lièvre ce matin, en voilà assez pour aujourd'hui, mais néanmoins, je suis satisfait de l'effet que j'ai produit chez ce dernier plumassier ; le rire a été général, la maîtresse de la maison a ri elle-même comme une petite folle.

C'est fort amusant de voir la gaieté sur tous ces visages féminins...

et tout cela parce que j'ai demandé un jambon !... au fait, un jambon, c'était plus drôle qu'un habit, des chemises ou une casquette... Eh bien, demain, il faudra que je cherche des choses plus drôles encore... Oh! j'en trouverai, je ne suis jamais embarrassé. En attendant, allons faire une poule à mon café habituel. Quand j'ai le gousset bien garni, j'ai un jeu magnifique, un coup de queue superbe... Je suis sûr de gagner, par suite de ce proverbe :

L'eau va toujours à la rivière.

Le lendemain, après son dîner, Cherami se dirige comme la veille vers la rue Saint-Denis, en se disant : — Je sais fort bien jusqu'où je suis allé hier au soir, et à partir de quel endroit je dois commencer aujourd'hui. J'ai quelque chose de fort drôle à demander... je vais les faire rire... Oh ! je veux que les maîtresses de magasin elles-mêmes ne puissent pas garder leur sérieux... on se croira au théâtre du Palais-Royal, lorsque *Grassot* y joue *la Garde malade* ou *le Vieux loup de mer*.

Mais depuis la veille, il s'était passé dans la rue Saint-Denis des choses que notre coureur de grisettes ne pouvait pas deviner.

Dans un quartier aussi marchand, il circule presque journellement des petits courtiers, des petits commis qui, dès le matin, viennent s'informer du cours des marchandises, des objets demandés, de ce que l'on veut vendre ou acheter ; ceci s'appelle vulgairement : *faire la place*. Or, un de ces courtiers étant entré chez un plumassier, les ouvrières lui disent en riant : — Nous apportez-vous des casquettes...

— Des casquettes ! vous plaisantez.

— Non pas.

Et là-dessus on raconte à ce monsieur la visite qu'on a reçue la veille. Ce récit fait rire le courtier, et cela se borne là. Mais dans un autre magasin, on lui parle d'un monsieur qui est venu demander un habit. Alors il s'écrie : — C'est singulier ! chez votre confrère, on a été demander une casquette... serait-ce le même personnage ?

Alors, c'est le maître du magasin dont cela pique la curiosité et qui s'écrie : — Il faut que j'aille chez mes confrères savoir s'ils ont aussi vu ce monsieur.

Et le courtier dit : — Vous avez raison, il faut tirer cela au clair, car cela m'a tout l'air d'une farce que l'on est convenu de vous jouer. Je vais aller avec vous.

Ces messieurs sont bientôt instruits des visites que Cherami a faites la veille dans quatre magasins ; mais on acquiert aussi la certitude qu'il n'a pas encore été ailleurs. Les plumassiers sont avertis les uns par les autres, et l'on se dit : — Ce monsieur va peut-être recommencer demain soir, il faut nous préparer à bien le recevoir.

Les plumassiers chez lesquels on a été demander casquette, habit, chemises et jambon, disent à leurs confrères : — Permettez-nous d'aller aussi chez vous ce soir attendre ce monsieur, afin de prendre notre part dans la réception que vous comptez lui faire.

Tout étant bien convenu, le soir on se divise, on se partage par groupe, et l'on attend avec impatience le monsieur de la veille qui se présente.

Notre chasseur de plumassiers entrait dans la rue Saint-Denis, bien loin de se douter de tout ce que l'on y avait comploté contre lui ; il gesticulait avec sa badine, regardait à droite et à gauche, puis se disait : — Je suis entré là... et là aussi... Oh ! je reconnais parfaitement les magasins... Bon ! voilà mon troisième... Il n'y en a plus qu'un à passer... le quatrième... le voilà... oui, je reconnais la dame du comptoir qui a eu l'air très-aimable en riant avec tout le monde... Maintenant, j'entre dans le premier que j'aperçois... et nous allons un peu rire. Oh ! ma demande sera si bouffonne... ces jeunes filles vont s'en amuser à gorge déployée !... moi-même je ne réponds pas de pouvoir conserver mon sérieux... Ah ! voilà un plumassier... superbe magasin... en avant !

Cherami ne fait qu'un bond jusqu'à la boutique qu'il aperçoit, il entre se pose avec grâce en lorgnant les demoiselles, sans remarquer quelques jeunes gens qui, à son entrée, se sont retirés derrière des portes.

La première dame du comptoir le regarde d'une façon singulière, mais lui demande cependant si l'on n'est fort poli ce qu'il désire.

Alors Cherami répond, tout en faisant le joli cœur : — Ce que je désire... Mon Dieu, belle dame, c'est une chose bien simple... je voudrais avoir... j'aime à croire que vous en avez... je voudrais avoir un manche à balai...

— Certainement nous en avons, monsieur, répond aussitôt la dame. Oh ! comme cela se trouve bien... nous venons justement d'en faire provision... vous ne pouviez pas mieux vous adresser.

Pendant que Cherami écoute avec étonnement cette réponse à laquelle il était loin de s'attendre, les jeunes gens qui, à tout hasard, s'étaient promptement munis de manches à balai, pour donner une roulée au farceur qu'ils attendaient, sortent de leur cachette et tombent sur celui-ci à bras raccourcis, en criant : — Ah ! tu veux du balai... eh bien, tu en auras !... pour t'apprendre à entrer dans les magasins comme tu as fait hier au soir, pour te moquer des marchands. Très-bien, voilà du balai.

Cherami, qui ne s'attendait point à cette attaque, veut parer avec sa badine les coups qu'on lui donne, mais sa badine ne peut pas lutter contre l'arme de ses adversaires; il ne songe donc plus qu'à la retraite, tout en criant : — Messieurs, je vous attends dans la rue, je vous défie tous, les uns après les autres.

Mais on ne lui répond pas, on le pousse dehors et on referme la porte sur lui. Un peu honteux du résultat de sa plaisanterie, notre homme, qui a reçu sur l'œil gauche un coup de balai trop bien appliqué, s'éloigne en tenant son mouchoir sur la partie blessée, et en disant : — Quelle fichue idée ai-je eue de demander un manche à balai !... Cette fois, j'ai mon lièvre.

XL. — LE BANQUIER.

L'œil gauche de Cherami a été tellement endommagé et conserve si longtemps les marques du coup qu'il a reçu, que depuis six semaines, le bel Arthur est obligé de garder la chambre, parce qu'il ne veut pas sortir avec un bandeau sur la figure.

Madame Louchard, qui est souvent chargée de panser l'œil blessé, dit un jour à son locataire : — Mais comment donc avez-vous reçu cet atout-là?

— Vous appelez cela de l'atout, aimable hôtesse... ce serait un fichu jeu que celui où l'on aurait plein les mains de semblables atouts...

— Vous vous êtes donc encore battu, mauvaise tête?

— Cette fois je dois avouer que l'on m'a battu... je n'ai pas été le plus fort... mais ils étaient un bataillon contre moi.

— Ce n'est pas un coup d'épée que vous avez reçu là?

— Non... malheureusement... une épée vous crève l'œil, mais elle ne vous le fait pas sortir de la tête... c'est cependant pour deux jeunes filles que j'ai reçu cela.

— Ah! il vous en fallait deux à la fois!... Dieu que j'ai raison d'haïr les hommes...

— Enfin, cette retraite forcée m'a fait faire des économies... je vous ai donné un superbe à-compte?...

— Vingt-cinq francs!... vous appelez ça un superbe à-compte?...

— Tout est relatif!... je ne vous donnais habituellement que cent sous. Dieu merci, mon œil se guérit... je vais bientôt reprendre mon élan.

— Et courir de nouveau après les jeunes filles?

— Non... foi de gentilhomme, je ne recommencerai pas... j'en ai assez... j'ai mon lièvre. Je vais tâcher de retrouver mon ami Gustave... il est peut-être à Paris depuis que je garde la chambre, ma première visite sera pour son oncle... un particulier fort peu aimable, qui se permet de me regarder de travers... mais pourvu qu'il me dise où est son neveu... je lui permets de tirer la langue, si cela peut lui faire plaisir.

Quelques jours plus tard, Cherami peut en effet sortir, et sans bandeau; son œil a repris son aspect normal. Notre homme a soigné sa toilette, ses bottes sont cirées, son chapeau vergeté, son paletot brossé avec soin, il prend sa badine, monte dans l'omnibus qui descend de Belleville, prend une correspondance et arrive faubourg Montmartre, chez le banquier.

Cette fois, Cherami ne s'arrête pas chez le concierge, il va droit dans les bureaux et il retrouve le même commis occupé encore à faire des additions. Il y a véritablement dans les maisons de banque des employés qui passent presque toute leur journée à faire des additions... Quand ces gens-là s'endorment, ils doivent voir sans cesse des chiffres danser et voltiger autour d'eux; quelle douce existence! et quels jolis rêves!

Cherami s'arrête devant le vieux commis, qui ne lève pas plus le nez que la fois précédente, mais fait entendre le même bruit sourd qui accompagnerait une mécanique : six... huit... quatorze... vingt-sept... trente... etc., etc.

— Dites-moi donc, mon bonhomme, est-ce que vous n'avez pas quitté de là depuis la dernière fois que je suis venu, s'écrie Cherami en frappant avec sa badine sur le bureau de l'employé. Sapristi, mais alors vous n'êtes point un commis ordinaire, vous êtes un logarithme vivant, une machine à chiffrer pour laquelle on doit avoir pris un brevet d'invention... vous vous vendez fort cher...

Le vieil employé se borne à répondre, sans lever les yeux : — Ne tapez donc pas comme ça sur mon grand-livre, vous voyez bien que vous faites de la poussière.

— Oui, certes, je vois que je fais beaucoup de poussière, vos garçons de bureau ne nettoient pas tous les jours, à ce qu'il paraît.

— Trente-cinq... quarante-quatre... cinquante-trois...

— Ah! voilà que vos ressorts se mettent en mouvement; je voudrais cependant ne pas être obligé de m'adresser à votre patron, M. Grandcourt, vu que nous ne sommes pas très-bien ensemble. Voyons, papa Double Zéro, dites-moi si le neveu du banquier, si Gustave est revenu de sa tournée en Allemagne. J'ai à lui parler... c'est important... fort important... c'est son bonheur que je veux assurer... Eh bien...

— Qui de cent soixante paye quatre-vingt, reste...

— Ah! c'est trop fort! ça passe l'imagination... c'est à envoyer à l'exposition.

Et, après avoir donné avec sa badine un nouveau coup sur le bureau, qui, cette fois, fait sauter la poudre et l'encre dans les yeux du vieux commis, Cherami se dirige à grands pas vers le cabinet du banquier, et trouve celui-ci en train de lire les journaux.

À l'aspect de Cherami, qu'il reconnaît sur-le-champ, M. Grandcourt fait une légère grimace. Notre visiteur, au contraire, essaie de sourire et salue gracieusement : — Monsieur, j'ai bien l'honneur d'être le vôtre...

— Monsieur, je vous salue...

— Est-ce que, par hasard, vous vous souvenez de moi?

— Parfaitement, monsieur... D'ailleurs, vous n'êtes nullement changé... si ce n'est votre toilette, que je vous félicite d'avoir renouvelée...

— Ah! vous vous apercevez de cela... vous faites attention au costume, à ce que je vois?

— Mais il me semble que cela saute aux yeux?

— Je veux dire que vous y attachez de l'importance, que vous jugez l'homme sur l'habit.

— Monsieur, est-ce pour connaître mon opinion à ce sujet que vous venez me trouver?

— Non, oh! non... je me moque parfaitement de l'opinion des autres... je sais ce que je vaux, et cela me suffit...

— Je vous félicite, monsieur, de savoir ce que vous valez; il est bien possible que le monde ne s'en doute pas...

Cherami se mord les lèvres et tortille ses favoris tout en murmurant : — Ce diable d'homme n'a pas changé non plus... toujours sardonique, railleur... il ne méprise mes esprits de cette trempe... cela pique... cela émoustille. On riposte, et la conversation n'en a que plus de sel.

M. Grandcourt réprime un léger sourire et se renverse sur son fauteuil en croisant ses jambes, comme quelqu'un qui attend ce qu'on va lui dire.

— Je gagerais bien que vous devinez pourquoi je viens! dit enfin Cherami.

— C'est possible, monsieur... mais cependant je pourrais me tromper.

— Je viens encore vous demander où est ce cher neveu, mon ami Gustave?

— Il voyage, monsieur.

— Il voyage encore?... Mais, enfin, il est quelque part?

— Il était à Berlin il n'y a pas longtemps.

— Il n'y a pas longtemps... ceci est assez vague... Enfin, il vous écrit, et probablement vous lui répondez?

— Cela ne fait aucun doute...

— Par conséquent, il vous dit où vous devez lui adresser vos lettres. Eh bien, ayez la complaisance de me donner cette adresse, afin que j'écrive à Gustave vivement. Il s'agit de lui annoncer une nouvelle qui le rendra très-heureux, et probablement hâtera son retour à Paris. Quand on peut faire plaisir à un ami, il me semble qu'on ne saurait trop se presser... Est-ce que vous n'êtes pas de mon avis, cette fois?

— Peut-être, monsieur; cela dépend des suites que peut avoir le plaisir que vous voulez procurer à votre ami... Quelle est cette nouvelle si heureuse que vous avez hâte de transmettre à mon neveu, pour qu'il se presse de revenir... ne pourriez-vous m'en faire part?

— Je pourrais vous trouver bien curieux; mais vous êtes l'oncle de mon ami, et à ce titre je vous excuse. La petite femme que Gustave adorait... qu'il adore toujours... du moins il me l'a dit avant de se remettre en voyage... cette charmante Fanny... et le fait est qu'elle est fort jolie... j'ai pu l'examiner tout à mon aise quand je suis allé chez elle... figure fine, spirituelle, une voix câline, un pied comme ça un à un...

— Enfin, monsieur, cette Fanny...

— Eh bien! cher oncle, elle est veuve...

— Eh! monsieur, il y a longtemps que je sais cela. Elle est veuve parce que son mari s'est brûlé la cervelle, ce qui n'annonce pas qu'il était heureux en ménage...

— Permettez, il s'est tué parce qu'il s'était ruiné... de mauvaises spéculations à la Bourse... Mais ce n'est pas du défunt qu'il est question, c'est de sa veuve. Puisque la femme que Gustave adorait est libre, qui empêchera que plus tard, je ne dis pas tout de suite, mais enfin quand le deuil sera passé...

— Ainsi, monsieur, c'est pour ranimer cette sotte passion que mon neveu éprouvait pour une femme qui se moquait de lui, que vous espérez qu'au reçu de votre lettre il va tout quitter pour revenir à Paris.

— Je suis même capable d'aller le chercher moi-même où il est... si ce n'est pas trop loin... pas trop cher... je prendrai des troisièmes classes, ça m'est égal. Il faut faire des sacrifices à l'amitié...

— Vous n'aurez pas cette peine, monsieur; et comme je trouve, moi, que mon neveu reviendra toujours assez tôt pour revoir cette

Fanny; comme je me flatte surtout qu'alors il ne songera plus du tout à cette jeune femme, je ne vous donnerai pas son adresse.
— Ah! vraiment... Vous êtes donc toujours aussi coriace, aussi tyran qu'autrefois.
— On n'est pas un tyran, monsieur, parce qu'on empêche les étourdis de faire des sottises!... Je sais bien que maintenant on a l'habitude de donner ce nom à ceux qui veulent que l'on respecte les lois, les usages, les personnes; que l'on honore encore la vieillesse, que l'on révère ceux à qui l'on doit le jour, que l'on souhaite encore la fête à ses parents, et que l'on ne fume pas dans une pièce où il y a des dames; si vous l'entendez ainsi, oh! je suis un tyran, monsieur, et je me fais gloire de l'être.

Cherami se promène avec impatience dans le cabinet, en murmurant : — Vous allez me chercher midi à quatorze heures!... il n'est pas question de tout cela!... une fois, deux fois, voulez-vous me donner l'adresse de Gustave?
— Cent fois, non!...
— Alors, bonsoir... J'ai mon lièvre.

Et Cherami sort furieux de chez le banquier en se disant : — Si j'avais un oncle comme celui-là je le déshériterais.

XLI. — LA JEUNE VEUVE.

Pendant plusieurs jours Cherami va tous les matins s'informer au concierge de la maison du banquier, si un jeune voyageur est arrivé; mais comme il n'obtient que des réponses négatives, il se lasse de faire inutilement la même course, et se borne à y aller une fois par semaine.

Cependant le temps s'écoule, et Cherami, qui en est revenu à n'avoir plus que ce qu'il faut pour vivre, se voit de nouveau n'ayant pas en poche de quoi s'acheter un cigare.

Mais l'hiver a fait place au printemps, les beaux jours sont revenus et le ci-devant fort Arthur se promène plus que jamais en cherchant des connaissances.

Un matin, devant le Château-d'Eau, il aperçoit deux jeunes filles qui ont l'air de guetter un omnibus; il s'avance de leur côté en se disant : — Par la sambleu! je crois bien que ce sont mes gentilles plumassières... Eh! oui... ce sont elles, mesdemoiselles Laurette et Lucie!...

En s'entendant nommer, les jeunes filles se sont retournées et regardent ce monsieur, qui leur fait un beau salut. Tout à coup la brune Laurette s'écrie : — Ah! je reconnais monsieur, maintenant... c'est lui qui a causé avec nous à la Porte-Saint-Martin, l'été dernier...
— Oui, mesdemoiselles, justement... Est-ce que vous montez encore à Belleville?
— Oui, monsieur.
— Vous allez encore au restaurant du parc Saint-Fargeau?
— Non, monsieur; mais nous avons une amie qui demeure au village de l'Avenir.
— Qu'est-ce que c'est, s'il vous plaît, que le village de l'Avenir?
— Comment, vous ne le connaissez pas?
— Je n'ai jamais su lire dans l'avenir, et j'ignorais qu'il eût un village.
— C'est au bois de Romainville, un peu avant, sur des terrains d'où l'on domine une grande étendue de pays. On a bâti par là des maisons presque toutes pareilles, petites, mais bien gentilles, bien décorées, et qui ont chacune leur petit jardin. Comme cela n'est pas cher, que l'on a de grandes facilités pour le paiement, le village de l'Avenir s'est élevé tout de suite et comme par enchantement.
— Pardieu! j'irai acheter une maison par là... dès que je serai en fonds... Ah! mesdemoiselles, je vous ai bien cherchées! Si vous saviez ce que j'ai fait pour vous retrouver!...
— Nous! monsieur. Et pourquoi vouliez-vous nous retrouver?
— Pour vous offrir un spectacle et un souper...
— Tiens!... cette idée... Mais nous n'aurions peut-être pas accepté...
— Ce peut-être me rassure... ma proposition n'avait rien d'inconvenant!
— Il est certain que monsieur a l'air trop comme il faut pour qu'on se méfie de lui.
— Fichtre! se dit Cherami, quel malheur que je n'aie pas le sou... je gage qu'on accepterait maintenant!
— Et où donc nous avez-vous cherchées, monsieur?
— Mais chez tous les plumassiers du quartier Saint-Denis.
— Ah! vous auriez cherché longtemps. Nous ne sommes plus dans les plumes, nous avons changé.
— Dans quoi êtes-vous, maintenant?
— Dans les perles... nous enfilons des perles.
— Ah! c'est un fort joli état... Je n'ai jamais travaillé dans les perles, moi, et cependant je l'aurais bien voulu.
— Laurette, voilà notre voiture... viens. Adieu, monsieur.
— Quel quartier, s'il vous plaît?
— Rue des Arcis.

Les deux jeunes filles montent en omnibus; et Cherami les voit de nouveau s'éloigner. Il pousse un léger soupir, murmure contre le sort, frappe son pantalon avec sa badine, et continue sa promenade. Mais il n'a pas fait cent pas, qu'il se trouve vis-à-vis d'une jeune dame en deuil qui s'arrête en lui adressant un gracieux salut. De son côté, Cherami s'incline profondément, car il vient de reconnaître la jeune veuve d'Auguste Monléard.

— Bonjour, monsieur... Me reconnaissez-vous? dit Fanny en souriant.
— Ah! madame, il faudrait donc que je fusse miope, de la première catégorie, pour, vous ayant déjà vue, avoir oublié votre ravissante figure...
— C'est que ces vêtements de deuil changent beaucoup!
— Que vous portiez du deuil, que vous portiez du rose, que vous ne portiez rien du tout, je garantis que vous serez toujours charmante. Je préférerais même la dernière façon...
— Vous êtes galant, monsieur Cherami!
— Je suis heureux de voir que madame se souvient de mon nom.
— Je ne l'avais pas oublié, monsieur, et je désirais même beaucoup vous revoir.
— En vérité!... si j'avais pu m'en douter, madame, je me serais transporté chez vous depuis longtemps.
— Je tenais d'abord à vous remercier de la complaisance que vous avez eue de vous rendre chez mon père pour remplir une mission pénible...
— Oh! n'en parlons pas de cela, je vous en prie! Avez-vous quelque autre commission dont vous vouliez bien me charger? je suis à vos ordres... je n'ai rien à faire, disposez de moi.
— Je vous remercie, monsieur Cherami; vous connaissez M. Gustave Darlemont?
— Si je le connais!... c'est le meilleur de mes amis, mon Euriale, mon Oreste, mon Pythias... Oh! oui, madame, je le connais, et je l'apprécie... c'est un charmant garçon qui mérite bien d'être aimé.
— Monsieur Cherami, dites-moi, franchement... et maintenant il me semble que vous n'auriez aucune raison pour me cacher la vérité... est-ce Gustave qui vous avait prié de vous battre avec mon mari?
— Ah! madame sait que c'est moi qui...
— Qui avez eu un duel avec M. Monléard, sans doute; oh! mais rassurez-vous, je ne vous en veux pas du tout pour cela.
— Elle est charmante! se dit Cherami; je crois qu'elle ne m'en aurait pas voulu davantage si j'avais tué son mari.
— Seulement, monsieur, reprend Fanny, veuillez me dire pourquoi vous m'avez appelée perfide lorsque vous m'avez vue passer?
— Eh! mon Dieu! belle dame, la chose est bien facile à comprendre. J'avais dîné avec ce pauvre Gustave chez le traiteur où se faisait votre noce. Pendant tout le repas, ce cher ami était si désolé, que cela faisait peine à voir... il ne mangeait pas, ne buvait pas... J'étais obligé de dîner pour deux, et à chaque instant, de le retenir pour qu'il n'allât point vous chercher au milieu de votre noce...
— En vérité!... Pauvre garçon! il était si chagrin que cela!...
— Le soir, il avait parlé à votre sœur et lui avait fait promettre qu'en revenant pour le bal, elle lui ferait avoir un entretien avec vous...
— Ma sœur ne m'a jamais dit un mot de tout cela... Cette Adolphine est singulière...
— Il paraît, au contraire, qu'elle a fait prévenir l'oncle de Gustave afin qu'il vînt chercher et emmener son neveu.
— De quoi se mêlait-elle?
— L'oncle est venu, il a forcé son neveu à le suivre; je suis resté seul... J'avais bu pas mal de punch, j'étais monté à une noce qui se faisait au-dessus de la vôtre. En sortant de là, échauffé par la danse, et songeant toujours à mon pauvre ami, je vous ai aperçue et j'ai lâché ce mot... que je retire aujourd'hui, en vous demandant un million d'excuses de l'avoir prononcé.
— Vous êtes tout pardonné. Ainsi, Gustave n'est pour rien dans ce duel?
— Il l'ignorait même complètement lorsqu'il est revenu d'Espagne.
— Et, savez-vous où il est à présent, Gustave?
— Hélas non!... en Prusse, je crois. J'ai été plusieurs fois pour m'en informer; mais il a un oncle qui est bien l'homme le plus désagréable!... s'il ne tenait pas de si près à mon ami, je lui aurais déjà flanqué un bon coup d'épée. Mais il faudra cependant bien que Gustave revienne... je guette son retour.
— Quand vous aurez de ses nouvelles, vous serez bien aimable de venir m'en donner. Voici ma nouvelle adresse.
— Croyez, madame, que je serai trop heureux de vous prouver mon zèle.
— Adieu, monsieur Cherami.
— Madame, recevez tous mes hommages.

La jolie veuve s'éloigne et Cherami se dit : — Je ne sais pas si elle aime sincèrement Gustave, mais ce qu'il y a de certain, c'est qu'elle grille de le revoir.

— Vous avez désiré me parler, monsieur. (Page. 50.)

XLII. — ORESTE ET PYLADE.

Il y a plus de six mois que Fanny est veuve, lorsqu'un jour, en se rendant à la demeure de M. Grandcourt, Cherami en voit sortir Gustave, il pousse un cri de joie et va se jeter dans les bras du jeune voyageur, en s'écriant : — *Tandem! denique!*... le voilà donc enfin!... ce n'est pas malheureux!... fichtre, l'absence a été longue, mais il faut espérer que ce sera la dernière.

— Bonjour, mon cher Arthur, dit Gustave en serrant la main de Cherami. Vous veniez donc chez mon oncle?

— Votre oncle!... ah! sapristi, il est gentil votre oncle, parlons-en... mais je suis venu cent fois... je voulais avoir votre adresse pour vous écrire, aller vous chercher... pas moyen d'obtenir de votre oncle le moindre renseignement... Quand êtes-vous revenu?

— Hier soir, à neuf heures; mais pourquoi désiriez-vous tant savoir où j'étais... qu'avez-vous donc de si important à m'apprendre?

— Votre oncle ne vous a donc rien dit?

— Nous avons, ce matin, causé d'affaires... de négociation, voilà tout...

— Ah! le vieux renard... il n'y a pas de danger qu'il vous ait appris ce qui vous intéresse le plus...

— Alors, dites-le moi vite, Cherami.

— Votre passion, cette petite femme que vous aimez tant...

— Fanny... grand Dieu! elle est morte?

— Eh non! elle n'est pas morte, elle se porte à ravir, elle est toujours aussi jolie et de plus... elle est veuve.

— Veuve!... ah! mon Dieu!... il serait possible...

— C'est plus que possible, ça est; son mari jouait à la Bourse, il s'y était ruiné, alors, crac! un coup de pistolet... vous comprenez...

— Ah! quel malheur! mais c'est affreux cela; et depuis combien de temps?

— Presque immédiatement après votre départ...

— Pauvre Fanny! elle qui croyait trouver le bonheur dans cette union... combien elle doit avoir éprouvé de chagrin... que de larmes elle a dû verser...

— Mon cher Gustave, vous ne connaissez pas du tout cette jeune femme... elle a une très-grande force de caractère... elle a reçu la nouvelle de la mort de son mari avec un courage, une stoïcité digne de ces Lacédémoniennes qui envoyaient leurs fils au combat en leur ordonnant d'être vainqueurs ou de ne point revenir.

— Comment pouvez-vous savoir cela, Cherami?

— Pardieu!... parce que c'est à moi que son mari avait confié ses dernières volontés et la commission d'aller apprendre sa mort à sa femme...

— A vous, qui vous étiez battu en duel avec lui?

— Justement, ce duel nous avait rendu les meilleurs amis du monde... je vous dirai tout cela plus en détail une autre fois; sachez seulement que la jeune veuve, qui est déjà très-consolée, ne cesse point de parler de vous, de demander de vos nouvelles, de s'informer si vous reviendrez bientôt.

— Est-ce bien vrai... ne me trompez-vous pas?... Fanny pense à moi?

— C'est comme j'ai l'honneur de vous le dire, et, entre nous, je crois qu'elle n'a jamais eu d'amour pour son mari... ce qui explique pourquoi elle l'a peu regretté.

— Tout ce que vous m'apprenez me surprend à un point... Je n'en reviens pas, Fanny veuve... Fanny libre...

— Oui, veuve, et depuis six mois passé déjà... A propos... et c'est la première question que j'aurais dû vous faire... l'aimez-vous toujours?

— Si je l'aime toujours... Ah! mon cher Arthur, pouvez-vous en douter!

— Il me semble que vous auriez eu parfaitement le temps et le droit de l'oublier... Je crois me rappeler que c'est dans cette espérance que vous étiez parti.

— C'est possible, mais je n'ai pu y parvenir. J'ai cherché à me distraire... à devenir amoureux d'autres femmes... Je croyais l'être un jour... mais l'illusion se dissipait bien vite... et puis, la dernière fois que j'avais rencontré Fanny, elle s'était montrée si aimable avec moi, que ce souvenir n'était pas fait pour dissiper mon amour!...

— Alors vous l'aimez... vous en êtes sûr.

— Ha ça, mon cher, pourquoi donc me demandez-vous cela?...

— Ah! c'est que... j'avais pensé à autre chose, et si vous n'étiez plus épris de la veuve... mais du moment que vous en êtes encore toqué, c'est bien, c'est fini, et je crois que maintenant les choses iront à votre gré!

— Dès aujourd'hui j'irai voir Adolphine, la sœur de Fanny.

— Et pourquoi n'iriez-vous pas chez Fanny elle-même, il me semble que ce serait bien plus court... Je puis vous donner son adresse.

— Ah! vous n'y pensez pas, mon ami! que j'aille tout de suite

Ah! tu veux du balai!... Eh! bien! tu en auras!... (Page. 53.)

chez cette jeune femme... moi, qui ne la voyais plus depuis son mariage... ce ne serait pas convenable... il faut qu'elle m'y autorise d'abord.

— Puisqu'elle vous avait engagé à aller la voir étant mariée, il me semble qu'elle peut bien vous recevoir étant veuve...

— Sans doute, mais pas tout de suite ; il faut que je la revoie avant chez son père... elle doit y aller souvent, maintenant...

— J'aimerais mieux vous voir aller chez la petite veuve que chez son père.

— Pourquoi cela?

— Ah! pourquoi... C'est encore une suite de mon idée de tout à l'heure... Mais, enfin, faites comme vous l'entendrez, le principal est que vous arriviez à être heureux et à rester à Paris... parce que je m'ennuie pendant que vous voyagez... Parole d'honneur, il me manque quelque chose !...

— Ce cher Arthur... je suis vraiment sensible à l'intérêt que vous prenez à ce qui me touche... et vous, mon ami, êtes-vous heureux... faites-vous de bonnes affaires?

— Je ne peux pas en faire de mauvaises, puisque je n'en fais pas du tout !... Je suis content... parce que je suis philosophe... Je suis heureux... quand j'ai mon lièvre... mais je ne l'ai pas depuis quelque temps...

— Je gage que vous n'avez pas d'argent?

— Vous gagneriez bien souvent en gageant cela !...

— Et vous ne m'en parliez pas, ne suis-je plus votre ami?

— Mon cher Gustave, vous me rendez confus... mais je vous en dois déjà, et...

— Qu'importe cela... est-ce que l'on compte entre amis!... le plus heureux n'est-il pas celui qui peut obliger l'autre?...

— Cré coquin!... si tous mes amis d'autrefois avaient pensé comme vous...

Gustave prend son portefeuille, en tire un billet de banque et le glisse dans la main de Cherami, en lui disant : —Tenez, mon brave, quand vous n'en aurez plus, vous me le direz... Maintenant, adieu, je vous quitte, je cours chez M. Gerbault; aujourd'hui je dîne avec mon oncle, mais si vous voulez dîner avec moi demain, trouvez-vous à six heures devant le passage de l'Opéra...

— Si je le veux !... Par la sambleu !... mais ce sera pour moi une fête...

— En ce cas, adieu et à demain.

Gustave est déjà loin, et Cherami le regarde encore en se disant : Voilà bien la perle des amis ; je ne connais point les perles dans lesquelles mesdemoiselles Laurette et Lucie travaillent, mais un véritable ami est plus précieux que tous les trésors de Golconde, et plus rare aussi. J'ai été sur le point de lui parler de certaine idée qui m'est venue... relativement à la petite Adolphine, la sœur de la jolie veuve.. mais j'ai réfléchi que je ferai mieux de n'en rien dire... à quoi cela lui servirait-il de lui apprendre que je crois la pauvre Adolphine amoureuse de lui... puisque c'est toujours Fanny qu'il aime... cela lui ferait de la peine et voilà tout... il n'oserait plus aller chez le papa Gerbault pour parler de sa chère Fanny... décidément, j'ai bien fait de me taire... Voyons donc ce qu'il m'a glissé dans la main... généreux Gustave... il est capable de m'avoir encore prêté cinq cents francs..

Cherami développe le billet de banque qu'il tenait serré dans sa main et demeure tout saisi en voyant qu'il est de mille francs.

Après s'être bien assuré qu'il ne se trompe pas, Cherami fourre le billet dans son porte-cigare, en murmurant : — Mille francs!... il m'a donné mille francs, en me disant : quand vous n'en aurez plus, vous me le direz... Ah! sacrebleu! cette fortune inattendue me bouleverse... la conduite de ce jeune homme me remue... elle me fait presque rougir de la mienne... Voyons Arthur, mon bel ami, est-ce que tu vas continuer tes bamboches... tes folies !... et parce que tu as rencontré un brave garçon qui te donne de l'argent sans compter, est-ce que tu vas comme à ton ordinaire manger cet argent comme tu as mangé ta fortune ? Eh bien ! non, par la sambleu, il ne sera pas, je veux me montrer digne d'être l'ami de Gustave... à dater de ce jour je change de conduite, je deviens raisonnable, je mets de l'eau dans mon vin... et pour commencer, je vais aller dîner à trente-deux sous.

Pendant que Cherami prend ces belles résolutions, Gustave se rend en toute hâte chez M. Gerbault.

Adolphine était seule et tâchait, en travaillant son piano, de trouver quelques distractions à la peine secrète qui minait son cœur. Depuis quelque temps la sœur de Fanny était bien changée, on ne souffre pas impunément d'un amour véritable ; à dix-neuf ans, un tel sentiment occupe tous nos moments, revient dans toutes nos pensées. Les traits de la jeune fille étaient altérés, sa figure amaigrie, pâle, conservait sans cesse une expression de mélancolie qu'elle s'efforçait, mais en vain, dans le monde, de cacher sous un sourire, et la société de sa sœur n'était pas faite pour la distraire, car celle-ci l'entretenait presque toujours de celui qu'elle aurait voulu oublier.

Madeleine, qui a reconnu Gustave, ne juge pas nécessaire de l'annoncer et le laisse entrer dans la chambre de sa maîtresse, que l'on entend jouer du piano. Le jeune homme s'avance tout doucement, va se placer derrière Adolphine, et ce n'est qu'au bout d'un moment, en regardant dans la glace qui est au-dessus du piano, que la jeune fille aperçoit celui qui est derrière elle. Alors un cri lui échappe, elle murmure le nom de Gustave, puis ses traits se couvrent d'une pâleur effrayante, et ses regards se baissent vers la terre.

— Mon Dieu! chère Adolphine... qu'avez-vous? s'écrie le jeune homme effrayé, voulez-vous que j'appelle?...

Mais Adolphine lui fait signe de rester et lui presse la main en balbutiant : — Ce n'est rien... la surprise... l'émotion... je m'attendais si peu à vous voir... mais c'est passé... Comment, monsieur Gustave, vous voilà de retour.

— Oui, ma bonne petite sœur... vous ne m'attendiez donc plus... vous pensiez donc ne plus me revoir?...

— Oh! je ne dis pas cela... je trouvais au contraire que votre absence était bien longue cette fois...

— J'ai été près de sept mois éloigné... et pendant ce temps... j'ai appris qu'il s'était passé ici... bien des événements...

— Ah!... vous savez...

— Oui, je sais que votre sœur est veuve...

— Qui donc vous a déjà appris cela?...

— C'est Cherami, vous savez, ce monsieur qui était avec moi... le jour de...

— Oh! je connais ce monsieur... c'est lui aussi qui est venu nous apprendre la mort fatale de ce pauvre Auguste, je ne sais comment cela se fait, mais votre M. Cherami se trouve toujours mêlé dans tout cela... tout le monde le prend pour confident!... Depuis quand êtes-vous de retour?

— D'hier au soir seulement.

— C'est donc à force d'avoir pensé à venir ici... mon père est sorti, mais il ne tardera pas à rentrer...

— Tant mieux, car je serai bien aise de lui parler... J'espère que maintenant il ne trouvera pas mauvais que je vienne ici... comme autrefois?

Adolphine ne peut réprimer un mouvement nerveux, tout en répondant : — Ah! vous désirez revenir chez nous... oui... je comprends... vous ne craignez plus de vous rencontrer avec Fanny...

— Est-ce que vous pensez que je devrais encore éviter sa présence, dites, ma bonne Adolphine?

— Moi... oh! je ne pense rien... Pourquoi voulez-vous que je pense cela... d'ailleurs je ne puis pas lire dans votre cœur... et j'ignore s'il ressent toujours les mêmes sentiments qu'autrefois...

— Ah! je puis bien vous le dire, à vous... qui m'avez toujours traité comme votre frère; pourquoi, d'ailleurs, vous en ferais-je un mystère... Oui, j'aime Fanny comme autrefois, son image n'a pas cessé un seul jour d'être présente à ma pensée... Mon amour, quoique sans espérance, était toujours le même... Ah! jugez donc si je puis cesser de l'aimer à présent qu'il m'est encore permis d'entrevoir le bonheur dans l'avenir.

Adolphine a passé sa main sur son front, elle fait un effort sur elle-même en répondant : — Ah! c'est bien d'aimer comme cela... avec une constance que le temps... l'absence n'ont pu ébranler... c'est bien... et une femme ne saurait payer par trop d'amour des sentiments aussi vrais... aussi purs que les vôtres...

— Et maintenant que nous sommes seuls, dites-moi, ma chère Adolphine, croyez-vous que Fanny m'accueillera bien?... pensez-vous que ma constance la touchera?... son cœur y sera sensible?... L'ambition, le désir de briller lui avaient fait me préférer M. Monléard. Je puis bien pardonner à sa jeunesse d'avoir plutôt écouté la vanité que l'amour... car je ne crois pas qu'elle en ait jamais eu beaucoup pour son mari...

— Oh non, je ne le crois pas non plus...

— Alors sa mort ne lui a pas causé un bien grand chagrin...

— Elle a beaucoup regretté sa fortune, voilà tout!...

— Quelle est sa position maintenant.

— Deux mille cinq cents francs de rente... Mon père lui avait offert de revenir demeurer avec nous, mais elle a préféré rester chez elle.

— Deux mille cinq cents francs! c'est bien peu quand on a eu un équipage à ses ordres.

— C'est bien assez pour quelqu'un qui ne place pas le bonheur dans la richesse.

— Vous, Adolphine, qui n'avez pas les goûts de votre sœur, vous pensez ainsi, mais toutes les femmes ne vous ressemblent pas... Fanny aime le monde... elle est peut-être un peu coquette... c'est un défaut bien excusable... Grâce au ciel, ma position me permet maintenant à même de satisfaire les goûts de celle qui sera ma compagne. Je gagne dix mille francs, je ne lui donnerai pas une voiture dans sa remise, des chevaux dans son écurie, mais elle aura le moyen de ne point sortir à pied quand cela lui sera agréable... Adolphine, vous ne me répondez pas... pensez-vous que Fanny voudra bien être ma femme?

— Oh! maintenant que vous gagnez dix mille francs par an... elle agréera sans doute votre recherche.

Gustave pousse un soupir en murmurant : — Alors... si je n'avais pas cela à lui offrir, elle me refuserait encore... voilà ce que vous voulez dire!...

— Mais non... mon Dieu, je n'ai pas voulu vous faire de la peine, monsieur Gustave, j'ai eu tort de vous dire cela... Fanny doit vous aimer... pourquoi ne vous aimerait-elle pas?... elle serait donc bien ingrate... vous qui lui avez donné la preuve de tant d'amour, de tant de constance... qui lui avez pardonné le chagrin qu'elle vous a causé... certainement qu'elle vous aime... vous serez heureux avec elle... mais... voyez-vous... je ne puis pas toujours parler de cela... parce que ça m'inquiète... ça me tourmente pour vous... mon Dieu, je me sens toute étourdie...

Gustave examine plus attentivement la jeune fille et s'écrie : — Mais je n'avais pas encore remarqué... comme vous êtes changée... maigrie... vous avez donc été malade, ma petite sœur?

— Ah! vous vous en apercevez maintenant... mais non, je ne suis pas malade... je n'ai rien... j'ignore pourquoi je change...

— Souffrez-vous quelque part?

Adolphine lève ses beaux yeux vers le ciel, en disant : — Non... je ne souffre pas...

— Oh! je ne veux pas que vous soyez malade, moi... je veux que vous repreniez vos belles couleurs d'autrefois, et à présent que me voilà de retour, je veillerai sur votre santé.

— Merci... merci... vous viendrez donc nous voir souvent?

— Je l'espère bien, et votre sœur, vient-elle souvent ici?...

— Les jeudis, parce que nous avons du monde... quelquefois encore dans la journée...

L'arrivée de M. Gerbault met fin à cette conversation. Il accueille fort bien Gustave, et celui-ci ne lui cache pas tout le plaisir qu'il aura à revenir chez lui; il ne lui parle pas de Fanny, ne voulant pas, pour la première fois qu'il le revoit, l'entretenir déjà de ses nouvelles espérances; mais il trouve adroitement le moyen de faire connaître la position qui lui permettra, en se mariant, d'offrir un sort heureux à celle qui portera son nom.

Maintenant que sa fille aînée est veuve, M. Gerbault ne voit plus aucun inconvénient à ce que Gustave se retrouve avec elle; et il est le premier à engager le jeune homme à revenir chez lui comme autrefois. Gustave est enchanté, il serre la main de M. Gerbault, presse celle d'Adolphine, et s'éloigne sans remarquer que l'abattement de celle-ci est encore augmenté.

XLIII. — RÉFORME COMPLÈTE.

Le lendemain, à six heures, Cherami, mis avec une recherche qui lui rendait sa belle tournure et son élégance d'autrefois, se promenait devant le passage de l'Opéra. Déjà, quelques-uns de ses amis de plaisir, qui ne le saluaient plus depuis qu'il avait un paletot râpé, s'étaient arrêtés en le regardant et avaient fait le mouvement d'aller à lui, mais Cherami faisait alors une demi-pirouette sur ses talons, en se disant : — Passe ton chemin, canaille!... je sais ce que tu vaux, toi!... tu ne me regardais pas quand j'étais pauvre!... tu me reconnais parce que je suis bien mis... retro!... j'ai assez de tout ce monde-là!

Gustave ne tarde pas à arriver; il ne peut retenir une exclamation de surprise en considérant celui qui maintenant pourrait encore se dire : le bel Arthur.

— Sapristi, mon cher! excusez l'étonnement que je manifeste, dit Gustave; mais en vérité dans le premier moment je ne vous reconnaissais pas... vous êtes superbe, là, sans compliment, vous portez on ne peut mieux une belle toilette.

— C'est un reste d'habitude d'autrefois.

— Et pourquoi vous êtes-vous fait si beau?

— C'est bien le moins que je fasse honneur à un ami tel que vous!...

— Allons dîner et nous causerons.

— Je suis à vos ordres.

Ces messieurs entrent au café anglais, et Gustave dit à son compagnon : — Commandez, vous vous y entendez bien.

— Pardon, mais je ne commande plus, répond Cherami, j'y allais comme une corneille qui abat des noix... je ne veux plus suivre cette marche; à vous de commander.

— Que signifie cela... vous, un homme qui entendait si bien la vie...

— Je l'entendais fort mal au contraire, et je change tout cela... réforme complète, il vaut mieux tard que jamais.

Gustave se décide à faire le menu du dîner; mais à chaque instant son convive lui dit : — Assez... en voilà bien assez... et nous ne changerons pas de vin.

— O ma foi, mon cher, vous ne prendrez que ce que vous voudrez, mais je veux demander ce qui me plaît; je ne suis pas devenu hermite, moi.

— Faites, vous êtes le maître... je me griserai si vous l'exigez, je dois vous obéir.

Pendant tout le premier service, Cherami met de l'eau dans son vin, et se montre très-sobre.

— Je ne vous reconnais plus, dit Gustave.
— Tant mieux! je vise à ne plus être reconnaissable; mais parlons de vos affaires : avez-vous été chez le papa Gerbault?
— Oui; j'ai vu Adolphine, la jeune sœur de Fanny, toujours bonne, aimante, disposée à me servir.
— Je la crois très-sensible, en effet.
— Seulement je l'ai trouvée fort changée; elle est maigrie, sa fraîcheur a disparu... on dirait que cette jeune fille a un fonds de chagrin?
— Il n'y aurait rien d'impossible à cela... pauvre petite! et vous lui avez dit que vous aimiez toujours sa sœur?
— Certainement; je lui ai laissé comprendre toutes les espérances que la nouvelle position de Fanny me permettait de concevoir... oh! je ne lui fais pas un mystère de mon amour pour sa sœur.
— Cela a dû lui faire bien plaisir!...
— Adolphine s'intéresse à mon bonheur; si elle peut me servir près de Fanny elle le fera, j'en suis certain...
— Elle en est capable... mais voyez-vous, si vous m'en croyez... vous irez directement chez la jeune veuve sans que la petite sœur serve toujours de témoin à vos amours... c'est un métier dangereux pour un cœur de dix-neuf ans... quand on voit les autres s'aimer, cela peut donner envie d'aimer soi-même.
— Mon cher Arthur, je ne demande pas mieux que d'aller chez madame Monléard, mais encore faut-il auparavant que je l'aie revue chez son père... qu'elle m'ait permis d'aller chez elle.
— Soyez tranquille, elle vous le permettra; et votre oncle, lui avez-vous parlé de vos nouvelles espérances?
— Non, vraiment! il n'aime pas Fanny... il sera toujours assez à temps quand les choses seront prêtes à se conclure.
— Ha çà, si on veut vous voir maintenant, où vous trouvera-t-on... car je ne veux plus m'adresser à votre oncle, c'est un vieux taquin avec lequel je ne m'entends guère... il a une façon de me regarder... si ce n'était pas votre oncle, je vous certifie que nous aurions déjà dégainé.
— Mon cher, je vous assure, moi, que mon oncle est un excellent homme... très-juste au fond... un peu entêté quand il a mal jugé les personnes, mais qui revient fort bien sur ses jugements lorsqu'on lui a prouvé qu'il a tort.
— Bel effort qu'il fait là.
— Il a de la prévention contre Fanny, il la croit incapable d'aimer; lorsqu'elle me rendra heureux, il sera le premier à convenir qu'il avait tort. Quant à moi, j'ai accepté un fort joli logement dans sa maison, où je resterai jusqu'à ce que je me marie.
— Dans la maison de votre oncle!... alors on ne pourra pas vous voir sans sa permission.
— Détrompez-vous : mon logement est tout à fait séparé du sien, au second sur le devant.
— Et le concierge vous connaît-il, maintenant?
— Oui, soyez tranquille, il sait mon nom... Voyons, mon brave, buvons du champagne à mes amours... à mon union avec Fanny...
— Vous tenez à boire du champagne?
— Certainement.
— Si vous y tenez!... nous aurions pu nous contenter de ce bordeaux, qui est parfait.
— Mais que signifie cette sagesse! et quelle révolution s'est opérée en vous... qui donc a fait ce miracle?
— Qui... vous ne vous en doutez pas?
— Ma foi non.
— Eh bien, c'est vous, mon cher Gustave...
— Moi... pas possible...
— C'est pourtant la vérité : voilà deux fois que vous m'obligez... et avec tant de grâce... de générosité...
— Ah! je vous en prie...
— Laissez-moi parler, sacrebleu! ce n'est pas de la blague que je veux faire ici, et vous me croirez, parce que rien ne m'oblige à mentir. Quand j'ai un retour sur moi-même... je me suis dit que si je n'étais plus jeune, cependant je n'étais pas encore assez vieux pour vivre aux crochets des autres. Enfin, je ne veux plus jeter l'argent par la fenêtre... il y a mieux, j'éprouve maintenant le désir de faire quelque chose... de travailler et de m'occuper... Je me moquais des commis... de ces gens employés dans les bureaux... eh bien, trouvez-moi une place comme cela, mon ami, et je vous certifie que je la remplirai de façon à ce qu'on ne me mette pas à la porte.
Gustave prend la main de Cherami, et la presse dans la sienne, en lui disant : — C'est bien ce que vous voulez faire là... je ne saurais vous blâmer de ces bonnes résolutions... si vous y persistez, eh bien, je chercherai... je vous trouverai quelque chose...
— Oh! je persisterai, c'est un parti pris.
— En attendant, comme il ne faut jamais pousser les choses à l'excès, il ne vous est pas défendu de boire du champagne, pourvu qu'on ne se grise pas avec.
— Soit, buvons-en.
— A mes amours!
— A vos amours... mais croyez-moi... faites vos affaires vous-mêmes... et n'en chargez plus la petite sœur.

— La croyez-vous donc capable de me desservir près de Fanny?
— Non... Oh! Dieu m'en garde... elle vous aime trop pour vous desservir près de personne... mais... en amour, j'ai remarqué qu'il ne fallait jamais employer d'ambassadeur... c'est du temps de perdu.
— Je suivrai vos conseils. Jeudi je verrai Fanny chez son père, et je lui demanderai la permission d'aller chez elle.
— Comme cela, se dit en lui-même Cherami, cette pauvre petite n'aura pas au moins leurs amours sous les yeux.

XLIV. — COQUETTERIES.

Le jeudi était arrivé, et ce jour-là quelques amis fidèles et quelques connaissances, moins fidèles, venaient le soir faire sa partie chez M. Gerbault. Parmi les fidèles, on comptait M. Clairval et M. Batonnin; parmi ceux qui n'étaient pas de hasard, on avait encore quelquefois le jeune Anatole de Raincy qui, en homme bien élevé, ne s'était pas formalisé du refus qu'Adolphine avait fait de sa main, et toujours grand amateur de musique, ne voulait point pour cela renoncer au plaisir de faire encore des duos avec elle.
Depuis que Fanny était veuve, elle venait régulièrement dîner chaque jeudi chez son père; sa conversation piquante, son humeur enjouée, que le veuvage avait fait taire quinze jours au plus, ne contribuaient pas peu à donner de l'entrain à la réunion du soir. La jeune femme, qui savait qu'Anatole de Raincy avait demandé la main d'Adolphine, qui l'avait refusé, n'avait pas manqué, en se trouvant avec ce monsieur, de lui lancer des œillades qui auraient bien pu lui tourner la tête, si, pour séduire ce jeune homme, il n'avait pas fallu avant tout posséder une jolie voix, et Fanny ne chantait que fort peu, et ce que l'on appelle assez juste.
Aussi M. de Raincy n'avait pas répondu aux œillades de la jolie veuve, qui avait dit bientôt à sa sœur : — Décidément, c'est un véritable serin que ce M. Anatole, il ne doit vivre que de mouron.
Ce jour-là, en se trouvant avec sa sœur, qu'elle n'avait pas vue de la semaine, Adolphine éprouva un malaise qu'elle s'efforça de surmonter, en lui disant bien vite : — Je pense que tu verras ici ce soir quelqu'un dont la présence ne te sera pas désagréable.
— Ah!... et qui donc attendez-vous ce soir?
— M. Gustave Darlemont.
— Gustave!... il serait possible... Quoi! Gustave est de retour et tu ne me l'avais pas dit...
— Tu ne fais que d'arriver, je ne pouvais pas te le dire plus tôt.
— Mais depuis quand est-il revenu... quand donc l'as-tu vu?...
— Il est venu nous voir lundi; je crois qu'il était arrivé de la veille...
— Quoi!... il est ici depuis lundi... et je ne le savais pas... et il va venir... j'en suis bien sûre... mon père l'a engagé pour ce soir?
— Mon père ne l'a pas positivement engagé pour ce soir... mais il sait que nous recevons les jeudis... et Gustave a témoigné le désir de revenir chez nous... et puis, il sait qu'il t'y rencontrera.
— T'a-t-il beaucoup parlé de moi... a-t-il toujours l'air de m'aimer... oh! conte-moi bien tout ce qu'il t'a dit, petite sœur, n'oublie rien... c'est bien important, il faut que je sache à quoi m'en tenir...
Adolphine fait un effort sur elle-même et répond d'une voix altérée par l'émotion : — Oui, M. Gustave m'a dit qu'il t'aimait toujours, qu'il n'avait jamais cessé de penser à toi.
— Oh! que c'est gentil cela... en voilà de la constance... et on dit que les hommes ne savent pas être fidèles... ces pauvres hommes!... comme on les calomnie... Ce cher Gustave... alors est bien content que je sois veuve...
— Tu penses bien qu'il n'a pas pu dire cela...
— Non, non, mais il le pense, cela suffit... et il va venir... mon Dieu... suis-je bien coiffée... il me semble que ce bonnet-là me cache trop le front...
— Tu es fort bien... et d'ailleurs, n'est-on pas toujours bien quand on plaît!...
— Oh! ma chère amie, pour plaire il faut toujours tâcher d'être jolie.
Et Fanny court devant une glace, se coiffe, se décoiffe, remet et met son bonnet, puis finit par le jeter de côté en disant : — Décidément, je suis mieux en cheveux.
— Mais, ma sœur, je croyais que ton deuil exigeait...
— Ma chère amie, il y a plus de six mois que je suis veuve, j'ai le droit de me coiffer comme bon me semble, et quand on a de beaux cheveux, ce n'est jamais un crime de les montrer.
Pendant le dîner, Fanny ne cesse point de parler de Gustave; Adolphine se laisse parler sa fille ainée, mais il conserve un air sérieux et porte fréquemment ses regards sur Adolphine. Depuis que celle-ci s'est évanouie en croyant que Gustave était mort, une lumière subite s'est faite dans l'esprit du père de famille; mais il n'a rien laissé paraître, il respecte le secret de sa jeune fille, quoiqu'au fond le cœur lui soit d'autant plus touché de ses souffrances, qu'il ne voit aucun moyen de les faire cesser.
Fanny a trouvé le dîner horriblement long; elle demande le café avant que son père ait achevé son dessert, puis à chaque instant elle quitte la table pour aller se mirer. Cela se renouvelle si souvent,

que M. Gerbault ne peut s'empêcher de lui dire en souriant : — Ma chère amie, pour une veuve il me semble que tu es bien coquette!...

Mais Fanny s'empresse de répondre : — Mon père, je trouve qu'une veuve est plus excusable d'être coquette qu'une femme mariée; car enfin, une veuve est libre.

— Oui, sans doute, surtout lorsqu'il y a longtemps qu'elle l'est.

— Mais ce n'est donc rien que six mois!... et je suis dans le septième...

— Si fait! si fait!... c'est égal, le conte de la *matrone d'Ephèse* ne me semble plus invraisemblable !

— Qu'a-t-elle fait, votre *matrone d'Ephèse*, je ne connais pas cette histoire-là.

— C'est un conte, mais cela pourrait bien, en effet, devenir de l'histoire.

— Ah ! n'a-t-on pas sonné ?

— Je n'ai rien entendu.

— Comme votre monde vient tard...

— Y penses-tu .. il n'est que sept heures...

— Vous croyez... votre pendule retarde...

— Elle va très-bien.

— Ah ! je ne sais pas ce que j'ai... je ne puis pas tenir en place.

Adolphine suit des yeux sa sœur en se disant : — Est-ce l'amour qu'elle éprouve pour lui qui la rend si coquette... si impatiente... C'est singulier; quand il devait venir autrefois, je ne pensais jamais à aller me mirer... je ne pensais qu'à lui et à moi...

Enfin, la sonnette se fait entendre : c'est M. Clairval, l'homme froid, phlegmatique et peu parleur. Puis, c'est madame de Mirallon, qui est toujours en grande toilette, même lorsqu'elle va en petite soirée. Puis arrivent un avocat et un médecin, grands amateurs de whist, et qui s'y disputent toujours; l'un voulant que l'on joue le *singleton*, l'autre déclarant qu'un bon joueur ne se permettrait jamais cela.

A chaque coup de sonnette, Fanny a vivement regardé vers la porte; elle fait une petite moue toute effarée en voyant que ce n'est pas celui qu'elle attend qui entre dans le salon. Elle murmure à demi voix : — Il se fait bien désirer, ce monsieur !... puis elle court à sa sœur.

— Adolphine, es-tu sûre qu'on lui a bien dit jeudi; vous avez peut-être dit un autre jour.

— Non... d'ailleurs, il sait bien que nous avons toujours eu le jeudi...

— Il sait... il sait... quand on voyage tant on peut bien oublier... Il est huit heures passées, tu vois bien qu'il ne vient pas...

— Ce n'est pas tard, huit heures... sois tranquille, il viendra...

— Tu le crois...

— Oh ! j'en suis sûre...

— Tu es bien persuadée qu'il m'aime encore, toi ?

— Si cela n'était pas, pourquoi me l'aurait-il dit ?

— Ah ! ma chère... on dit tant de choses que l'on ne pense pas...

— En amour, je ne comprends pas qu'on mente...

— Ah ! tu me fais rire... c'est surtout en amour que l'on ment...

On sonne... ah ! cette fois ce doit être lui...

L'attente de Fanny est encore trompée, c'est M. Batonnin qui se présente, toujours le sourire sur les lèvres et cadençant ses paroles.

— Quel ennui, murmure la jeune veuve en faisant un bond sur sa chaise, c'est ce vilain Batonnin... l'homme à la poupée, comme nous l'avions surnommé dans nos cercles.

— Tu n'aimes pas ce monsieur? il allait chez toi, cependant...

— Eh bien, qu'est-ce que cela prouve ! est-ce que dans le monde on aime toutes les personnes que l'on reçoit... les trois quarts du temps, au contraire, le plus grand plaisir que l'on prenne, c'est de passer en revue ceux que l'on a chez soi et de les dénigrer tous.

— Ah ! quel triste plaisir... mais avec qui peut-on se le procurer, car enfin, si vous dites du mal de tout le monde...

— On prend un nouveau venu, on s'assoit avec lui dans un petit coin du salon, et là, sous prétexte de lui faire connaître la société, on habille tout son monde... Ah ! c'est bien amusant...

— Mais le nouveau venu, s'il n'est pas un imbécile, doit se dire : dès que je serai parti on en dira autant sur moi...

— Ah ! on n'attend même pas qu'il soit parti pour cela.

M. Batonnin, après avoir salué M. Gerbault et les personnes qui jouent, s'approche des deux sœurs : — Comment se portent la charmante veuve et son aimable sœur ?... La rose... et le bouton... ou plutôt deux boutons... ou deux roses... car l'une et l'autre... étant des fleurs... et les fleurs étant sœurs, et ayant des épines, alors...

— Voyons, monsieur Batonnin, décidez-vous, je voudrais bien savoir si je suis une rose ou un bouton, dit Fanny en regardant le monsieur d'un air moqueur.

— Madame n'étant plus demoiselle, vous êtes nécessairement une rose...

— A la bonne heure, me voilà fixée, et ma sœur est un bouton.

— Oui, sans doute... seulement je remarque avec peine que ce charmant bouton penche un peu sur sa tige depuis quelque temps...

— Adolphine, entends-tu, M. Batonnin trouve que tu penches sur ta tige, ce qui probablement veut dire que tu perds de ta fraîcheur...

— Ce n'est pas positivement cela que j'ai voulu dire...

— Ne vous défendez pas, monsieur Batonnin; d'ailleurs, vous avez raison, depuis quelque temps ma sœur change, elle nous assure qu'elle n'est point malade, qu'elle ne souffre pas... moi je suis persuadée qu'elle a quelque chose... mais elle ne veut pas me prendre pour confidente...

— C'est parce que je n'ai rien à te confier, répond Adolphine d'un ton sérieux, et il me semble que monsieur aurait bien pu se dispenser de nous amener sur ce sujet...

— Mademoiselle, excusez-moi, je serais désolé de vous avoir fâchée ; c'est l'amitié que je vous porte qui m'a porté là...

— Monsieur, je n'ai jamais compris cette amitié qui fait que de but en blanc on va dire aux gens : Mon Dieu ! que vous êtes changé, vous êtes pâle, vous êtes donc malade... vous avez bien mauvaise mine !... Si la personne à qui l'on dit cela se porte bien, on a donc vu de travers ; si elle est réellement souffrante, on risque d'augmenter son mal en l'effrayant sur son état. Dans l'un ou l'autre cas, vous voyez qu'on ferait mieux de se taire... de tels témoignages d'intérêt ressemblent à ceux de ces amis qui accourent bien vite quand ils ont à nous apprendre une mauvaise nouvelle, mais que nous ne voyons jamais lorsqu'il nous arrive quelque chose d'heureux, dont il y aurait à nous féliciter.

M. Batonnin se pince les lèvres et cherche une réponse ; mais on ne s'occupe plus de lui, car la porte du salon vient de s'ouvrir de nouveau, et cette fois c'est Gustave qui paraît.

XLV. — BONHEUR ET TOURMENTS D'AMOUR

Le jeune homme, après avoir serré la main de M. Gerbault, s'avance vers Adolphine et sa sœur ; il est facile de voir combien il est ému, troublé, mais Adolphine, dont l'émotion est peut-être plus grande, s'empresse de quitter sa place, et, après avoir répondu au salut de Gustave, va causer avec M. Clairval, qui alors ne joue pas, de façon que rien ne puisse gêner l'entretien que l'on voudrait avoir avec sa sœur.

Quant à Fanny, elle n'éprouve pas le moindre embarras, elle sourit gracieusement à Gustave, l'accueille comme si elle l'avait vu la veille, et lui montre une place à côté d'elle en lui disant : — Vous voilà donc, monsieur le voyageur; mon Dieu ! mais vous imitez le juif errant, maintenant vous marchez toujours, vous ne restez plus en place... Savez-vous, monsieur, que vos amis ne s'accommodent pas de vos longues absences, et n'allez-vous pas mettre un terme à vos pérégrinations... à moins que vous n'ayez envie de découvrir un nouveau monde?

Gustave, tout étourdi du ton gai avec lequel la veuve lui parle, reste un moment sans rien trouver à lui répondre ; Fanny interprète son trouble à son avantage et reprend, mais en changeant de manière cette fois, et en prenant un air presque sentimental : — Depuis que nous ne nous sommes vus il s'est passé bien des événements...

— Oui, madame ; j'ai appris... la perte que vous aviez faite... et je vous prie de croire que j'ai pris part au chagrin que vous avez dû éprouver...

— Je n'en doute pas, vous êtes si sensible, vous, monsieur Gustave. Oh ! oui, j'ai été bien cruellement éprouvée... quoique M. Monléard ne méritât guère les larmes que j'ai versées... c'était un homme orgueilleux... plein de vanité... un cœur dur... n'aimant que lui... fat... suffisant.. mais il est mort, je ne veux pas en dire de mal... quoiqu'il m'ait laissée dans une position assez fausse... Ah ! si j'avais su... si j'avais pu prévoir... j'ai bien regretté ce que je... ce que...

Puis changeant tout à coup de ton et reprenant son enjouement : — Vous venez de Berlin, s'amuse-t-on beaucoup par là ?... les bals sont-ils brillants? les femmes se mettent-elles avec goût? le théâtre y est-il suivi ?... on aime beaucoup la musique en Prusse... vous deviez aller souvent au concert, en soirée, au spectacle ?... Ah ! que les hommes sont heureux, ils peuvent faire tout ce qu'ils veulent, tandis que les pauvres femmes sont obligées de rester chez elles, et souvent de n'avoir personne qui vienne leur tenir compagnie... Voilà pourtant comme je vis depuis six mois.... aussi je m'ennuie beaucoup... oh ! beaucoup...

— Vous aviez du moins votre sœur pour prendre part à vos peines...

— Ma sœur... avec ça qu'elle est gaie, ma sœur; depuis quelque temps je ne sais ce qu'elle a, c'est un véritable bonnet de nuit... Vous savez bien d'ailleurs que je n'ai pas le même caractère qu'Adolphine; elle est mélancolique, moi je suis très-étourdie... Vous rappelez-vous, Gustave ?... Ah ! mon Dieu, je suis folle, voilà que je vous appelle Gustave comme avant mon mariage... cela vous fâche peut-être ..

— Ah ! vous ne le pensez pas... cela me rappelle un temps si heureux...

— Mais... il me semble que ce temps-là est revenu... car nous sommes... dans la même position que nous étions alors... à peu de chose près...

Gustave ne peut s'empêcher de pousser un soupir en entendant cet : *à peu de chose près*. La jeune veuve s'empresse de reprendre :

— Et maintenant que je suis libre, que je suis ma maîtresse, est-ce que vous ne me ferez pas le plaisir de venir me voir quelquefois, monsieur Gustave; est-ce que vous n'aurez point un peu pitié des ennuis d'une pauvre veuve... qui désirait bien vivement votre retour... qui parlait de vous tous les jours avec Adolphine...

— Quoi, madame, il serait vrai... vous pensiez à moi...

— Il le demande... il en doute... est-ce que vous m'aviez tout à fait oubliée, vous ?

— Moi, vous oublier... ah! cela m'était impossible... vos traits charmants étaient gravés dans mon cœur... dans ma pensée.... Quoique éloigné, je vous voyais sans cesse... Ah! Fanny, quand on vous a aimée une fois... Oh mais, pardon, madame, je m'égare... je vous appelle Fanny... comme autrefois...

— Cela ne me fâche pas du tout... au contraire, cela me fait plaisir... Oh mais, voyez donc quels yeux fait M. Batonnin en nous regardant... on dirait qu'il veut nous jeter ses yeux à la tête... Dieu, qu'il est drôle ainsi... ah! ah! ah!... c'est à pouffer de rire!...

— Madame Monléard est bien gaie ce soir, dit M. Clairval en regardant M. Batonnin, qui répond :

— Mais j'ai remarqué qu'elle est bien plus gaie depuis qu'elle est veuve.

— Ce M. Batonnin, avec son air mielleux, a toujours quelque mauvaiseté à dire, murmure madame Mirallon.

— Et il les entoure de miel pour les faire passer, c'est l'usage.

Adolphine s'est approchée machinalement du piano, elle souffre; elle voudrait pouvoir quitter le salon, mais elle ne l'ose pas, cela inquiéterait son père; pour achever son ennui, M. Batonnin vient causer avec elle.

— Mademoiselle, est-ce que nous allons avoir le plaisir de vous entendre chanter?...

— Non, monsieur, cela me serait impossible, j'ai très-mal à la gorge.

— J'espère, mademoiselle, que vous ne m'en voulez plus... parce que je vous ai trouvé l'air de quelqu'un qui est malade...

— Oh! nullement, monsieur; et d'ailleurs, je crois que vous aviez deviné, car je ne me sens pas bien ce soir...

— En revanche, madame votre sœur doit se bien porter, car elle est d'une gaieté... elle cause beaucoup avec ce monsieur... n'est-ce pas celui qui était chez vous un matin que je suis venu voir monsieur votre père...

— Oui, monsieur, c'est celui-là...

— Alors il était fort triste, il paraît que cela s'est dissipé... il rit beaucoup avec madame votre sœur... ils se connaissent?

— Mais sans doute, puisque M. Gustave est un ancien ami.

— Ah! très-bien!... je me disais aussi : Voilà un jeune homme avec lequel madame Monléard est bien sans façon, ce doit être au moins une ancienne connaissance.

Adolphine, pour ne plus entendre M. Batonnin, va s'asseoir près des joueurs de whist et fait semblant de s'occuper du jeu, mais à telle place qu'elle est entre elle, elle entend les exclamations, les chuchotements ou le rire de sa sœur, et cette soirée lui semble éternelle.

Enfin, onze heures sonnent, Fanny se lève et se dispose à partir, Gustave la regarde et semble indécis sur ce qu'il doit faire, mais la jeune veuve s'écrie : — M. Clairval joue, je ne veux pas d'ailleurs qu'il prenne toujours la peine de me reconduire... et puisque M. Gustave est là, je pense qu'il voudra me servir de cavalier jusqu'à ma porte.

La figure de Gustave s'épanouit, il s'empresse de déclarer qu'il sera trop heureux d'offrir son bras, Et Fanny se hâte alors de dire adieu à son père et à sœur.

De son côté, le jeune homme s'est approché d'Adolphine et lui dit tout bas : — Chère petite sœur, vous me voyez bien heureux... elle me permet de l'espérer... elle m'a même fait entendre qu'elle se repentirait de m'avoir autrefois refusé sa main... enfin, elle est touchée de ma constance...

— C'est bien... soyez heureux, c'est mon plus cher désir, et surtout... allez chez ma sœur, croyez-moi, cela vaudra beaucoup mieux que de lui faire la cour ici.

Gustave va pour répondre, mais Fanny l'appelle et l'emmène. Alors Adolphine se retire dans sa chambre en se disant : — Des soirées comme celle-ci sont trop cruelles, je n'aurai pas le courage de les supporter souvent... ah! qu'ils soient heureux ensemble... mais du moins qu'il ne vienne plus ici... que je ne sois pas forcée d'être témoin de son amour pour une autre.

XLVI. — OU CHERAMI SE CONDUIT COMME SAINT-ANTOINE.

Gustave n'a pas manqué de profiter de la permission que Fanny lui a donnée. Deux jours après la soirée où il s'est trouvé avec elle, il se rend chez la jeune veuve, qui lui dit : — Je croyais déjà que vous vous étiez remis en voyage et que nous serions encore six mois sans vous revoir.

— Oh! je n'ai plus envie de voyager, je me trouve trop bien à Paris maintenant, surtout si vous me permettez de vous y voir.

— A quoi sert que je vous le permette, puisque vous ne venez pas... je vous attendais avant-hier, je vous attendais hier...

— J'ai craint d'être indiscret en profitant trop vite de la permission que vous m'aviez accordée...

— Je croyais que vous n'agiriez pas avec cérémonie et que nous étions ensemble comme avant mon mariage avec M. Monléard.

Ces mots sont accompagnés d'un regard si doux, que Gustave ne doute pas qu'il ne soit aimé, il prend une main de Fanny et la couvre de baisers, la jeune femme le laisse faire, et sa main répond tendrement aux pressions de la sienne. Un autre que Gustave porterait peut-être plus loin ses désirs et ses tentatives, mais il s'est habitué depuis longtemps à regarder Fanny comme celle dont il veut faire sa femme, et dans son amour, il y a une sorte de respect que le costume d'une veuve ne peut qu'augmenter encore.

Gustave se borne donc à répéter qu'il n'a jamais cessé d'être amoureux de celle qu'il avait espéré nommer sa femme, et qu'il sera bien heureux s'il voit enfin ses désirs se réaliser. De son côté, Fanny fait entendre qu'elle a pu l'aimer une fois légère, ambitieuse, mais qu'il faut mettre cela sur le compte de son âge, de son étourderie, et qu'au fond du cœur, son amour n'avait jamais été d'accord avec sa vanité.

Puis, tout en causant, la jeune veuve amène adroitement Gustave à parler de sa nouvelle position. Celui-ci a dix mille francs d'assurés en restant dans la maison de son oncle; il peut espérer plus dans l'avenir; à la vérité, M. Grandcourt ne verra pas avec plaisir son neveu se marier, mais cependant il ne mettra aucun obstacle à l'exécution de ce projet. On ne demeurera pas dans la maison du banquier, mais on prendra un joli appartement peu éloigné de ses bureaux; on n'aura point équipage, on mènera souvent sa femme au spectacle, à la campagne, on ne lui donnera pas des diamants, mais elle aura de jolies toilettes, et comme elle est déjà charmante par elle-même, elle sera toujours la plus belle, même sans être couverte de bijoux.

C'est en s'entretenant ainsi, en formant les plus doux projets pour l'avenir, que Gustave voit s'écouler les heures qu'il va passer près de Fanny, et ces heures-là passent bien vite. Ayant la facilité de voir celle qu'il aime chez elle, il va beaucoup moins chez M. Gerbault. Quant à Adolphine, elle ne vit plus du tout chez sa sœur, car elle sait qu'elle y rencontrerait Gustave et, autant que possible, elle évite de se trouver avec lui.

Deux mois se sont écoulés ainsi, pendant lesquels Cherami n'a pu voir Gustave que fort peu, ce dernier passant près de Fanny tout le temps qu'il peut dérober aux occupations qu'il a chez son oncle.

Enfin, un matin, au moment où notre amoureux va courir près de sa belle, Cherami le saisit au passage et l'arrête.

— Par la sambleu, mon cher Gustave, il n'y a donc pas moyen de causer avec vous... Vous n'avez donc plus rien à dire à votre ami, ou je ne suis donc plus votre ami... on dirait que vous me fuyez!...

— Non, mon cher Arthur, bien loin de là, j'ai toujours le plus grand plaisir à vous voir, mais vous savez bien que je passe près de Fanny tout le temps que je peux dérober à mes occupations.

— Eh bien! voyons, et ces amours, sapristi, êtes-vous content? ça marche-t-il comme vous voulez cette fois? contez-moi cela, au moins.

— Ah! mon ami, je suis le plus heureux des hommes... Fanny m'aime, je ne saurais douter cette fois... dès que son deuil sera fini, nous nous marierons, nous faisons déjà nos plans, nos projets pour l'avenir; le mois prochain, comme dix mois seront presque passés, nous nous occuperons de chercher un logement que je ferai arranger, décorer d'avance... Oh! je veux que Fanny le trouve ravissant.

— Allons, je vois que tout va bien... la petite femme est à vous cette fois... et vous y tenez tant... Et sa sœur, cette bonne Adolphine, la voyez-vous toujours?

— Je l'ai peu vue depuis quelque temps, elle ne vient jamais chez sa sœur, et cela me surprend, car j'ai voulu causer avec elle d'Adolphine, lui apprendre que mon mariage avec Fanny était décidé... je ne l'ai pas trouvée... elle était sortie... car je ne puis pas supposer qu'elle aurait refusé de me recevoir... moi, son frère.

— Dans tout cela vous n'avez point songé à moi pour une place...

— Excusez-moi, j'en ai parlé à mon oncle; il n'a pas l'air de croire que ce soit sérieusement que vous cherchez un emploi.

— Ah! pardieu, s'il faut que votre oncle s'en mêle, je suis bien sûr de n'être jamais placé!...

— Soyez tranquille, je m'en occuperai; mais rien ne presse... avez-vous besoin d'argent... parlez...

— Eh non! je n'ai point besoin d'argent... Croyez-vous donc que j'ai déjà mangé les mille francs que vous m'avez avancés...

— Mais il y a plus de deux mois de cela... et...

— Oui, autrefois en huit jours je les aurais expédiés, je n'en aurais fait que huit bouchées. Aujourd'hui ce n'est plus ça... je vous ai dit que je m'étais mis à la réforme. J'ai découvert sur le boulevard du Temple, tout à l'entrée, un marchand de bouillon, qui donne à dîner, parole d'honneur, c'est parfait ! vous n'avez pas une grande variété de mets, c'est vrai, mais tout y est bon ! l'osbeef excellent ; on se croirait à Londres, et pour dix-huit sous on dîne confortablement. Dix-huit sous !... je donnais plus que ça au garçon quand je dînais ailleurs.

— Mon ami, il ne faut point d'exagération en rien... il me semble que vous poussez votre réforme trop loin.

— Je m'en trouve bien ; je crois que je finirai par vivre avec mes cinq cent cinquante francs de rente ; ce jour-là je veux me promener entre deux clarinettes, me faire voir.

— Après mon mariage, je vous trouverai un emploi convenable.

— Mariez-vous donc que j'aie mon lièvre. Ah çà, j'ose croire que cela ne se fera pas sans que j'en sois prévenu. Je ne demande pas à être de la noce... ce serait indiscret ; mais je veux au moins saluer les conjoints à la sortie de l'église.

— Et moi je veux que vous soyez du festin... nous ne donnerons pas de bal... ma veuvage sera trop récent, mais un beau repas, et j'espère que ce jour-là, vous oublierez votre réforme. Mais adieu... je suis en retard, elle doit m'attendre... bientôt vous aurez de mes nouvelles.

Gustave est éloigné et Chérami se dit : — Brave garçon... il mérite bien d'être heureux, il le sera-t-il avec sa Fanny... hum ! je ne suis pas trop... moi, j'aurais préféré l'autre ; mais puisqu'il est amoureux de celle-là... elle est fort jolie, c'est vrai ; mais moi, je suis un vieux renard, je ne m'y fierais pas... Ah ! saprisii, qu'est-ce que je vois là-bas... mes deux petites perles, Laurette et Lucie, et j'ai de l'argent dans mon gousset... eh bien ; non, de par saint Antoine, je ne céderai point à la tentation !... filons avant qu'elles m'aperçoivent.

C'était bien, en effet, Laurette et Lucie, toutes deux mises avec coquetterie, toutes deux fort gentilles, qui venaient du côté où était Chérami ; mais celui-ci, après avoir laissé échapper un profond soupir, s'éloigne avec tant de précipitation qu'il se jette dans la portière d'un omnibus qui venait de s'arrêter pour une dame, et, poussé par le conducteur, se décide à y monter aussi.

XLVII. — RETOUR D'ITALIE.

Quelques semaines se sont encore écoulées. C'est un jeudi, et Fanny, qui n'a pas été chez son père depuis assez longtemps, dit à Gustave qu'elle voit dans la journée : — Mon ami, il faut que j'aille aujourd'hui dîner chez mon père, mais j'espère que vous y viendrez ce soir.

— Puisque vous y serez, vous pouvez être certaine que je m'y rendrai. Ah ! ça vu qu'il y avait un appartement à louer dans une jolie maison de la rue Fontaine... vous aimez assez ce quartier ?

— Beaucoup.

— Eh bien, j'irai tantôt voir ce logement, et s'il me paraît convenable, je vous le dirai ce soir pour que vous alliez aussi le voir, car dix mois sont écoulés... le moment est fixé pas bien éloigné où je pourrai vous nommer ma femme... il n'est donc pas trop tôt pour que je m'occupe de faire arranger un appartement.

— Faites, mon ami ; vous me direz ce soir si vous avez trouvé ce qu'il nous faut.

Vers cinq heures, la jeune veuve s'est rendue chez son père ; M. Gerbault accueille toujours bien sa fille. Adolphine fait ce qu'elle peut pour sourire à sa sœur.

— Tu vas donc épouser Gustave, cette fois ; dit M. Gerbault à Fanny.

— Pourquoi pas, mon père ? trouvez-vous que j'aurai tort ?

— Non... seulement, je regrette que tu ne l'aies pas épousé il y a un an.

— Mais, mon père, il me semble que j'ai agi fort sagement ; Gustave n'avait que de très-médiocres appointements... M. Monléard m'offrait une fortune, je ne devais pas hésiter ; les événements n'ont pas répondu à mes espérances... certainement on ne pouvait pas les prévoir !...

— Mais tu es bien heureuse de rencontrer un homme qui t'aime encore après avoir été dédaigné.

— Mon Dieu, mon père, si Gustave ne m'avait plus aimée, il s'en serait présenté un autre, voilà tout.

— C'est possible... je vois d'ailleurs que tu as réponse à tout.

Adolphine écoute sa sœur d'un air étonné, mais elle ne se permet pas une seule réflexion ; elle garde pour elle ses pensées, qui font naître dans son esprit les discours de Fanny ; mais elle évite autant que possible de s'entretenir avec elle de son prochain mariage avec Gustave.

Le soir ramène chez M. Gerbault ses fidèles joueurs de whist, puis Gustave qui va presser la main de celui qu'il regarde déjà comme son beau-père, et prendre amicalement celle d'Adolphine ; celle-ci, par un mouvement involontaire, a d'abord retiré ses mains ; mais bientôt elle s'efforce de sourire et tend elle-même sa main à Gustave en lui disant : — Ah ! pardon... je vous avais pris pour M. de Raincy.

— Et elle ne veut pas absolument lui donner sa main à celui-là, dit Fanny en riant, quoiqu'il lui offre son nom en échange... ne trouvez-vous pas, Gustave, qu'elle a bien tort de refuser ce jeune homme.

— Pourquoi donc, si elle ne l'aime pas...

— Est-ce qu'on se marie par amour ?...

S'apercevant qu'elle vient de dire quelque chose qui peut faire de la peine à Gustave, la jeune femme se hâte de reprendre : — Quand on est demoiselle, on doit être raisonnable... quand on est veuve, c'est différent, on a le droit d'obéir à son cœur.

Ces mots ramenèrent bien vite la sérénité sur le front de Gustave, qui s'était un peu rembruni. Après un moment, arrive M. Batonnin qui, après avoir salué toute la société, dit d'un air radieux : — Je viens de rencontrer quelqu'un... que probablement vous verrez ce soir, car lorsque je le lui ai dit : je vais chez M. Gerbault passer la soirée, il s'est écrié : Oh ! je veux y aller aussi... ne fût-ce que pour un moment...

— Quelle est donc cette personne ? demande M. Gerbault.

— Quelqu'un de bien aimable... qui arrive d'Italie ; comment, vous ne devinez pas... M. le comte de la Bérinière...

— Ah ! ce cher comte... comment, il est de retour...

— D'hier seulement... il m'a sur-le-champ demandé des nouvelles de tout le monde. Quand je lui ai dit que madame Monléard était veuve... il a poussé un cri de surprise... il n'en revenait pas.

— Mon Dieu, que cet homme est bête ! murmure Gustave en regardant Fanny.

Depuis que l'on a annoncé le retour du comte de la Bérinière, celle-ci semble troublée et en proie à une sorte de préoccupation. Au bout de quelques instants, et comme pour prendre un air distrait, elle quitte la place qu'elle occupait entre sa sœur et Gustave, va un moment contre une fenêtre, puis, au lieu de revenir s'asseoir où elle était, elle va se mettre près des joueurs de whist.

Adolphine a suivi sa sœur des yeux, elle n'a pas perdu un seul de ses mouvements. Quant à Gustave, voyant Fanny s'asseoir plus loin, il se rapproche d'Adolphine en disant : — Votre sœur veut, je le vois, que je vous conte nos amours et nos charmants projets pour l'avenir, car depuis quelque temps, chère Adolphine, je n'ai pu causer avec vous... je suis venu plusieurs fois sans vous rencontrer.

— Oui, je le sais...

— Je pense que vous n'êtes point indifférente à ce qui me regarde... que vous prenez part à mon bonheur... vous m'avez vu si malheureux... oh ! je suis sûr que vous désirez me voir heureux maintenant...

— Oui, sans doute, je le désire... un amour comme le vôtre mérite bien d'être payé de retour.

Gustave se met à énumérer à Adolphine tous les plans qu'il forme pour l'avenir, lorsqu'il sera son beau-frère. Adolphine ne l'écoute qu'à demi, elle paraît bien plus occupée d'examiner sa sœur, qui feint de prendre beaucoup d'intérêt à la partie de whist ; mais l'arrivée du comte de la Bérinière cause bientôt un mouvement général. Chacun fait compliment au voyageur, on le félicite sur l'heureuse influence que le climat d'Italie semble avoir eue sur sa santé.

— Oui... je me porte fort bien, dit le comte qui, après avoir salué assez froidement Adolphine, s'empresse de s'approcher de sa sœur.

— C'est un fort beau pays que l'Italie, mais tout cela ne vaut pas la France, et surtout Paris !... Décidément, il n'y a rien au-dessus de nos Parisiennes, et moi, ce que je cherche avant tout dans un pays, ce sont les femmes.

— Cependant vous êtes resté bien longtemps absent, monsieur le comte ? dit la jeune veuve en faisant signe à M. de la Bérinière de s'asseoir à côté d'elle, et se signe est accompagné du plus charmant sourire.

Le comte s'empresse de se placer près de Fanny et lui dit, mais presque à demi-voix : — En effet, il y a plus d'une année que je suis absent... et pendant ce temps il s'est passé des événements que l'on ne pouvait prévoir... permettez-moi de vous adresser un compliment de condoléance sur votre veuvage...

— Oui, je suis veuve... je suis devenue libre... il y a déjà dix mois que... cela m'est arrivé. En effet, on ne pouvait guère prévoir cela... vous devez me trouver bien changée, n'est-ce pas... je suis maigrie, vieillie, et puis ce costume est si triste...

— C'est-à-dire que vous êtes toujours ravissante ; si cela était possible, je dirais même que vous êtes encore plus jolie que vous n'étiez... Quant à le costume... qu'importe... vous embellissez tout ce que vous portez...

— Ah ! monsieur le comte... vous me flattez... vous ne pensez pas ce que vous dites...

— Moi... je le pense et je l'éprouve... vous êtes une enchanteresse...

— C'est en Italie que vous devez avoir vu de jolies femmes !

— Oui... il y en a beaucoup... mais, je vous le répète, tout cela n'approche pas des Parisiennes en général, et de vous en particulier...

— Ah! taisez-vous... Est-ce que vous n'êtes plus amoureux de ma sœur...

— Mademoiselle votre sœur... ma foi non... elle a refusé ma main; je ne lui en veux pas, mais franchement, j'en suis fort aise maintenant.

— Pourquoi donc cela?

— Ah! je ne puis pas vous dire cela ici.

— Eh bien, vous viendrez me le dire chez moi, alors...

— Vous me permettez donc d'aller vous faire ma cour...

— Je fais plus, j'y compte.

— Vous êtes adorable!...

Gustave trouve que la conversation du comte et de Fanny se prolonge beaucoup. Il ne peut pas voir toutes les petites mines coquettes dont la veuve accompagne ses paroles, parce que celle-ci a eu soin de tourner sa chaise de façon à ne pas être en face de celui qu'elle doit épouser; mais il lui semble singulier que Fanny puisse rester si longtemps sans s'occuper de lui, sans désirer qu'il soit près d'elle. Le jeune homme se promène dans le salon, regarde la jeune femme, et s'arrête parfois près d'elle... celle-ci n'a pas l'air de faire attention à lui.

N'étant plus maître de son impatience, Gustave se décide à interrompre la conversation du comte et de Fanny, en disant tout haut à celle-ci : — Ma chère Fanny, je suis allé voir ce logement dans la rue Fontaine... vous savez... dont je vous ai parlé ce matin.

La veuve est visiblement contrariée. Cependant elle répond d'un air tout surpris : — Comment... quel logement... je ne m'en souviens pas... Ah!... oui... oui... je sais ce que vous voulez dire...

— Eh bien, cet appartement est fort joli, fort bien distribué... je crois bien qu'il vous plaira; mais il faudrait le voir tout de suite, car il est probable qu'il sera loué promptement.

— C'est bien, c'est bien, on ira le voir... Ah! monsieur de la Bérinière, vous avez été à Naples : avez-vous vu le Vésuve jeter des flammes... Ah! voilà une chose que je serais bien curieuse de voir... Contez-moi donc comment est fait un volcan.

Gustave s'éloigne peu satisfait. Il trouve que sa future femme prend trop d'intérêt à l'Italie. Il retourne tout pensif s'asseoir près d'Adolphine. Celle-ci ne lui dit rien, mais elle le regarde, elle lit dans sa pensée.

M. Gerbault parvient enfin à causer avec le comte. Gustave revient alors vers Fanny pour lui dire : — Partons-nous... vous avez dit que vous rentreriez de bonne heure.

Mais la petite veuve, qui ne veut pas que le comte la voie partir avec Gustave, répond : — Il est trop tôt... cela fâcherait mon père si je partais déjà.

— Mais vous aviez dit...

— Mon Dieu, vous êtes donc bien pressé de partir!

Gustave se mord les lèvres et se tait. M. Batonnin s'approche de lui en souriant : — Vous ne faites rien, monsieur Gustave... vous ne jouez pas?...

— Je n'aime pas le jeu, monsieur.

— Vous préférez causer avec les dames, je le conçois... vous avez voyagé aussi... les dames aiment les récits de voyage. Avez-vous vu des volcans, vous?

— Non, monsieur.

Et Gustave tourne le dos à Batonnin qui se sourit à lui-même en se regardant dans une glace.

Bientôt le comte prend son chapeau et va discrètement s'éloigner sans rien dire, ainsi que c'est l'usage dans le monde; mais Fanny, qui le suivait des yeux, trouve moyen d'être sur son passage et lui dit bien bas : — Je vous attends demain. M. de la Bérinière lui répond par une gracieuse inclination et disparaît.

Au bout de quelques minutes, Fanny dit à Gustave : — Eh bien! monsieur, je suis à vos ordres, puisque vous voulez partir.

— C'est moi qui suis aux vôtres, madame.

— Partons.

Cette fois Adolphine s'approche de Gustave et lui serre affectueusement la main.

En chemin, le jeune homme dit à Fanny : — La conversation de ce M. de la Bérinière vous intéressait donc beaucoup... vous ne causiez plus qu'avec lui... vous nous avez quittés... votre sœur et moi, vous ne vous êtes plus occupée de nous...

— Mon Dieu, je prenais plaisir à écouter ce que ce monsieur me disait de l'Italie... il est aimable, il est amusant à entendre... je ne pensais pas que vous verriez du mal là-dedans.

— Je ne vois aucun mal dans cette conversation; seulement, je m'ennuie beaucoup, moi, quand vous êtes longtemps près d'un autre. Je regrette qu'il n'en soit pas de même de vous.

— Ah! quel enfantillage!... comme si je n'étais pas toujours là... Ah! que j'ai mal à la tête !... j'aurai la migraine demain, j'en suis bien sûre...

— Vous irez voir ce logement?

— Si je n'ai pas la migraine; car si je l'ai, cette, je ne bougerai pas de mon lit.

On est arrivé chez Fanny, et les futurs époux se séparent beaucoup plus froidement que de coutume.

Le lendemain, la jeune veuve donne cet ordre à sa domestique : — Si M. le comte de la Bérinière se présente, vous l'introduirez sur-le-champ près de moi. Si Gustave vient, vous lui direz que j'ai la migraine, que je dors, et sous aucun prétexte vous ne le laisserez entrer. Vous entendez?

— Oui, madame.

Et la jeune femme donne les plus grands soins à sa coiffure, à sa parure, à toutes les parties de sa toilette; rien n'est oublié pour captiver, éblouir, séduire.

À une heure de l'après-midi, M. de la Bérinière est introduit dans le boudoir de la jolie veuve qui l'attend, assise gracieusement sur une causeuse, et lui fait signe de se placer près d'elle.

— Vous voyez, belle dame, que je profite de la permission, dit le comte en baisant galamment la petite main de Fanny.

— C'est peut-être indiscret à moi de vous avoir dit que je vous attendais... mais je désirais causer avec vous, et dans le monde on ne peut guère causer.

— Vous me procurez le bonheur le plus doux... un tête-à-tête avec vous !... c'est une faveur qui m'est très-précieuse... il est très-vrai que dans le monde il est difficile de se dire... tout ce qu'on pense... et hier, chez monsieur votre père... il y avait un jeune homme qui semblait s'impatienter de notre entretien.

— Ah! Gustave... c'est un ami d'enfance...

— Un ami d'enfance?... n'est-il pas plus encore...

— Comment... que voulez-vous dire...

— Tenez, charmante veuve, je vais m'expliquer sans détours. Hier, en m'apprenant votre veuvage, M. Batonnin m'a dit aussi que vous alliez bientôt vous remarier.

— Eh! mon Dieu, que ce M. Batonnin est bavard! de quoi se mêle-t-il !...

— Il est possible qu'il soit bavard... mais voyons, a-t-il dit la vérité... allez-vous épouser ce M. Gustave... l'ami d'enfance?

— Il a été question de mariage entre nous... oui... c'est vrai... mais de là à se marier réellement... il y a loin encore...

— Vraiment... vous n'êtes pas entièrement engagée?...

— Moi... pas du tout !...

— Mais ce logement dont il vous parlait hier en vous priant de l'aller voir...

— Eh bien, c'est un appartement qu'il veut prendre pour lui, et il désire avoir mon avis sur la distribution... parce qu'une femme s'entend mieux à cela qu'un homme, voilà tout... mais, à votre tour, monsieur le comte, pourquoi tenez-vous tant à savoir si je puis disposer de ma main?

— Pourquoi, femme charmante? ne le devinez-vous pas... ne vous rappelez-vous point ce que je vous dis un jour chez vous dans les premiers temps de votre mariage : « Monléard a été plus adroit que moi, il m'a devancé, car sans lui, je vous aurais proposé d'être comtesse de la Bérinière. » Eh bien, ce que j'ai pu faire alors, je serai bien heureux de le faire aujourd'hui... Oh! cette fois, vous le voyez, je ne veux pas perdre de temps et me laisser encore devancer par un autre, je vais tout de suite au but, et si vous n'êtes point engagée, je vous offre mon nom et ma fortune, je fais de vous une charmante comtesse.

— Ah! monsieur le comte... dois-je vous croire... est-ce bien réel tout ce que vous me dites-là... Certainement, je ne suis pas engagée du tout... mais... ma sœur... vous l'aimiez...

— Je n'ai pensé un moment à votre sœur que pour entrer dans votre famille... en m'acceptant, vous ne pouvez pas craindre de lui faire de la peine, puisqu'elle m'a refusé.

— C'est vrai... petite sotte!... je ne vous aurais pas refusé, moi...

— Eh bien, alors vous m'acceptez maintenant... vous consentez à être comtesse... Laissez tomber votre main dans la mienne en signe d'acquiescement.

Fanny fait une petite mine embarrassée... elle baisse les yeux, mais elle donne sa main au comte, qui se jette à ses genoux en s'écriant : — Je suis le plus heureux des hommes!

Et pendant cette conversation avait lieu, Gustave s'était présenté pour voir Fanny, mais la suivante lui avait dit : — C'est impossible, monsieur, madame a sa migraine... elle dort, et a bien défendu de la réveiller.

— Quoi! cet ordre me concerne aussi!

— Oh oui, monsieur; vous ne pouvez pas entrer chez madame... sa migraine est très-forte.

XLVIII. — SOUVENT FEMME VARIE.

Gustave est revenu à son bureau de mauvaise humeur. Il s'étonne que, pour une migraine, Fanny refuse de le recevoir; il se dit que s'il était malade, lui, la présence de celle qu'il aime ne pourrait que lui faire du bien et le guérirait beaucoup plus vite. Puis, malgré lui, il se rappelle la conduite que Fanny a tenue la veille chez son père, le plaisir qu'elle semblait éprouver à voir causer M. de la Bérinière, tandis qu'elle écoutait à peine ce qu'il lui disait. Tout cela l'attriste, l'inquiète. Il ne peut pas être jaloux du comte, qui a soixante ans, mais il est mécontent de Fanny; et, tout en cherchant

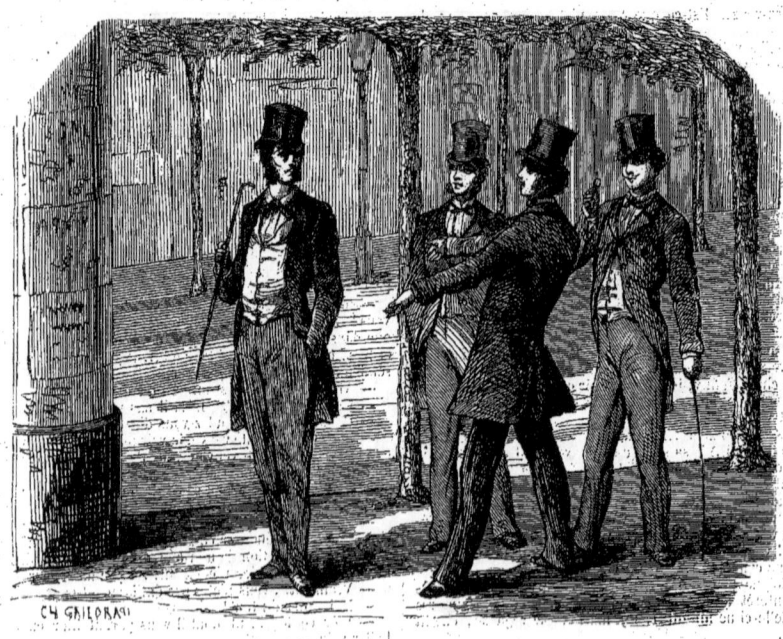

— Tu ne me regardais pas, quand j'étais pané? (Page. 58.)

pourtant à l'excuser, en se disant qu'il n'est point défendu à une jeune femme d'être un peu coquette, d'aimer à briller en société, il craint qu'elle ne sache pas aimer comme lui.

On a, dit-on, des pressentiments... le plus souvent, ces pressentiments ne sont que la réunion de nos souvenirs qui forment une lumière nouvelle qui éclaire notre esprit, qui détruit nos illusions, qui détrompe notre cœur. Avec cette nouvelle lumière, on prévoit les trahisons qui nous attendent, et on se dit : J'en avais le pressentiment.

Gustave retourne le soir chez Fanny; il est tout naturel qu'il sache si la migraine est passée. La domestique lui apprend que madame est sortie.

— Sortie!... s'écrie Gustave, elle va donc mieux?
— Dame!... oui, monsieur; faut croire que madame a renvoyé sa migraine.
— Et où est-elle allée?
— Je n'en sais rien, monsieur.
— Comment, elle ne vous a rien dit pour moi, si je venais?
— Rien du tout...
— Est-elle chez son père?
— Puisque je ne sais pas...
— C'est bien... je vais revenir... Priez-la de m'attendre quand elle rentrera.

Le jeune homme s'empresse de courir chez M. Gerbault. Il trouve Adolphine seule. Celle-ci voit sur-le-champ sur ses traits qu'il éprouve quelque peine; elle lui prend la main en lui disant : — Qu'est-il arrivé, mon ami? vous avez quelque chose...
— J'ai... Avez-vous vu votre sœur, aujourd'hui?
— Non...
— Pas du tout?
— Non, elle n'est pas venue ici... Pourquoi cette question?
— C'est que moi non plus, je ne l'ai pas vue aujourd'hui. Ce matin, je me suis présenté chez elle... on m'a dit qu'elle avait la migraine... qu'elle dormait. Mais, ce soir, j'y vais, elle est sortie...
— Eh bien! elle sera allée chez quelqu'une de ses amies... Elle a conservé de ses connaissances du temps de son mari... elle va les voir quelquefois. Je ne vois rien là d'inquiétant...
— Mais, après toute une journée sans vous, sortir le soir sans dire où elle va... sans laisser un mot pour moi...
— Fanny est si étourdie... elle l'aura oublié...
— Bonne Adolphine! vous cherchez à excuser votre sœur... mais, au fond du cœur, je suis sûr que vous la blâmez... Hier au soir, vous rappelez-vous comme elle a été peu aimable avec moi?
— Mais... je n'ai pas remarqué...
— Si, si, vous avez très-bien remarqué qu'elle nous quittait pour aller causer avec ce M. de la Bérinière. Qu'est-ce que c'est que cet homme-là... d'où le connait-elle?
— Il était ami de son mari... puis, il s'est lié avec mon père...
— Il est riche?
— Il a quarante mille francs de rente.
— Est-il marié?
— Non, il est célibataire... il avait demandé ma main à mon père...
— Et vous l'avez refusé?
— Oui.
— Vous l'avez trouvé trop vieux, n'est-ce pas?
— Ce n'est pas pour cela... mais... je l'ai refusé.
— Tenez, Adolphine, je ne sais pas ce qui se passe dans la tête de Fanny... mais tout ceci n'est pas naturel... au point où nous en sommes... nous devons nous marier dans six semaines... libres tous deux... on ne passe point une journée entière sans avoir échangé un coup d'œil... sans s'être donné la main... oh!... il y a quelque chose... me tromperait-elle encore... oh! non, ce n'est pas possible, ce serait trop affreux... trop indigne... non, je rougis d'avoir eu cette pensée... elle est sans doute rentrée et m'attend... au revoir, petite sœur.
— Gustave, s'il arrivait quelque chose... vous me le diriez bien vite, n'est-ce pas?

Mais Gustave ne l'écoute plus, il est déjà au bas de l'escalier, il court chez Fanny... elle n'est pas rentrée; il se rappelle le logement qu'il lui a recommandé d'aller voir, et quoique ce ne soit guère l'usage d'aller voir des logements le soir, il se dit : — Elle est peut-être là. Et en quelques minutes, il a franchi la distance qui le sépare de la rue Fontaine; il va s'informer au concierge qui montre l'appartement; celui-ci répond qu'aucune dame ne s'est présentée dans la journée pour voir le logement à louer.

C'est encore un espoir de déçu, et, puisque Fanny est sortie, pourquoi n'a-t-elle pas été voir ce logement dont il lui a fait l'éloge la veille, en lui disant qu'il fallait se hâter, de peur qu'il ne fût loué par d'autres? Gustave se dit tout cela en retournant à la demeure de madame Monléard. Elle n'est point encore rentrée, mais il n'est que neuf heures; il faudra bien qu'elle rentre, et Gustave n'ira pas se coucher avant de l'avoir vue, de lui avoir parlé, lors même qu'il fau-

Il prend une main de Fanny et la couvre de baiser. (Page 61.)

drait passer une partie de la nuit à faire faction devant sa porte. Mais une femme seule ne doit pas rentrer tard : elle ne peut pas être allée au bal ; une dame ne va pas non plus au spectacle seule ; elle est donc en soirée... on la reconduira peut-être... mais il saura par qui elle se fait reconduire.

Combien de pensées passent, en quelques secondes, dans l'esprit d'un homme amoureux, inquiet, jaloux... L'imagination va si vite, qu'elle ne sait où s'arrêter, où se fixer ; chaque minute qui s'écoulait sans que Fanny rentrât chez elle, augmentait les tourments, les inquiétudes, les soupçons de Gustave. Enfin, sur les dix heures et demie, un fiacre s'arrête devant la demeure de la jeune veuve. Gustave court, il est devant la portière avant que le cocher soit descendu de son siège. Fanny est dans la voiture, elle y est seule. En reconnaissant Gustave dans celui qui lui ouvre la portière, elle part d'un éclat de rire et s'écrie : — Tiens... vous ouvrez les voitures maintenant. Ah! ah! je vous fais mon compliment sur votre nouvelle profession...

Cet accès de gaieté paraît au moins déplacé à Gustave, qui répond : — Il faut bien que j'attende les voitures, puisque je ne vous trouve pas chez vous... puisque vous sortez sans laisser même un mot pour moi, afin que je sache où vous êtes...

— O mon Dieu!... quel grand crime! Est-ce que je ne suis plus maîtresse d'aller où bon me semble sans vous demander la permission?.. ce serait amusant...

— Fanny, vous savez bien que ce n'est pas cela que je veux dire... vous savez bien que vous êtes maîtresse de faire toutes vos volontés. Ne cherchez donc pas de détours... Au point où nous en sommes, il est assez naturel que l'on se dise ce que l'on fait, car on ne doit pas avoir de secret l'un pour l'autre... Ce matin, je suis allé chez vous, et vous ne m'avez pas reçu à cause de votre migraine.

— Eh bien, monsieur, est-ce qu'il ne m'est plus permis d'avoir la migraine ?... Payez donc ce cocher... une course, car je viens de chez madame Delabert... voilà tout... Est-ce que je ne puis plus voir mes amies...

— Voyons, Fanny, ne vous fâchez pas... j'ai peut-être eu tort d'être inquiet. Mais il vous eût été si facile de laisser un mot pour moi!... Songez donc que je ne vous avais pas vue de la journée, et une journée entière sans vous voir... c'est bien long maintenant.

— Ce n'est pas ma faute, si j'ai eu la migraine... Je m'en ressens encore... aussi je vais me coucher, je suis très-fatiguée..

— Est-ce que je ne puis pas monter un moment avec vous?

— Oh! par exemple... si tard, ce serait inconvenant.

— Il n'est pas onze heures.

— Mais je vous répète que je me ressens encore de ma migraine, et que je vais me coucher tout de suite...

— Pourquoi donc n'avez-vous pas été voir cet appartement dont je vous ai parlé... rue Fontaine, près de la place Saint-Georges ?

— Pourquoi ?... mais parce que je n'y ai plus pensé..

— Comment pouvez-vous oublier quelque chose de si important ? car si ce logement nous convient, il faut l'arrêter sur-le-champ.

— Ah! mon cher ami, je n'ai pas envie de rester plus longtemps dans la rue... De quoi a-t-on l'air, de parler devant une porte ?

— Alors, laissez-moi monter un peu...

— Non, je vous dis que je veux me coucher...

— Fanny, vous avez quelque chose... tout ceci n'est pas naturel. Vous n'êtes plus avec moi comme vous étiez il y a deux jours...

— Vous me direz tout cela demain. Bonsoir...

— Eh bien ! à demain donc, madame. J'espère que vous serez visible, au moins ?

— Eh mon Dieu! monsieur, je suis toujours visible quand je ne souffre pas... Mais ne venez pas trop tôt, cependant, car je ne me lève pas comme l'aurore.

Fanny a frappé ; la porte cochère s'ouvre. Elle entre bien vite et referme sa porte sur Gustave, qui reste toujours là.

Le pauvre amoureux ne peut se résoudre à s'éloigner de la demeure de Fanny ; il ne sait à quelle pensée s'arrêter. Il se demande s'il n'a pas eu tort d'adresser des reproches à Fanny : elle était allée voir une de ses amies, elle est bien revenue seule ; il n'y avait pas grand mal dans tout cela. Et pourtant il souffre, il est inquiet ; son cœur lui dit qu'il y a quelque chose et que celle qu'il aime n'est plus avec lui comme autrefois.

Enfin, après s'être promené pendant près d'une heure devant la maison de Fanny, regardant ses fenêtres où il y a de la lumière, lorsque cette lumière s'éteint, il se décide à s'éloigner, en se disant :
— Je voudrais déjà être à demain.

Gustave ne ferme pas l'œil de la nuit ; dans sa position, quel est l'amoureux qui dormirait ?... ce serait celui qui ne serait pas amoureux. A huit heures du matin, le jeune homme descend dans les bureaux, où pas un commis n'est encore arrivé ; mais il y trouve son oncle qui est toujours matinal, et qui lui dit : — Diable! te voilà de bonne heure, est-ce l'amour du travail qui t'a réveillé ?

— Oui, mon oncle... j'ai des comptes à examiner...

— Comme tu es pâle... défait... on croirait que tu as passé la nuit...

— Je viens de me lever.
— Je te parie que tu n'as pas dormi... est-ce qu'il y a du nouveau dans tes amours...
— Mais .. non, mon oncle...
— Ta chère Fanny ne t'a pas joué quelque nouveau tour?
— Ah! mon oncle, au point où nous en sommes...
— Cela m'étonnerait pas du tout!...
— Vous avez bien mauvaise opinion d'elle.
— Quand une femme s'est moquée d'un homme une fois, elle s'en moquera encore... elle s'en moquera toujours!... au reste, il vaudrait mieux que ce fût avant le mariage qu'après. Viens déjeuner avec moi...
— Il est trop tôt, mon oncle, je n'ai pas faim... ah!... avez-vous pensé à Arthur?
— Qu'est-ce que c'est que cela, Arthur?
— Arthur Chérami... un brave garçon qui cherche une place...
— Ah! ton grand escogriffe, qui a l'air d'un si mauvais sujet; toujours prêt à vous sauter aux yeux... en vérité, tu n'es pas heureux non plus en amitié... quelle place veux-tu que l'on donne à ce monsieur-là... il ne m'inspire pas la moindre confiance... il était riche, il a tout mangé : belle recommandation!...
— Et moi, je crois que vous jugez mal cet homme-là... on peut avoir fait des folies et se corriger... Avec vous mon oncle, le repentir ne servirait à rien.
— Le repentir a un grand tort à mes yeux : c'est qu'il ne vient jamais qu'après les fautes... si on pouvait se repentir avant de mal faire... c'est-à-dire s'arrêter avant de tomber... alors j'estimerai beaucoup plus le repentir... Eh bien! où vas-tu... tu quittes déjà ton bureau?

Gustave ne peut pas tenir en place; il sort, et court jusqu'à la demeure de Fanny. Là, il s'arrête, regarde sa montre. Il est à peine neuf heures... impossible de se présenter chez elle. Le jeune homme monte le faubourg Poissonnière, il marche toujours, il passe la barrière, peu lui importe où il va; pourvu que le temps passe, tout à coup il se cogne contre un arbre, qui lui fait les réflexions desquelles il est plongé l'ont empêché de voir. Alors il s'arrête, regarde autour de lui, s'aperçoit avec étonnement qu'il est presque à la campagne. Mais il sent cependant qu'il respire un air plus vif, plus pur, un air qui rafraîchit l'esprit et calme les mouvements du cœur, et il s'assied au pied de l'arbre; il respire plus librement, se sent mieux... Oh! quel habile médecin que l'air, et comme on lui doit de belles cures!...

Gustave reste assez longtemps assis au pied de l'arbre, qui n'a plus beaucoup de feuilles, car on est à la fin d'octobre. Il repasse dans sa mémoire toute la conduite de Fanny depuis les deux jours qui viennent de s'écouler, et se dit : « Mon oncle aurait-il raison! » Enfin, il se lève et retourne à Paris. Il est près de onze heures lorsqu'il se retrouve devant la porte de la jeune veuve. Mais il n'a pas la force d'attendre; il sonne avec violence, et la domestique l'introduit près de sa maîtresse.

XLIX. — UNE SECONDE FOIS.

Fanny est assise près de son feu, en jolie toilette du matin, car c'est une femme que l'on ne surprend jamais en négligé; mais son air est froid, pincé et annonce quelqu'un qui a pris une résolution et s'est préparé à une rupture.

— Je viens un peu tôt, peut-être? dit Gustave en s'asseyant et en cherchant à trouver un sourire aimable dans les traits de la jeune veuve; mais vous devez pardonner à mon impatience... j'avais hâte de vous revoir... Hier, j'ai pu à peine vous parler, et j'avais tant de choses à vous dire!...
— Moi aussi, monsieur, je désirais vous parler... j'ai aussi plusieurs choses à vous dire...
— Monsieur!... Comment, vous m'appelez *monsieur*, à présent?... Qu'est-ce que cela signifie?...
— De grâce! ne nous arrêtons pas à des mots..... Si je vous appelle *monsieur*, maintenant... c'est la suite des réflexions que j'ai faites depuis hier... Savez-vous bien que je n'aime point à être surveillée, espionnée... qu'un homme jaloux est pour moi un être insupportable!...
— Ah! vous me cherchez une querelle, madame...
— Non, je ne vous cherche pas une querelle; mais je vous dis franchement le sujet de mes réflexions... et le résultat de ces réflexions, c'est...
— C'est... Eh bien, achevez, madame...
— C'est que je crains de ne pas vous rendre heureux, Gustave. Mon caractère est léger... étourdi... mais je ne puis pas en changer, et il ne s'accorderait pas du tout avec le vôtre... Par conséquent, nous ferons beaucoup mieux... de ne pas nous marier... Oh!... c'est dans l'intérêt de votre bonheur que je prends cette résolution.

Gustave se lève si brusquement, que la petite veuve n'est pas maîtresse d'un mouvement de frayeur. Il se place devant elle en croisant ses bras, et la regarde fixement en lui disant : — Voilà donc

où vous vouliez en venir... à une rupture!... et vous osez m'accuser d'espionnage, me chercher des torts, m'accuser, moi. . lorsque ma conduite n'a été que la conséquence de la vôtre... Ah! ne croyez pas m'abuser encore. Un autre motif vous guide,... vous avez formé d'autres projets...
— Monsieur, cela ne vous regarde pas... il me semble que je suis bien libre... J'espère que vous me ferez grâce de vos reproches... entre gens bien nés, on se quitte... et on ne se querelle pas pour cela...
— Soyez tranquille, madame, je n'oublierai pas que vous êtes une femme... Mais vous jouez, ainsi de moi... ah! c'est indigne!... Fanny, est-ce bien vrai... l'ai-je bien entendu?... Il y a deux jours encore, vous formiez avec moi des plans pour notre existence à venir, votre main pressait la mienne... vous me demandiez si je vous aimerais toujours...
— Justine, apportez-moi une bûche... mon feu va s'éteindre.

Le ton avec lequel la jeune femme vient d'appeler sa domestique, sans avoir écouté Gustave, achève d'exaspérer celui-ci; il fait quelques tours dans la chambre, revient vers Fanny comme pour donner un libre essor à sa colère... mais il s'arrête, jette sur elle un regard qui peint toute son indignation, puis sort brusquement et sans regarder en arrière.

Pendant quelques heures, Gustave est comme un insensé, il s'attendait si peu au nouveau coup qui le frappe, qu'il a peine à croire à sa réalité. Il rentre chez lui, s'y enferme, il craint de rencontrer son oncle qui dirait :
— Je t'avais prédit ce qui arrive. Il préfère être seul, il peut s'abandonner à sa douleur, et pendant quelques moments il ne peut s'empêcher de verser des pleurs sur son bonheur perdu, tout en se disant que Fanny ne mérite pas les larmes qu'elle lui fait répandre. Puis il se creuse la tête pour deviner ce qui a pu causer ce brusque changement dans les idées de la jeune veuve.

Gustave forme le projet de s'éloigner encore de Paris, de partir sans rien dire à personne ; mais le lendemain il court chez d'Adolphine pour lui conter ses nombreux tourments.

La sœur de Fanny semblait attendre la visite de Gustave; elle lui tend la main dès qu'elle l'aperçoit, en lui disant : — Pauvre Gustave... je sais tout... ma sœur vous fait encore du chagrin... ah! c'est affreux...
— Quoi! vous savez déjà... qu'elle ne veut plus m'épouser... qui donc vous l'a dit?
— Mais elle-même, hier, dans la journée, en venant nous apprendre... qu'aussitôt son deuil fini elle va épouser...
— Elle va épouser?...
— Quoi... vous ne le savez donc pas...
— Achevez, de grâce... elle va épouser...
— Le comte de la Bérinière.

Gustave se laisse tomber sur un siége en murmurant : — Le comte de la Bérinière.

Et cependant il y a dans sa voix plus de surprise que de colère, car, en apprenant que c'est un homme de soixante ans sonnés qu'on lui préfère, il comprend que ce n'est pas l'amour d'un nouvel amour qui a fait changer le cœur de Fanny, et il s'écrie bientôt : — Ainsi donc, c'est toujours l'intérêt qui fait agir cette femme... ainsi c'est une fortune, un titre qu'on me préfère... car cet homme est riche, n'est-ce pas?...
— Oui, très-riche... et comme si elle redevenait veuve, Fanny ne veut pas se retrouver pauvre, il paraît qu'en l'épousant, le comte lui assure vingt mille francs de rente... mais ne croyez pas, mon ami, que nous ayons approuvé sa conduite; lorsqu'elle est venue nous faire part de sa nouvelle résolution, mon père lui a dit que la manière dont elle agissait avec vous était indigne, et que comtesse ou non, il ne voulait plus la voir...
— Et qu'a-t-elle répondu?
— Elle a dit qu'elle ne concevait pas que l'on blâmât sa conduite, et elle est partie en répétant tout ce qui ne s'intéressait pas à son bonheur. Il paraît que le comte lui avait déjà fait la cour autrefois, et déclaré qu'il regrettait beaucoup qu'elle eût épousé Auguste... voilà pourquoi, en le revoyant...
— Assez, ma bonne Adolphine, je n'ai pas besoin d'en savoir davantage... que j'avais tort de me croire aimé... est-ce qu'on m'aimera jamais... non, il y a des êtres qui sont nés pour aimer seul, sans jamais rencontrer un cœur qui les comprenne...
— Gustave, pourquoi me dites-vous cela?
— Ah! qu'importe, après tout, on ne peut pas changer sa destinée... Adieu, Adolphine.
— Vous partez, Gustave? où allez-vous?
— Ah! je ne sais, mais j'ai besoin de m'éloigner encore... je ne puis pas être ici lorsqu'elle épousera ce comte, je sais un sot, je le sais bien... votre sœur ne mérite aucun regret... mais on ne perd pas impunément toutes ses illusions... Adieu! présentez mes respects à votre père.
— Mais vous ne serez pas si longtemps absent, cette fois... et à votre retour, vous pourrez venir me voir sans crainte... vous ne la rencontrerez plus ici...

— Oui, vous me reverrez... Adieu !...

Gustave a quitté Adolphine, dont les yeux sont pleins de larmes en le voyant partir; mais il n'en comprend pas le langage. Il court annoncer à son oncle ce qui s'est passé, et le désir qu'il éprouve d'aller en Angleterre et d'y rester quelque temps.

M. Grandcourt se borne à dire : — Voilà une femme qui te fera faire le tour du monde. Espérons cependant que ce sera ton dernier voyage. Vas en Angleterre, vas où tu voudras... mais ne reviens que guéri de ta sotte passion.

Gustave a fait bientôt les préparatifs de son départ; il n'a plus que quelques heures à rester à Paris, lorsqu'il rencontre Cherami.

— Où courons-nous ainsi? s'écrie le bel Arthur en prenant la main de Gustave... qu'est-il arrivé?... nous n'avons pas la physionomie aussi gaie, aussi heureuse que la dernière fois. Est-ce qu'il serait survenu des incidents dans les amours?

— Mon ami, répond Gustave en poussant un soupir, tout est bien changé, en effet, depuis que vous ne m'avez vu... Il n'y a plus de mariage... plus d'amours... il y a une nouvelle trahison de Fanny... Ah! j'aurais dû m'y attendre... mais non... on ne peut supposer tant de perfidie dans une femme qui nous regarde en souriant... qui nous dit qu'elle nous aime.

— Qu'est-ce que vous m'apprenez, mon bon?... La petite veuve... vous glisse encore dans la main?... Allons, ce n'est pas possible...

— C'est la vérité. Elle va épouser le comte de la Bérinière... un homme vieux, mais très-riche... Elle sera comtesse... elle ne veut plus de moi.

— Mais voilà qui est épouvantable!... on ne joue pas ainsi au tonton avec le cœur d'un galant homme... Et vous n'avez pas tué votre rival?...

— Non... car je n'en serais pas plus aimé de Fanny... Mais, je pars... je ne veux pas être encore là... comme à son premier mariage... Oh! non! c'est assez...

— Vous partez... où allez-vous?

— En Angleterre... en Écosse... mais je serai moins longtemps absent.

— Eh! sapristi! mon cher, ne partez pas... l'affaire peut s'arranger, peut-être...

— Non, non, tout est fini, bien fini... Fanny ne sera jamais à moi... Adieu, mon ami... l'heure du chemin de fer approche... au revoir !

Gustave s'est éloigné. Cherami est resté tout saisi de ce brusque départ. Il demeure un moment pensif, puis frappe avec sa badine sur son pantalon, en se disant : — Comment, morbleu! mon ami Gustave sera malheureux... on lui soufflera encore la femme qu'il aime, et je le souffrirais... moi, son Pylade, moi à qui il prête de l'argent sans compter... Non, par la sambleu ! je ne le souffrirai pas... Ah! petite veuve... vous vous fichez d'un joli garçon... vous croyez que l'on peut ainsi se moquer du monde... Mais, patience... je suis là, moi! et j'ai mon lièvre.

L. — UN MONSIEUR AU LIT.

Le lendemain, sur les midi, Cherami va se promener devant la maison de madame Monléard, il s'est dit : — C'est ici où je dois ce comte de la Bérinière dont Gustave m'a parlé hier; mais en faisant sentinelle devant cette maison, je ne puis pas manquer de le savoir; ce comte doit venir faire sa cour à la petite femme qu'il veut épouser; il est riche, il viendra en équipage, et, par un domestique, je serai bien maladroit, si je ne sais pas l'adresse du maître.

Tout se passe, en effet, ainsi que Cherami l'a prévu : sur les une heure, un élégant coupé s'arrête devant la porte de la maison où loge Fanny; un monsieur qui n'est plus jeune en descend; ce monsieur, malgré son âge, est vois à la dernière mode, et répand après lui une forte odeur de parfum.

— Voilà mon homme! se dit Cherami, qui, après avoir laissé le comte entrer dans la maison, s'approche du valet de pied qui baille contre une borne et lui adresse la parole.

— N'est-ce pas M. le comte de la Bérinière que je viens de voir descendre de cette voiture.

— Oui, monsieur, c'est bien lui.

— Ah! je m'étais dit aussi, mais voilà une ancienne connaissance... cependant, craignant de me tromper, je n'ai point voulu l'aborder... mais j'irai demain matin renouveler connaissance avec lui. Où demeure ce cher comte maintenant ?

— Rue de la Ville-l'Évêque, tout à l'entrée, par la Madeleine.

— Très-bien, je vois cela d'ici... jusqu'à quelle heure trouve-t-on le comte le matin?

— Monsieur se lève tard... il ne sort guère avant midi...

— Infiniment obligé... je suis sûr que ce cher comte sera enchanté de me voir demain matin.

— Si monsieur voulait me dire son nom, je préviendrai mon maître.

— Non pas... diable! je veux lui faire une surprise au contraire; ne lui dites rien.

Cherami s'éloigne et regagne son hôtel du Bel-Air en se disant :

— Gustave ne veut point se battre avec son rival, je gage que c'est encore par un reste de délicatesse, de bonté pour cette petite pécore de Fanny; il se dit : laissons-la être comtesse, puisque cela peut faire son bonheur. Sottise que tout cela; moi, qui n'ai aucune raison pour être agréable à cette dame, j'espère bien, au contraire, l'empêcher de faire ce nouvel affront à mon jeune ami.

Le lendemain, après avoir soigné sa toilette, Cherami prend l'omnibus de Paris, puis la correspondance de la Madeleine, et à dix heures et demie, il arrive chez le comte de la Bérinière, reconnaît son valet de la veille et lui dit : — Me voilà, introduisez-moi près de votre maître.

— M. le comte est encore couché.

— Eh bien! éveillez-le.

— Il est éveillé, car il a déjà pris son chocolat à la vanille.

— Alors, puisqu'il est éveillé, il n'est pas besoin qu'il se lève pour me recevoir; je lui parlerai fort bien dans son lit. Allez lui dire qu'un de ses anciens amis désire le voir.

— Votre nom, monsieur?

— Je vous ai dit que je voulais le surprendre, par conséquent je ne veux pas dire mon nom.

Le valet va trouver son maître et s'acquitte de sa commission. M. de la Bérinière ne songeait pas encore à se lever; il avait conduit la veille la jeune veuve à l'Opéra, il avait fait le galant, l'empressé toute la soirée, et il est un âge où ce service-là fatigue beaucoup. Il se reposait donc dans son lit des fatigues de la veille en se disant : — Cette jeune veuve est adorable... le mariage me fixera; je serai sage et cela me fera du bien.

C'est donc avec un peu d'humeur qu'il entend son domestique lui annoncer un ancien ami qui désire lui parler, et il s'écrie : — Les anciens amis pas plus que les nouveaux ne doivent venir si matin... que diable, on laisse les gens dormir tout à leur aise... et comment se nomme-t-il, cet ami si matinal?

— Il n'a pas voulu dire son nom pour surprendre monsieur.

— Il mériterait que je ne le reçoive pas.

— Il était hier dans la rue quand monsieur est entré chez madame Monléard... il a reconnu monsieur lorsqu'il descendait de voiture.

— Allons, fais entrer cet homme à surprise.

Le domestique introduit Cherami dans la chambre de son maître et se retire. M. de la Bérinière, avec son foulard chiffonné sur sa tête et ses yeux encore en papillotes, se tenait alors tout ramassé en bloc dans son lit, ne laissant passer que son nez au-dessus de sa couverture, et dans cette position, il était entièrement dépourvu d'agrément. Aussi Cherami, après avoir considéré quelques instants, se dit en lui-même : — Comment! c'est cette vieille pomme cuite que l'on préfère à mon jeune et gentil Gustave!... cré coquin!... les femmes aiment encore plus l'argent que nous... car nous autres, si nous voulons de l'argent, c'est pour avoir des femmes, tandis que ces dames en acceptent pour nous quitter.

Et pendant que Cherami faisait cette réflexion, le comte, qui regardait avec curiosité son visiteur, lui dit enfin d'une voix tant soit peu nazillarde : — Mon cher monsieur, j'ai beau vous examiner des pieds à la tête... j'ai beau chercher dans ma mémoire... je ne me rappelle pas avoir vu aucun ami vous ressemblant...

Cherami salue très-gracieusement le comte en lui disant : — Ne cherchez point, monsieur le comte, ne vous donnez pas cette peine... ce serait inutile, car, en effet, voilà la première fois que j'ai le plaisir de me trouver avec vous.

— Comment diable... qu'est-ce à dire? mais alors vous n'êtes donc pas l'ancien ami qu'on m'annonçait?

— C'est-à-dire, monsieur le comte, que je me suis permis ce léger mensonge afin d'être plus certain d'arriver ce matin jusqu'à vous.

M. de la Bérinière fronce les sourcils, fait la grimace, ce qui ne l'embellit pas, examine Cherami avec une espèce de méfiance et reprend d'un ton sec : — Et qu'avez-vous donc de si pressé, de si urgent à me dire, monsieur, pour avoir osé me déranger de si grand matin... pour employer la ruse afin d'être introduit...

— Vous allez le savoir; mais permettez-moi de m'asseoir d'abord... la chose mérite la peine que l'on se mette à son aise.

Et sans attendre de réponse, Cherami prend un fauteuil qu'il place en face du lit et s'établit dedans. L'aisance de ses manières qui ne manquent pas de distinction, commence à chasser les mauvais soupçons qui étaient venus un moment à l'esprit du comte; il sent sa curiosité vivement piquée, tout en regardant faire le singulier personnage qui a devant les yeux.

Ce dernier étant assis reprend la parole : — Monsieur de la Bérinière, vous voyez devant vous Arthur Cherami, ami intime de jeune Gustave Darlemont... peut-être que vous connaissez Gustave Darlemont...

— Ma foi non... Ah!... attendez donc !... Gustave... Voulez-vous parler de ce jeune homme qui était l'ami d'enfance de madame Monléard, et que j'ai vu chez M. Gerbault lorsque je m'y suis rendu l'autre soir?...

— Précisément; c'est-à-dire, je ne sais pas si Gustave était l'ami d'enfance de madame Monléard, mais je sais qu'il était dévoué l'ami du cœur... Enfin, sans aller plus loin, il allait épouser la jeune veuve lorsque votre arrivée a changé tout cela... Vous êtes comte, vous êtes riche, la petite femme est une coquette premier numéro ; elle a tourné comme une girouette. Du reste, ce n'est pas la première fois qu'elle tourne. Le roi *François I*er a dit : *Souvent femme varie, bien fol est qui s'y fie!*... Ce qui prouve que ce roi avait fait du beau sexe une étude particulière... étude qui lui a coûté un peu cher... mais passons; vous êtes donc cause, mons'eur le comte, qu'au lieu d'épouser mon ami Gustave, on lui a fort brusquement signifié son congé. Et maintenant commencez-vous à deviner ce qui m'amène?

— Mais oui, je crois que je devine; vous êtes envoyé par ce jeune Gustave qui veut se battre avec moi.

— Ce n'est pas tout à fait cela... vous brûlez, mais vous n'y êtes pas entièrement. Voilà ce que c'est : Gustave ne pense pas à se battre, lui, non pas qu'il manque de courage... oh! ce jeune homme a du cœur, j'en répondrais comme de moi-même!... mais il a tant de faiblesse pour la petite veuve qu'il craint peut-être, s'il vous tuait, de lui faire de la peine... le pauvre garçon est désolé, et quand il est parti, il part, il quitte Paris, il va chercher des distractions sous un autre climat... et, ce que je ne comprends pas, c'est qu'il revient tout aussi amoureux que quand il est parti; car je dois vous dire, monsieur le comte, que vous n'êtes pas le premier qui lui coupiez, comme on dit, l'herbe sous les pieds; il devait déjà épouser mademoiselle Fanny Gerbault, lorsque M. Auguste Monléard s'est présenté; il s'annonçait avec de la fortune, une position brillante, et le pauvre Gustave fut éconduit. Aujourd'hui c'est donc une seconde représentation de la même pièce, avec cette variante que maintenant mon jeune ami a une très-belle position dans la maison de banque de son oncle ; mais que vous avez un titre, un équipage, et que vous êtes beaucoup plus riche que lui.

— Eh bien, monsieur, puisque votre jeune ami ne songe pas à se battre, ce qui, du reste, est assez sage, car je ne pense pas qu'il serait plus aimé pour cela, et, entre nous, puisqu'il a déjà été éconduit une fois, je m'étonne beaucoup qu'il se soit présenté une seconde...

— Je suis de votre avis, morbleu, par la sambleu! c'est pas moi qui aurais agi ainsi!... une femme qui m'aurait dédaigné pour un autre!... c'est bien pis que trompé... Trompé, cela se fait tous les jours, et cela se pardonne; mais dédaigné!... enfin, que voulez-vous... les passions sont les passions!... il faut plaindre Gustave!...

— Je le plains de tout mon cœur; mais j'en reviens à me demander ce qui peut alors vous conduire près de moi.

— Eh! mon Dieu! c'est bien simple... je suis l'ami dévoué de Gustave... il pardonne un outrage, une trahison... moi, je ne veux pas qu'on l'outrage ni qu'on le trahisse... le mal qu'on lui fait me blesse, m'offense, et, comme je n'ai jamais souffert une offense, je me bats... par conséquent je viens vous demander raison de la trahison de la petite veuve... trahison dont vous êtes l'auteur, c'est-à-dire, pour parler plus juste, c'est bien la petite veuve qui, dans cette affaire, est la vraie, la seule coupable... C'est elle qui se moque de ce pauvre Gustave d'une façon par trop décolletée, mais comme il n'y a pas moyen de demander raison à une femme, je viens vous la demander, à vous, monsieur le comte, comme son complice et représentant dans cet affaire.

Le comte sort entièrement sa tête de dessous sa couverture, afin de mieux examiner la personne qui vient lui faire cette proposition, et, après avoir bien regardé Chérami, il lui répond d'un air railleur : — Mon cher monsieur, j'ai beau vous examiner... je ne vous connais pas du tout...

— Nous ferons connaissance en nous battant.

— Et pourquoi voulez-vous que je me batte avec vous... Vous ne m'avez nullement offensé...

— S'il ne faut que vous offenser pour que vous consentiez à vous battre, soyez tranquille, je vous offenserai; cependant j'avoue que je préférerais que la chose se passât gentiment, poliment, comme il convient entre gens bien nés, et, quoique je ne sois pas noble comme vous, monsieur le comte, j'ai le droit de croire que vous ne croiserez pas votre épée avec un goujat... Je suis de bonne famille, j'ai été bien élevé... j'ai hérité d'une jolie fortune... mais j'ai fait des folies pour ce sexe charmant qui aime considérablement les cachemires et les truffes... Je me suis ruiné... à peu de chose près, mais je n'ai point oublié comment on se sert d'une épée... et ce pauvre Auguste Monléard en a su quelque chose.

— Comment, vous vous êtes battu avec le premier mari de ma jolie veuve?

— Le lendemain même de ses noces, et je lui ai donné un joli coup d'épée dans l'avant-bras...

— Ah! cette blessure qu'il disait avoir faite dans un escalier...

— C'était le résultat de notre duel.

— Ah ça, monsieur, vous avez donc juré la mort de tous les maris de la ravissante Fanny?

— Si elle avait épousé mon ami Gustave, je vous certifie que je ne me serais pas battu avec celui-là...

— Monsieur, vous me permettrez de vous dire que votre conduite n'a pas le sens commun...

— Et pourquoi cela, monsieur, s'il vous plaît ?

— Parce qu'on ne prend pas ainsi fait et cause pour un autre qui est bien d'âge à faire ses affaires lui-même. Votre ami Gustave ne juge pas à propos de se battre, pourquoi vous mettez-vous en tête de vouloir vous battre pour lui?

— Je vous ai expliqué tout à l'heure les motifs de ma conduite, si vous ne m'avez pas écouté, je vais recommencer...

— C'est inutile, monsieur; je ne me battrai pas avec vous...

Et le comte se renfonce sous sa couverture, se retourne du côté de la ruelle, et se ramasse dans son lit de façon à ne plus former qu'un tas assez volumineux.

Chérami s'est levé, il se promène à grands pas dans la chambre, puis va chauffer ses pieds à un bon feu allumé dans la cheminée en disant : — Il fait ce matin un froid assez piquant, vous avez parfaitement fait d'ordonner que l'on allumât du feu dans votre chambre... on s'enrhume si facilement. . cette pièce est pourtant fort bien close... mais un vent coulis est sitôt attrapé...

Au bout de quelques minutes, ennuyé de voir que son visiteur ne s'en va pas, le comte se retourne et se met sur son séant en s'écriant avec impatience : — Ah çà, monsieur, est-ce que vous comptez passer votre journée chez moi... faites-moi le plaisir de vous en aller et de me laisser dormir.

— Et vous, monsieur le comte, faites-moi le plaisir de rentrer sous votre couverture... vous allez vous enrhumer...

— Trêves de plaisanteries, monsieur... je vous ai dit que je ne me battrai pas avec vous... je vous le répète, rien ne vous retient donc plus ici...

— O mon cher monsieur de la Bérinière... car je crois que c'est bien là votre nom .. de la Bérinière...

— Oui, monsieur, c'est mon nom...

— Mon cher comte de la Bérinière, quand j'ai mis quelque chose dans ma tête, je vous assure qu'il faut que cela se fasse... je me suis promis de me battre avec vous... à moins cependant que vous me donniez votre parole d'honneur de renoncer à épouser la veuve d'Auguste Monléard... alors je suis satisfait... cela vous va-t-il ainsi ?

— En vérité, c'est trop fort!...

— Qu'est-ce qui est trop fort ?...

— Vous me faites suer, monsieur...

— Je vous fais suer... fichtre, vous n'êtes pas à plaindre par le temps qu'il fait... alors vous ne renoncez pas!...

— Pour qui me prenez-vous...

— Alors vous consentez à vous battre?

— Allez au diable!...

Alors il faut donc en venir aux grands moyens!...

Et Chérami levant sa badine, la fait siffler sur la tête du comte, sans pourtant le toucher; mais ce mouvement a suffit pour que M. de la Bérinière se redresse furieux et se mette sur son séant en s'écriant : — Monsieur, vous êtes un drôle...

— Eh! allons donc, vous vous réveillez, enfin !...

— Monsieur, vous me rendrez raison de cette indécente conduite...

— C'est ce que je vous demande depuis une heure.

— Mettez-la votre adresse, demain mes témoins seront chez vous à huit heures... ayez soin que les vôtres s'y trouvent.

Ici, Chérami se gratte l'oreille et murmure : — Mes témoins. Est-ce que nous avons besoin de témoins. Pourquoi ne pas régler tout de suite cette affaire-là entre nous.

— Ah ça, monsieur, vous n'avez donc jamais eu de duel...

— J'en ai eu plus que vous, je le parierais...

— Alors vous devriez savoir que l'on ne se bat pas sans témoins, cela est défendu...

— Je sais très-bien que c'est l'usage d'en avoir; mais on ne se conforme pas toujours à l'usage... Tenez, avec M. Monléard, nous nous sommes battus sans témoins.

— Et moi, monsieur, comme je n'ai pas envie, à cause de vous, de me mettre une vilaine affaire sur les bras; je vous répète que je ne me battrai pas sans témoins.

— Soit ! puisque vous y tenez... nous en aurons...

— Votre adresse, monsieur ?

— La voici; Chérami, rue de l'Orillon, hôtel du Bel-Air, à Belleville...

— A Belleville!... Ah! vous ne demeurez point à Paris...

— Je suis dans la banlieue, cela vous contrarie?

— Cela m'est parfaitement égal; seulement, mes témoins ne seront chez vous qu'à dix heures, car je ne veux pas les obliger à se lever au point du jour. .

— A dix heures soit, on les attendra. Maintenant, monsieur le comte, permettez-moi de vous présenter mes hommages...

— Bonjour, monsieur, bonjour.

M. de la Bérinière s'est refourré dans son lit, assez mécontent de la visite qu'il vient de recevoir. Quant à Chérami, lorsqu'il se retrouve dans la rue, il se dit : — J'ai mon lièvre! il se battra.. oui, mais des témoins... il m'en faut deux... il me les faut absolument.

sans quoi le duel n'aura pas lieu... où vais-je en trouver... c'est bigrement embarrassant... j'ai beau chercher dans ma tête... sapristi!... où pourrai-je me procurer deux témoins!... il n'y a pas à dire... il m'en faut deux, et un peu propres, pour demain matin.

LI. — LA JOURNÉE AUX LAPINS.

Arthur Cherami, en sortant de la rue Ville-l'Evêque, suit le boulevard en retournant du côté de la Bastille; il n'a pas pris l'omnibus cette fois, d'abord parce que rien ne le presse, ensuite parce qu'il s'est dit : — Si je pouvais en chemin rencontrer quelque ancien ami... quelque bon lapin... je le prierais de me servir de témoin... A la rigueur, s'il le faut, je ferai un sacrifice... je paierai à déjeuner ou à dîner... mais toujours chez un débitant de bouillon.

Cependant Cherami est arrivé jusqu'au boulevard du Temple sans avoir rencontré ce qu'il cherche; là, il se dit : — Remonterai-je chez moi... à quoi bon? ce n'est pas dans mon hôtel que je trouverai ce qu'il me faut... les pauvres diables qui y logent ne portent guère d'habit... je suis sûr que ce comte de la Bérinière va m'envoyer des gentilshommes fort distingués... ils feront déjà une singulière grimace en entrant dans l'hôtel de la veuve Louchard... il faut que je les mette en face de gens qui me représentent... Cré coquin, je n'ai pas mon lièvre!... c'est bien embarrassant... peste soit de l'entêtement de ce comte qui tient à des témoins...

Tout en continuant sa promenade, Cherami voit venir devant lui un petit monsieur armé d'une assez jolie canne en bois de merisier, et il se dit : — Voilà une tournure grotesque qui me rappelle un pantin que j'ai vu quelque part... eh oui, pardieu!... c'est Courbichon... saisissons-le au passage.

Le petit monsieur chauve demeure tout saisi en voyant un grand homme lui barrer le chemin, et il ne paraît nullement satisfait lorsqu'il reconnaît en lui le monsieur avec qui il a dîné aux Champs-Elysées.

Mais Cherami lui prend la main, la secoue avec force en lui disant : — Heureuse rencontre! c'est ce brave M. Courbichon... Bone Deus! nous ne sommes plus en Touraine, mais comme vous voyez, je suis à Paris...

— Ah! monsieur, j'ai bien l'honneur... non... comme vous voyez, je suis à Paris...

— Et de plus en plus frais et gaillard... je suis tenté de vous réciter la fable... Que vous êtes joli! que vous me semblez beau!...

— Oh! c'est inutile, je la connais...

— Et vous avez là une jolie canne... ce n'est pas la même...

— Non, monsieur, ce n'est pas celle que vous avez brisée, à coup sûr.

— Est-ce que vous ne l'avez pas fait raccommoder?

— Elle n'était pas raccommodable, monsieur...

— Laissez-moi donc tranquille... on raccommode bien la porcelaine... Celle-ci est en merisier... voyons un peu.

Cherami veut prendre la canne, mais M. Courbichon fait sur-le-champ passer sa main derrière son dos en s'écriant : — C'est inutile, monsieur, je n'ai pas envie que vous cassiez aussi celle-là... c'est bien assez de la première.

— Eh! mon lièvre!... mon bon et digne ami, qui vous parle de casser votre canne... on ne vous jette pas en ce moment des boules dans vos quilles... et je crois que cette badine vaut bien votre merisier...

— Est-ce qu'elle vient aussi de la Chine?

— Non, mon petit. Ne renouvelez pas mes douleurs... ma badine chinoise ne sera jamais remplacée; mais c'est assez parler de cannes, j'ai un service important à vous demander, cher monsieur Courbichon, un de ces services qu'on ne se refuse jamais entre gens d'honneur...

— Monsieur, je n'ai point d'argent en ce moment, et il me serait impossible...

— Qui diable vous parle d'argent... est-ce que j'ai l'air d'un homme qui emprunte de l'argent, mordieu!...

M. Courbichon examine Cherami, qui s'était fait très-beau pour aller chez M. de la Bérinière; il lui ôte son chapeau en murmurant : — Pardon, en effet, je n'avais pas remarqué... Mais alors, monsieur, quel service comptez-vous me demander?

— Un rien... une bagatelle... de me servir de second demain dans un duel...

— Un duel... c'est pour un duel... et vous osez me proposer d'en être... Qu'est-ce que je vous ai fait, monsieur, pour que vous me proposiez de ces choses-là?

— Encore une fois, monsieur Courbichon, ce n'est que par formalité... les témoins ne se battent pas.

— Moi, me trouver dans un duel; apprenez que je ne me suis jamais battu, monsieur; j'aimerais mieux mourir que de me battre!...

— Vous êtes comme Gribouille, alors, qui se jette à l'eau de peur de la pluie.

— C'est indigne ce que vous me proposez là. Je vous prierai, monsieur, de ne plus me parler à l'avenir... je ne fréquente pas les gens qui ont des duels, moi. Ne me retenez pas... ou je crie à la garde!

Le petit monsieur chauve s'éloigne presque en courant. Cherami hausse les épaules en se disant : — Vieille pintade! j'aurais dû deviner que le mot seul de duel le ferait fuir... ce n'est pas encore celui-là qui sera mon témoin Sapristi! je n'ai pas mon lièvre.

Et Cherami est arrivé presqu'au bout du boulevard Beaumarchais lorsqu'une voix s'écrie : — Mais oui... c'est lui... le voilà, ce monsieur qui se fait attendre inutilement pour dîner. Dieu merci, vous mettez du temps à fumer votre cigare.

A ces accents bien connus, le bel Arthur se retourne et aperçoit madame Capucine, toujours entourée de ses deux moutards, l'aîné ayant encore son chapeau à la Henri-Quatre, dont les plumes lui retombent sur les yeux; le plus jeune mangeant du pain d'épice, et trouvant moyen de fourrer en même temps ses doigts dans son nez.

— Eh! vraiment, c'est la belle madame Capucine, dit Cherami en s'approchant du groupe.

Et la grosse dame, considérant la mise élégante de son débiteur, lui fait un aimable sourire en lui répondant : — Je ne devrais plus vous parler... c'est joli ce que vous avez fait à Passy : nous quitter, soi-disant pour fumer un cigare. Monsieur ne devait être absent que quelques minutes... et il y a onze mois de cela.

— J'ai été coupable... je le sais... j'ai des torts envers vous... mais si vous saviez quels événements m'attendaient ce jour-là dans le bois de Boulogne...

— Ma tante vous en veut... Oh! elle est furieuse contre vous!...

— Je ferai ma paix avec cette respectable madame Duponceau... et la première fois que j'irai au bois de Boulogne...

— Mais non, il ne faut plus aller au bois de Boulogne pour cela. Ma tante n'est plus à Passy; elle ne s'y plaisait pas... c'est une campagne où il faut faire trop de toilette, cela devient ruineux.

— Ah! cette chère tante a encore changé de villa; elle est tant soit peu inconstante. Et où a-t-elle transporté ses moutons, autrement dit ses lares champêtres?

— A Saint-Mandé.. vous voyez bien que nous allons prendre l'omnibus qui va nous y conduire.

— Quoi! vous allez chez votre tante... c'est très-plaisant! Il est donc écrit que je vous rencontrerai toujours, belle dame, lorsque vous vous rendez chez votre tante? Mais, cependant, ce n'est point aujourd'hui samedi.

— Non, mais c'est demain la fête de ma tante, la Sainte-Elisabeth, et notre devoir est d'aller la lui souhaiter.

— Ah! je comprends, maintenant; madame Duponceau se nomme Elisabeth.

— Voulez-vous faire votre paix avec elle... le moyen est tout trouvé... Venez avec nous; vous souhaiterez la fête à ma tante, et vous dînerez à Saint-Mandé. Mon mari doit venir nous retrouver à cinq heures.

Cherami réfléchit quelque temps. Il se rappelle que Capucine était caporal dans la garde nationale, et pense qu'il consentira peut-être à lui servir de témoin. Cet espoir le détermine; il sourit à la grosse dame en lui répondant : — Vous faites de moi ce que vous voulez. J'avais à Paris une affaire majeure, mais votre mari pourra, je crois, m'aider à la terminer. Je suis de vôtres! allons à Saint-Mandé.

— Allons, vous êtes gentil... Si vous continuez, je vous pardonnerai aussi.

Ces mots sont accompagnés d'une œillade infiniment prolongée. Elle fait frémir Cherami, qui se dit : — J'ai bien peur qu'elle ne veuille que je continue Ballot!

Madame Capucine appelle Jacqueline. Une vieille bonne, toute tordue, arrive en boitant, tenant un énorme panier à son bras.

— Tudieu! se dit Cherami, voilà une soubrette qui ne donnera pas de distractions au jeune commis bonnetier.

— La voiture est-elle là? Jacqueline?

— La v'là qu'elle arrive, madame.

— Montons sur-le-champ nous placer, monsieur Cherami. Voulez-vous donner la main à Aristoloche?

— Volontiers.

— Ah! que ma tante Duponceau va être agréablement surprise! Elle vous aime beaucoup, homme volage...

— Elle n'a point affaire à un ingrat.

On monte en omnibus. Cherami consent à tenir sur ses genoux le jeune Aristoloche, afin d'épargner six sous à sa maman. On essaye de mettre Narcisse sur la bonne; mais le conducteur déclare que cet enfant-là doit payer, ce qui semble causer une vive satisfaction à Jacqueline. Enfin, on part, et on arrive bientôt à Saint-Mandé.

La nouvelle acquisition de madame Duponceau est tout à l'entrée de l'avenue. La maison est encore plus petite que celle de Passy; en revanche, il n'y a pas de jardin, il est remplacé par une cour dans laquelle on ne voit, de tous côtés, que des cages à lapins : c'est une véritable bibliothèque à lapins.

La tante arrive, toujours en remuant la tête. Elle pousse un cri de surprise en apercevant Cherami, puis lui tend ses joues en lui disant : — Embrassez-moi, et je vous pardonne votre disparition de Passy.

Chérami trouve la punition un peu forte, mais il s'exécute; et, pendant qu'il est en train, madame Capucine en profite pour lui tendre ses joues en lui disant : — Faites-m'en autant, pour que je vous pardonne aussi.

— Bigre! voilà un dîner qui me coûte cher, se dit le bel Arthur après avoir embrassé les dames.

— Vous allez voir comme ma nouvelle propriété est jolie! s'écrie madame Duponceau; quel dommage que vous veniez toujours me voir l'hiver.

— Je ne vois pas trop quelle différence cela fait ici, puisque vous n'avez pas de jardin.

— Mais j'ai des lapins.

— Est-ce qu'ils sont plus beaux l'été que l'hiver?

— Non, mais ils se font voir davantage parce qu'ils n'ont pas froid.

— Je trouve qu'ils se montrent bien assez comme cela; je me rafraîchirais volontiers.

— Et puis vous nous conterez ce qui vous est arrivé à Passy, qui vous a empêché de venir dîner avec nous?

Chérami se laisse conduire dans toute la maison, on ne lui fait pas même grâce du grenier; il trouve tout ravissant, admirable, jusqu'à la soupente dans laquelle couche la bonne. Enfin, la visite terminée, on le prie de raconter ses aventures du bois de Boulogne. Il conte tout, en ayant soin seulement de taire les noms des personnages, et lorsqu'il a fini de narrer, madame Duponceau s'écrie :
— Voilà ce que c'est que de se battre en duel au pistolet!

— Corbleu de mordieu!... se dit Chérami, donnez vous donc la peine de raconter quelque chose à des huîtres pareilles! cela m'apprendra, j'aurais dû leur raconter Barbe-Bleue!

L'heure du dîner est arrivée, et M. Capucine ne l'est pas. On patiente une demi-heure encore, mais les deux petits garçons crient tant qu'ils ont faim, que l'on se décide à se mettre à table.

On sert un potage au maigre, puis une gibelotte de lapin : on apporte ensuite un lapin rôti.

Chérami, qui ne voit que du lapin, fait la grimace en se disant :
— Il paraît que l'on est ici au régime de cet animal... et ce polisson de Capucine qui ne vient pas... Ne pas trouver un témoin et ne manger que du lapin... que suis-je venu faire dans cette galère!...

En guise de légumes qui manquent, on apporte un hachis de lapin farci de marrons.

— C'est bien singulier que mon mari ne vienne pas, dit la grosse dame, il faut qu'il lui soit survenu quelque commande pressée!

— Et puis, il n'aime peut être pas le lapin, dit Chérami.

— Pardonnez-moi; il l'adore.

— Eh! par sambleu, et moi aussi j'en mange depuis une heure et je ne l'aime pas plus pour cela!...

— Ah! vous ne l'aimez pas! quel dommage... nous en avons encore...

— Une crème au lapin peut-être?

— Non, mais un...

— Merci; si vous le permettez, on le remplacera agréablement avec du fromage. Ah! je ne sais si votre cœur est tapissé de cages à lapins, il paraît que cela rapporte!

— Beaucoup plus que les arbres fruitiers.

— Allons, je vois que vous finirez par en faire des confitures... mais votre vin est bon, et c'est quelque chose.

— À la santé de ma tante.

— Volontiers... Vive Élisabeth!...

— Aristoloche, Narcisse, vous allez répéter vos compliments.

— Comment, ces chers enfants ont appris des compliments?

— Oui, ma tante, vous allez voir...

— Ah! ces chers amours, que c'est aimable; et de qui sont les compliments?

— De mon mari, ma tante... et en vers.

— Ton mari fait des vers! je ne lui connaissais pas ce talent; et depuis quand est-il poète?

— Depuis que nous avons pour pratique un homme de lettres qui fait des devises et nous en apporte chaque fois qu'il vient à la maison... Voyons, Aristoloche, commence... Viens te placer devant ta tante, et surtout prononce bien.

LIII. — LES PETITS GARÇONS DE MADAME CAPUCINE.

Le petit garçon veut d'abord aller prendre la badine du monsieur et courir à cheval dessus tout autour de la table; on ne parvient à le rendre sage qu'en lui promettant, s'il dit bien son compliment, de le laisser jouer avec un lapin qui n'est nullement farouche et que l'on fait quelquefois venir dans le salon pour récréer la société.

M. Aristoloche se pose enfin devant sa grand'tante et récite tout d'une haleine :

Ah! quel bonheur, en ce beau jour,
De vous prouver tout mon amour;
Du plaisir je suis dans l'attente
Quand je dois aller chez ma tante.

En amour comme en amitié,
Sachez tout mettre de moitié.

— On s'aperçoit que le papa connaît un faiseur de devises! se dit Chérami.

— Que pensez-vous des vers de mon mari? demande madame Capucine.

— Je les trouve d'autant plus ingénieux, qu'ils peuvent s'adapter à toutes les fêtes possibles.

— Et vous, ma tante?

Madame Duponceau est enchantée du compliment, et après avoir embrassé le petit garçon, elle lui dit : — Va trouver la bonne, dis-lui de te donner Coco pour jouer avec lui.

M. Aristoloche disparaît; c'est au tour de son frère de réciter son compliment; mais le jeune Narcisse a de l'humeur, il fait la moue.

— Eh bien, monsieur, dit la maman, venez donc dire vos vers à votre tante.

— Non, ça m'embête moi!

— Qu'est-ce que j'entends... monsieur Narcisse... que signifie cette réponse?

— C'est vrai, ça, on laisse toujours Aristoloche jouer avec Coco, et jamais moi...

— Voulez-vous bien vous taire, un grand garçon comme vous!... qui commence à écrire en bâtarde... vous voulez jouer avec le petit lapin...

— Oui, oui, j'aime les lapins, moi, na, je veux m'amuser avec...

— Il me semble, dit Chérami, que vous ne pouvez pas trop en vouloir à cet enfant d'aimer les lapins... il est ici à bonne école... à force de manger d'une chose, on finit quelquefois par y prendre goût. Moi, étant petit, je me rappelle que je ne pouvais pas souffrir la panade, eh bien, on m'en faisait manger tous les jours pour m'obliger à l'aimer.

— Et vous avez fini par y prendre goût?

— Non, je la déteste.

— Voyons, Narcisse, venez réciter votre compliment à votre bien-aimée tante... sans quoi elle ne vous donnera plus de beaux chapeaux à plumes.

— J'en veux plus de ses plumes... elles m'éborgnent... on m'a dit que j'avais l'air d'un chien savant avec ce chapeau-là...

— Ah! monsieur Narcisse, nous allons nous fâcher; votre compliment tout de suite.

— Non, je ne veux pas.

— Ah! tu vas voir, polisson!...

Madame Capucine quitte la table, va prendre la badine de Chérami, qui était placée dans un coin, et se dirige vers monsieur son fils; mais le jeune Narcisse, qui voit ce dont il est menacé, se met à courir autour de la table, ce qui oblige madame sa mère à courir après lui, toujours armée de la redoutable badine, avec laquelle elle frappe à tort et à travers, et, en croyant frapper sur son fils, elle a déjà deux fois tapé sur les épaules de Chérami, qui trouve peu divertissant ce manège exécuté par la grosse dame et son fils, bien que cela rappelle un peu les exercices du Cirque.

Enfin, se voyant sur le point d'être atteint, M. Narcisse change de manœuvre, et se glisse sous la table; un moment déconcertée par cette évolution, madame Capucine a bientôt trouvé un expédient; elle fourre sa badine sous la table, et en frappant au hasard à droite et à gauche. Mais alors c'est la vieille tante qui pousse des cris... sa nièce lui a fouetté les mollets. Heureusement Chérami est parvenu à retirer M. Narcisse de dessous la table; on place le petit garçon devant madame Duponceau, et sa maman se tient à côté de lui la baguette levée, en lui disant d'un ton menaçant : —Votre compliment, bien vite.

M. Narcisse, bien qu'en rechignant se décide à obéir, et murmure d'une voix traînante :

Ah! que je suis... ah! que je suis donc content...
De vous... de vous... de vous...

— De vous quoi, imbécile?

— Je ne m'en souviens plus...

— Attends, je vais te donner de la mémoire, mauvais sujet...

De vous fêter, objet charmant...

— Cela ne peut pas être objet charmant!... je suis sûre que vous vous trompez.

— Mais ma nièce, pourquoi donc ne veux-tu pas que ce soit objet charmant? dit madame Duponceau en se pinçant la bouche.

— Ma tante, parce que... je sais bien qu'il y avait autre chose.

— Il me semble, dit Chérami, que objet charmant peut rester... le mot est à son adresse.

La vieille tante est si enchantée de ce compliment, qu'elle se lève et embrasse de nouveau son convive, qui se dit en lui-même : — Ça m'apprendra!...

— Allons, monsieur, poursuivez votre compliment, reprend madame Capucine.

Le jeune Narcisse reprend :

De vous... de vous... fêter en ce moment...

— Voyez-vous!... s'écrie la grosse dame, je savais bien que ce n'était pas objet charmant!...
— Ce n'est pas la peine de l'interrompre pour cela, ma nièce... Continue, mon ami.

Mais le jeune Aristoloche vient d'entrer dans la salle à manger, en tenant dans ses bras un petit lapin blanc qu'il asticote avec une baguette. Cette vue donne de grandes distractions à M. Narcisse, que sa mère menace toujours de la badine pour qu'il achève de dire ses vers; mais, tout en les débitant, Narcisse se retourne à chaque instant vers son frère.

Quand je me trouve à votre... à votre table...

— Tu verras, toi! si tu ne me donnes pas le lapin tout à l'heure.
— Non, c'est à moi qu'on l'a donné, tiens...

A votre table... à votre table...
Ah! que le temps...

— Je te ficherai des gifles.

Est agréable...

— Maman, mon frère dit qu'il me battra...
— Ne l'écoute pas, petit chéri; c'est lui qui sera battu s'il ne dit pas mieux les vers pour sa tante... Allons, monsieur Narcisse...

Voulez-vous lire dans mon cœur...

— Demande-moi encore mon bilboquet...
— Je m'en moque, papa m'en donnera un autre !

Dans mon cœur...

— Lâche Coco...
— Non, je ne le lâcherai pas...
— C'est bon, tu verras tout à l'heure...

Dans mon cœur... vous y verrez mon ardeur.

— Ah! voilà un compliment bien mal dit, monsieur; mais il faudra le réciter mieux que cela demain au déjeuner.
— Ah! là là, maman, il veut me prendre Coco.

M. Narcisse ayant achevé son compliment, venait de courir sur son frère et essayait de lui prendre le lapin; madame Capucine se lève, et pour terminer cette dispute, met son fils aîné à la porte de la salle à manger, avec accompagnement de coups de pied au derrière, puis elle revient s'asseoir à côté de Cherami en disant : — Avec tout cela mon mari n'est pas venu !

— Et il est probable que maintenant il ne viendra pas, car il est près de neuf heures; cela me contrarie beaucoup... j'avais à lui parler...
— Pour cette petite note... oh! cela ne presse pas.
— C'était pour autre chose...
— Moi, cela va me rendre bien malheureuse cette nuit .. il faut vous dire qu'à la campagne je suis extrêmement peureuse... je sais bien que j'ai tort... car enfin, il n'arrive rien à ma tante, qui y demeure seule avec sa bonne; mais que voulez-vous, on n'est pas maîtresse de cela... quand mon mari est couché à côté de moi, cela me rassure et je dors un peu. Mais sans lui... je ne ferme pas l'œil .. si du moins nous avions un homme dans la maison... mais rien que des femmes et des enfants... que deviendrions-nous si on nous attaquait!...
— Que signifie ce piège dans lequel on cherche à me prendre? se dit Cherami en caressant ses favoris; le plus souvent que je passerai la nuit ici, pour manger encore du lapin demain au déjeuner... il me tarde de filer au contraire.
— Eh bien, monsieur Cherami, répond madame Capucine en lançant un tendre coup d'œil à son voisin. Est-ce que vous refuseriez de nous garder cette nuit... vous êtes votre maître, qui vous empêcherait de coucher ici... oh! alors je serais si tranquille... je passerais une nuit paisible... il y a une chambre d'amis justement en face de la mienne.

Ces mots sont accompagnés d'un regard oblique qui se termine en soupir. Cherami se met à tousser d'une façon significative en murmurant : — Sur le même carré?

— Mais oui, vous comprenez combien je serai rassurée...
— Je comprends parfaitement...
— Vous allez rester avec nous, c'est convenu; quand les enfants seront couchés nous ferons un loto...
— Tout cela est bien séduisant...
— C'est vous qui tirerez...
— Vous m'en direz tant...

En ce moment la domestique de madame Duponceau entre tout effarée dans la salle à manger, en s'écriant : — Ah! madame! madame! si vous saviez...

— Quoi donc, Françoise... vous m'effrayez...

— Il y a bien de quoi!...
— Serait-ce le feu?
— Des voleurs?
— Mais non, ce sont vos lapins... ce petit mauvais sujet de Narcisse a été ouvrir toutes les cages, si bien que tous vos lapins sont sortis, ils se sauvent de côté et d'autre... dans la cour, dans la cave, dans les escaliers.
— Ah! mon Dieu!... que me dites-vous là... mais il faut les rattraper... Ma nièce, monsieur Cherami, venez vite, je vous en prie... prenez des flambeaux... Ah! mes pauvres lapins !...

Tout le monde se précipite vers la cour; dans ce tumulte, Cherami ne manque pas de prendre son chapeau et sa badine; mais, au lieu de rentrer dans la cour, il se dirige vers la porte d'entrée en s'écriant : — En voilà deux qui se sauvent sur la route .. je vais courir après.

— Comment... vous croyez..
— Je les ai vus...
— Par où ont-ils pu passer...
— Par-dessous la porte... en grattant ils ont fait un trou... mais soyez tranquille, je les rattraperai, dussé-je courir jusqu'à Vincennes!...

Et Cherami s'élance sur la route, laissant les dames et la bonne faire la chasse aux lapins.

LIV. — LES TÉMOINS DE CHERAMI.

Cherami coupe à travers champs, franchit le village de Bagnolet, gagne Belleville, et rentre chez lui, en donnant au diable la famille Capucine et ses lapins. Il se couche en se disant : — Pas de témoins, et c'est demain, à dix heures, que doivent arriver ceux du comte... enfin!... dormons toujours... il fera jour demain.

À sept heures Cherami se lève, s'habille, puis se met à sa fenêtre. Il est à peine jour, et la rue de l'Orillon est encore déserte. Sur les huit heures arrive une voiture de porteur d'eau. Le tonneau s'arrête devant la maison de madame Louchard, et bientôt le maître porteur et son garçon montent l'escalier avec leurs seaux.

Cherami a ouvert sa porte; il regarde monter les deux porteurs d'eau, les examine avec attention et se dit : — Voilà deux gaillards solides... sapristi... cela ferait bien mon affaire des témoins comme cela ... Eh! pourquoi pas... Pardieu, en faisant quelques sacrifices, et ici il ne s'agit plus d'économiser, mais de terminer honorablement mon duel... Allons, je crois que l'idée est bonne; d'ailleurs, je ne vois pas moyen de me procurer d'autres témoins.

Cherami attend que les deux industriels redescendent l'escalier; alors il les arrête au passage, les fait entrer chez lui et leur dit : — Messieurs, j'ai un service à vous demander.

Le maître porteur d'eau, grand et robuste Auvergnat, répond avec l'accent de son pays :

— Una fontaine à porta.
— Non.
— Vous voula de l'eau?
— C'est quelque chose qui sort de votre besogne journalière. Cela vous changera.
— Il faut que nous cheryions les pratiques.
— Ecoutez-moi d'abord. Quand les pratiques seraient servies un peu plus tard, pour une fois, elles n'en mourront pas. J'ai un duel à faire régler. Savez-vous ce que c'est qu'un duel?
— C'est-i une pendule qui marque l'heure?
— Vous n'y êtes pas du tout.

Le garçon porteur d'eau, jeune Piémontais qui a près de six pieds de haut, s'écrie : — Si, si, je savais vendetta, basta! j'ai t'évu des amis qui avaient z'été pour se battre à coups de poing.

— Il comprend mieux, votre jeune homme; oui, un duel, c'est un combat, mais pas à coups de poing.

— Et là ousqu'on se bat? reprend le Piémontais.

Cherami fait la grimace en disant : — Sapristi !... j'aime encore mieux l'accent auvergnat. Enfin, voyons, messieurs, il s'agit seulement d'être mes témoins; j'attends à dix heures ceux de mon adversaire, il faut que vous vous trouviez tous les deux ici. Je vous offre à chacun cent sous pour ce matin, et à dix heures et demie vous serez libres, car le combat, je pense, ne sera que pour demain.

— Cha va!... ching francs... cha va!...
— Quoi-t-est-ce qu'il faudra faire?
— Toi, d'abord, mon garçon, tu me feras le plaisir de ne point parler du tout, parce que tu as une manière de prononcer les t et les s qui ferait un fort mauvais effet. Ton maître dira que tu es un Polonais, et que tu ne sais pas un mot de français. Ainsi ton rôle est fait, tu n'as rien à dire. Seulement, messieurs, il faut vous habiller... Je ne puis pas avoir de témoins en veste... As-tu un paletot, toi, mon garçon?
— Oh! non, mais j'ai z'une veste plus belle.
— Je ne veux pas avoir de témoins en veste. Mon hôtesse doit avoir quelque paletot de feu son époux. . nous en aurons un. As-tu un chapeau?
— J'ai z'une casquette neuve.

Voilà donc où vous vouliez en venir... à une rupture. (Page 66.)

— Quelle force de liaisons tu as en parlant. Nous trouverons bien un chapeau dans l'hôtel. Et vous, maître... votre nom?
— Michel.
— Eh bien! vous, Michel, avez-vous de quoi vous habiller?
— Ah! fouchtra, je crois bien, ma redingote Elbeuf toute neuve... d'il y a trois ans... qui me descend jusqu'aux talons.
— Alors, je fais de vous un ancien militaire... Vous mettrez un col noir... Allez votre tonneau en sûreté, et revenez vite avec votre garçon... que j'habillerai; soyez ici à neuf heures et demie, je vous dirai ce que vous aurez à faire, et ce sera bien simple... vous accepterez tout ce que vous proposeront les personnes qui viendront.
— Nous accepterons, ils payeront quelque chose?
— Il n'est pas question de rien prendre... Au reste, je serai là... je vous soufflerai. Allez, dépêchez-vous.
— Et les ching francs.
— Les voilà... je paye d'avance... vous voyez que j'ai confiance en vous?
— Oh! soyez tranquille, c'est chacré. Viens, Piémontais. Allons ranger le tonneau.
— Là z'où?
— Oh! chez le voisin.

Les porteurs d'eau sont partis. Cherami descend trouver son hôtesse et lui dit : — Avez-vous un chapeau d'homme à me prêter pour ce matin et demain.
— Un chapeau d'homme? qu'en voulez-vous faire?
— Soyez tranquille, je ne veux pas faire une omelette dedans comme les prestidigitateurs, c'est pour parer quelqu'un.
— Oui, j'ai encore un chapeau de feu Louchard... que je garde pour faire présent à mon filleul quand il sera grand.
— Faites-moi le plaisir de me le prêter, on en aura grand soin...
— J'y compte.

Madame Louchard s'éloigne et revient bientôt avec un feutre gris assez bien conservé.
— Tenez, j'espère que c'est élégant cela.
— Ah! diable... mais il est gris.
— Eh bien, il n'en est que plus coquet.
— Je ne dis pas, en été... mais au mois de novembre, on ne porte guère de chapeau gris.
— Si vous n'en voulez pas, laissez-le.
— Si fait... je le prends... Un Polonais peut aimer les chapeaux gris en tous temps... Maintenant, madame Louchard, il me faudrait une redingote ou un paletot.
— Je n'ai qu'un habit vert de feu Louchard, que je destine aussi à mon filleul.
— Un habit... c'est dangereux, parce que ça laisse voir le pantalon... enfin, tant pis, donnez-moi l'habit.
— Et vous en répondez?
— Je réponds de tout.

Cherami remonte chez lui avec les effets; à neuf heures et demie les porteurs d'eau arrivent. L'Auvergnat a une grande redingote bleue qui lui descend sur les talons, un faux-col qui lui coupe le dessous des oreilles et un chapeau tromblon. C'est le type du blanchisseur allant dîner en ville. Le Piémontais est toujours en veste; il a seulement un gilet fond blanc à ramages et un pantalon en velours olive. Cherami lui fait endosser l'habit, qui lui est trop court par-devant et laisse voir la moitié du gilet. En revanche, feu Louchard ayant probablement une fort grosse tête, le chapeau gris s'enfonce tellement, qu'il cache presque les yeux du jeune porteur d'eau. Ces préparatifs achevés, Cherami considère ses deux témoins et s'écrie : — Pour qui diable va-t-on vous prendre!... enfin, tant pis; toi, Piémontais, tu salueras chaque fois qu'on te parlera, mais tu ne répondras pas un mot...
— Soyez tranquille!... qu'est-ce que je leur z'y dirai d'ailleurs?
— Assez!... Tu es M. de Chamouski, gentilhomme polonais.
— Non, puisque je suis né t'en Piémont.
— Mais tais-toi donc, c'est moi qui te fais Polonais... Vous, Michel, vous êtes un riche propriétaire de l'Auvergne, au moins vous avez droit à votre accent.
— Ah! mais oui que ja du terrain cheux nous et tout planté de châtaigna.
— Ces messieurs vous diront à quelle arme le comte veut se battre, puis l'heure, l'endroit; à tout ce qu'ils proposeront, vous répondrez : « Très-bien, nous acceptons. » Vous entendez?
— Pardi! cha n'est pas difficile : Très-bien! cha nous chausse!...
— Je ne vous ai pas dit : Ça nous chausse! mais : Nous acceptons.
— Bon, bon, c'est la même chosa...
— Non, sacrebleu! ce n'est pas la même chose... n'allez pas vous tromper... pas de bêtise!... Ah! mon Dieu! j'entends une voiture s'arrêter devant la maison... deux messieurs en descendent, ce sont eux... attention... je laisse la clef sur la porte afin qu'ils puissent ouvrir eux-mêmes... j'entre un moment dans ce petit cabinet noir; je veux qu'on puisse croire que mon appartement ne se compose pas

— Je vous en prie.... prenez des flambeaux. Ah! mes pauvres lapins! (Page 71.)

de cette pièce... Vous, ayez l'air sérieux, la tête haute et de 'aplomb.

Cherami disparaît. Les deux porteurs d'eau se regardent l'un l'autre d'un air stupéfait de se voir si beaux... Bientôt on cogne à la porte; puis, comme on ne reçoit pas de réponse, on ouvre, et les deux témoins de M. de la Bérinière entrent dans la chambre.

L'un est un homme d'une cinquantaine d'années, grand, sec. l'air assez peu agréable, la démarche roide, la mise sévère. L'autre, plus jeune de quinze ans au moins, d'une figure gracieuse, d'une tournure élégante, a toutes les manières d'un don Juan moderne. C'est lui qui entre le premier dans la chambre, et, après avoir jeté un coup d'œil, s'écrie : — Ce n'est pas ici... cela ne peut pas être ici... cette femme nous aura mal indiqué.

— Mais, dit l'autre personnage, voilà du monde... il faut demander...

Et, s'approchant de l'Auvergnat, qui est resté au milieu de la chambre : — Monsieur Cherami, s'il vous plaît?

Le porteur d'eau renferme son menton dans sa cravate, et répond sans hésiter : — Très-bien! nous acceptons.

Le vieux monsieur se tourne vers son compagnon, qui lui dit : — On ne vous a pas entendu.

Puis, s'adressant à son tour à l'Auvergnat : — Nous désirons savoir, monsieur, si c'est bien ici que demeure monsieur Cherami?

Et Michel répond avec sa grosse voix : — Très-bien... très-bien... nous acceptons!

Alors le jeune homme part d'un éclat de rire en disant : — Ah çà, mais c'est donc une plaisanterie, une gageure... Qu'en pensez-vous, monsieur de Maugrillé?

— Je pense que nous ne sommes pas venus ici pour plaisanter, et que si je savais que l'on eût l'intention de se moquer de nous...

Cherami, qui écoutait, et qui voit que ses témoins vont gâter son affaire, s'empresse de sortir du cabinet, et salue les nouveaux venus avec beaucoup de courtoisie en leur disant : — Pardon, messieurs, mille pardons! je vous demande un peu d'indulgence pour mes témoins... gens très-honorables du reste... mais dont l'un, Polonais, nouvellement arrivé en France, ne sait pas encore s'exprimer dans notre langue. Quant à l'autre, M. de Saint-Michel, riche propriétaire des environs de Clermont, en Auvergne... il n'a pas encore toutes les habitudes de ces sortes d'affaires. Mais au reste, messieurs, comme je suis d'avance décidé à accepter tout ce que M. de la Bérinière me proposera, il me semble que cela simplifie beaucoup votre mission... et que les choses doivent aller toutes seules... mes témoins ne sont là que pour la forme.

— Ordinairement, monsieur, répond M. de Maugrillé, ce n'est point avec l'adversaire lui-même que se règlent les conditions d'une rencontre, mais avec ses témoins.

— Je le sais, monsieur. Pardieu! vous ne m'apprendrez pas comment les choses se passent dans un duel... ce n'est pas la première fois que je me bats.

— Alors, monsieur, dit le jeune homme en souriant, pourquoi avez-vous pris des témoins qui ont l'air de ne rien comprendre à ce qui se passe ici?

— Parce que je n'en ai pas trouvé d'autres sous ma main, probablement, répond Cherami en se mordant les lèvres avec colère... Voyons, messieurs, finissons-en... Est-il donc si difficile de nous dire où, quand et comment le comte veut se battre?

— Pardon, monsieur, reprend M. de Maugrillé, mais comme je tiens, moi, à ce que les choses se fassent suivant les usages établis par les duels, c'est à vos témoins que je le dirai.

— Dites-le à mon portier, si vous y tenez; je m'en fiche pas mal, après tout!...

— Monsieur, que signifie ce ton?

— Cela signifie que vous m'ennuyez beaucoup avec toutes vos simagrées, et que si vous n'êtes pas content du ton que je prends... je vous en rendrai raison dès que j'aurai fini avec le comte, et même avant, si cela vous plaît.

— Monsieur!...

La discussion est sur le point de mal tourner, lorsque l'Auvergnat, qui voit que l'on a l'air de se quereller, se met à crier d'une voix de Stentor : — Très bien, fouchtra, très bien!... nous acceptons, c'est cha!...

Cette phrase est dite d'une façon si originale par le porteur d'eau, que le jeune témoin du comte part de nouveau d'un éclat de rire, et Cherami lui-même ne peut y résister; il se retourne en tenant son mouchoir devant sa figure. Le vieux monsieur, seul, conserve un air mécontent; mais son jeune compagnon s'empresse de lui dire : — Voyons, monsieur de Maugrillé, n'embrouillons pas une affaire qui, en effet, me semble toute simple. M. de la Bérinière a choisi pour arme l'épée; il désire se battre demain, sur les neuf heures du matin, au bois de Vincennes; le rendez-vous sera à l'entrée du bois, à la porte de Saint-Mandé, par la grande route. Voilà nos conditions, messieurs; vous conviennent-elles?

C'est le cas ou jamais pour le porteur d'eau de répondre la phrase qu'on lui avait apprise; mais, ainsi que cela arrive au théâtre où lorsqu'un acteur a dit sa réplique trop tôt, il se tait ensuite quand il devrait parler, l'Auvergnat contemple tout le monde et ne souffle plus un mot.

Cherami, qui regarde l'Auvergnat avec impatience, s'approche enfin de lui par derrière et lui donne un coup de poing dans les côtes en lui criant : — Eh bien! monsieur de Saint-Michel, est-ce que vous êtes devenu muet, à présent?

— Ah! nom de nom! à quoi que je pencha donc! Très-bien! très-bien! nous acceptons tout cha, dit enfin le porteur d'eau. Alors le jeune homme prend le vieux monsieur sous le bras et l'entraîne, riant encore, eh murmurant : — Il me semble que maintenant nous pouvons nous retirer, puisque tout est convenu.

Cherami salue ces messieurs et les reconduit, en leur disant : — Soyez persuadés, messieurs, que nous serons exacts au rendez-vous... nous ne vous ferons pas attendre... Ah! vous seriez bien aimables aussi d'apporter des épées, car j'ai brisé la mienne dernièrement... et je ne l'ai pas encore remplacée.

— Il suffit, monsieur, nous en aurons.

Le jeune homme s'incline d'un air fort aimable; le monsieur âgé fait un léger mouvement de tête en conservant son air de mauvaise humeur, et tous deux sortent et remontent en voiture.

LIV. — ET DE DEUX!...

— Sapristi! s'écrie Cherami, quand les témoins du comte sont partis, j'ai cru que nous n'en sortirions pas; ils ont eu de la peine à avaler mes seconds, et je le comprends.

— Est-ce que vous n'êtes pas content? dit le porteur d'eau; il me sembla que j'ai bien dit ce que vous m'avez enseigna?

— C'est-à-dire que vous l'avez dit quand il ne le fallait pas, et que vous vous taisiez quand il fallait répondre.

— Moi, dit le Piémontais, j'ai pas soufflé z'un seul mot...

— C'est bien heureux... il n'aurait plus manqué que cela! enfin, voilà qui est fini pour aujourd'hui, vous pouvez retourner à votre tonneau; mais demain soyez ici, habillés de même, à sept heures et demie précises, ne l'oubliez pas...

— Toujours pour cinq francs par tête?

— Puisque c'est convenu.

— Nous n'y manquerons pas.

Le lendemain matin les deux porteurs d'eau sont chez Cherami à sept heures du matin, dans leur costume de la veille, le Piémontais ayant l'habit vert et le chapeau gris de feu Louchard, qu'il est obligé à chaque instant de repousser en l'air, afin de voir devant lui. Cherami se hâte de s'habiller; il soigne sa toilette, qui offre un contraste parfait avec celle de ses témoins, puis il vient en hôtesse de lui chercher une voiture. Madame Louchard est fort inquiète en reconnaissant l'habit et le feutre gris de son défunt portés par le garçon porteur d'eau. Elle dit à son locataire : — Pourquoi avez-vous ainsi paré ce garçon... il va abimer les effets de mon mari... je ne vous les aurais pas prêtés si j'avais su que c'était pour lui... vous allez donc à la noce dès le matin.

— Veuve Louchard, je réponds de la casse... laissez-nous tranquilles... la défroque de votre homme est trop heureuse de se trouver à pareille fête... En voiture, messieurs!

Et Cherami pousse dans le fiacre les deux porteurs d'eau et son garçon; il crie au cocher de les mener à la porte de Saint Mandé, puis, se plaçant à côté de ses témoins, il leur dit : — Écoutez bien mes instructions pour ce matin, et mille cigares, tâchez de ne point faire de boulettes; je vais me battre avec un troisième monsieur que vous n'avez pas vu hier...

— Ah! s'il faut donner des coups de poing, cha nous va... nous sommes solides, n'est-ce pas, Piémontais?

— Oui, que je leur z'y en flanquerai de bonnes torgnoles! j'aimerais mieux ça que de rester t'à rien dire comme z'une oie.

— Il faut cependant que tu te résignes à cela, mon garçon. Ce n'est pas pour vous battre que je vous mène avec moi, c'est comme témoins. Je me battrai à l'épée. Vous mesurerez seulement les armes pour vous assurer qu'elles sont d'égale grandeur.

— Avec quoi?... je n'ai pas apporté un mètre...

— On mesure deux épées en les plaçant l'une contre l'autre... c'est bien simple.

— Et faudra-t-il que je dise encore : Très-bien, nous acceptons?

— Non, c'est inutile. Vous direz : « Tout est en règle, laissons aller. » Si je suis blessé, vous me reporterez dans ce fiacre, qui nous attendra, et me ramènerez chez moi... Si c'est l'autre qui est touché, ce sera l'autre, vous prêterez votre aide à ses témoins pour le remettre dans sa voiture. C'est bien entendu?

— C'est arrêté comme cha!

On arrive à la porte Saint-Mandé. Ces messieurs descendent de voiture, et entrent dans le bois. Le temps est froid et sombre; il n'est pas encore neuf heures; on ne rencontre point de promeneurs...

— Nous sommes en avance, dit Cherami, mais j'aime mieux cela. Surtout, mes enfants, beaucoup de politesse avec ceux que nous attendons : ôtez vos chapeaux et saluez, et ne remettez vos chapeaux qu'après ces messieurs.

— Et s'ils ne les remettaient pas?

— Soyez tranquilles!... ils les remettront. Maintenant, nous n'avons pas autre chose à faire que de nous promener et d'attendre.

— Et pourquoi que nous n'irions pas prendre un verre de vin au premier bouchon, en attendant la compagnie?

— Ma fine, j'en suis l'assez, moi, d'un verre de vin...

— Mais je n'en suis pas du tout, moi, messieurs. Après le combat, vous boirez tant que cela vous fera plaisir, mais pas avant.

— Nous aurions payé un canon aux autres quand ils seraient venus; chest poli, cha!...

— Ceux qui vont venir ne boivent pas au cabaret... Pas de bêtises, sacrebleu! ou vous me compromettriez... Mais, tenez cette voiture que je vois venir là-bas, sur la route, doit amener nos adversaires... c'est une voiture bourgeoise... celle du comte, sans doute. Oui, ce sont eux. Attention, mes témoins. Eh bien! qu'est-ce que vous faites donc? vous ôtez vos chapeaux avant que ces messieurs soient descendus de voiture...

— Vous nous dites d'être polis...

— Je ne vous ai pas dit de saluer les chevaux.

Le comte et ses seconds sont descendus de voiture, et viennent vers Cherami. La tournure grotesque de ceux qui l'accompagnent semble beaucoup amuser M. de la Bérinière, qui ne peut se lasser d'examiner les deux porteurs d'eau. Ceux-ci, sur un signe de Cherami, s'empressent d'ôter leurs chapeaux quand les derniers venus sont près d'eux. Mais, dans sa précipitation à se découvrir, le grand Piémontais, oubliant que son chapeau est trop large pour sa tête, l'envoie dans le nez de M. de Maugrille, qui se trouve justement en face de lui.

Le vieux monsieur fait un mouvement d'impatience. Mais le grand garçon se hâte d'aller ramasser son chapeau, en s'écriant : — Excusez! je ne l'ai pas fait esprès... il m'est z'échappé.

Le comte regarde ses témoins. Ceux-ci regardent Cherami. Et celui-ci, qui meurt d'envie d'envoyer son pied dans le derrière du garçon porteur d'eau, tâche de se contenir et s'écrie : — Monsieur est Polonais, il parle fort mal le français... il n'écorche même...

— C'est ce dont nous venons de nous apercevoir, répond le comte en souriant. Mais il ne fait pas chaud ici! et il me tarde d'en finir... Derrière ce petit mur, il me semble que nous serons fort bien.

— C'est aussi mon avis, monsieur le comte.

On fait une soixantaine de pas, puis on s'arrête derrière un mur qui peut cacher les combattants aux promeneurs qui passeraient par là. Pendant que les deux adversaires mettent habit bas, le plus jeune des deux témoins du comte présente aux deux porteurs d'eau deux épées qu'il tenait cachées sous son pardessus. L'Auvergnat les mesure si longtemps, que Cherami vient lui en ôter une des mains en disant :

— C'est parfait... c'est très-égal... Je prends celle-ci, à moins que monsieur le comte ne la préfère...

Mais M. de la Bérinière prend aussitôt l'autre épée, tandis que le vieux monsieur murmure : — Mais qu'est-ce que c'est donc que ces deux imbéciles de témoins, ils n'y entendent rien du tout...

Cherami s'empresse de se mettre en garde en disant : — Quand vous voudrez, monsieur le comte, je suis à vos ordres.

— M'y voici, monsieur.

M. de la Bérinière avait été très-bon tireur dans sa jeunesse, mais l'âge lui avait ôté de son agilité et de sa vigueur. Il était facile de voir que Cherami ménageait son adversaire, auquel, tout en parant ses bottes, il trouvait moyen de dire : — Beau jeu, monsieur le comte, très-joli jeu... Vous avez dû être un fort tireur autrefois!

Mais ces compliments, au lieu de flatter le comte, l'irritaient, le piquaient parce qu'il s'apercevait qu'il avait affaire à quelqu'un qui le ménageait, et tout à coup il s'écrie : — Que diable, monsieur, attaquez donc, vous vous bornez à parer... est-ce que vous croyez vous battre avec un écolier...

— Vous le voulez, monsieur le comte, ce sera donc pour vous obéir...

Et, renversant tout à coup l'arme de son adversaire, Cherami lui enfonce son épée dans le côté droit.

M. de la Bérinière chancelle un moment, puis tombe.

— Ah! fouchtra! il a son compte! s'écrie l'Auvergnat tandis que les deux témoins du comte cherchent à le secourir et à l'emporter. Mais sur un signe de Cherami, le grand Piémontais court au blessé et l'enlevant dans ses bras, comme s'il ne portait qu'un enfant, il court déposer ce fardeau dans l'élégant équipage, où attendait un chirurgien, venu avec ces messieurs, et que l'on n'avait pas jugé nécessaire de faire quitter la voiture.

— Voilà z'une affaire faite! dit le jeune porteur d'eau.

C'est à peine si les deux témoins du comte ont pu suivre le blessé. Enfin, ils se placent près de lui dans la voiture qui s'éloigne au pas.

Alors Cherami, resté avec ses deux témoins, leur dit : — La blessure ne doit pas être dangereuse... c'est dans les côtes... il en aura pour quinze jours, trois semaines, à moins que cela n'ait touché

quelque partie essentielle... Ah!... ils ont oublié de reprendre leur épée... j'irai la reporter moi-même et cela me fournira l'occasion d'avoir des nouvelles du comte.
— Ah! fouchtra, vous êtes un gaillard! vous en dégoisa!...
— Est-ce que, maintenant que c'est fini, j'allons pas t'aller nous rafraîchir d'un verre de vin au premier cabaret?
— Mes enfants, voici vos cent sous à chacun... Allez vous rafraîchir tant que voudrez; moi, je remonte en fiacre et je rentre chez moi... Voyez si vous aimez mieux revenir en voiture?
— Oh! que non pas!... la voiture cha fait mal au cœur, n'est-ce pas, Piémontais?...
— Oui, oui, j'aime mieux me promener.
— Mais n'oublie pas, toi, mon garçon, de rapporter tantôt cet habit et le chapeau gris à madame Louchard.
— Soyez donc pas t'inquiet... j'allons seulement rigoler un peu z'avec nos cent sous.
— Rigolez, mes enfants. Bonjour...
— Ah cha, monsieur Cherami, vous êtes content de nous, n'est-ce pas... nous avons bien fait ce que vous vouliez...
— Oui, mes amis, je suis très-content.
Et Cherami ajoute en s'éloignant : — Mais que le ciel me préserve de vous prendre encore pour témoins!...

LV. — CHERAMI CHANGE DE BATTERIES.

Le lendemain de cette affaire, Cherami, cachant sous son paletot l'épée qu'on lui a prêtée la veille pour se battre, se rend à la demeure du comte et demande de ses nouvelles au concierge, qui pousse un gros soupir en répondant : — Croiriez-vous, monsieur, que, malgré son âge raisonnable... car enfin, quoiqu'il s'habille comme un jeune homme, on voit bien que M. le comte ne l'est plus... son valet de chambre assure qu'il a passé la soixantaine... eh bien, malgré son âge raisonnable, il s'est battu en duel hier...
— On se bat en duel quand cela convient... il n'y a point de prescription pour cela...
— Non, monsieur, on ne se bat plus... et à l'épée surtout, quand on n'a plus le poignet solide... et il paraît que l'adversaire de M. de la Bérinière était un grand escogriffe... un ferrailleur... de ces gens qui passent leur temps à se battre... joli état!
Cherami renfonce l'épée sous son paletot, regarde le concierge comme s'il voulait l'avaler, et s'écrie d'un ton bref : — Vos réflexions m'ennuient beaucoup... je monte chez le comte...
— Mais, monsieur, on ne monte pas... monsieur le comte est blessé très-horriblement à ce qu'il paraît... il est défendu de lui parler...
— Ce n'est pas à lui non plus que je parlerai, mais à son valet de chambre, qui, je l'espère, est moins bête que vous.
Et Cherami monte rapidement l'escalier, ouvre la porte de l'antichambre en tournant un bouton et se trouve devant le domestique qui le connaît déjà, il lui présente l'épée qu'il cachait, en lui disant :
— Tenez, mon ami, voici une épée que votre maître avait prêtée à la personne avec laquelle il s'est battu hier et que cette personne m'a chargé de lui rapporter en m'informant de son état. La blessure du comte est-elle dangereuse?
— Non, monsieur... oh! le chirurgien a bien déclaré qu'elle n'était pas mortelle et que monsieur guérirait.
— Ah! tant mieux... vous me faites plaisir de m'apprendre cela.
— Seulement, cela peut être long, cela exigera de grandes précautions... monsieur a perdu beaucoup de sang... il est considérablement affaibli, et, entre nous, il n'est plus jeune!...
— Entre nous, et même entre tout le monde.
— On lui a défendu aujourd'hui de parler, de recevoir des visites!...
— Aussi n'ai-je point l'intention de demander à être introduit. Je tenais seulement à savoir de ses nouvelles; il guérira, c'est le principal... que ce soit long, qu'importe... le comte est riche, il peut se dorloter dans son lit tant qu'il le faudra...
— C'est vrai, monsieur; mais cette blessure vient cependant bien mal à propos... car... je puis vous dire cela... ce n'était déjà plus un secret... mon maître était sur le point de se marier...
— Se marier?...
— Oui, vraiment, et avec une dame jeune et fort jolie!...
— Eh bien, mon garçon, à l'âge de votre maître... se marier, c'est bien plus dangereux qu'un coup d'épée... surtout lorsqu'on prend une femme jeune et jolie... circonstances aggravantes...
— Eh! eh!... je crois que monsieur a raison.
— Bonjour... je reviendrai savoir des nouvelles.
— Et maintenant, se dit Cherami, si je savais où est Gustave, je lui apprendrais que son rival est sur le dos... Allons chez lui nous informer... Il a son logement à part... et, à la rigueur, si le portier ne peut rien me dire, nous affronterons encore la mine agréable de l'oncle.
Le concierge de Gustave sait que celui-ci n'est pas à Paris, mais il n'en sait pas davantage. Cherami se décide à pénétrer encore dans le cabinet du banquier, que l'on était toujours sûr de trouver le matin à son bureau.

M. Grandcourt fait la grimace en reconnaissant la personne qui entre chez lui. Cependant la mise de Cherami est encore plus soignée que la dernière fois qu'il l'a vu. Avec les mille francs qu'il avait reçus de Gustave, et son nouveau système d'économie, le bel Arthur était parvenu à ne plus être un ci-devant beau, il avait à peu près reconquis son élégance d'autrefois.

Cherami salue le banquier avec cette aisance qui lui est naturelle, mais à laquelle sa toilette ajoute plus de charmes. M. Grandcourt lui répond par un salut de tête assez froid. Comme il ne quitte pas son fauteuil, Cherami prend un siège et commence par se mettre à son aise. Ces messieurs se regardent quelques instants sans rien dire : le banquier conservant son air rogue; Cherami souriant comme s'il était au théâtre du Palais-Royal, écoutant jouer Arnal.
— Et comment cela va-t-il ce matin, mon cher monsieur Grandcourt? dit enfin Cherami, en se dandinant sur sa chaise.
— Cela va très bien, monsieur, je vous remercie. N'est-ce pas pour avoir des nouvelles de ma santé que vous veniez à mon bureau aujourd'hui?
— Oh! je vous l'affirmerais, que vous ne me croiriez pas...
— C'est vrai. Mais je me rappelle que mon neveu m'a dit que vous désiriez trouver un emploi... Vous me paraissez cependant, monsieur, dans une position beaucoup plus heureuse que lorsque je vous ai vu pour la première fois...
— En effet, mon cher monsieur, ma situation s'est un peu améliorée... mais cela ne m'empêche pas de chercher une place... convenable... je commence à me lasser de ne rien faire... j'ai vraiment envie de m'occuper.
— Voilà une envie qui vous prend un peu tard...
— Vous connaissez le proverbe : Il vaut mieux tard... Et puis, après tout, j'ai quarante huit ans... je ne suis pas un vieillard. Vous avez bien cet âge-là, vous, et vous travaillez.
— Mais moi, monsieur, j'ai toujours travaillé; c'est chez moi une habitude, un besoin... je n'ai pas à en faire une étude qui rebute souvent quand on la commence tard...
— Est-ce que vous avez une place à m'offrir, monsieur?
— Non, je n'en ai aucune.
— Eh bien, alors, pourquoi me faites-vous toutes ces questions? Je présume que votre intention n'est pas de me faire poser.
— Est-ce que la vôtre est de me chercher une querelle... L'oncle de Gustave, de mon meilleur ami!... Ah! si vous n'étiez pas son oncle, je ne dis pas que... mais vous êtes son oncle... Allons au fait : je suis venu pour vous demander où est votre neveu en ce moment.
— Mon neveu voyage... Il est tantôt dans un endroit, tantôt dans un autre.
— Ah! je vois que nous allons recommencer la même chanson que la dernière fois... Vous ne voulez pas me donner son adresse... Mais si je veux lui écrire, pour lui apprendre quelque chose qui lui fera grand plaisir... qui le rendra heureux...
— Dites-le moi, je le lui ferai savoir.
— Ce n'est pas la même chose... c'est égal, je veux bien vous le dire... Vous n'ignorez pas que sa passion... qu'il croyait bien épouser cette fois... vient de l'envoyer à l'ours, et cela pour lui préférer un vieux comte fort riche.
— Je sais tout cela, monsieur.
— Qui; mais ce que vous ne savez pas, c'est que je ne veux pas que l'on se joue impunément de mon ami. C'est pourquoi j'ai été trouver le comte de la Bérinière, et je l'ai provoqué; nous nous sommes battus en duel, et il est maintenant dans son lit avec un fameux coup d'épée dans le flanc droit.

M. Grandcourt fait un bond sur son fauteuil et frappe de son poing sur son bureau en s'écriant : — Est-ce bien possible... vous avez fait cela?...
— Comme j'ai l'honneur de vous le dire... Vous avez envie de m'embrasser?
— C'est-à-dire, monsieur, que j'aurais plutôt envie de vous jeter par la fenêtre...
— Ah! comme nous sommes au rez-de-chaussée, si cela peut vous être agréable...
— Mais, monsieur, c'est affreux ce que vous avez fait là... et vous vous dites l'ami de Gustave... mais c'est son malheur que vous cherchez à faire... est-ce que vous ne voyez pas que cette Fanny est une odieuse coquette, qui n'aime que la fortune, les plaisirs, et qui n'a jamais eu le plus léger sentiment d'amour pour mon neveu...
— Quant à cela, je suis parfaitement de votre avis.
— Eh bien, pensez-vous donc qu'un mariage avec cette femme ferait le bonheur de Gustave?
— Dame... puisqu'il l'adore!...
— Eh! monsieur, ai-je besoin de vous apprendre que l'amour ne dure pas toujours... et d'ailleurs, à quoi sert ce sentiment dans un ménage lorsqu'il n'est pas partagé... Gustave est bon, sensible, aimant... beaucoup trop aimant... il lui faudrait une compagne douce, modeste, tendre...

— C'est vrai!... murmure Cherami, et j'en connais une comme cela !...
— Et vous voulez qu'il épouse une femme qui deux fois l'a dédaigné... mais ne point devenir le mari de cette Fanny, c'était le plus grand bonheur qui pouvait lui arriver... tous ses vrais amis devaient s'en féliciter... et vous allez, vous, monsieur, renverser cet obstacle qui s'était élevé entre mon neveu et cette veuve... vous vous battez avec celui qu'elle préfère à Gustave... ah!... monsieur, cessez de vous dire son ami, car son plus grand ennemi n'aurait pas agi autrement.

Cherami se promène à grands pas dans la chambre, il se mordille les lèvres en murmurant : — Sacrebleu... c'est vrai... il y a du bon dans ce que vous dites là... moi, dans le premier moment, je n'ai pas réfléchi... je n'ai vu qu'une chose : empêcher la petite veuve de se moquer de Gustave.

— Eh ! monsieur, elle s'en moquerait bien davantage s'il devenait son mari.

— Après tout... je n'ai pas tué le comte, un coup d'épée dans le côté... ce n'est rien, il guérira, le médecin l'a assuré.

— Oui, c'est possible ; mais qui sait si ce duel ne changera pas ses projets, ses idées... à l'âge du comte une blessure, une maladie vous vieillit quelquefois de dix années... et puis l'amour s'envole et avec lui le projet de mariage...

— Oh ! le comte était très-amoureux, et quand le feu se met dans une vieille maison, elle brûle plus vite qu'une neuve.

— Trouvez-vous encore, monsieur, qu'il soit bien urgent d'apprendre à mon neveu la belle chose que vous avez faite... avez-vous envie de le voir accourir de nouveau près de cette Fanny ?

— Vous m'avez totalement retourné, cher oncle... j'ai une mauvaise tête... mais je ne suis pas un entêté... quand je sens que j'ai fait une sottise, j'en conviens.

— C'est encore quelque chose.

— Mais, je vous le répète, la blessure du comte n'est pas dangereuse, il guérira.

— Je le souhaite, monsieur, et surtout qu'il épouse cette Fanny.

— Alors, vous n'aurez plus envie de me jeter par la fenêtre.

— Alors, je vous pardonnerai cette nouvelle équipée.

— Adieu, cher oncle. Tenez, vous êtes dur avec moi... eh bien, au fond, je ne vous en veux pas... parce que je vois que vous aimez votre neveu.

— Ah ! vous voyez cela seulement à présent.

— J'aurai soin de m'informer de la santé de notre vieil amoureux, dès qu'il sera sur pied, je viendrai vous le dire... Et alors, s'il ne voulait plus épouser la petite veuve, ah ! par la sambleu ! il faudrait dégainer de nouveau.

— Monsieur, je vous en supplie, ne vous mêlez plus de rien, c'est le seul moyen pour que cela se termine bien.

— Vous avez peu de confiance en moi, cher oncle ; mais je vous forcerai à me rendre justice.

Et Cherami quitte le banquier en se disant : — Ce diable d'homme a raison... j'ai fait une boulette, je vais maintenant agir différemment.

LVI. — IMPATIENCE SANS AMOUR.

Pendant que ceci se passait, on était dans une vive inquiétude chez madame Monléard.

Depuis que le comte de la Bérinière lui avait positivement offert sa main, qu'elle n'avait pas refusée, chaque jour il venait lui faire sa cour. Les dix mois de rigueur pour un veuvage étaient écoulés, le comte, qui était pressé de voir couronner sa flamme, faisait déjà des dispositions pour son mariage. Au nombre des dispositions étaient les cadeaux, les bijoux, les cachemires qu'il voulait offrir à sa future épouse, et la veille du jour qu'il avait reçu la visite de Cherami, il avait pendant toute la journée emmené Fanny voir les modes les plus nouvelles en parures et en châles, afin de connaître son goût, et d'acheter en conséquence. Et la jolie veuve n'avait fait aucune façon pour monter dans l'équipage qui devait bientôt lui appartenir.

Dans la journée qui avait suivi la provocation de Cherami, le comte, obligé de se chercher deux témoins pour son duel, n'avait pas eu le temps d'aller faire sa cour à Fanny, il ne l'avait vue que le soir, et en homme bien élevé, s'était bien gardé de lui parler de l'affaire qu'il allait avoir à cause d'elle. Le lendemain, ses témoins s'étaient rendus chez son adversaire, puis étaient venus annoncer à M. de la Bérinière que le rendez-vous était pris et tout convenu. Cela avait encore occupé le comte ; il était brave, et cependant ce duel le contrariait, ses entrevues avec la jolie veuve s'en étaient ressenties ; il avait été près d'elle moins amoureux, moins aimable et moins gai.

Lorsque le jour suivant s'écoule sans que le comte vienne lui faire visite, Fanny s'étonne, s'impatiente, s'inquiète. Vingt fois elle va à son miroir, qui lui dit qu'elle est toujours aussi jolie et que son vieil adorateur doit être trop heureux qu'elle veuille bien avoir l'air de l'aimer. Cependant la journée, la soirée se passe et le comte ne paraît pas.

— Il veut me faire de charmants cadeaux, se dit Fanny, et il veut me les apporter lui-même ; mais tous ces fournisseurs sont si peu de parole !... ils aura attendus en vain... et il n'a pas voulu venir sans m'apporter ses présents. J'aurai tout cela demain.

Le lendemain, midi, une heure, deux heures sonnent, et point de nouvelles du comte.

— Cela n'est pas naturel, se dit Fanny. Certainement, il y a quelque chose de nouveau... maintenant, je me souviens que M. de la Bérinière était distrait, préoccupé les deux derniers soirs qu'il est venu... Je lui en ai fait la guerre, et il m'a dit que je me trompais... Non, je ne me trompais pas !... Justine, descendez chez la concierge, demandez s'il n'y a point de lettre pour moi .. si l'on n'a pas envoyé de la part du comte. Ces gens-là oublient souvent de dire quand on est venu.

Justine remonte bientôt annoncer qu'il n'y a point de lettres, et que personne n'est venu. Fanny se met à la fenêtre et ne voit rien venir.

A cinq heures du soir, n'y tenant plus, elle dit à sa bonne : — Prenez une voiture à l'heure, voici l'adresse de M. de la Bérinière, informez-vous au concierge s'il lui est arrivé quelque chose ; s'il est malade, demandez à le voir, dites-lui tout l'intérêt que je prends à sa santé. Allez, et que je sache enfin à quoi m'en tenir.

Justine part en voiture. La jolie veuve compte les minutes, regarde à chaque instant à sa pendule ; enfin sa domestique revient... à son air essoufflé, effaré, il est facile de deviner qu'elle a bien des choses à dire ; en effet, elle frappe dans ses mains en s'écriant : — Ah !... madame ! certainement oui il y a du nouveau. Ah ! ce pauvre comte . quel événement !...

— Comment ! Justine, est-ce qu'il est mort ?

— Non, madame, il n'est pas encore mort, mais peu s'en faut.

— Quel accident lui est donc arrivé ?

— Ce n'est pas un accident, madame... c'est un combat à l'épée... un duel enfin...

— Le comte se serait battu en duel ?

— Oui, madame, et hier matin on l'a rapporté chez lui blessé... un grand coup d'épée dans le côté... qui pouvait être mortel... mais cependant il paraît qu'il en guérira... Le médecin l'espère... mais les médecins se trompent si souvent !...

— Ah ! mon Dieu !... mais c'est affreux, cela... Et avec qui s'est-il battu ?

— Ah !... madame... son valet n'en sait rien... Il ne l'avait pas emmené !...

— Oh ! je le saurai moi, je le saurai... un duel, quel autre que Gustave aurait eu l'idée de se battre avec M. de la Bérinière... Ce garçon-là est né pour faire mon malheur... Ainsi tu n'as pas vu le comte ?

— Non, madame ; il était défendu aujourd'hui de laisser entrer personne... mais demain peut-être la consigne sera levée.

— Ce pauvre comte... pourvu qu'il ne faille pas mourir. Vois donc, Justine, quel guignon pour moi...

— C'est vrai... encore si le médecin était comtesse, ce ne serait que demi mal.

— Tu dis que le médecin en répond ?

— C'est le valet de chambre qui m'a dit cela.

— Enfin... j'irai moi-même demain ; mais auparavant, je verrai ma sœur !...

— Je croyais que madame n'allait plus chez monsieur son père ?

— Ah ! parce que dans un moment d'humeur, il m'a dit de ne plus venir... est-ce qu'il peuse encore à cela... D'ailleurs, ce n'est pas mon père, c'est Adolphine que je veux voir.

Le lendemain, à onze heures du matin, madame Monléard est introduite chez sa sœur, qui pousse un cri de surprise en la voyant...

— Comment ! c'est toi, Fanny ?

— Sans doute ; Madeleine m'a dit que mon père venait de sortir ; j'aime autant cela.

— Oh ! sois tranquille... sa colère est passée... Tu sais bien que chez lui cela ne dure pas longtemps !

— Mais c'est moi maintenant qui suis en colère.

— Toi... et contre qui ?

— Contre tout le monde... Tu fais un air étonné... tu dois bien savoir ce qui s'est passé ?

— Non. Que s'est-il donc passé qui t'irrite ainsi ?

— Il y a bien de quoi... M. de la Bérinière s'est battu en duel... il a reçu un grand coup d'épée... et un peu plus on me le tuait !...

— Ah ! mon Dieu ! et avec qui s'est-il donc battu ?

— Tu me le demandes... tu le sais bien ; d'ailleurs c'est facile à deviner.

— Je ne le devine pas cependant.

— Et quel autre que Gustave... furieux de ce que je lui ai préféré le comte.

— Gustave !... mais ce n'est pas possible... il y a huit jours qu'il a quitté Paris... il est venu nous faire ses adieux... et M. de Raincy, qui revient d'Angleterre, l'y a rencontré.

— Il serait possible... ce n'est pas Gustave... mais qui donc

alors... à moins que ce grand bretteur... qui s'est déjà battu avec Auguste..
— Oui... ce doit être lui.
— Ah çà, mais il a donc le diable au corps cet homme-là... Comment, dès que je suis mariée, ou que l'on va m'épouser... il arrive avec sa flamberge... mais c'est odieux. Ah! ce M. Cherami... moi qui lui avais fait des politesses... qui l'avais engagé à venir me voir...
— Comment! tu l'avais engagé... un homme qui s'est battu avec ton mari!...
— Eh bien! qu'est-ce que cela fait... tu sais bien qu'ils s'étaient raccommodés... Enfin je vais aller savoir des nouvelles de ce pauvre comte... aujourd'hui on pourra le voir peut-être, et je saurai comment est arrivé ce duel. Ah! mon Dieu, si M. de la Bérinière allait mourir... je serais veuve une seconde fois... et sans être comtesse...

Fanny laisse Adolphine, qui est bien troublée, bien agitée par ce qu'elle vient d'apprendre. La jolie veuve se fait conduire chez M. de la Bérinière. Le médecin a levé la consigne, on peut voir le blessé à condition de ne le faire parler que fort peu.

La jeune femme se présente avec toutes les démonstrations du plus vif intérêt; elle pousse de grandes exclamations, de gros soupirs, elle cligne si souvent des yeux, qu'elle parvient à les rendre très-rouges. Le comte sourit à sa jolie visiteuse et lui tend la main. Celle-ci prend cette main qu'elle presse contre sa poitrine en s'écriant : — Si l'on vous avais tué, je ne vous aurais pas survécu!... Mais quel est donc le barbare... comment est survenu ce duel?
— C'est qu'on m'a défendu de beaucoup parler, murmure le comte d'une voix faible.
— Ah! c'est juste... excusez moi... ma curiosité est bien naturelle... rien que deux mots... est-ce avec... mon ami d'enfance que vous vous êtes battu?
— Non... c'est un monsieur de ses amis... qui se nomme Cherami.
— M. Cherami!... ah!... le vilain homme... c'est déjà lui... avec Auguste... Ah! mon Dieu fait à cet homme... ou plutôt que lui ont fait ceux que j'aime... enfin, cher comte, vous guérirez, cela ne fait pas de doute, alors à force de soins, d'amour, j'espère vous faire oublier un incident dont je suis la première cause...
— Ce ne sera rien!...
— Non, certainement, cela ne sera rien... O Dieu!... si la blessure avait été dangereuse... s'il m'avait fallu craindre pour vos jours... je ne sais pas ce que je serais devenue... Ah! c'est lorsque un malheur arrive à ceux qui nous sont chers, que nous sentons... combien ils nous sont chers!
— Vous êtes trop aimable!
— Souffrez-vous?
— Peu... mais je suis extrêmement faible.
— Je vous quitte, car malgré moi je pourrais vous faire parler et cela vous fatiguerait. Au revoir, mon cher comte... tous les jours je viendrai... ou j'enverrai pour avoir de vos nouvelles...
— Merci mille fois...
— Que mon souvenir vous tienne compagnie, comme le vôtre me sera doux.

Et la petite femme s'éloigne en se disant : — Mon Dieu, qu'il est vilain au lit!

LVII. — CHERAMI VEUT RÉPARER SES BÉVUES.

Trois semaines se passent. Le comte commence à se lever et à marcher dans sa chambre; cependant il est encore très-faible, et le sang qu'il a perdu par sa blessure semble avoir emporté tout ce qu'il avait encore de jeune, de vif et d'aimable. Fanny a été le voir presque tous les jours, bien qu'elle s'ennuie considérablement pendant tout le temps qu'elle passe près du blessé; mais elle a bien soin de cacher son ennui, de dissimuler ses bâillements; elle feint au contraire un redoublement de tendresse, elle trouve surtout la convalescence bien longue, d'autant plus longue, qu'elle remarque le changement qui s'est opéré dans l'humeur de son futur époux, qui semble avoir vieilli de dix ans en quinze jours.

Cependant le comte est bientôt en état de sortir en voiture; alors Fanny murmure, tout en baissant les yeux : — Je crois que nous pourrons incessamment fixer le jour qui doit nous unir à jamais.

Mais M. de la Bérinière hoche la tête en répondant : — Oh! je ne suis pas encore assez fort!...

Et la petite veuve se dit : — J'ai bien peur qu'il ne le soit plus jamais... assez fort!...

Les choses en sont là, lorsqu'un matin la bonne de madame Monléard vient annoncer à sa maîtresse que M. Cherami demande s'il peut avoir l'honneur de lui parler.
— M. Cherami!... s'écrie Fanny. Quoi! cet homme ose se présenter chez moi... mon mauvais génie.. mais n'importe! je suis curieuse de savoir ce qu'il veut me dire... Fais entrer ce monsieur.

Cherami, qui a eu soin de faire une élégante toilette, se présente d'un air souriant, en disant : — Madame Monléard m'attend pas ma visite....
— Oh! non, monsieur, assurément. Après ce qui s'est passé entre vous et M. de la Bérinière, je ne vous attendais pas chez moi; mais puisque vous voilà, je pense que vous voudrez bien me dire pourquoi vous avez ainsi provoqué une personne que vous ne connaissiez pas et qui ne vous avait rien fait...
— Mon Dieu, madame, vous devez bien le deviner... je voulais venger ce pauvre Gustave que vous jouez... comme un macaron.
— Eh! monsieur, quelle rage avez-vous donc de vouloir prendre fait et cause pour Gustave... vous voyez bien qu'il ne songe pas à se battre, lui, il se soumet aux événements, il est gentil, il ne se fâche pas, il part et voilà tout. Mais vous... et votre conduite est d'autant plus blâmable, que dernièrement... lorsque je vous rencontrai, vous m'avez fait mille offres de service... vous m'avez assuré que vous seriez enchanté de pouvoir m'être agréable... et pour m'être agréable, vous allez, à propos de rien, provoquer chez lui M. de la Bérinière, vous le forcez à se battre, et lorsqu'il allait m'épouser, vous lui donnez un coup d'épée... Ah! si ce sont là les services que vous vouliez me rendre, je vous dispense de m'obliger à l'avenir.
— Je commence par vous répondre, madame, que je reconnais ma faute... j'ai cédé à un premier mouvement de vivacité, mais j'ai eu tort... j'ai bien compris depuis que j'avais fait une énorme brioche... et je viens humblement vous demander mon pardon...
— Vous avouez vos torts... c'est fort bien... mais ce qui est fait, n'en est pas moins fait.
— Le comte est guéri, il sort déjà en voiture, je le sais.
— Oui, le comte commence à sortir, mais il n'est plus le même... Son humeur est totalement changée... il a perdu sa gaieté, son ton léger, badin... C'était un jeune homme, aujourd'hui c'est un vieillard... Lorsque je lui parle de notre mariage, il me répond : « Mes forces ne reviennent pas!... » Enfin, il n'a plus l'air d'être amoureux de moi, et c'est vous, monsieur, qui êtes cause de cela.
— Eh bien, madame, si j'ai fait le mal je veux le réparer... le comte redeviendra amoureux... galant... empressé de vous épouser, car je veux maintenant qu'il vous épouse, et par la sambleu, je réussirai... j'ai mon lièvre!...
— Vous avez un lièvre?...
— Ceci est un petit mot d'habitude... je veux dire que j'ai mon projet...
— Est-ce bien vrai ce que vous me dites là, monsieur... avez-vous réellement envie maintenant de me voir épouser M. de la Bérinière?...
— Madame, les femmes m'ont souvent trompé, mais moi, j'ai toujours été franc avec elle... pour ne pas leur ressembler. Je n'ai aucune raison pour vous mentir.
— Et comment ferez-vous pour que le comte redevienne ce qu'il était?
— Fiez-vous à moi... seulement, il faut que je puisse être reçu chez M. de la Bérinière... si je m'y présente, il va dire qu'il ne voudra pas me voir.. Il faudrait que vous eussiez la bonté de lui dire quelques mots en ma faveur... que je reconnais mes torts, et voudrais lui faire mes excuses... que vous a priée d'intercéder pour moi.
— S'il ne faut que cela... soit. Tantôt j'irai voir le comte; venez demain matin, vous connaîtrez sa réponse... si elle est favorable.
— Ces huit jours tout sera fini et vous serez comtesse.
— En vérité... mais quel moyen emploierez-vous?
— Ne vous inquiétez pas, je vous dis que j'ai mon lièvre.

LVIII. — LE SPÉCIFIQUE DE LA COUSINE.

Vers le milieu de la journée, la jolie veuve se rend, suivant son habitude, chez M. de la Bérinière qu'elle trouve établi dans son fauteuil à la Voltaire, et buvant une infusion de tilleul.
— Comment allez-vous aujourd'hui, mon cher comte? demande Fanny en s'asseyant près du convalescent.
— Tout doucement, belle dame, je vous remercie... la blessure est parfaitement guérie, mais ce sont les forces qui ne reviennent pas vite...
— Et que buvez-vous là?
— Une infusion de fleurs de tilleul...
— Est-ce que vous croyez que c'est cela qui vous redonnera des forces...
— Mon médecin dit que cela est très-bon.. cela calme.
— Il me semble que vous êtes bien assez calme... Tenez, comte, je n'ai pas grande confiance dans votre médecin...
— Vous voyez cependant qu'il a guéri ma blessure.
— Votre blessure devait se guérir... ce n'était pas une maladie; mais, maintenant, au lieu de vous faire prendre une nourriture fortifiante, il vous met à la tisane... à la viande blanche, il vous traite comme un enfant...
— Vous avez peut-être raison, belle dame!.. le fait est qu'il me tient bien longtemps au régime... sous prétexte qu'il faut de la prudence...
— Si vous l'écoutez, dans six mois vous serez encore en traite-

ment... mais laissons cela, je me suis chargée près de vous d'une commission... assez singulière?
— Qu'est-ce que c'est, belle dame...
— Ce monsieur avec qui vous avez eu ce duel...
— M. Chérami?
— Justement, M. Chérami s'est présenté ce matin chez moi...
— Ah bah! est-ce qu'il voulait aussi vous provoquer?
— Oh non... bien au contraire... il venait me demander pardon de sa conduite... il reconnaît ses torts... il est désolé de ce qu'il a fait, et enfin il demande la faveur de venir vous offrir ses excuses et vous exprimer la joie qu'il éprouve de votre guérison...
— Pardieu, voilà un singulier original... il veut se battre pour son ami...
— Oui... c'était un moment d'exaspération.
— Et maintenant il en est fâché... mais je ne lui en veux pas du tout; moi, à ce monsieur... il tire très-bien... Oh! c'est une excellente lame...
— Et voulez-vous lui permettre de venir vous offrir ses regrets...
— Ma foi, écoutez, je le veux bien, mais c'est à condition qu'il me dira ce que c'était que les deux témoins qu'il lui avait amenés avec lui... vous ne pouvez pas, madame, vous faire une idée de ces deux hommes, qui certainement ne s'étaient jamais trouvés à pareille fête... c'était à pouffer de rire... de Gervier s'en amusait beaucoup; mais Maugrillé était sur le point de se fâcher, il voulait se battre avec eux... je vous assure que c'était fort drôle...
— Alors vous permettez à M. Chérami de venir vous voir.
— Oui, à la condition que je viens de vous poser.
— Ceci est, je pense, bien facile : demain matin ce monsieur doit venir chez moi savoir votre réponse, je vous l'enverrai.
— Soit; ce M. Chérami m'a paru d'ailleurs aussi spirituel qu'original.

Chérami ne manque pas de se rendre le lendemain chez madame Monléard, qui lui annonce que M. de la Bérinière consent à le recevoir, à la condition qu'il lui dira quels étaient ses témoins.
— Et maintenant, ajoute la jeune veuve, comment comptez-vous faire pour rendre au comte sa santé et sa belle humeur.
— Soyez tranquille, madame, répondit le bel Arthur, ceci me regarde; le comte a besoin d'être remonté au moral comme au physique... d'une vieille pendule qui ne marche plus... mais tant que le grand ressort n'est point cassé, il doit y avoir de la ressource, je ferai marcher.

En sortant de chez Fanny, Chérami prend un cabriolet et se fait conduire au Palais-Royal; il entre chez Corcelet et se fait donner une demi-bouteille de Chartreuse, qualité superfine; puis il arrache l'étiquette, le cachet, tout ce qui pourrait faire reconnaître la liqueur, met la bouteille dans sa poche et se fait mener rue Ville-l'Évêque, en se disant : — C'est très-cher, mais on ne saurait faire trop de sacrifices quand il s'agit d'assurer le bonheur d'un ami... il ne me reste plus que cent cinquante francs sur les mille francs de Gustave, mais je les dépenserai de grand cœur si cela décide notre vieil amoureux à se marier avec la petite veuve.

On annonce à M. de la Bérinière que M. Chérami demande la faveur de le voir.
— Faites entrer, dit le comte.

Chérami, élégant et parfumé comme aux beaux jours de sa fortune, se présente devant le comte, qui fait quelques pas vers lui.
— De grâce, monsieur le comte, ne vous levez pas... on m'a dit que vous étiez encore faible .. et je suis déjà trop heureux que vous vouliez bien me permettre de vous présenter mes hommages et mes excuses pour la folle conduite que j'ai tenue avec vous...
— Ne parlons plus de cela, monsieur Chérami, vous vouliez avoir un duel avec moi, vous l'avez eu... c'est une affaire terminée. Asseyez-vous donc... et étiez-vous un peu, entre nous, quels étaient ces deux... particuliers qui vous servaient de témoins.. vous conviendrez que leurs tournures... toutes leurs manières étaient bien comiques... et je jurerais que c'était la première fois qu'ils assistaient à un duel.
— Ma foi, monsieur le comte, c'est la vérité; mais que voulez-vous? toutes les personnes sur lesquelles je comptais m'ont manqué, je n'avais plus le choix; j'ai décidé, quoique avec peine, ces deux industriels à m'accompagner sur le pré.
— Qu'est-ce qu'ils font ces individus-là?
— Monsieur le comte, l'aîné fait le commerce des eaux du Mont-Dore sur une assez vaste échelle; le plus jeune est son commis.
— Ce sont des Auvergnats?
— Oui, monsieur le comte.
— Je l'aurais parié... du reste, le plus jeune est très-fort, à ce qu'il paraît, car il m'a dit qu'il m'avait porté tout seul dans ses bras jusqu'à ma voiture.
— Cela est vrai... il est très-robuste... Et monsieur le comte est parfaitement guéri de sa blessure?
— Oui, elle est cicatrisée. Cependant voilà déjà six semaines de notre rencontre... et mes forces ne reviennent pas...
— Monsieur le comte, voulez-vous me permettre de vous faire une offre?

— Voyons, de quel genre est votre offre...
— Je me suis battu assez souvent dans ma vie.
— Oh! je le crois.
— J'ai été blessé quelquefois.
— Vous tirez cependant fort bien... mais il y a des coups de maladroit!...
— Eh bien, monsieur le comte, une bonne vieille cousine qui m'aimait beaucoup, malgré mes folies, m'avait fait cadeau d'une liqueur avec laquelle, après la blessure la plus grave, j'étais sur pied en fort peu de temps.
— Ah! diable!
— Je me suis servi de cette liqueur toutes les fois que j'ai été blessé et jamais l'effet n'a manqué...
— Et de quoi se compose cette liqueur?
— Je l'ignore, c'était le secret de ma vieille cousine; elle est morte sans me l'avoir confié... mais cela ne peut être que très-sain, puisque cela m'a toujours guéri.
— Est-ce que vous avez encore de cette liqueur?
— J'en ai conservé précieusement quelques demi-bouteilles, et en voici une que je me suis permis d'apporter dans l'espérance que monsieur le comte aura confiance en moi...
— Ma foi, pourquoi pas.
— J'aurai d'abord l'honneur de la goûter avec monsieur le comte pour m'assurer qu'elle n'a point périclité.

M. de la Bérinière fait apporter des verres à liqueur. Chérami verse de sa chartreuse superfine et en avale lui même un verre.
— C'est bon, c'est fort bon! dit le comte après avoir bu. Mais, il me semble... cela a le même goût que la chartreuse...
— Oh! monsieur le comte, il y a bien, en effet, un peu de rapport en buvant; mais ensuite le parfum, l'odeur n'est plus la même.
— C'est possible... j'ai fort peu bu de chartreuse, je ne prends que rarement de la liqueur.
— Celle-ci ne vous fera que plus d'effet... c'est, je pense, un composé de simples, de plantes bienfaisantes... ma vieille cousine allait souvent herboriser...
— Cela sent aussi le vulnéraire.
— En effet, et qui est lui-même très-bienfaisant...
— C'est très-chaud dans la poitrine... il me semble déjà que je me sens plus fort, plus dispos...
— Cela opère très-vite.
— Et combien faut il en boire pour être parfaitement guéri?
— Mais il faut avaler cette demi-bouteille...
— En combien de temps?
— En trois jours.
— En trois jours... boire tout cela!...
— Oh!... cela ne contient pas beaucoup, buvez-en aujourd'hui quatre petits verres, demain cinq, après-demain six ou sept, et ce sera fini. Mais ne parlez pas à votre médecin du remède de ma vieille cousine... il ne manquerait pas d'en dire du mal; les médecins ne veulent jamais que l'on guérisse avec ce qu'ils n'ont pas ordonné.
— Je sais cela... mais véritablement je me sens beaucoup mieux.
— Prenez-en tout de suite un second verre... et les autres après votre dîner.
— Voyons, je me résigne... oh! oui, cela a un tout autre goût que la chartreuse... c'est plus doux...
— Plus vous en boirez et plus cela vous semblera agréable...
— C'est charmant; votre vieille cousine vous a laissé là quelque chose de bien précieux.
— Elle passait tout son temps à composer des liqueurs. Celle-ci vous donnera de l'appétit... vous pouvez manger beaucoup et de tout, elle ferait digérer des pierres.
— C'est ravissant... parole d'honneur, je sens mes jambes qui frétillent... il me semble que je danserais.
— Après-demain vous serez en état de danser. Permettez-vous que je revienne dans quelques jours, monsieur le comte, savoir des nouvelles de votre santé?
— Quand vous voudrez, monsieur Chérami, vous êtes un excellent médecin et je me trouve déjà fort bien de votre remède.
— Alors, à bientôt, monsieur le comte... suivez bien mon ordonnance...
— Oh! je n'ai garde de l'oublier!

Chérami s'éloigne en se disant : — Il n'est pas possible que cela lui fasse du mal, je le chauffera un peu, voilà tout; mais il en a besoin, il tournait à la guimauve.

LIX. — CE QUI DEVAIT ARRIVER.

La jeune veuve se disposait à se rendre chez le comte le lendemain du jour qu'elle lui avait envoyé Chérami, elle était curieuse de savoir si ce dernier avait déjà amélioré la santé de son futur, lorsque sa bonne lui annonce M. de la Bérinière.

Fanny pousse un cri de surprise en voyant le comte se présenter chez elle presque aussi lestement qu'avant son duel. C'était le second jour de son traitement par la chartreuse, le comte en avait bu trois petits verres avant de sortir; cette liqueur, véritablement bienfaisante lorsqu'on n'en use que modérément, lui avait rendu la vigueur; elle avait ranimé ses esprits, et, enchanté d'un changement qu'il croyait être le retour de son état normal, M. de la Bérinière avait voulu l'apprendre lui-même à sa jeune veuve.

Fanny témoigne au comte toute la joie qu'elle ressent de le voir rendu à la santé;

— Oui, je vais très-bien, répond M. de la Bérinière. Je reprends mes forces avec une vivacité qui me surprend moi-même. Croyez-vous, belle dame, que c'est à ce brave M. Chérami que je dois cela...

— Il se pourrait... serait-il médecin ?

— Non, mais il possède une liqueur d'une vieille cousine, qui remet sur-le-champ les convalescents en pleine santé. Il n'y a que deux jours que j'en prends... et je ne suis plus le même... demain je finirai la fiole... c'est demain mardi, et à la fin de cette semaine, je vous conduis à l'autel; tout sera disposé en conséquence.

— Oh! mais que je suis donc heureuse de vous voir tout à fait guéri... vous avez retrouvé votre amabilité, votre gaieté d'autrefois...

— Oui... j'ai retrouvé une foule de choses... et quand j'aurai pris le reste de mon élixir, ce sera un mari de vingt-cinq ans que vous aurez...

— Mais vous n'en paraissez guère plus aujourd'hui.

— Trop aimable, en vérité!... j'ai voulu venir moi-même vous faire part de cet heureux changement... Je vais vous quitter pour me rendre chez mon banquier... il faut qu'il me donne beaucoup d'argent, car je veux vous couvrir de parures et de bijoux...

— Ah!... monsieur le comte, ne faites pas de folies, je vous en supplie...

— Ce n'est point en faire, tendre amie, que de chercher à vous plaire... Ah! demain, comme je ferai mes emplettes; je n'aurai peut-être pas le plaisir de vous voir; mais attendez-moi après-demain, vers midi, moi et tous mes petits bibelots...

— Vous êtes toujours le bienvenu, monsieur le comte.

M. de la Bérinière s'éloigne après avoir baisé la main de la jeune veuve, et celle-ci se livre à la joie la plus vive, en s'écriant :

— Enfin! je vais donc être comtesse... ah! ce M. Chérami est un homme charmant... et quand je serai comtesse et que j'aurai équipage et quarante mille francs de rente, qu'on ne perdra pas à la bourse cette fois, mon père ne trouvera pas que j'ai eu tort de refuser une seconde fois d'épouser Gustave; car enfin, dans ce monde, il me semble qu'il faut d'abord penser à soi.

Quand le comte s'éveille le troisième jour de son traitement, il est tout surpris de se sentir presque aussi faible qu'avant d'avoir bu de la précieuse liqueur; il ne comprend pas que la force qu'elle lui donne n'est que factice et s'évanouit avec les spiritueux qu'elle contient; il appelle son valet de chambre, se fait donner la précieuse demi bouteille, en boit deux petits verres coup sur coup, et se sent bientôt ranimé.

— Oh! je boirai tout aujourd'hui... se dit le comte en se faisant habiller par son valet.

— Combien la bouteille contient-elle encore de verres, François?

— Mais, monsieur le comte, je crois qu'il y en a encore six au moins avec deux verres que vous avez bus..

— Eh bien, cela fera huit... mais je serai tout à fait dispos...

— Monsieur ne craint pas que cela ne l'échauffe trop?

— Non, non... des simples!... c'est très-bienfaisant... verse-m'en un petit verre.

— Voilà, monsieur le comte.

— C'est bon... j'y prends goût... c'est extraordinaire le bien que cela me fait... j'ai envie de faire une pirouette, François...

— N'en faites pas, monsieur, cela vous étourdirait..

— Voyons, j'ai bien des courses à faire aujourd'hui, des marchands à voir... des cadeaux à acheter pour ma future... car je me marie samedi, François.

— Ah! cela va bien, monsieur.

— Je vais dresser une liste des achats que je veux faire... la journée sera fatigante... François, verse-moi encore un petit verre...

— Oui, monsieur.

— Je ne sais pas trop où je dînerai aujourd'hui... je ne pense pas revenir ici.

— Chez madame Monléard peut-être?

— Oh! non, ce serait lui causer de l'embarras... je dînerai au cabaret avec le premier ami que je rencontrerai... As-tu fait atteler?

— Oui, monsieur, votre coupé vous attend...

— Je pars... Ah! pardieu!... encore un petit verre avant de m'en aller...

— Monsieur est bien rouge déjà...

— Tant mieux; ce sont mes couleurs qui reviennent... tu vas mettre la bouteille dans ma voiture, je la finirai tout en faisant mes courses.

Le comte avale son cinquième verre de chartreuse, fait une demi-pirouette dans la chambre, manque de tomber, parce qu'il est très-étourdi; mais son valet de chambre le retient, et parvient, tout en se cognant à droite et à gauche, à gagner sa voiture dans laquelle il se jette, en disant : — Je crois, le diable m'emporte, que je serais capable de grimper à un mât de cocagne.

La journée est employée par le futur marié à visiter des magasins de bijouteries, de dentelles, de cachemires; il fait ses commandes, et, parmi une foule de ces jolis riens que l'on appelle nécessaires et dont les dames brillent leur étagère; il fait un choix qui doit flatter celle qui va porter son nom. Tous ces soins ont pris une grande partie de son temps; mais il a trouvé le moment de finir la demi-bouteille qu'il a emportée; il sent dans sa poitrine une chaleur inconnue; il éprouve une grande altération et se dit : — Je boirai de l'eau de Seltz à mon dîner.

Sur les cinq heures, en sortant d'un beau magasin de nouveautés, M. de la Bérinière aperçoit ses deux témoins, MM. de Maugrillé et de Gervier, qui venaient de son côté en se donnant le bras. Il s'empresse d'aller à eux : — Bonjour, messieurs, où allez-vous ainsi?

— Mais nous allons dîner.

— Chez des amis?

— Non, chez le premier traiteur venu, pourvu qu'il soit bon.

— Alors, vous me ferez le plaisir de venir dîner avec moi, nous fêterons mon rétablissement et mon prochain mariage...

— Soit!...

— Montez dans ma voiture, nous nous serrerons un peu... je vous mène chez Philippe; cela vous va-t-il?

— Parfaitement, on y est fort bien.

On monte en voiture. Durant le chemin, M. de Maugrillé regarde souvent le comte, enfin il lui dit : — Êtes-vous complétement guéri?

— Mais comme vous voyez.

— Je vous trouve le teint très-animé... vos yeux brillent d'un éclat surnaturel!

— C'est la suite du remède que j'ai pris... un traitement fort agréable, ma foi.

— Que votre médecin vous a ordonné!

— Non, je le tiens de mon adversaire, M. Chérami.

— Votre adversaire... vous l'avez revu?

— Sans doute; nous sommes les meilleurs amis du monde... c'est une mauvaise tête, mais un fort bon garçon.

— Lui avez-vous demandé quels étaient ces deux Iroquois qui lui servaient de témoins.

— Oui; l'un est un riche propriétaire d'Auvergne qui fait venir ici des eaux du Mont-Dore; l'autre est son commis.

— Ah! le soi-disant Polonais.. M. Chamousky... Ah! je les reconnaîtrai toujours ces deux gaillards là...

On arrive chez Philippe. Le comte commande un dîner des vins des premiers crus; comme il se sent très-altéré, il juge convenable de commencer par du champagne frappé. Ces messieurs fêtent le rétablissement du comte et boivent à son futur mariage; M. Gervier, qui a l'humeur fort gaie, veut absolument boire aux deux témoins de Chérami, qu'il se flatte de rencontrer quelque jour et auxquels il veut acheter des eaux du Mont-Dore. Le comte ne se ménage pas, il ingurgite le champagne en s'écriant : — C'est là la fin de ma vie de garçon.

— Prenez garde, mon cher la Bérinière, lui dit M. de Maugrillé, pour un convalescent vous allez bien vite, vous ne vous ménagez guère!...

— Je ne me suis jamais si bien porté.

Tout à coup M. Gervier, qui s'est mis un moment à la fenêtre pour prendre l'air, part d'un rire homérique, en s'écriant : — Les voilà, ce sont bien eux... je les reconnais.

— Qui donc?

— Les débitants d'eaux du Mont-Dore... venez les voir... ils passent dans la rue... ils ont leur tonneau avec eux.

M. Maugrillé va regarder avec un cri d'indignation.

— Des porteurs d'eau!... c'étaient des porteurs d'eau!...

Le comte, qui va regarder aussi, assure qu'il ne les reconnaît pas; enfin M. de Gervier reprend : — Eh mon Dieu!.. ce n'est pas de l'eau du Mont-Dore qu'ils vendent; mais, après tout, c'est une eau qui est encore bien plus indispensable. Quant à moi, je trouve la chose bien plus drôle comme cela, et ce duel sera un de mes plus piquants souvenirs.

M. Maugrillé se tait et fait la grimace. Le comte retourne à table en disant : — Allons, messieurs, ceci ne doit pas nous empêcher de boire à mon prochain bonheur; c'est extraordinaire comme je suis altéré ce soir.

Le dîner se prolonge assez tard; puis enfin, on quitte la table, et chacun se sépare: de Gervier allant voir ses amours, M. de Maugrillé faire sa partie de whist, et le comte se mettre au lit... il se sent très-fatigué.

Le mercredi est arrivé, la jolie veuve attend tous les présents que son futur lui a promis, et elle se dit : — Je me flatte qu'aujourd'hui ce ne sera pas comme l'autre fois, je n'attendrai pas en vain.. il ne va pas lui survenir un autre duel... personne n'a plus envie de le provoquer; M. Chérami est à présent dans mes intérêts, il désire que j'épouse le comte... c'est singulier comme il a tourné... il est

— Oui, ce sont eux. Attention, mes témoins. (Page 74)

peut-être brouillé avec Gustave; le principal, c'est qu'il a tenu sa promesse, il a rendu M. de la Bérinière à la santé, et c'est un service que je n'oublierai pas.

Cependant midi, une heure, deux heures sonnent et personne ne paraît, ni prétendu, ni présents. Fanny se promène avec impatience dans son appartement, en murmurant : — Ah! quel ennui d'attendre... ce n'est peut-être pas la faute du comte... mais depuis quelque temps il semble que je doive être toujours contrariée.

Lorsque quatre heures sonnent, la jeune femme n'y tient plus, elle dit à sa domestique : — Justine, il faut encore courir chez M. de la Bérinière, savoir ce qu'il y a de nouveau... ce qui l'empêche de venir... je ne puis pas passer ma vie à attendre ce monsieur... va, hâte-toi, prends une voiture à l'heure... je me ruine en voitures pour cet homme.. il faut espérer qu'il me dédommagera.

Justine obéit à sa maîtresse; mais lorsqu'elle revient, c'est encore avec une figure bouleversée.

— Mon Dieu! que lui est-il encore arrivé? s'écrie Fanny.

— Madame, M. le comte est rentré hier, vers dix heures, avec un violent mal de tête... il avait dîné chez le traiteur. A peine au lit, il a eu la fièvre, puis le délire; on a fait chercher le médecin qui a déclaré que M. de la Bérinière avait une inflammation d'intestins, une fluxion de poitrine et une indigestion... enfin, il est très-mal.

— Ah! Justine, suis-je assez malheureuse... aller se donner une indigestion au moment de se marier...

— C'est impardonnable, madame!...

— Et dire que cela lui arrive au moment d'en finir... Il a du monde près de lui, je pense.

— Oh! oui, madame.

— Crois-tu que je doive y aller ce soir?

— A quoi bon, madame, puisqu'il a le délire... il ne vous reconnaîtra pas.

— Allons, j'irai demain . Ah! je suis vraiment bien à plaindre.

Trois jours plus tard, c'est un samedi, et Cherami se rend rue Ville-l'Evêque en se disant : — Voyons quel a été l'effet du tonique que j'ai donné à ce cher comte... c'est dimanche que je suis venu... il doit être maintenant gaillard et dispos ou il ne le sera jamais.

Suivant son habitude, Cherami ne s'arrête pas chez le concierge ; il arrive dans l'antichambre du comte et y trouve le valet de chambre qui tient un mouchoir sur ses yeux.

— Qu'y a-t-il donc et comment se porte votre maître, mon ami ?

— Monsieur le comte est mort cette nuit, répond le valet en soupirant.

— Mort! s'écrie Cherami... que me dites-vous là... mort si vite... Et de quoi diable est-il mort?

— Inflammation... indigestion... fluxion... il a pris le lit mardi soir .. le médecin l'a tout de suite condamné.

— Pauvre comte! ah! cela me fait vraiment de la peine !

Et Cherami s'éloigne en se disant : — Nous avons peut-être un peu trop chauffé le four.

LX. — LE RETOUR D'ULYSSE.

Un mois s'est écoulé depuis la mort du comte de la Bérinière ; est-ce chagrin? est-ce dépit? madame Monléard s'est renfermée chez elle, et depuis ce temps elle n'a été voir personne, pas même son père, pas même sa sœur; elle doit bien savoir cependant qu'Adolphine serait la première à compatir à ses peines; mais les gens insensibles ne croient jamais à la sensibilité des autres, et si l'on a l'air de les plaindre, ils sont persuadés qu'au fond du cœur on se réjouit de leur malheur. Le proverbe a raison : on juge les autres par soi-même.

M. Batonnin, qui était toujours instruit le premier de ce qui arrivait de fâcheux à ses amis et connaissances, avait bien vite appris la mort du comte et s'était rendu sur-le-champ chez M. Gerbault pour lui dire : — Savez-vous l'événement cruel, le malheur qui arrive à votre fille aînée... le comte de la Bérinière vient de mourir... et avant de l'avoir épousée.

— Il me semble, avait répondu le père de Fanny, que le malheur est plutôt pour le comte que pour ma fille.

— Sans doute... mais après tout le comte n'était plus jeune, tandis que madame votre fille, allait être comtesse, avoir quarante mille francs de rente, et je crois qu'en l'épousant le comte la faisait d'avance son héritière... on ne trouve pas de ces maris-là tous les jours!...

— Monsieur Batonnin, c'est bien triste de spéculer sur la mort de la personne que l'on épouse!

— C'est vrai, c'est triste, mais ça se fait.

— Vous direz tout ce que vous voudrez, ce n'est pas ma fille que je plains.

— Vous m'étonnez!

Adolphine, ne voyant pas venir sa sœur, s'était rendue chez elle; mais chaque fois le concierge lui avait crié : — Madame Monléard est sortie! et la jeune fille avait compris que sa sœur ne voulait point recevoir sa visite.

Vous remettre ce portefeuille que j'ai trouvé. (Page 85.)

Un matin, Cherami se disposait à sortir, lorsque madame Louchard monte lui dire d'un air mystérieux : — Il y a en bas une personne qui demande si vous êtes visible, et je venais m'assurer que vous étiez habillé de pied en cape.

— Et quelle est donc cette personne qui fait tant de manières pour monter chez moi?

— C'est une dame jeune et jolie.

— Une jeune et jolie femme qui vient chez moi... Ah! digne hôtesse, je me crois revenu au temps de mes prouesses...

— Je vais dire à cette dame de monter...

— Une minute... laissez-moi un peu lisser mes cheveux, faire ma raie... voir si mes favoris sont bien peignés.

— Voyez-vous le coquet!

— Il n'est jamais défendu de s'embellir... Allez, faites monter la particulière... j'ai mon lièvre.

Une petite dame fort bien mise et d'une tournure distinguée entre bientôt dans la chambre de Cherami; lorsqu'elle est certaine qu'il est seul, elle relève son voile en lui disant : — Bonjour, monsieur; me reconnaissez-vous?

— Et Dieu me pardonne, c'est madame Monléard, la charmante veuve... asseyez-vous donc, belle dame; excusez-moi si je ne vous reçois pas dans un palais... mais pour le moment je n'ai que ce réduit à ma disposition... Qui me procure le bonheur de votre visite?

— Je voulais causer un peu avec vous... il s'est passé un si triste événement depuis... que nous ne nous sommes vus.

— Ne m'en parlez pas, la mort de ce pauvre comte m'a tout bouleversé... je ne voulais pas y croire.

— D'autant plus qu'il paraissait tout à fait revenu à la santé... Que lui aviez-vous donc fait prendre?

— Eh! mon Dieu! tout simplement de la chartreuse... une liqueur excellente, fortifiante... Mais il paraît qu'il avait dîné avec deux amis... qu'il ne s'est pas ménagé, que le champagne lui a fait mal...

— Enfin, il est mort... il faut bien en prendre son parti. Seulement, c'est pour moi doublement malheureux... je perds une grande fortune, un titre que j'allais posséder...

— C'est vrai, vous perdez tout cela!

— Et puis... je perds encore... je perds... le mari avec qui j'avais rompu... afin de devenir comtesse.

— En effet... vous en perdez deux... vous voilà presque veuve de trois maris.

— Mon Dieu! il me semble cependant que j'étais excusable d'a-

voir un moment d'ambition... Qui n'en a pas dans ce monde! nous tendons tous à nous élever...

— C'est la première chose à laquelle nous aspirons en naissant.

— Monsieur Cherami, êtes-vous toujours ami avec Gustave?

— Avec Gustave? oh! c'est une amitié à la vie, à la mort; il n'y aura jamais de lacune dans notre amitié... C'est un garçon pour qui je me jetterais au feu.

— Ah! c'est très-bien cela... Et, dites-moi, savez-vous s'il sera bientôt de retour à Paris?

— Hom!... je te vois venir, toi!... se dit Cherami en se caressant les favoris.

Puis il répond : — Mais non... d'après ce que j'ai appris dans la maison de son oncle, il paraît que Gustave, au lieu de revenir en France, va se rendre en Russie, où il est probable qu'il séjournera longtemps... peut-être un an ou deux... ou quatre...

Fanny fait un mouvement de dépit en disant : — Quelle idée!... aller en Russie... un pays où l'on gèle... tandis qu'on est si bien en France... à Paris surtout!...

— Ah! permettez... les femmes ne sont pas gelées en Russie. Il paraît qu'il y en a de fort jolies, d'immensément riches... Gustave est gentil garçon... il tournera la tête à quelque boyarde, et fera par-là un mariage entouré de diamants.

La petite veuve se lève brusquement, rabat son voile sur ses yeux et dit : — Adieu, monsieur Cherami, je vous quitte.

— Quoi, déjà! madame n'avait donc pas autre chose à me dire?

— Non... Franchement, je désirais avoir des nouvelles de Gustave; mais ce que vous m'apprenez... Enfin, il changera peut-être d'idée... il ne restera pas en Russie, il s'y ennuiera. En tous cas, si vous apprenez quelque chose sur son compte... si vous saviez au juste où il est, vous seriez bien gentil de me le faire savoir.

— Madame, je serai toujours heureux de pouvoir vous être agréable.

— Adieu, monsieur Cherami.

Fanny est partie, et Cherami la regarde aller en se disant : — Le plus souvent que je te dirais où est Gustave, si je le savais. Je crois, Dieu me pardonne, qu'elle a envie de courir après lui... et j'espère le repincer dans ses filets... Ah! il faudrait qu'il fût stupide ou ensorcelé... Mais il y a des hommes, et des hommes d'esprit même, que l'amour rend bêtes comme des pots. J'ai déjà menti à la petite veuve en lui disant que Gustave allait se rendre en Russie. Quand je suis allé m'informer de lui avant-hier à son concierge... qui me connaît maintenant, il m'a dit, au contraire, que l'on attendait sous peu de jours le neveu du banquier. Par la sambleu! retournons-y, il est peut-être arrivé.

Chérami se rend en toute hâte à la demeure du banquier, et le concierge lui crie : — M. Gustave Darlemont est revenu d'hier, il est chez lui.

Alors notre homme escalade les marches, en quelques secondes il est chez son jeune ami et commence par se jeter dans ses bras. Ce premier moment d'effusion passé, Chérami considère Gustave et pousse un cri en disant : — Mille tonnerres!... Qu'est-ce que c'est que cela?

Cette exclamation lui est arrachée à la vue d'une large cicatrice qui part du front du jeune homme, coupe son sourcil gauche et se termine dans le haut de la joue.

— Cela? répond Gustave en souriant. C'est le résultat d'un duel au sabre avec un officier irlandais. Vous vous battiez pour moi ici, mon brave Chérami, c'était bien le moins que je fisse moi-même mes affaires là-bas.

— Comment! vous saviez... Mais laissez-moi d'abord vous embrasser encore... cette balafre vous sied à ravir, et maintenant je suis enchanté que vous ayez eu ce duel, dans lequel votre adversaire n'y allait pas de main morte; mille diables! quelle estafilade... Ah! l'on ne dira plus que je me bats pour vous... ceci fera taire bien des mauvaises langues. Mais à propos de quoi ce duel?

— A la suite d'un déjeuner dans lequel on avait fort bien vécu, et où se trouvaient des artistes, des négociants et un officier irlandais. On parlait des femmes, ce sujet inépuisable de conversation entre jeunes gens; je dis que les Françaises, même les moins jolies, l'emportaient toujours pour la tournure et la grâce sur les femmes des autres pays; là-dessus l'Irlandais se fâche et m'appelle blanc bec!... je lui jetai ma serviette à la figure... après cela, duel au sabre... ce fut l'arme choisie par mon adversaire, et cette blessure fut bien longue à guérir et me retint six semaines au lit, sans quoi il y a longtemps que je serais de retour.

— Ce cher Gustave... Ah! la belle balafre... elle vous va fort bien et je vous en fais de nouveau mon compliment.

— Mais moi, ce ne sont pas des compliments que j'ai à vous faire, ce sont des reproches!... Dites-moi un peu pourquoi vous avez été provoquer ce pauvre comte de la Bérinière... que vous avait-il fait?

— Rien à moi, mais il vous avait fait à vous, à qui il prenait la prétendue...

— Eh! mon ami, en y réfléchissant un peu, ne deviez-vous pas sentir au contraire que c'était un grand service qu'il me rendait... sans lui, je devenais le mari d'une femme qui n'a jamais eu pour moi la moindre affection... et n'a cessé de me laisser comme un ballot que l'on rejette quand une occasion se présente d'en avoir au même prix de plus riches... Cette femme qui, pour prix de ma constance, des tourments qu'elle m'avait fait souffrir, n'a pas craint de me faire une seconde trahison... Ah! mon ami; mais je la connais à présent, cette femme, je l'apprécie ce qu'elle vaut... un cœur sec, égoïste, rempli de vanité, n'aimant que l'argent, ne reconnaissant du mérite qu'à la fortune, incapable d'aimer les autres du plus léger sacrifice, et trouvant que tout lui est dû... Voilà quelle aurait été ma compagne... Ne dois-je pas une grande reconnaissance à celui qui a rompu mon mariage avec elle?

— Est-ce bien vous que j'entends, Gustave?... vous qui parlez ainsi de Fanny!... Mais vous êtes donc enfin guéri de votre passion pour elle...

— Oh! oui, bien guéri... en vérité. Chérami, que penseriez-vous de moi si je l'aimais encore d'après la dernière insulte qu'elle m'a faite!...

— Je penserais qu'elle vous a jeté un sort... bien que je ne croie pas beaucoup aux sortilèges!... mais vous ne l'aimez plus, c'est le principal... Vous savez que ce pauvre comte est mort avant de l'épouser... mais pas de sa blessure... il s'est flanqué une indigestion...

— C'est très-malheureux pour cette dame; mais je vous avoue que je ne la plains pas.

— Vous ne vous doutez pas d'une chose... c'est qu'elle songe maintenant à courir après vous...

— Laissez-la courir, mon cher, je vous certifie qu'elle ne m'attrapera plus..

— Vous êtes bien sûr de vous?

— Oh! parfaitement...

— C'est qu'elle est bigrement enjôleuse, la petite veuve.. je serai plus sûr de vous si vous aviez un autre amour au cœur.

— Un autre amour... convenez, Chérami, que celui que j'ai ressenti pour Fanny n'est pas fait pour m'encourager...

— Toutes les femmes ne sont pas des Fanny... il y en a de tendres, d'aimantes, de bonnes... qui seraient si heureuses d'être aimées par vous...

— Heureuses d'être aimées par moi!... qui vous fait donc penser cela?...

— Je le pense.. parce que j'en suis sûr...

— Vous êtes sûr que l'on m'aimerait?

— Oh! bien mieux que cela... je suis sûr que l'on vous aime.. que l'on nourrit pour vous une passion secrète... un sentiment que l'on a toujours caché, refoulé au fond du cœur, parce qu'il était sans espoir... parce qu'on n'était que la confidente de vos amours pour une autre...

— Mon Dieu!... que dites-vous? s'écrie Gustave frappé d'un éclair subit... vous croyez qu'Adolphine...

— Ah! vous avez deviné... tant mieux, cela prouve que vous aviez pressenti la chose.

— Mais non... qui vous fait croire qu'Adolphine pense à moi?

— Si vous n'aviez pas été amoureux d'une autre, vous, il y a longtemps que vous vous en seriez aperçu. Je l'avais déjà deviné, moi, à une foule de petites choses, à la manière dont elle vous regardait... car une femme ne regarde pas l'homme qu'elle aime de la même façon que les autres... j'ai fait des études là-dessus; enfin, ce qui m'a tout à fait prouvé qu'on vous aimait, c'est lorsque je me suis rendu chez M. Gerbault pour lui apprendre la fin malheureuse de ce pauvre Auguste, j'étais embarrassé pour dire l'événement, je m'expliquai mal; alors mademoiselle Adolphine croit que c'est vous dont je viens annoncer la mort. Aussitôt elle pousse un cri de désespoir, elle perd connaissance... nous avons eu beaucoup de peine à la faire revenir... et il a fallu lui dire bien des fois : « Ce n'est pas Gustave qui est mort, » pour qu'elle reprenne ses sens; mais je me suis dit tout bas : C'est celle-ci et non pas l'autre qui en tient pour mon jeune ami, et j'ai bien dans l'idée que le papa Gerbault a fait les mêmes réflexions que moi.

— Et pourquoi ne m'avez-vous jamais dit tout cela, Chérami?

— Parce que ce n'est pas la peine de chanter un joli air à un sourd, vous étiez alors entiché de cette Fanny, vous ne m'auriez pas écouté.

— Merci, mon ami, merci d'avoir observé tout cela... vous ne sauriez croire l'émotion que cela me cause...

— Mais si, c'est toujours agréable de savoir qu'on a tourné la tête à une jeune et jolie fille.

— Pauvre Adolphine... s'il était vrai... si elle m'aimait...

— Et tous ces partis qu'elle a refusés... il me semble avoir entendu dire que le comte aussi avait voulu l'épouser... et puis un M. de Raincy... et puis d'autres... Quel motif lui faisait refuser tous ceux qui se présentaient, si elle n'avait pas un amour au cœur, et cet amour, c'est vous... et pourtant elle n'espérait pas vous épouser. Ah! quelle différence d'avec sa sœur! Enfin, je vous ai dit ce que j'avais à vous dire; maintenant vous vous conduirez comme il vous plaira. Mais vous voilà de retour... j'espère que vous n'allez pas repartir demain?

— Oh! je ne pars plus... c'est fini, assez de voyages; maintenant je me fixe à Paris.

— Ah!... à la bonne heure! vive la joie... mais vous savez que votre oncle est toujours aussi coriace à mon égard... Il me reçoit très-mal quand je lui demande une place.

— Soyez tranquille, mon ami, maintenant que je suis ici, je m'occuperai de vous, et nous arrangerons cela.

— Très-bien; je vous quitte, car vous devez avoir beaucoup affaire; quand vous reverrai-je?

— Venez dans quelques jours... et je vous dirai... enfin, je vous conterai ce que j'aurai fait.

— C'est entendu... Au revoir!... mon ami est revenu, j'ai mon lièvre!...

LXI. — AMOUR RÉCOMPENSÉ.

Gustave demeure fort longtemps plongé dans ses pensées; ce que Chérami lui a dit au sujet d'Adolphine l'a violemment ému; avec un cœur aussi sensible, une âme faite pour aimer, Gustave n'avait encore rencontré que mensonge et trahison... Il se rappelle maintenant mille circonstances dans lesquelles la sœur de Fanny lui a montré le plus vif intérêt; pour lui, elle était toujours bonne, elle avait toujours des paroles consolantes, il se rappelle aussi sa mélancolie habituelle, son sourire mêlé de tristesse, et quand il lui tenait la main, les soupirs qu'elle cherchait à dissimuler. Après avoir rassemblé tous ces souvenirs dans sa mémoire, le jeune homme se dit vivement en se disant : — Rendons-nous près d'elle... je verrai bien dans ses yeux s'il y a vraiment de l'amour.

Adolphine travaillait dans sa chambre à de la broderie; Madeleine tournait et rangeait autour de sa maîtresse. Madeleine était une brave fille qui devinait bien que sa maîtresse avait un amour au cœur, elle ne l'avait vue sourire et paraître heureuse que lorsqu'elle avait reçu des visites de Gustave; mais ensuite elle avait entendu dire que ce jeune homme allait épouser la sœur de sa maîtresse, et elle avait vu celle-ci retomber dans sa tristesse; ensuite on avait dit que ce mariage était rompu, et pourtant Adolphine ne souriait plus; il est vrai que le jeune homme qui ramenait le sourire sur ses lèvres avait aussi cessé de venir.

Madeleine aurait bien voulu que sa jeune maîtresse lui confiât son secret, mais celle-ci gardait tout au fond de son cœur un amour qu'elle croyait bien caché. Cependant la jeune servante trouvait moyen, en prenant des détours, d'attraper parfois quelques paroles dont elle faisait son profit.

— Mademoiselle, disait Madeleine, c'est pourtant bien singulier que madame votre sœur ne vienne plus du tout vous voir.

— Tu sais bien que mon père est fâché avec elle.

— Ça ne l'a pas empêchée de venir depuis, quand elle voulait savoir qu'est-ce qui lui avait eu l'audace de se battre avec son comte... elle était persuadée que c'était M. Gustave... mais vous lui avez bien dit qu'elle se trompait... vous aviez raison ; pourquoi donc M. Gustave se serait-il battu pour cette dame... qui se moque toujours de lui !... on ne se bat que pour les gens que l'on aime, et je suis bien sûre, moi, que M. Gustave ne pense plus du tout à madame votre sœur.

— Tu crois, Madeleine...

Ces mots sont dits avec un élan qui aurait trahi le secret d'Adolphine, si sa bonne ne l'avait pas déjà deviné.

— Mais Fanny n'est pas mariée ! murmure tristement Adolphine au bout d'un moment.

— Eh bien, mademoiselle, je trouve que c'est bien fait, moi. Elle aurait fait trop de poussière si elle avait été comtesse.

— Mais quand Gustave reviendra...

— Eh bien, est-ce que vous croyez qu'il voudra encore épouser votre sœur ?

— Pourquoi pas... il l'aimait tant !...

— Oh ben ! moi, je gagerais que non... Par exemple, mam'zelle, après deux affronts comme ça, car vous m'avez dit que c'était la seconde fois qu'elle rompait avec lui. Mais il faudrait qu'il fût tout à fait bête. Est-ce qu'il est bête, M. Gustave ?

— Oh ! non... au contraire...

— Eh ben, alors...

En ce moment la sonnette se fait entendre; Adolphine tressaille sans savoir pourquoi, et Madeleine s'écrie : — Tiens, si c'était lui... Quand on parle du loup...

C'était en effet Gustave, et Madeleine est rayonnante en venant l'annoncer à sa maîtresse. Le jeune homme se présente avec un certain embarras causé par la confidence de Chérami. Mais Adolphine lui tend la main ; il la presse dans les siennes avec tant de force, que la jeune fille en éprouve une vive émotion, car jamais Gustave n'avait témoigné tant de joie en la revoyant.

Bientôt la cicatrice qu'elle aperçoit fait pousser un cri d'effroi à Adolphine : — Ah! mon Dieu ! monsieur Gustave, vous êtes blessé !

— Non, puisque je suis guéri.

— Mais vous avez été cruellement blessé... Qu'est-ce que c'est que cela ?...

— Un coup de sabre.

— Vous vous êtes battu ?

— Oui, avec un officier irlandais... j'étais à Londres alors.

— Et pourquoi... pour... qui vous êtes-vous battu ?

— Oh !... pour bien peu de chose... une querelle à la suite d'un déjeuner.

— Mon Dieu ! si l'on vous avait tué...

— Je ne serais pas maintenant près de vous.

— Cette blessure était grave ?

— Oui, car elle m'a retenu six semaines chez moi, sans cela, il y a déjà plus d'un mois que je serais de retour.

— Plus d'un mois... Ah ! vous vouliez revenir tout de suite, quand vous avez su... ce qui est arrivé...

— Quoi donc ?...

— Mais... ce qui est cause que... enfin vous savez bien.

— Non, je ne sais pas... je voulais revenir parce que j'avais terminé les affaires de mon oncle, que je m'ennuyais en Angleterre, et que je n'avais aucun motif pour rester plus longtemps loin de Paris.

— C'était là tout ?

— Sans doute. Quel motif supposez-vous donc ?

— Est-ce que vous ignorez que le comte de la Bérinière est mort ?...

— Pardonnez-moi, je le sais.

— Et avant d'avoir épousé... ma sœur.

— Je sais tout cela.

— Ah ! ce n'est pas cela qui vous fait revenir ?

— Ah ! mademoiselle, est-ce que vous croyez que je puis encore aimer votre sœur... moi !... Oh ! non, vous ne le pensez pas, car vous me mépriseriez, si vous aviez de moi cette opinion...

— Il serait possible... Comment, Gustave... monsieur Gustave... vous n'aimez plus ma sœur... Oh ! quel bonheur !... Ah ! mon Dieu... je ne sais plus ce que je dis... C'est que je pense que vous serez plus heureux maintenant... et je vous ai vu si longtemps triste et souffrant...

— Oui... je l'ai été longtemps... et ne pensez-vous pas que je mérite d'être récompensé de ma constance en rencontrant enfin un cœur qui me comprenne... une femme qui ait pour moi... un peu d'amour.

— Un peu... oh !... c'est beaucoup d'amour que l'on aura pour vous... du moins, il me semble... parce que vous le méritez bien...

— Chère Adolphine... ah ! pardon, mademoiselle... si j'ose encore vous appeler ainsi...

— Mais cela ne me fâche pas, au contraire...

— Vous avez toujours été si bonne pour moi... si vous saviez quel plaisir j'éprouve en ce moment à me retrouver près de vous... à vous regarder, à lire dans vos yeux si beaux et si doux... Oh ! ne les baissez pas... laissez-moi y trouver l'espérance d'un bonheur pur, et d'une affection sincère !

— O mon Dieu !... vous me rendez toute tremblante... ah ! ne me dites pas de ces choses-là... si vous ne les pensez pas, car, voyez-vous... moi aussi j'ai été bien longtemps malheureuse... je souffrais en silence... car je n'osais pas avouer ce que j'éprouvais... et il me fallait être témoin du bonheur d'une autre... qu'on aimait, qu'on adorait quoiqu'elle ne méritât pas cet amour, et moi... je devais cacher celui que je ressentais.

Gustave prend les mains d'Adolphine et tombe à ses genoux en s'écriant : — Il est donc vrai... vous m'aimez... ah ! toute ma vie ne suffira pas à payer cet amour... Combien ne vous dois-je pas de journées de bonheur en échange des chagrins que je vous ai causés !

— Mais ce n'était pas votre faute, Gustave ; vous ne pouviez pas deviner que je vous aimais... d'ailleurs, vous aimiez ma sœur alors ; mais maintenant vous ne l'aimez plus, n'est-ce pas... ah ! dites-moi encore que vous ne l'aimez plus...

— Est-ce que cela serait possible ! oh ! mon cœur ne se partage pas, et maintenant il est à vous, à vous seule..

— Mon Dieu ! je crois rêver... je suis si heureuse... Madeleine !... Madeleine... viens donc... C'est moi qu'il aime... c'est moi qu'il veut épouser maintenant... et il sait bien que je ne le refuserai jamais, moi.

Madeleine n'était pas loin... les bonnes ne sont jamais loin des personnes qui causent. Celle-ci entre en sautant, en faisant mille folies, car elle est vraiment heureuse du bonheur de sa maîtresse, et elle dit à Gustave : — Nous parlions de vous quand vous êtes arrivé, monsieur ; j'en parlais souvent à mam'zelle, parce que je voyais bien que c'était le bon moyen pour me faire écouter... Ah ! dame ! je suis de la campagne, mais j'avais tout de même deviné... ce qui rendait mam'zelle si triste... et maintenant je suis bien sûre qu'elle sera gaie comme moi... et qu'elle chantera et dansera comme moi.

L'arrivée de M. Gerbault met fin aux gambades de Madeleine. Il est toujours surpris quand il retrouve Gustave chez lui ; mais cette fois, ce qui le frappe surtout, c'est la joie, le bonheur qu'il lit sur toutes les figures.

— Eh ! mon Dieu ! dit-il en tendant la main à Gustave, est-ce que vous revenez de la guerre, mon ami ? En tous cas, vous avez reçu une blessure qui prouve que vous ne tourniez pas le dos à l'ennemi !...

— Non, monsieur, ceci est la suite d'un duel... Je ne suis pas querelleur, vous le savez... mais on ne peut pas toujours répondre de soi.

— Et venez-vous pour quelque temps à Paris ?

— Oh ! pour toujours, maintenant je n'ai plus envie de voyager... Mon oncle, qui a la bonté de prétendre que je m'entends fort bien aux affaires, m'a déclaré hier qu'il me faisait son associé.

— Diable !... c'est fort joli, cela, car votre oncle fait beaucoup d'affaires...

— Le plus bas de ses bénéfices est de soixante mille francs par an...

— Dont vous aurez la moitié... vous voilà un riche parti... A propos de parti, Adolphine, j'en ai un à te proposer, et cette fois tu accepteras peut-être, car enfin, tu ne veux pas mourir fille...

Adolphine regarde son père avec anxiété, Gustave lui-même éprouve une crainte vague ; M. Gerbault les examine avec une certaine finesse et reprend : — Oui, ma fille, un nouveau prétendu se présente... Il n'a pas vingt-cinq ans, il n'est pas fort riche, mais sa position est aisée, honorable... c'est M. Batonnin.

— M. Batonnin !... ah ! je n'en veux pas... je ne veux de personne... c'est-à-dire... de ceux que je...

Gustave se hâte d'interrompre Adolphine, et s'avance vers M. Gerbault en lui disant avec gravité cette fois : — Monsieur... il y a longtemps que je devrais être votre gendre... les circonstances se sont opposées... et... s'il faut l'avouer, je crois que je dois en remercier le destin. Aujourd'hui, je viens encore vous demander à faire partie de votre famille... Mademoiselle Adolphine consent à être ma femme, et quelque chose me dit qu'elle ne se dédira pas...

— Oui, mon père, oui... Oh ! je ne refuse pas Gustave... Et vous voulez bien qu'il soit mon mari, n'est-ce pas ?

— D'autant plus, répond M. Gerbault en embrassant sa fille, qu'il y a longtemps que tu l'aimes, celui-là...

— Comment, mon père... vous saviez... oh !... c'est singulier, je n'avais dit à personne le secret de mon cœur...

— Mais les yeux d'un père sont clairvoyants, chère petite, et maintenant j'espère que tu retrouveras ta gaieté.

— Oh ! mon père, je suis bien heureuse.

— Gustave, épousez Adolphine, celle-là ne vous refusera pas pour un autre. Car, alors même qu'elle ne pouvait espérer être votre femme, elle refusait tous les partis pour être libre de vous aimer. Quant à M. Batonnin, j'étais sûr d'avance de ta réponse; mais pour adoucir ton refus, je lui dirai : Vous venez trop tard, elle épouse Gustave.

LXII. — TERTIA SOLVET.

Depuis quatre jours, le mariage de Gustave avec Adolphine est une chose arrêtée; et, comme les deux jeunes gens ont hâte d'être heureux et de connaître enfin un bonheur que l'un a toujours vu s'enfuir, et que l'autre n'espérait jamais atteindre, on hâte les préparatifs indispensables à l'accomplissement de cette union.

Cette fois, M. Grandcourt n'a pas fait la grimace lorsque son neveu lui a fait part du nouveau choix qu'il avait fait; il le complimente, au contraire, en lui disant : — A la bonne heure, celle-là... c'est une charmante fille qui a toutes les qualités qui manquent à sa sœur.. aussi a-t-elle beaucoup.

Plus d'une fois, pendant que sa jeune maîtresse essaie déjà les robes, les parures qu'on lui apporte, Madeleine s'écrie : — Ah ! mamz'elle, que vous serez donc gentille en mariée !... Mais c'est votre sœur !... quand elle saura qui vous épousez... fera-t-elle un nez !...

— Ah ! tais-toi, Madeleine, ne me parle pas de ma sœur... il me semble qu'elle va toujours venir troubler mon bonheur.

— Par exemple !... il n'y a pas de danger, mamz'elle; oh ! je réponds de M. Gustave, moi...

Cette conversation venait encore de se renouveler un matin entre Adolphine et sa bonne, lorsque l'on sonne avec violence.

— Mon Dieu ! si c'était elle ! dit Adolphine.

— Vot' sœur ? eh ben, après tout, elle ne nous mangera pas ! C'était en effet Fanny, qui entre chez sa sœur d'un air insolent en s'écriant : — Qu'est-ce que cela signifie... conçoit-on quelque chose à cela ?... Comment M. Gustave est de retour à Paris depuis huit jours, je crois, et il ne me le fait pas dire !... Et ce grand chenapan de Cherami, qui m'avait assuré qu'il partait pour la Russie... Ah ! je l'arrangerai celui-là, quand je le rencontrerai... Est-ce que vous n'avez pas vu Gustave ? est-ce qu'il n'est pas venu ici ?

— Mais si fait !... répond Adolphine, cherchant à cacher son émotion, il est venu ici... il y vient tous les jours...

— Et tu ne pouvais pas me prévenir...

— Je suis allée plusieurs fois chez toi... tu étais toujours sortie...

— Si tu m'avais écrit un mot...

— Mais je ne pouvais pas deviner que tu tenais tant à voir Gustave... après ta conduite avec lui...

— Ah ! ma chère amie, ne va pas m'ennuyer avec tout cela, je t'en prie... Ce qui est passé est un songe... mais ce qui n'est pas fait peut toujours se faire.

— Je ne te comprends pas.

— Je me comprends, moi, et cela suffit... Et comment est-il, Gustave, maintenant... toujours triste, mélancolique ?...

— Oh ! pas du tout. Il est gai, aimable; ce n'est plus le même... Tu ne le reconnaîtrais pas...

— Ah ! il est gai...

— Et puis, il a une belle cicatrice au front... cela lui donne un air martial... ça lui va très-bien.

— Ah ! c'est peut-être ça qui le rend si gai. Il s'est donc battu ?

— Oui, avec un officier irlandais.

— Tout le monde s'en mêle ! il aura voulu suivre l'exemple de son monsieur Cherami... Et ses affaires ?...

— Son oncle vient de le nommer son associé... Gustave aura pour sa part au moins quarante mille francs par an.

— Il serait possible !... il a de la chance... Et il est depuis huit jours à Paris, et je l'ignorais... Tiens, comme tout est en remue-ménage, ici... Tu as acheté toutes ces étoffes-là ?

— Oui.

— Est-ce que tu vas aller au bal ?

— Mieux que cela..; je vais à la noce.

— A la noce ! et on ne m'a pas invitée, moi... Qui donc se marie ?

Adolphine hésite pour répondre, lorsque la porte s'ouvre et Gustave paraît. En apercevant celui que deux fois elle a dû épouser, Fanny se laisse aller dans un fauteuil, se renverse en arrière, et fait semblant de s'évanouir. Adolphine devient d'une pâleur extrême; mais un regard de Gustave la rassure; puis, s'approchant d'elle, il lui prend la main et la presse tendrement dans les siennes.

Fanny, voyant que l'on ne s'occupe pas de la secourir, se décide à ne plus se trouver mal, et se redresse en disant d'une voix dans laquelle elle introduit un *tremolo* : — Ah ! mon Dieu !... monsieur Gustave, votre présence m'a causé une émotion... j'ai manqué de m'évanouir.

Gustave salue gravement Fanny en lui disant d'un ton dégagé : — Et madame s'est toujours bien portée ?

— Mais non, au contraire, j'ai été malade, souffrante .. vous devez me trouver changée... n'est-ce pas ?

— Je crois que nous aurons une fort belle journée aujourd'hui ! dit Gustave en se tournant vers Adolphine, qui lui dit bien bas : — Elle ne sait rien.

— Très-bien, nous lui ferons une surprise.

— Qu'est-ce que cela signifie... il ne m'écoute plus, se dit Fanny. Puis, se levant vivement, elle s'approche du jeune homme et lui disant : — Monsieur, j'aurai beaucoup à causer avec vous... j'ai des explications importantes à vous communiquer. J'espère que vous voudrez bien me donner votre bras pour m'accompagner chez moi,.. où nous pourrons parler sans déranger personne.

Adolphine se cramponne au bras de Gustave qui répond avec beaucoup de calme : — Madame, je suis désolé de vous refuser, mais je me suis promis de ne point retourner chez vous, et je n'ai besoin d'aucune explication.

La petite veuve se mord les lèvres avec colère tandis qu'Adolphine respire plus facilement.

— Comment, monsieur... vous craignez donc bien de venir chez moi ! reprend Fanny en s'efforçant de sourire.

— Je sais très-bien, madame, que maintenant je n'ai plus rien à craindre avec vous... Mais je n'ai aucune raison pour aller vous voir... Permettez-moi de vous dire même que votre invitation a tout lieu de me surprendre.

Fanny se promène dans la chambre en donnant les marques de la plus vive impatience; enfin, elle revient vers Gustave, et d'un ton résolu : — Monsieur, je vous répète que j'ai besoin de vous parler à vous seul... que j'ai à vous révéler des choses que je ne peux dire qu'à vous... puisque vous refusez absolument de venir chez moi... je vous parlerai ici... ma sœur voudra bien, j'espère, nous laisser un moment... Oh ! je n'abuserai pas des instants de monsieur.

Adolphine est vivement contrariée; elle ne semble pas du tout disposée à laisser sa sœur seule avec Gustave; mais celui-ci lui prend la main et la porte à ses lèvres en lui disant : — Puisque madame y tient absolument, allez, ma chère Adolphine, mais ne vous éloignez pas, car notre entretien ne sera pas long.

— Quelle galanterie avec ma sœur ! se dit Fanny pendant que Gustave reconduit Adolphine à la porte. Oh ! nous allons voir.

— Nous sommes seuls, madame, et je vous écoute, dit Gustave.

Aussitôt Fanny se précipite aux pieds du jeune homme, en s'écriant d'une voix qu'elle tâche de rendre déchirante : — Gustave !... pardonnez-moi ! ah ! par pitié, pardonnez-moi, ou vous allez me voir expirer à vos pieds !...

— De grâce, madame, relevez-vous; je ne comprends rien à cette scène.

— Ah ! vous ne voulez pas me comprendre !... mais je ne craindrai pas de m'accuser, moi... Oui, je fus coupable, bien coupable. L'ambition, le désir de porter un titre, m'avaient tourné la tête... je ne savais plus ce que je faisais... j'étais folle... Vous pensez bien que ce n'était pas l'amour qui m'entraînait vers le comte. Pauvre homme !... Non, je n'ai jamais aimé qu'une seule personne, et cette personne... c'est vous... oui, vous... malgré la sotte conduite que j'ai tenue... Et puis... je ne sais... mais la dernière fois que... vous m'avez cherché querelle, je vous ai trouvé un peu jaloux... J'ai trop de susceptibilité... je me suis fâchée brusquement... Enfin, je vous le répète encore, je ne savais plus ce que je faisais... Gustave... mon ami... Ah ! je ne me relèverai pas que vous ne m'ayez accordé mon pardon.

— Avez-vous tout dit, madame ? répond Gustave avec un calme qui déconcerte la petite veuve et la décide à se lever.

— Oui, sans doute... Je crois du moins vous avoir bien exprimé mes regrets, mes remords...

— Eh bien, madame, soyez satisfaite, je vous pardonne... et d'autant plus volontiers, qu'en ne m'épousant pas, c'est véritablement un grand service que vous m'avez rendu.

— Qu'est-ce à dire, monsieur ?... il me semble que c'est fort peu galant, ce que vous me répondez là.

— Oh ! madame, vous m'avez donné le droit de ne point être galant avec vous. Non seulement je ne vous fais pas des reproches que je vous adresse, Dieu m'en garde... Mais franchement, vous auriez pu vous dispenser de jouer avec moi cette dernière comédie... Je conçois que vous ayez une assez pauvre opinion de mon esprit... je vous en avais donné ce droit... mais enfin il y a des bornes à tout, et je ne pensais pas que vous me jugiez absolument imbécile... il me paraît que je m'étais trop flatté !...

— Monsieur, que parlez-vous de comédie... que signifie ce ton... cet air railleur...

— Ah ! ne nous fâchons pas, madame, et pour clore tous ces débats, permettez-moi de vous présenter ma femme.

En disant cela, Gustave court ouvrir la porte, Adolphine était là, elle était rayonnante, car elle avait tout entendu... elle présente sa main à Gustave et tous deux saluent la petite veuve qui devient tour à tour blanche, rouge et verte, et s'écrie enfin : — Ah ! c'est ma sœur que vous épousez !... j'aurais dû m'en douter !... à votre aise, monsieur... Au fait, vous serez bien ensemble, je vous fais mes compliments.

— Est-ce que tu ne viendras pas à ma noce, Fanny ? dit Adolphine en tendant sa main à sa sœur.

Mais celle-ci repousse brusquement cette main qu'on lui présente, en s'écriant : — Va te promener!

Puis, elle s'éloigne en disant : — J'aime mieux qu'elle l'épouse que moi, car je trouve ce monsieur affreux avec sa balafre!

En sortant de chez M. Gerbault, Gustave trouve chez lui Cherami qui l'attendait.

— Eh bien, les affaires? demande le bel Arthur en apercevant Gustave; rien qu'en vous regardant, mon bon, il me semble qu'elles doivent être satisfaisantes.

Pour toute réponse, le jeune homme saute au cou de Cherami, en s'écriant : — Ah! vous aviez bien deviné, Adolphine m'aimait. Adolphine m'aime... dans trois jours elle sera ma femme, et c'est à vous que je devrai mon bonheur... car sans vous je n'aurais jamais découvert son secret.

— Il est charmant!... il va me persuader que c'est lui qui me doit de la reconnaissance... Cher Gustave, vous allez donc enfin être heureux comme vous le méritez... Par la sambleu, je suis content! je puis dire que j'ai mon lièvre. Et l'oncle?

— Mon oncle ne me raille plus sur mon amour; bien au contraire, il approuve mon choix, maintenant.

— Il n'est pas dégoûté!

— Il m'a nommé son associé.

— Bravo!...

— Maintenant, vous pensez bien que je vais m'occuper de vous; il faut que vous ayez une place lucrative et agréable.

— Mariez-vous d'abord, vous songerez à moi plus tard.

— Non pas... j'ai une idée que je veux communiquer à mon oncle...

— Votre oncle ne me croit bon à rien...

— Il reviendra de sa prévention. Je veux aujourd'hui même lui parler de vous... Revenez demain sur le midi; je vous donnerai, j'en suis certain, une réponse favorable.

— Soit; demain, à midi. A votre bureau, ou ici?

— A mon bureau. Ah! j'en ai changé... maintenant on passe devant le cabinet de mon oncle, on suit un long corridor qui mène à la caisse... on tourne à gauche, la porte de mon bureau est en face.

— Très-bien... un long corridor, puis à gauche... oh! je trouverai. A demain, mon brave Gustave... A propos, serai-je de la noce?

— Si vous en serez?... vous qui avez fait mon mariage avec Adolphine... vous qui m'avez fait remarquer cet ange que ma sotte passion me cachait... Oh! sans vous, il manquerait quelque chose à mon bonheur.

— Ah! c'est gentil, cela... Soyez tranquille, on vous fera honneur, et on sera aimable avec tout le monde.

LXII. — LE PORTEFEUILLE.

Dès que Cherami l'a quitté, Gustave va trouver M. Grandcourt, et lui dit : — Maintenant que je vais être marié, mon cher oncle, vous devez bien penser que je n'ai plus envie de voyager... Cependant, pour nos affaires, nous avons toujours besoin d'un représentant à l'étranger... est-ce qu'il ne serait pas possible...

— Je te vois venir!... reprend le banquier en secouant la tête, tu vas encore me parler de ton M. Cherami!...

— Eh bien, oui. Ai-je tort, après tout, et ne m'a-t-il pas donné des preuves de son amitié, de son dévouement?... Il avait bien deviné, lui, qu'Adolphine m'aimait...

— Pourquoi ne l'a-t-il pas dit plus tôt, alors?

— Est-ce que je l'aurais écouté, avant!... Voyons, mon oncle, vous êtes si bon pour moi... vous me comblez de bienfaits... vous m'associez à votre commerce... ne ferez-vous rien pour un homme qui est mon ami?... Il a eu une jeunesse folle, dissipée; aujourd'hui, il est corrigé...

— Qu'est-ce qui le prouve?

— Puisque son plus grand désir est de trouver un emploi... et je vous assure qu'il serait en état de le remplir.

— Je ne doute pas de cela... ce monsieur a de l'esprit, des moyens, de bonnes manières quand il veut; mais...

— Mais?...

— Eh bien, il ne m'inspire pas de confiance... et pour notre représentant il faut un homme d'honneur avant tout.

— Vous jugez mal Cherami... il a pu emprunter, faire des dettes et ne pas les payer... faute de ressources... Enfin il est devenu bien malheureux... lui ferez-vous un crime d'avoir supporté gaiement sa misère et d'avoir eu confiance dans l'avenir?... Pauvre garçon!... moi qui lui avais fait espérer une réponse favorable... et dit de venir la chercher demain ici!...

M. Grandcourt ne répond rien, il semble méditer. Gustave est attristé du peu de succès de sa demande; tout à coup son oncle s'écrie : — Tu as dit à M. Cherami de venir demain te parler?...

— Oui, mon oncle.

— Où doit-il te trouver? chez toi ou à ton bureau?

— A mon bureau.

— Lui as-tu bien indiqué... en suivant le corridor... puis à gauche...

— Oui, mon oncle.

— A quelle heure doit-il être ici?

— A midi... oh! il sera exact, il ne manque jamais au rendez-vous...

— Eh bien... demain... sur les deux heures je te donnerai ma réponse définitive au sujet de ton protégé.

— Et elle sera bonne, n'est-ce pas, mon oncle?

— Je ne puis pas encore te le dire. Par exemple, toi, demain à midi, tu me feras le plaisir de ne pas être à ton bureau...

— Moi, mon oncle... mais Cherami qui viendra...

— Ne t'inquiète pas de cela, ça me regarde; va passer ta matinée de demain près de ta future.

— Oh! je ne demande pas mieux.

— Et reviens me trouver sur les deux heures. Tu sauras alors ma décision touchant M. Cherami.

Le lendemain, midi venait de sonner, lorsque Cherami entre dans la maison du banquier. Le bel Arthur ne se berçait pas d'espérance, il ne comptait point sur une réponse favorable; mais avec sa philosophie habituelle, il se disait : — Cela ne m'empêchera pas d'aller à la noce de Gustave et de m'y amuser.

Connaissant parfaitement le chemin des bureaux, Cherami entre au rez-de-chaussée; là, est une espèce de vestibule; à droite une porte conduit où sont les bureaux et les commis, en face, est celle d'un long corridor où communiquent plusieurs portes. C'est ce corridor qu'il doit suivre pour arriver au bureau de Gustave. Cherami entre dedans, et marche tout droit devant lui. Il vient de dépasser la porte du cabinet de M. Grandcourt, lorsque ses pieds heurtent quelque chose d'assez volumineux; il se baisse, regarde et ramasse un portefeuille.

Le premier mouvement est d'examiner ce qu'on a trouvé; le portefeuille est fort simple, en maroquin vert et ne portant aucun chiffre; mais dans la poche de gauche est une assez forte liasse de billets de banque. Cherami compte : il y a vingt-cinq mille francs... il visite toutes les autres cavités du portefeuille, il n'y a point de lettres, point de papier, rien qui puisse faire savoir à qui il appartenait.

— Par la sambleu, mais ceci est une trouvaille! se dit Cherami... vingt-cinq mille francs... une assez jolie somme... qui a pu perdre cela... je n'aperçois personne; mais cela ne doit pas me faire oublier que Gustave m'attend.

Et, mettant dans la poche de son paletot le portefeuille qu'il vient de trouver, notre homme continue de suivre le couloir, puis tourne à gauche, enfile un petit corridor, voit une porte devant lui, tourne le bouton pour entrer, mais la porte ne cède pas.

— Comment!... c'est fermé... oui, bien fermé... se dit Cherami; Gustave aura oublié le rendez-vous... au moment de se marier, il est bien excusable... allons-nous-en... mais ce portefeuille... Allons nous informer à la caisse.

La caisse était au fond du grand corridor, Cherami avait déjà passé devant et n'avait pas remarqué qu'elle était fermée : c'était un dimanche, jour férié.

Cette fois, en se retournant vers la porte de la caisse qui refuse aussi de s'ouvrir, Cherami s'écrie : — Ah çà, mais tout est donc fermé ici aujourd'hui... c'est fort singulier, on dirait que toutes les circonstances se réunissent pour que je puisse emporter impunément ce portefeuille!...

Et il se remet en marche et arrive devant la porte du banquier; là, il se dit : — Voyons donc si elle est aussi fermée, celle-là!...

Mais cette fois la porte cède et Cherami trouve M. Grandcourt assis à sa place habituelle, et qui n'est pas maître d'un léger mouvement en le voyant entrer; mais réprimant aussitôt ce mouvement, il salue Cherami avec sa froideur ordinaire et sans se déranger.

— C'est encore moi qui viens vous ennuyer, monsieur, dit Cherami, je n'en avais pas l'intention cependant... mais Gustave m'avait donné rendez-vous à midi, et je n'ai trouvé personne...

— J'ignore où il est, monsieur...

— Il devait me répondre au sujet de... de quelque chose... je devine qu'il n'avait rien de bon à me dire, voilà pourquoi il n'y est pas ..

— Alors, monsieur... que me voulez-vous à moi...

— O mon Dieu! rien; seulement vous remettre ce portefeuille que j'ai trouvé dans votre corridor... et comme celui qui l'a perdu viendra sans doute le réclamer... vous voudrez bien le lui rendre... Ah! si j'avais trouvé du monde à votre caisse, je ne vous aurais pas dérangé!...

En disant cela, Cherami sort de sa poche le portefeuille et le met devant le banquier; la figure de celui-ci a complètement changé, la plus vive satisfaction se peint sur ses traits; cependant il tâche de cacher sa joie en disant : — Ah! vous avez trouvé cela... près d'ici?

— Dans le corridor... j'ai frappé à plusieurs portes, c'est fermé partout...

— Et savez-vous ce que contient ce portefeuille?
— Oui; vingt-cinq mille francs en billets de banque... comptez, vous les trouverez... du reste, pas de lettres, pas d'adresse... rien qui indique à qui il appartient.
— Monsieur, savez-vous que c'est très-bien ce que vous faites là! dit M. Grandcourt en se tournant vers Cherami et le regardant pour la première fois d'un air bienveillant.
— Comment très-bien! parce que je rends un portefeuille que j'ai trouvé... Ah çà, mais dites donc... est-ce que vous m'avez pris pour un filou... pour un homme qui garde ce qui ne lui appartient pas... ah! mais, sapristi! je n'entends pas qu'on ait de moi cette opinion-là... et il faudra...
— Allons, allons, calmez-vous, mauvaise tête... on n'a pas mauvaise opinion de vous... n'allez-vous pas encore me chercher querelle...
— Vous semblez surpris qu'on fasse une chose toute simple... qu'on ait de la probité...
— Oublions cela; maintenant, voulez-vous accepter la place de notre voyageur?... il ne s'agit que d'aller voir nos correspondants à l'étranger... et de nous tenir au courant de leurs demandes... cet emploi, vous le voyez, n'a rien de désagréable; nous vous offrons pour cela six mille francs de fixe, et tous vos frais de voyage payés à part. Cela vous convient-il?
— Si cela me convient!... mais cela me ravit!... cher oncle de mon ami... permettez... non, c'est bête de s'embrasser entre hommes... donnez-moi votre main, ça vaut mieux...
— La voilà, monsieur Cherami, et maintenant vous pouvez me mettre au nombre de vos vrais amis.
— Le nombre n'est jamais bien grand : vous et Gustave, c'est le total.
— Permettez-moi aussi de vous compter deux mille francs d'avance sur votre traitement... vous pouvez avoir des emplettes à faire, quelques petites dettes criardes à acquitter.
— Ma foi, je le veux bien... Je paierai Capucine et Blanchette... deux anciens créanciers qui n'ont pas été très-criards... Oh! je suis persuadé qu'ils n'étaient pas inquiets... mais ils ont assez attendu. Dès ce soir je leur envoie ce que je leur dois, ils seront surpris, mais ils accepteront.

Quelques jours plus tard, Gustave épousait Adolphine, qui obtenait enfin la récompense de cet amour sincère et dévoué qu'elle avait si longtemps caché au fond de son cœur.

Fanny ne voit plus sa sœur depuis que celle-ci est la femme de Gustave. La petite veuve ne peut pas se pardonner d'avoir refusé un homme qui a maintenant plus de quarante mille francs de rente, d'autant plus qu'il ne s'en présente pas d'autre pour le remplacer.

M. Batonnin a été très-vexé du refus que l'on a fait de sa main : en sachant que c'est Gustave qu'on lui préfère, l'envie lui est venue de faire le méchant, parce qu'il a cru, ainsi que bien d'autres, que Gustave n'avait point de courage, puisqu'il laissait Cherami se battre pour lui. Mais, lorsqu'il s'est trouvé devant celui qui est aimé d'Adolphine, lorsqu'il a vu la cicatrice du fameux coup de sabre,

M. Batonnin est redevenu mielleux et souriant, et il a complimenté Gustave sur son nouveau choix.

Quelques mois après le mariage de Gustave, en se retrouvant un jour devant le bureau d'omnibus de la porte Saint-Martin, Cherami, qui est redevenu un lion pour l'élégance, y rencontre de nouveau madame Capucine et ses deux garçons. Il s'empresse d'aller saluer la grosse dame en lui disant : — Est-ce que par hasard vous allez encore chez la tante... mais ce n'est pas le chemin.

— Pardonnez-moi, elle n'est plus à Saint-Mandé; elle est retournée à Romainville, elle s'y porte mieux.

— Y mange-t-elle autant de lapins?

— Non, on lui en volait trop, elle s'en est dégoûtée.

— Alors, je retournerai voir cette bonne madame Duponceau.

— Ah! oui, comme les autres fois; quand vous filez, on ne vous revoit plus... venez tout de suite avec nous.

— Cela m'est impossible aujourd'hui; j'aperçois là-bas deux personnes qui m'attendent.

Cherami venait d'apercevoir au coin du boulevard mesdemoiselles Laurette et Lucie, qui, de leur côté, s'étaient arrêtées pour le regarder et se disaient : — Est-ce bien lui... comme il est bien mis à présent!...

— Oui, certainement, c'est lui... tu vois bien qu'il a toujours son nez de travers.

— Mais à présent qu'il est élégant, cela ne lui va pas mal... il a l'air très-comme il faut, cet homme-là!

Cherami s'approche des deux amies, et leur fait un gracieux salut en leur disant : — Décidément, cette place me favorise, car je me souviens, mesdemoiselles, que c'est également devant ce bureau d'omnibus que j'eus le plaisir de vous voir pour la première fois.

— C'est vrai, monsieur; mais, depuis ce temps... nous sommes restées de simples ouvrières... tandis que vous, monsieur, il paraît que vous avez fait fortune...

— Non, mesdemoiselles, je n'ai pas fait fortune... seulement, je me suis un peu rangé, corrigé... et j'ai trouvé un emploi que je tiens à remplir dignement. Ainsi, deux fois, lorsque je vous rencontrai... je vous offris à dîner... et j'aurais été bien embarrassé si vous aviez accepté... car je n'avais pas un sou dans ma poche. Aujourd'hui, mon gousset est bien garni... et je ne vous ferai cependant pas la même proposition, parce que je suis le représentant de la maison Grandcourt et neveu, et que, comme tel, je me suis promis de changer de conduite. Mais cela ne m'empêchera pas de vous offrir à chacune un bouquet; car à l'homme le plus sage, il est toujours permis d'être galant.

En disant cela, Cherami va acheter chez une bouquetière, établie au coin du boulevard, deux superbes bouquets qu'il donne à mesdemoiselles Laurette et Lucie; puis, il les salue de nouveau et s'éloigne en se disant : — Je me suis conduit comme *Caton!*... Et je m'en félicite d'autant plus que, maintenant, dans mon nouveau logement de la rue de Richelieu, j'ai pour voisine une charmante voisine... bonne tournure... air distingué... veuve, avec une honnête aisance... qui a répondu à mes saluts par les plus gracieux sourires... et ma foi... j'ai mon lièvre!...

FIN.

Paris. — Typ. Walder, rue Bonaparte, 44.

www.ingramcontent.com/pod-product-compliance
Lightning Source LLC
LaVergne TN
LVHW050608090426
835512LV00008B/1396